JN493551

난생처음

앱 인벤터

지은이 **이종원** jongwon@ck.ac.kr

서강대학교 대학원 컴퓨터공학과에서 박사 학위를 취득했다. 1999년부터 현재까지 청강문화산업대학교 게임콘텐츠스쿨 교수로 재직 중이고, 소프트웨어 테스팅·게임 QA·리눅스 등 다양한 분야를 강의하고 있다. 주요 저서로는 『우분투 리눅스(3판)』(한빛아카데미, 2022), 『시스템 프로그래밍』(한빛아카데미, 2021), 『게임 제작으로 배우는 유니티』(한빛아카데미, 2021), 『유닉스 이론과 실습(3판)』(한빛아카데미, 2020), 『CentOS 리눅스』(한빛아카데미, 2020), 『페도라 리눅스(개정판)』(한빛아카데미, 2017), 『유닉스 시스템 프로그래밍』(한빛미디어, 2010), 『유닉스 시스템 관리』(한빛미디어, 2009), 『C 프로그래밍 연습』(홍릉, 2004), 『프로그래밍 입문 with C』(홍릉, 2001) 등이 있다.

난생처음 앱 인벤터

초판발행 2023년 6월 30일
2쇄발행 2024년 3월 10일

지은이 이종원 / **펴낸이** 전태호
펴낸곳 한빛아카데미(주) / **주소** 서울시 서대문구 연희로2길 62 한빛아카데미(주) 2층
전화 02-336-7112 / **팩스** 02-336-7199
등록 2013년 1월 14일 제2017-000063호 / **ISBN** 979-11-5664-664-8 93000

총괄 박현진 / **책임편집** 김성무 / **기획** 김성무 / **편집·교정·진행** 박하나
디자인 이아란 / **전산편집** 이소연 / **삽화** 임의영 / **제작** 박성우, 김정우
영업 김태진, 김성삼, 이정훈, 임현기, 이성훈, 김주성 / **마케팅** 길진철, 김호철, 심지연

이 책에 대한 의견이나 오탈자 및 잘못된 내용에 대한 수정 정보는 아래 이메일로 알려주십시오.
잘못된 책은 구입하신 서점에서 교환해 드립니다. 책값은 뒤표지에 표시되어 있습니다.

홈페이지 www.hanbit.co.kr / 이메일 question@hanbit.co.kr

난생처음

앱 인벤터

이종원 지음

한빛아카데미
Hanbit Academy, Inc.

지은이 머리말

누구나 쉽게 배울 수 있는 프로그래밍, 앱 인벤터의 세계로 여러분을 초대합니다.

최근 'ChatGPT'라는 생성형 인공지능의 등장으로 인터넷이 들썩거립니다. 인공지능 시대가 본격적으로 열리는 것인가 하는 관측 또한 대세를 이루고 있습니다. 아마도 'ChatGPT'가 기존의 인공지능 서비스들과 비교했을 때 차원이 다른 언어기술을 보여주고 있기 때문일 것입니다. 앞으로 더 다양한 인공지능 서비스들이 등장할 것으로 예상됩니다.

이러한 인공지능을 포함한 4차 산업혁명의 중심에는 소프트웨어가 있습니다. 코딩은 소프트웨어를 개발하는 과정입니다. 이에 따라 코딩 교육의 중요성이 높아지고 정규 교육과정으로 편성되기도 합니다. 그러나 코딩 교육은 외국어를 배우는 것처럼 단순히 프로그래밍 언어의 규칙이나 예제 코드를 외우는 것으로 해결되지 않습니다. 프로그래밍에 대한 기본적인 이해를 바탕으로 프로그래밍 언어에서 제공하는 변수나 연산자, 조건문, 반복문, 함수 등 기본적인 문법을 익히고 연습해야 합니다.

이 책은 프로그래밍을 처음 접하는 학생이나 일반인이 프로그래밍 언어의 기본 문법을 이해하고 접근할 수 있도록 기초부터 단계적으로 설명하였습니다. 학습한 기본 문법으로 여러분들이 쉽게 프로그램을 코딩하고 실행하여 볼 수 있도록 안내합니다. 코딩을 하기 위해서는 프로그래밍 언어를 알아야 합니다. 그런데 프로그래밍 언어의 종류는 다양하고 새로운 언어도 계속 등장하고 있습니다. 그럼 프로그래밍을 처음 시작하는 사람들은 어떤 프로그래밍 언어로 시작하는 것이 좋을까요? 무엇보다도 쉽게 접근할 수 있는 프로그래밍 언어를 사용하는 것이 좋습니다. 프로그래밍 언어를 사용하기 위한 도구 설치가 간단하며, 코딩하고 실행하는 과정이 쉬워야 합니다. 이런 면에서 앱 인벤터는 초보자를 위한 최적의 언어라고 할 수 있습니다. 앱 인벤터는 별도의 복잡한 설치 과정이 필요하지 않고 블록식 코딩 방법으로 매우 쉽게 코딩할 수 있기 때문입니다.

앱 인벤터의 또 다른 장점은 프로그램을 꾸준히 업그레이드하고 있다는 점입니다. 이번에 『난생처음』 시리즈로 앱 인벤터를 펴내면서 다음과 같은 부분에 중점을 두었습니다.

첫째, 앱 인벤터와 에뮬레이터의 최신 업데이트 내용을 반영하였습니다.

이 책은 앱 인벤터로 직접 앱을 제작해 보고, AI 컴패니언과 에뮬레이터를 이용해 스마트폰과 PC에 연결하여 제작한 앱을 실행해 봅니다. 이전 버전에 비해 안드로이드 에뮬레이터가 안정화되고 최신화 되었습니다. 또한 AI 컴패니언으로 iOS에서도 앱 인벤터로 코딩한 앱을 실행할 수 있습니다.

둘째, 각 장별로 프로그래밍 문법을 응용한 연습문제를 추가하였습니다.

연습문제는 본문의 예제를 기반으로 간단한 변화를 주는 것부터 새로운 앱을 만드는 심화 단계까지 다양하게 구성하였습니다. 본문의 내용을 학습하고 난 뒤 응용 연습문제를 풀어보며 자신의 프로그래밍 실력을 확인할 수 있을 것입니다.

셋째, 머신러닝 기법을 활용한 앱 인벤터 확장 기능을 부록으로 제공하였습니다.

앱 인벤터는 기본 기능 외에도 확장 기능을 제공합니다. 부록에서는 앱 제작에 필요한 확장 기능을 추가하는 방법을 설명하고 예시로 머신러닝 기법을 활용한 확장 기능으로 앱을 제작해 볼 것입니다.

이번 작업에는 한빛아카데미(주)의 편집자님의 꼼꼼한 확인과 적극적인 조언이 있었습니다. 진심으로 감사드립니다. 이 책이 프로그래밍의 세계에 입문하려는 초보자들에게 조그마한 도움이 되기를 희망합니다. 언젠가 우리 손자랑 앱 인벤터로 코딩을 하는 꿈을 꾸어봅니다. 가족 모두에게 축복이 있기를 기원합니다.

저자 이종원

『난생처음 앱 인벤터』 8단계 길잡이

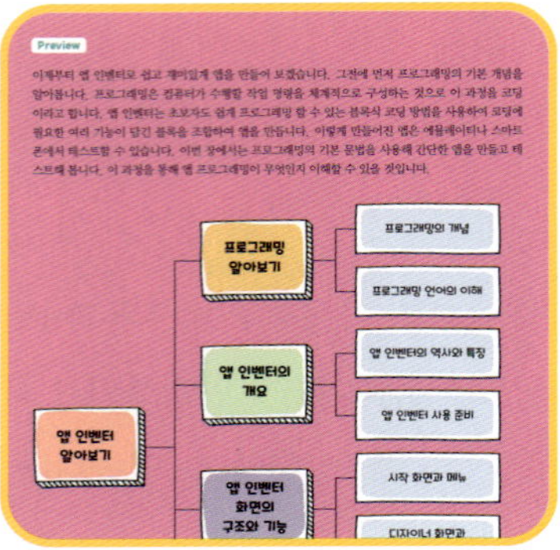

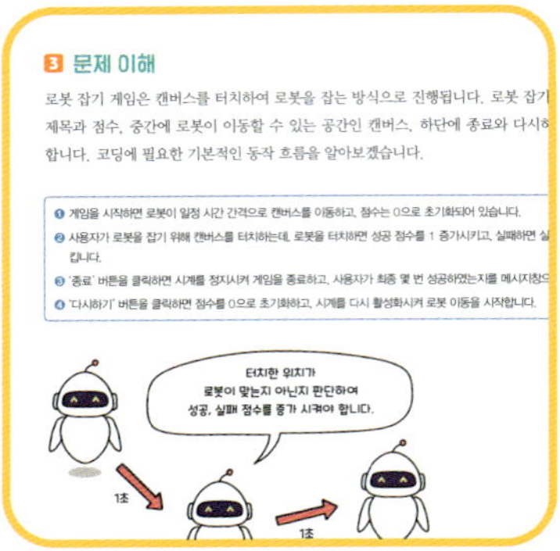

1 Preview

해당 장에서 중점적으로 다룰 내용을 간략하게 정리하며, 로드맵으로 주요 개념을 큰 맥락에서 이해할 수 있도록 도와줍니다.

2 이론

앱 제작에 꼭 필요한 프로그래밍 기초 지식을 다양한 삽화와 이미지, 표를 활용하여 설명합니다.

3 문제 이해

각 장에서 제시하는 문제 이해 과정을 통해 앱 구현에 사용할 프로그래밍 요소를 고민해 봅니다. 삽화로 문제를 이해하며 문제 해결력을 기를 수 있습니다.

4 실습

앱 인벤터가 제공하는 블록 코딩 방식으로 앱 제작 실습을 진행합니다.

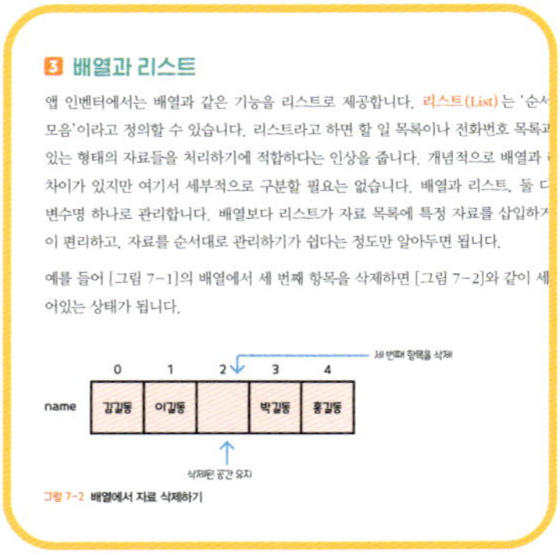

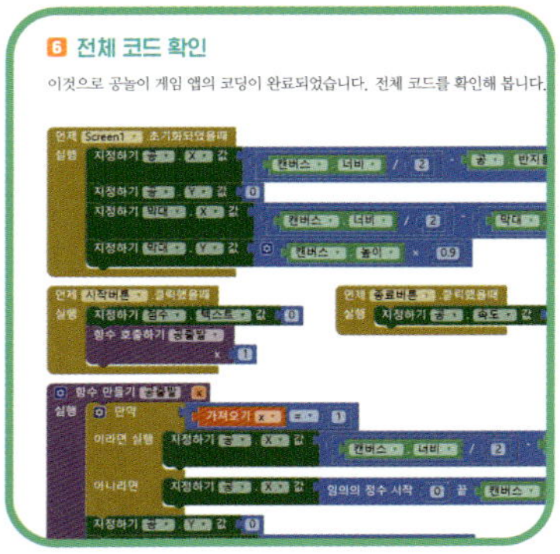

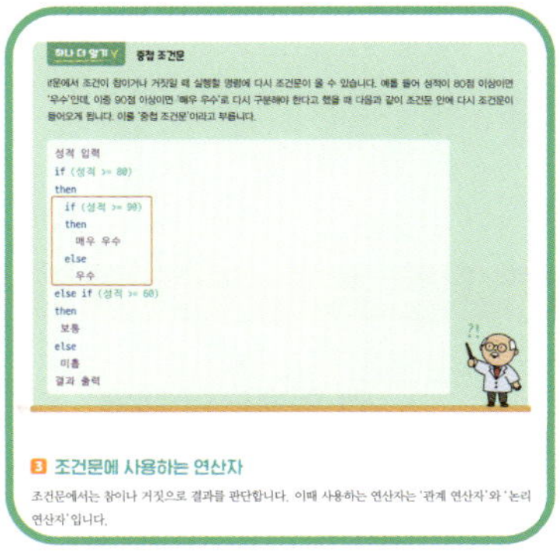

하나 더 알기 ✓ 중첩 조건문

if문에서 조건이 참이거나 거짓일 때 실행할 명령에 다시 조건문이 올 수 있습니다. 예를 들어 성적이 80점 이상이면 '우수'인데, 이중 90점 이상이면 '매우 우수'로 다시 구분해야 한다고 했을 때 다음과 같이 조건문 안에 다시 조건문이 들어오게 됩니다. 이를 '중첩 조건문'이라고 부릅니다.

```
성적 입력
if (성적 >= 80)
then
  if (성적 >= 90)
  then
    매우 우수
  else
    우수
else if (성적 >= 60)
then
 보통
else
 미흡
결과 출력
```

3 조건문에 사용하는 연산자

조건문에서는 참이나 거짓으로 결과를 판단합니다. 이때 사용하는 연산자는 '관계 연산자'와 '논리 연산자'입니다.

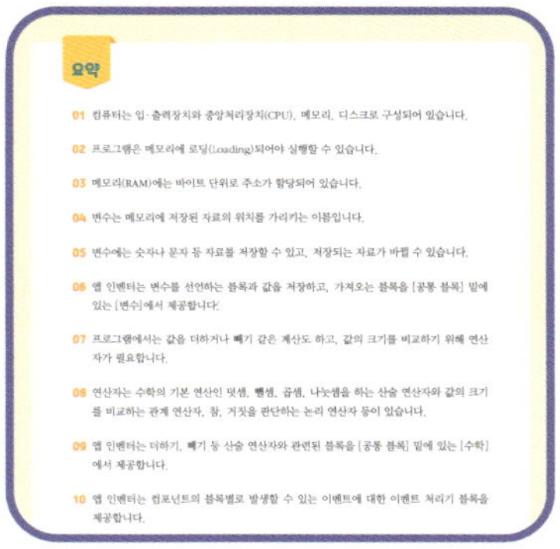

요약

01 컴퓨터는 입·출력장치와 중앙처리장치(CPU), 메모리, 디스크로 구성되어 있습니다.

02 프로그램은 메모리에 로딩(Loading)되어야 실행할 수 있습니다.

03 메모리(RAM)에는 바이트 단위로 주소가 할당되어 있습니다.

04 변수는 메모리에 저장된 자료의 위치를 가리키는 이름입니다.

05 변수에는 숫자나 문자 등 자료를 저장할 수 있고, 저장되는 자료가 바뀔 수 있습니다.

06 앱 인벤터는 변수를 선언하는 블록과 값을 저장하고, 가져오는 블록을 [공통 블록] 밑에 있는 [변수]에서 제공합니다.

07 프로그램에서는 값을 더하거나 빼기 같은 계산도 하고, 값의 크기를 비교하기 위해 연산자가 필요합니다.

08 연산자는 수학의 기본 연산인 덧셈, 뺄셈, 곱셈, 나눗셈을 하는 산술 연산자와 값의 크기를 비교하는 관계 연산자, 참, 거짓을 판단하는 논리 연산자 등이 있습니다.

09 앱 인벤터는 더하기, 빼기 등 산술 연산자와 관련된 블록을 [공통 블록] 밑에 있는 [수학]에서 제공합니다.

10 앱 인벤터는 컴포넌트의 블록별로 발생할 수 있는 이벤트에 대한 이벤트 처리기 블록을 제공합니다.

연습문제

해당 장에서 배운 핵심 개념을 확인하고, 본문 예제를 응용한 앱 프로그래밍 문제를 해결해 보며 기초부터 심화까지의 단계별 학습을 경험할 수 있습니다.

말풍선

지나치기 쉬운 내용이나 꼭 기억해 두어야 할 내용을 짚어 줍니다.

5 6 7 8

하나 더 알기

본문과 관련된 도움말이나 참고로 알아두면 좋은 내용을 담고 있습니다.

요약

하나의 장이 끝날 때마다 핵심 내용을 간략히 요약하여 정리했습니다. 본문에서 배운 내용을 한눈에 파악할 수 있습니다.

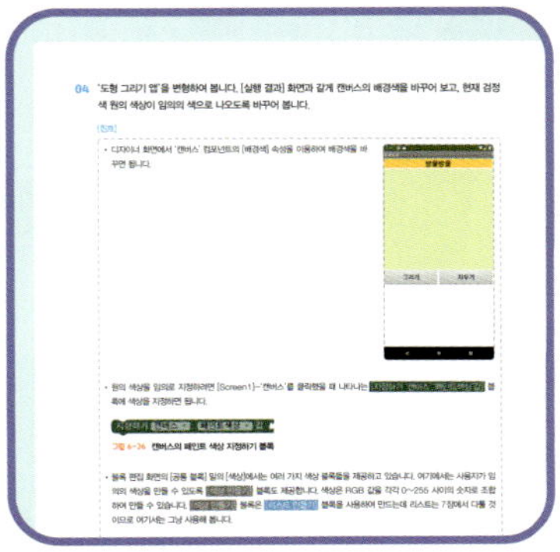

학습 로드맵

Go!

1-2장

프로그래밍의 기본 개념을 이해하고,
앱 인벤터가 무엇인지 알아봅니다.

01 앱 인벤터 시작

- 프로그래밍의 개념
- 앱 인벤터의 개요

8-11장

앱 인벤터의 기본 개념을 적용하여 다양한 앱을 제작합니다. 앞에서 배운 프로그래밍 문법과 앱 인벤터의 컴포넌트를 종합하여 나만의 앱을 만들 수 있습니다.

03 앱 인벤터 기본 예제 실습

- 캔버스 컴포넌트 활용
- 이미지스프라이트 컴포넌트 활용
- 시계 컴포넌트와 이벤트 처리 블록

12-14장, 부록

앱 인벤터가 제공하는 특수 기능 컴포넌트인 지도, 데이터베이스, 센서 컴포넌트를 배웁니다. 스마트폰의 특성을 활용한 앱을 제작해 보며 앱 프로그래밍의 심화 과정을 이해할 수 있습니다. 마지막 부록에서는 앱 인벤터의 확장 기능을 소개합니다.

04 앱 인벤터 심화 프로젝트

- 지도 컴포넌트 활용

간단한 앱 만들기 실습

02

앱 인벤터 프로그래밍 기초

3-7장

앱 제작에 필요한 프로그래밍 기초 문법을 배웁니다. 변수와 연산자, 조건문, 함수, 반복문과 리스트 개념을 활용한 앱을 제작하며 문제 해결력을 키웁니다.

변수와 연산자 활용

조건문 활용

함수와 반복문 활용

리스트 활용

데이터베이스 컴포넌트 활용

센서 컴포넌트 활용

앱 인벤터의 확장 기능 소개

Goal!

이 책의 사용 설명서

• 실습 자료

실습에 필요한 자료는 아래 주소에서 내려받을 수 있습니다.

http://www.hanbit.co.kr/src/4664

• 실습 환경

이 책의 실습 환경은 다음과 같습니다.

- Windows 11(Windows 7 이후는 모두 사용 가능)
- Chrome(4.0 이상), Edge(15 이상), Firefox(3.6 이상), Safari(5.0 이상)

  ※ Internet Explorer에서는 지원되지 않습니다.

• 앱 인벤터 공식 웹 사이트

앱 인벤터는 아래 주소에서 무료로 사용할 수 있습니다.

https://appinventor.mit.edu/

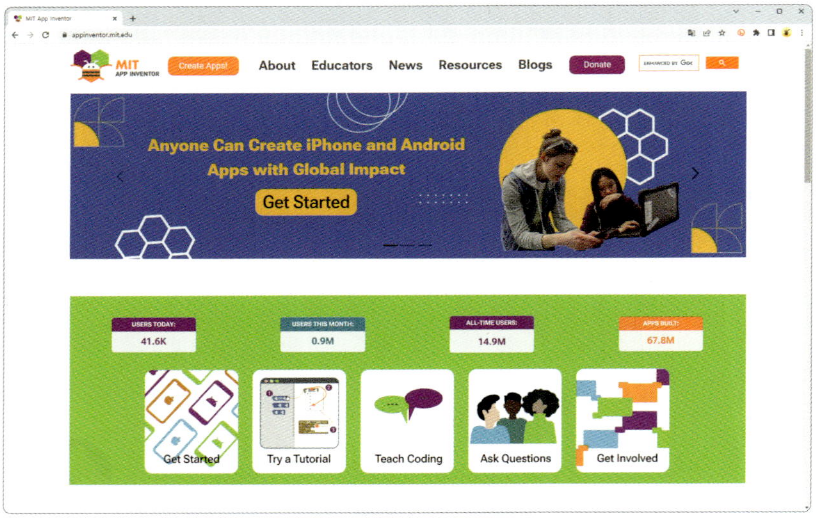

• 강의 보조 자료

한빛아카데미 홈페이지에서 '교수회원'으로 가입하신 분은 인증 후 교수용 강의 보조 자료를 제공받을 수 있습니다. 한빛아카데미 홈페이지 상단의 〈교수전용공간〉 메뉴를 클릭하세요.

http://www.hanbit.co.kr/academy

• 연습문제 해답 안내

이 책은 대학 강의용 교재로 개발되었으므로 연습문제 해답을 제공하지 않습니다.

목차

PART 01 앱 인벤터 시작

CHAPTER 01 앱 인벤터 알아보기

CHAPTER 02 간단한 앱 만들기

목차

PART 02 앱 인벤터 프로그래밍 기초

CHAPTER 03 변수와 연산자 활용하기

CHAPTER 04 조건문 활용하기

CHAPTER 05 함수 활용하기

목차

PART 03 앱 인벤터 기본 예제 실습

CHAPTER 08 그림판 앱 만들기

CHAPTER 09 가위바위보 게임 앱 만들기

목차

PART 04 앱 인벤터 심화 프로젝트

CHAPTER 12 지도를 이용한 앱 만들기

CHAPTER 13 데이터베이스를 이용한 앱 만들기

· PART · 01

앱 인벤터 시작

CONTENTS

CHAPTER 01

앱 인벤터 알아보기

학습목표

- 프로그래밍과 프로그래밍 언어의 기본 개념을 이해합니다.
- 앱 인벤터가 무엇인지 알아보고 구글 계정 등록 등 앱 인벤터를 사용하기 위한 준비를 합니다.
- 앱 인벤터의 구성 요소를 알아봅니다.
- 앱 인벤터에서 프로그램을 작성하고 실행하는 방법을 알아봅니다.

Preview

이제부터 앱 인벤터로 쉽고 재미있게 앱을 만들어 보겠습니다. 그전에 먼저 프로그래밍의 기본 개념을 알아봅니다. 프로그래밍은 컴퓨터가 수행할 작업 명령을 체계적으로 구성하는 것으로 이 과정을 코딩이라고 합니다. 앱 인벤터는 초보자도 쉽게 프로그래밍 할 수 있는 블록식 코딩 방법을 사용하여 코딩에 필요한 여러 기능이 담긴 블록을 조합하여 앱을 만듭니다. 이렇게 만들어진 앱은 에뮬레이터나 스마트폰에서 테스트할 수 있습니다. 이번 장에서는 프로그래밍의 기본 문법을 사용해 간단한 앱을 만들고 테스트해 봅니다. 이 과정을 통해 앱 프로그래밍이 무엇인지 이해할 수 있을 것입니다.

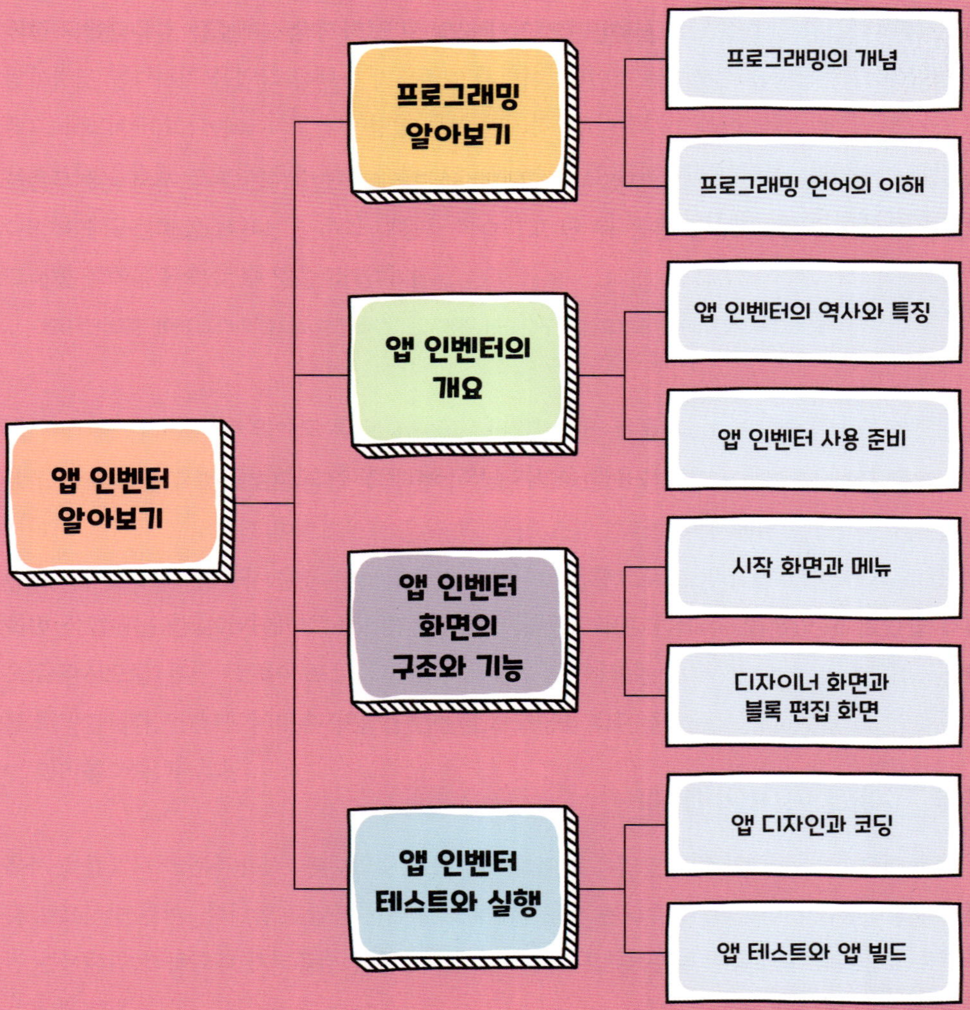

Section 01

프로그래밍 알아보기

1 프로그래밍의 개념

일반적으로 컴퓨터는 사용자의 명령에 따라 동작합니다. 그런데 사용자가 컴퓨터를 부팅하기 위해 전원을 누르면 마치 컴퓨터 스스로 동작하는 것처럼 보입니다. 하지만 실제로는 컴퓨터에 저장되어 있는 명령에 따라 작업을 수행하는 것인데, 이렇게 컴퓨터가 수행할 작업을 지시하는 명령들의 집합을 프로그램(Program)이라고 부릅니다. 하지만 아무 명령이나 모아 놓는다고 해서 프로그램이 되는 것은 아닙니다. 처리하고자 하는 문제를 해결하기 위해 서로 관련이 있는 명령을 체계적으로 구성한 것이 바로 프로그램입니다.

'TV 프로그램' 같은 다른 프로그램과 구분하기 위해서는 '컴퓨터 프로그램'이라고 해야 정확하겠지만, 일반적으로 '프로그램'으로 통칭합니다.

사용자가 컴퓨터를 사용하기 위해서는 필요한 작업을 수행할 수 있는 프로그램이 있어야 합니다. 예를 들어, 문서 작성을 위해서는 '한컴오피스 한글'과 같은 프로그램이 필요하고 계산을 하려면 '계산기' 프로그램이 필요합니다. 프로그램은 누군가가 만들어 놓은 것을 사용할 수도 있지만 사용자가 직접 만들 수도 있는데, 이러한 프로그램을 만드는 과정을 프로그래밍(Programming)이라고 합니다.

2 프로그래밍 언어의 이해

다른 사람과 대화를 하는 대표적인 방법은 언어를 사용하는 것입니다. 사용자는 프로그램을 사용하여 컴퓨터에 명령을 전달하고, 컴퓨터는 사용자에게 그에 맞는 응답을 합니다. 이런 방식으로 사용자와 컴퓨터가 일종의 대화를 하는 것입니다. 이렇게 사용자와 컴퓨터가 대화하기 위해서는 언어가 필요한데, 이때 사용하는 언어를 프로그래밍 언어(Programming language)라고 합니다.

사용자는 프로그래밍 언어를 사용하여 프로그램을 만들고 이를 실행하여 원하는 결과를 얻을 수 있습니다.

(a) 사람의 언어 (b) 프로그래밍 언어

그림 1-1 **사람의 언어와 프로그래밍 언어의 차이**

다양한 프로그래밍 언어

사람의 언어에는 한국어, 영어, 중국어 등의 다양한 언어가 존재합니다. 컴퓨터가 등장한 이후, 프로그래밍 언어도 기술의 발전이나 필요에 따라 다양하게 개발되었습니다. 그중 일부는 더 이상 사용하지 않는 것도 있고, C, C++, 자바(Java)와 같이 지금까지 널리 사용하고 있는 것들도 있습니다. 하지만 이 언어들은 텍스트 기반의 언어이기 때문에 초보자가 배우기에는 어려울 수 있습니다. 텍스트 기반의 언어 중 파이썬(Python)은 상대적으로 쉽게 접근할 수 있는 언어이지만, 파이썬도 고급 기능으로 가면 점차 어려워지는 것은 마찬가지입니다.

최근 프로그래밍 교육의 중요성이 높아지면서 프로그래밍에 쉽게 접근할 수 있는 초보자용 블록형 언어들이 등장하였는데, 대표적으로 앱 인벤터(App Inventor for Android)와 스크래치(Scratch)가 있습니다. 이 언어들은 프로그래밍 언어의 요소들을 블록화하여 제공하기 때문에 마치 레고를 조립하듯이 쉽게 프로그램을 작성할 수 있습니다. 앱 인벤터의 특징에 대해서는 이번 장의 2절 '앱 인벤터의 개요'에서 자세히 살펴보도록 하겠습니다.

저급 언어와 고급 언어

프로그래밍 언어를 조금 더 살펴보겠습니다. 컴퓨터가 이해하는 유일한 값은 0과 1이기 때문에 현재 일반적인 컴퓨터는 2진수를 기반으로 동작합니다. 이 0과 1을 어떻게 조합하여 이해할 것인지는 컴퓨터에 장착된 중앙처리장치(CPU)에 따라 다른데, 이렇게 0과 1로 구성된 언어를 기계어(Machine language)라고 부릅니다. 기계어는 컴퓨터가 이해하는 유일한 언어라고 할 수 있습니다.

그런데 사람의 입장에서 0과 1을 조합하여 프로그래밍하는 것은 매우 어려운 일입니다. 그래서 기계어와 일대일로 대응하는 간단한 구조를 갖는 언어를 만들었는데, 이를 어셈블리어(Assembly language)라고 합니다. 직접 0과 1로 프로그래밍하는 것보다는 나아졌지만, 어셈블리어도 하드웨어 중심의 언어이기 때문에 다양한 프로그램을 작성하기에는 어려움이 많습니다. 기계어나 어셈블리어처럼 하드웨어 중심의 언어를 통틀어 저급 언어(Low-level language)라고 합니다.

```
01011110 10011111
01101010 11110000
00011001 10011100
01010101 10101111
```

(a) 기계어 프로그램

```
LOAD A1
ADD A1, 100
MOV A1, M1
SUB B1, A1
```

(b) 어셈블리어 프로그램

그림 1-2 **기계어와 어셈블리어 프로그램의 예**

저급 언어는 기계 중심의 언어이기 때문에 다양한 프로그램을 빠르게 개발하기에 적당하지 않습니다. 이를 해결하기 위해 사람이 이해하기 쉬운 형태의 언어들이 등장하였는데 이를 고급 언어(High-level language)라고 합니다. 포트란(FORTRAN)이라는 언어로부터 시작한 고급 언어는 C, C++, 자바, 파이썬 등으로 다양하게 발전하고 있습니다. [표 1-1]에 저급 언어와 고급 언어를 간단히 비교해 보았습니다.

표 1-1 **저급 언어와 고급 언어**

구분	저급 언어	고급 언어
특징	하드웨어 중심의 언어로, 컴퓨터가 이해하기 쉽다.	사용자 중심의 언어로, 사람이 이해하기 쉽다.
프로그래밍 용이성	프로그램을 작성하기 어렵다.	저급 언어에 비해 프로그램을 작성하기 쉽다.
대표적인 언어	기계어, 어셈블리어	C, C++, 자바, 파이썬, 앱 인벤터 등

저급 언어에 비하면 고급 언어가 사람이 이해하기 쉽지만, 사용자가 원하는 프로그램을 작성하려면 프로그래밍 언어의 사용법을 익혀야 합니다. 우리는 고급 언어 중에서도 초급자를 위해 쉽게 만들어진 앱 인벤터를 배우고 프로그래밍해 볼 것입니다.

컴파일과 인터프리터

고급 언어로 프로그래밍을 할 때 알아야 할 것이 한 가지 더 있습니다. 사람은 고급 언어로 프로그래밍하는 것이 편하지만, 컴퓨터가 이해하는 언어는 기계어뿐이기 때문에 고급 언어로 작성된 프로그램을 기계어로 번역하는 과정이 필요합니다. 이렇게 기계어로 번역된 파일이 우리가 사용하는 실행 파일(Executable file)입니다.

고급 언어로 작성된 프로그램을 번역하는 두 가지 방법이 있습니다. 먼저 컴파일(Compile)은 고급 언어로 작성된 프로그램을 한 번에 다 번역하여 기계어로 된 실행 파일로 만듭니다. 프로그램을 실행하기 전에 전체 코드를 모두 기계어로 번역하는 것인데, 이렇게 실행 파일을 만드는 과정을 빌드(Build)라고 합니다. 이와 달리 인터프리터(Interpreter)는 미리 실행 파일을 만드는 것이 아니라 실행할 때 코드를 하나씩 번역하면서 실행합니다. 일반적으로 인터프리터 방식의 언어가 문법이 좀 더 유연하고 배우기 쉽습니다.

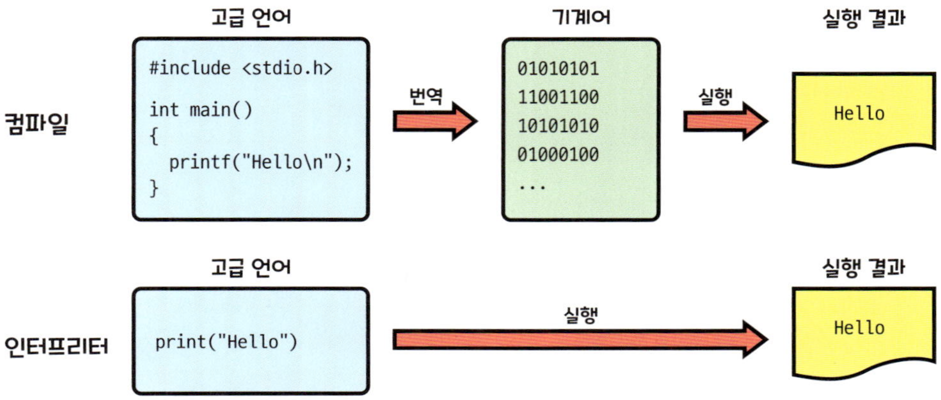

그림 1-3 고급 언어의 번역과 실행방법

C는 대표적인 컴파일 언어이고, 파이썬은 대표적인 인터프리터 언어입니다.

3 프로그래밍으로 배울 수 있는 것

프로그래밍은 문제를 분석하고 해결하는 방법을 찾아 수행할 순서를 결정한 후, 이를 프로그래밍 언어로 작성하는 것입니다. 문제를 해결하기 위한 처리 순서를 알고리즘(Algorithms)이라고 하며, 프로그래밍 언어로 프로그램을 작성하는 것을 코딩(Coding)이라고 합니다. 결국 프로그래밍은 '문제를 분석하여 알고리즘을 구상하고 이를 코딩하는 것'이라고 할 수 있습니다.

그렇다면 프로그래밍에서 알고리즘과 코딩을 모두 배우는 것일까요? 일반적으로 프로그래밍에서는 알고리즘을 크게 다루지 않습니다. 알고리즘은 별도의 과정이 따로 있습니다. 프로그래밍 과정에서는 주로 프로그래밍 언어의 문법을 익히고 이에 따라 코딩하는 방법을 배우는데, 이 책에서도 앱 인벤터를 이용하여 코딩하는 방법을 배우게 됩니다. 물론 코딩하는 과정에서 알고리즘이 일부 필요하기는 하지만 명시적으로 다루지는 않습니다.

프로그래밍 언어에도 문법이 있습니다. 대부분의 프로그래밍 언어는 변수, 연산자, 입력과 출력, 조건문, 반복문, 복합적인 데이터 처리, 함수 등의 요소를 가지고 있으며, 이를 사용하기 위한 문법을 정해 놓고 있습니다. 각 요소가 무엇이고 어떻게 사용하는지는 2부 '앱 인벤터 프로그래밍 기초'에서 자세히 다룹니다.

이제 프로그래밍이 무엇이고 무엇을 배울 것인지 조금은 감을 잡았나요? 이번 장의 나머지 부분에서는 앱 인벤터가 어떻게 구성되어 있으며, 기본적인 사용 방법은 무엇인지 알아볼 것입니다.

Section

02 앱 인벤터의 개요

1 앱 인벤터의 역사

앱 인벤터는 사용이 간편해 앱 개발 초보자들도 쉽게 앱을 만들 수 있기 때문에 프로그래밍 입문자를 위한 교육용 도구로 활발하게 사용되고 있습니다. 앱 인벤터는 구글(Google)과 MIT(메사추세츠 공과대학, Messachusetts Institute of Technology)가 공동으로 개발하였으며, 현재는 MIT에서 관리하고 있습니다. 앱 인벤터는 별도의 설치가 필요한 애플리케이션이 아니며, 직접 웹 서비스로 제공합니다.

앱 인벤터는 2010년 12월 15일에 공식 출시되어 2011년에 구글이 소스 코드(Source code)를 공개하였습니다. 이후 MIT에서 관리하기 시작하여 2012년 3월에 MIT 버전의 앱 인벤터가 시작되었습니다. MIT는 2013년 12월 '앱 인벤터2'를 출시하여 현재까지 유지하고 있으며 지속적으로 기능을 개선하고 있습니다. 현재 앱 인벤터에서 안드로이드용 앱은 빌드하여 실행이 가능하지만, iOS용 앱은 AI 컴패니언을 이용한 실행 테스트만 할 수 있습니다.

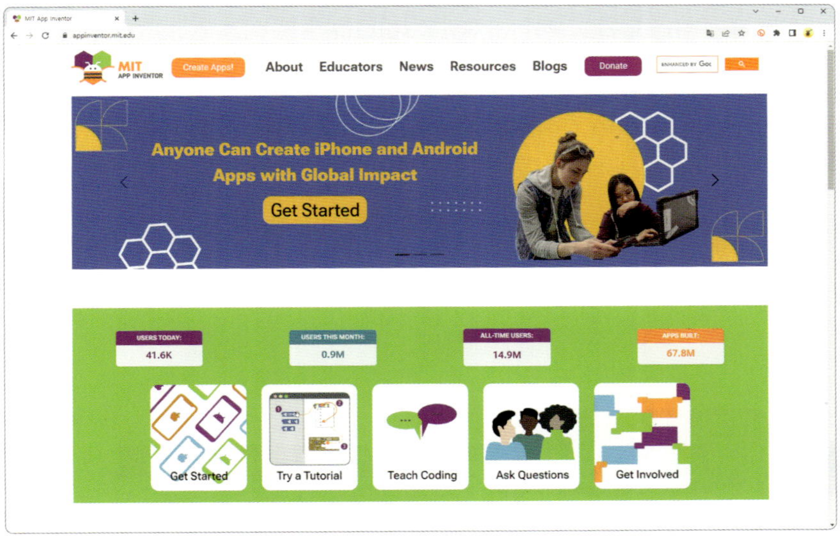

그림 1-4 앱 인벤터 웹 사이트

하나 더 알기 ✓ **앱 인벤터 공식 웹 사이트**

앱 인벤터의 공식 웹 사이트 주소는 http://appinventor.mit.edu입니다. 이 웹 사이트에서는 앱 인벤터 튜토리얼을 비롯한 다양한 자료와 소식을 전하고 있습니다.
2023년 2월 12일을 기준으로 등록된 사용자가 1490만 명이고, 195개국에서 이용하고 있으며 6780만개의 앱을 제작하였습니다. 웹 사이트의 좌측 상단에 있는 [Create Apps!]을 클릭하면 앱을 개발할 수 있는 창이 생성되어 프로그래밍을 할 수 있습니다.

2 앱 인벤터의 특징

드래그 앤 드롭 방식의 프로그래밍

앱 인벤터의 가장 큰 특징은 모든 기능을 GUI(Graphic User Interface)로 제공하여 드래그 앤 드롭(Drag and drop) 방식으로 프로그래밍할 수 있다는 점입니다. 앱 인벤터는 C 언어와 같은 텍스트 기반의 언어와는 다르게 블록을 조립하는 방식으로 프로그래밍합니다. 웹 브라우저로 앱 인벤터의 웹 사이트에 접속하여 GUI 방식으로 앱의 외형을 디자인하고 앱의 동작은 블록을 맞추며 프로그래밍합니다. 따라서 사용자가 명령을 일일이 키보드로 입력할 필요가 없습니다. 처음 코딩을 배울 때 자주 실수하는 것 중 하나가 괄호를 닫지 않거나 문장의 끝을 표시하는 세미콜론(;) 같은 기호를 빠뜨리는 것, 또는 오타를 내는 것입니다. 앱 인벤터는 미리 준비된 블록을 사용하므로 이러한 실수를 방지할 수 있습니다.

예를 들어, [그림 1-5]와 같이 버튼을 클릭하면 텍스트박스에 '안녕하세요'를 출력하는 앱을 만든다면 앱의 외형은 [그림 1-5](a), 코딩은 [그림 1-5](b)와 같습니다. [그림 1-5](b)를 보면 세 개의 블록을 조립하였고, 사용자가 입력한 값은 '안녕하세요' 뿐입니다.

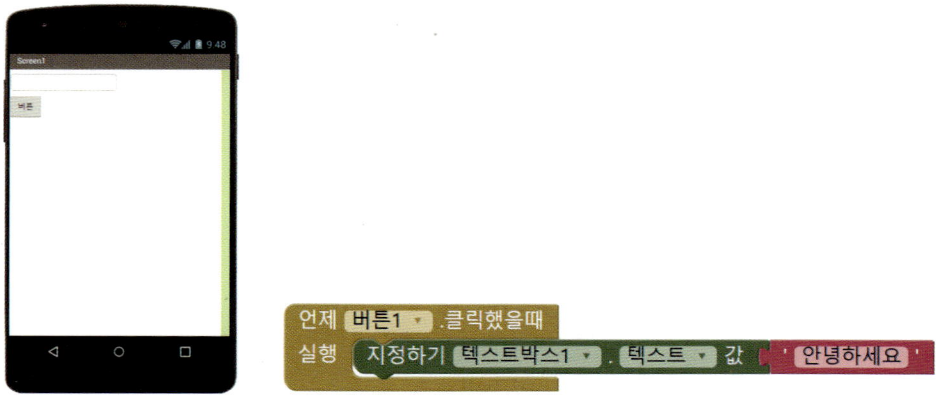

(a) 앱 화면 (b) 코딩 화면

그림 1-5 **간단한 앱 예제**

앱 화면 디자인과 코딩 기능을 함께 제공

앱 인벤터는 앱 화면을 설계하는 디자인 기능과 블록을 이용하여 동작을 구현하는 코딩 기능 모두 하나의 웹 브라우저에서 실행할 수 있습니다. [그림 1-6]에서 앱의 화면을 디자인하는 '디자이너 화면'과 블록으로 코딩하는 '블록 편집 화면'을 확인할 수 있습니다. 각 창의 세부적인 구성은 3절 '앱 인벤터 화면의 구조와 기능'에서 살펴보겠습니다.

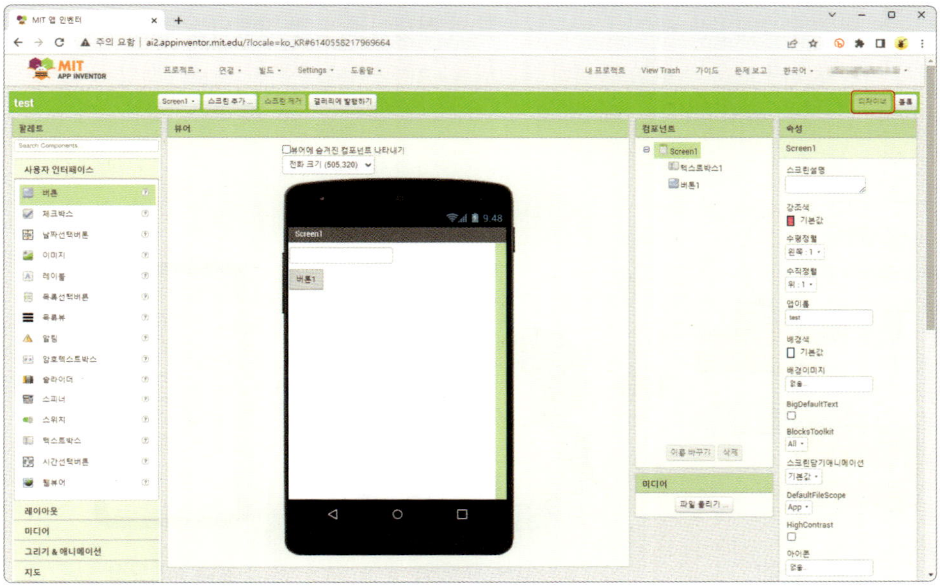

(a) 디자이너 화면

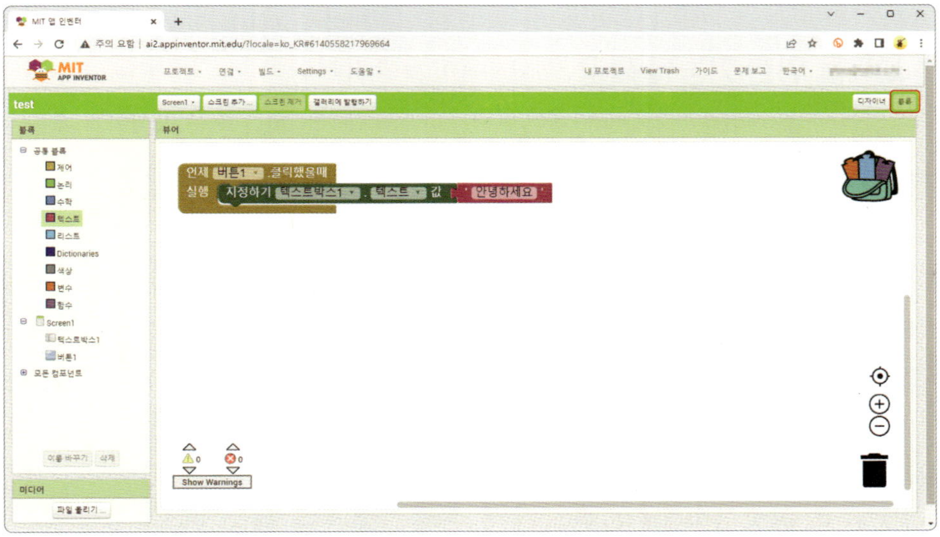

(b) 블록 편집 화면

그림 1-6 **디자이너 화면과 블록 편집 화면**

이벤트 기반 프로그래밍

대부분의 앱은 사용자의 스크린 터치나 여러 센서를 통한 입력 등을 이벤트로 받아 처리하는 방식으로 동작합니다. 이는 코드의 처음부터 순서대로 실행하는 기존의 프로그래밍과는 다른 동작 방식입니다. 앱 인벤터는 이와 같은 이벤트 기반 프로그래밍(Event-driven programming; EDP)에 최적화되어 있습니다. [그림 1-6]처럼 앱의 화면을 구성하고 각 구성 요소별로 이벤트가 발생했을 때 어떻게 처리할 것인지 블록을 조립하여 코딩합니다. 이렇게 쉽게 이벤트 처리가 가능하지만 기존에 텍스트 기반의 프로그래밍을 해오던 사람은 코드의 실행이 어떻게 진행되는지 한눈에 파악하기가 어려워서 약간 혼란스러울 수도 있습니다. [그림 1-7]은 이벤트 기반 프로그래밍 동작 방식의 예를 그림으로 나타낸 것입니다.

그림 1-7 이벤트 기반 프로그래밍 동작 방식의 예

다양한 앱 제작을 위한 기능을 제공

앱 인벤터로 무엇을 만들 수 있을까요? 앱 인벤터가 단순히 블록을 조립하는 쉬운 방식이기 때문에 '과연 이것으로 무엇을 만들 수 있을까'라는 생각을 할 수도 있습니다. 하지만 앱 인벤터를 제대로 이용하면 매우 다양한 앱을 만들 수 있습니다.

[그림 1-5]처럼 아주 간단한 앱부터 복잡한 논리 구조를 가진 앱까지 모두 가능합니다. 특히 GPS 위치를 읽어오는 블록뿐만 아니라 가속도센서나 자이로센서 블록도 제공하기 때문에, 이러한 센서들을 이용하여 게임도 만들 수 있고, 위치 기반 앱 제작도 가능합니다. 웹과의 연동 기능도 제공하므로 앱 데이터 저장을 위한 간단한 데이터베이스도 만들 수 있고, 레고 로봇을 제어할 수 있는 블록까지도 제공하고 있습니다. 여러분은 앱 인벤터로 어떤 앱을 만들고 싶은가요?

3 앱 인벤터 사용 준비하기

지금까지 프로그래밍의 기본 개념과 앱 인벤터가 무엇이고 어떤 특징이 있는지 알아보았습니다. 이제 직접 앱 인벤터를 만나볼 차례입니다. 앱 인벤터는 웹 브라우저에서 사용하면 되는데, 구글 크롬(Google Chrome), 사파리(Safari), 파이어폭스(Firefox), 엣지(Edge)에서 동작합니다. 이 책에서는 구글 크롬을 사용합니다. 단계별로 살펴보겠습니다.

01 구글 계정 준비하기 앱 인벤터를 사용하려면 구글 계정이 있어야 합니다. 구글 계정이 없다면 새로 만듭니다.

> **하나 더 알기** **구글 계정 만들기**
>
> 구글 크롬을 실행하여 우측 상단의 [로그인]을 클릭하면 계정 선택이 나옵니다. 만약 기존에 사용하던 계정이 있으면 선택하여 로그인하면 되고, 계정이 없는 경우 [다른 계정 사용]-[계정 만들기]를 선택하면 구글 계정 만들기 화면이 나타납니다. 여기서 이름과 사용자 이름, 비밀번호 등을 입력하고 약관에 동의하면 계정을 만들 수 있습니다.

02 앱 인벤터 웹 사이트에 접속하기 앱 인벤터 웹 사이트에 접속하면 다음과 같은 창이 열립니다. 여기서 좌측 상단에 위치한 [Create Apps!]를 클릭합니다.

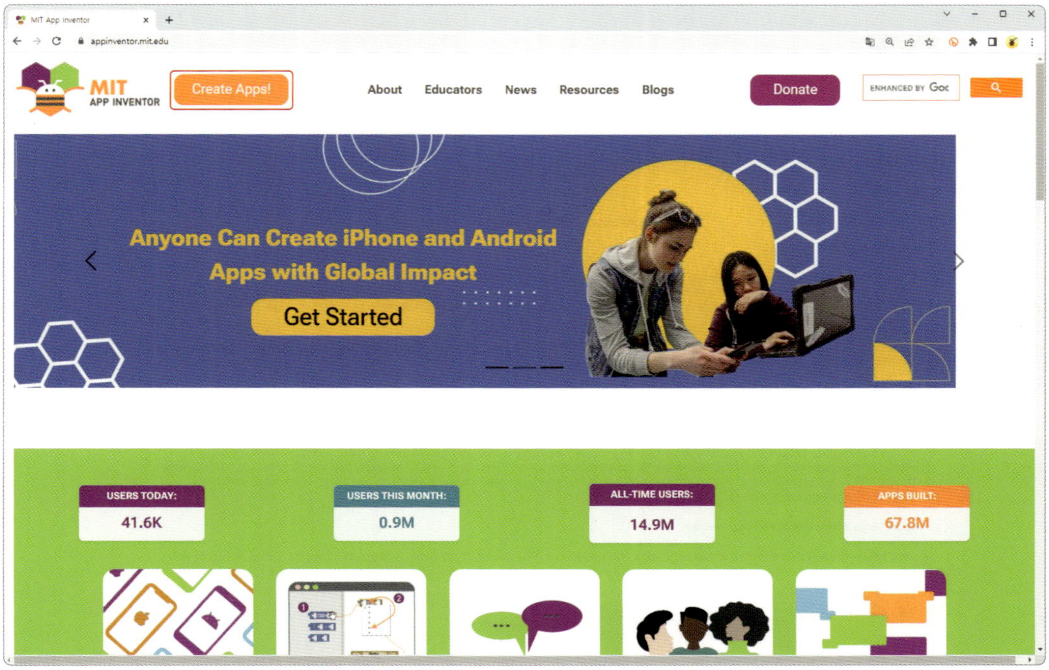

03 구글 계정 선택하기 앱 인벤터에서 사용할 구글 계정을 선택하는 화면이 나타납니다. 여기에서 사용할 구글 계정을 클릭합니다.

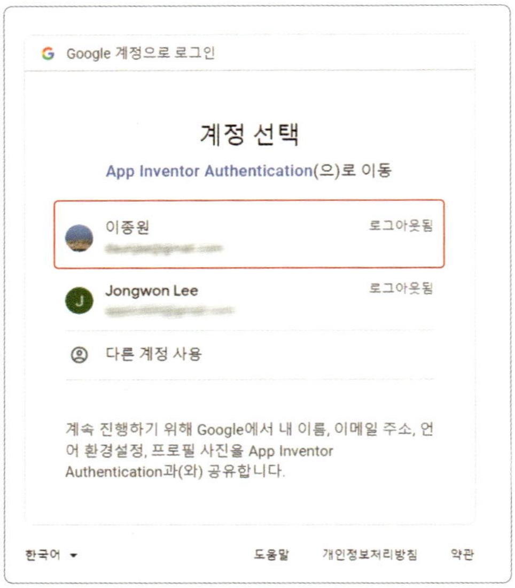

04 서비스 약관에 동의하기 앱 인벤터에서 사용할 구글 계정을 선택하면 서비스 약관 화면이 나옵니다. 여기에서 하단의 [I accept the terms of service!]를 클릭하여 서비스 약관에 동의해야 앱 인벤터를 사용할 수 있습니다.

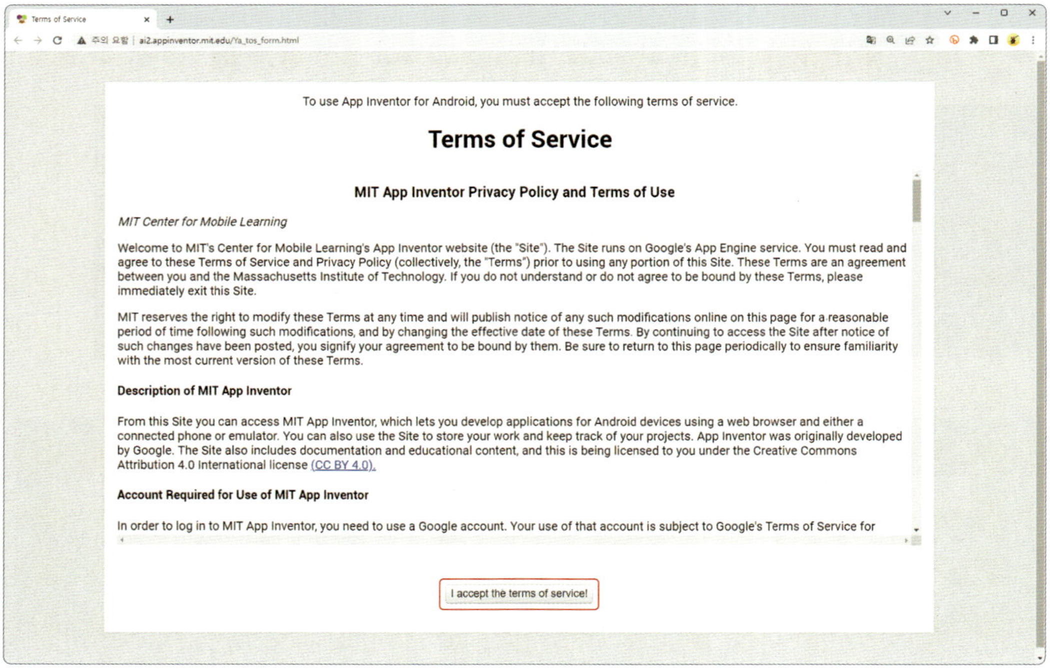

05 환영 메시지창 확인하기 서비스 약관 동의 화면 다음에는 환영 메시지창이 나타납니다. 메시지창에는 현재 출시(Release) 정보와 여러 메시지를 확인할 수 있습니다. 메시지창 하단의 'Do Not Show Again'을 체크하고 [Continue]를 클릭합니다.

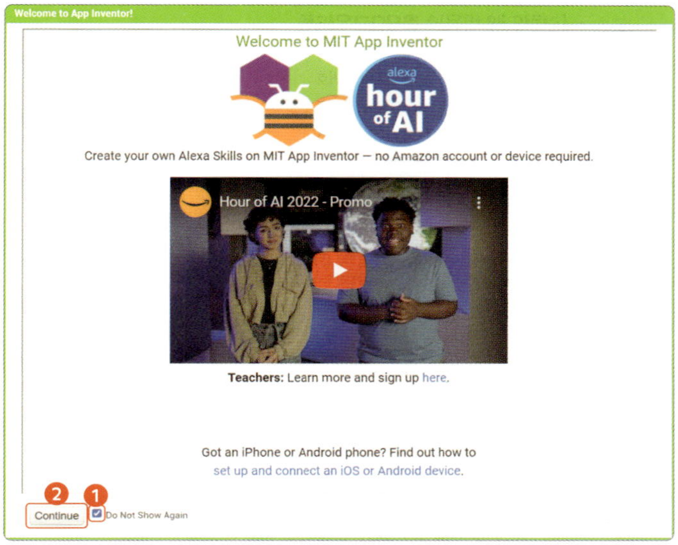

메시지창의 내용은 달라질 수 있습니다.

06 튜토리얼 시작하기 앱 인벤터를 처음 시작하는 초보자를 위해 필요한 사용 방법을 알려주는 튜토리얼 화면이 열립니다. 총 3가지 튜토리얼이 있는데 이 책으로 공부하면 앱 인벤터 사용 방법을 익힐 수 있기 때문에 [CLOSE]를 클릭합니다.

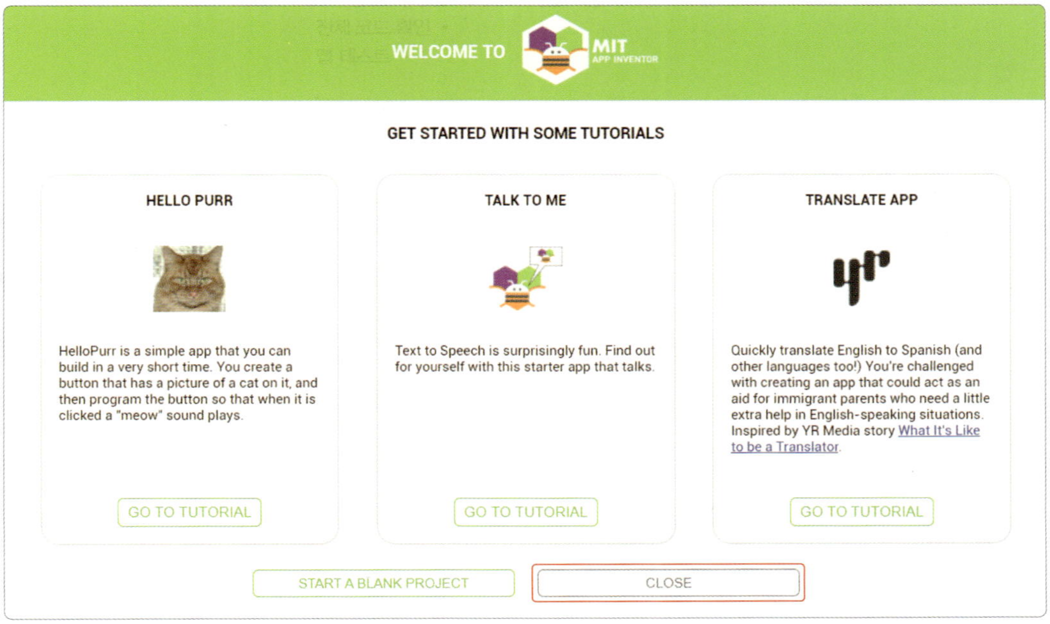

07 앱 인벤터의 언어를 한글로 설정하기 앱 인벤터를 처음 시작하면 언어가 영어로 설정되어 있습니다. 앱 인벤터의 우측 상단에 있는 [English] 메뉴에서 언어를 바꿀 수 있습니다. 이 책에서는 앱 인벤터를 한국어로 설정하여 사용할 것이기 때문에 [English]를 클릭하고 [한국어]를 선택합니다.

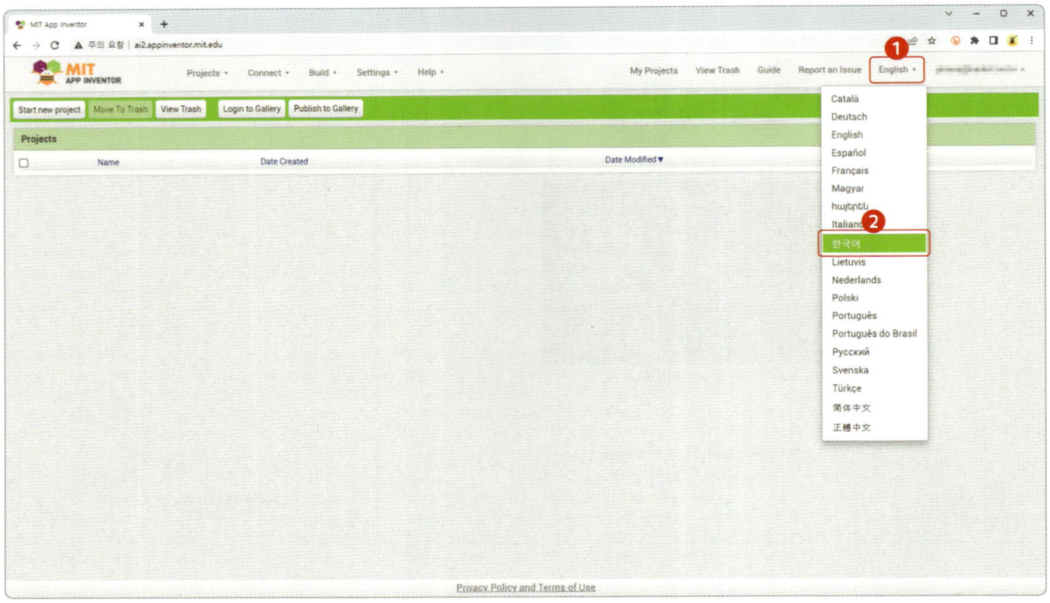

08 앱 인벤터 사용 준비 완료하기 앱 인벤터를 '한국어'로 설정하면 모든 메뉴가 한국어로 바뀝니다. 이제 앱 인벤터를 사용할 준비가 모두 끝났습니다.

Section 03 앱 인벤터 화면의 구조와 기능

1 새로운 앱 인벤터 프로젝트 생성

앱 인벤터를 둘러보려면 새 프로젝트를 하나 만들어야 합니다. 앱 인벤터의 좌측 상단에서 [새 프로젝트 시작하기]를 클릭하고 [프로젝트 이름]은 'test001'로 입력한 후 [확인]을 클릭하여 새 앱 인벤터 프로젝트를 만듭니다.

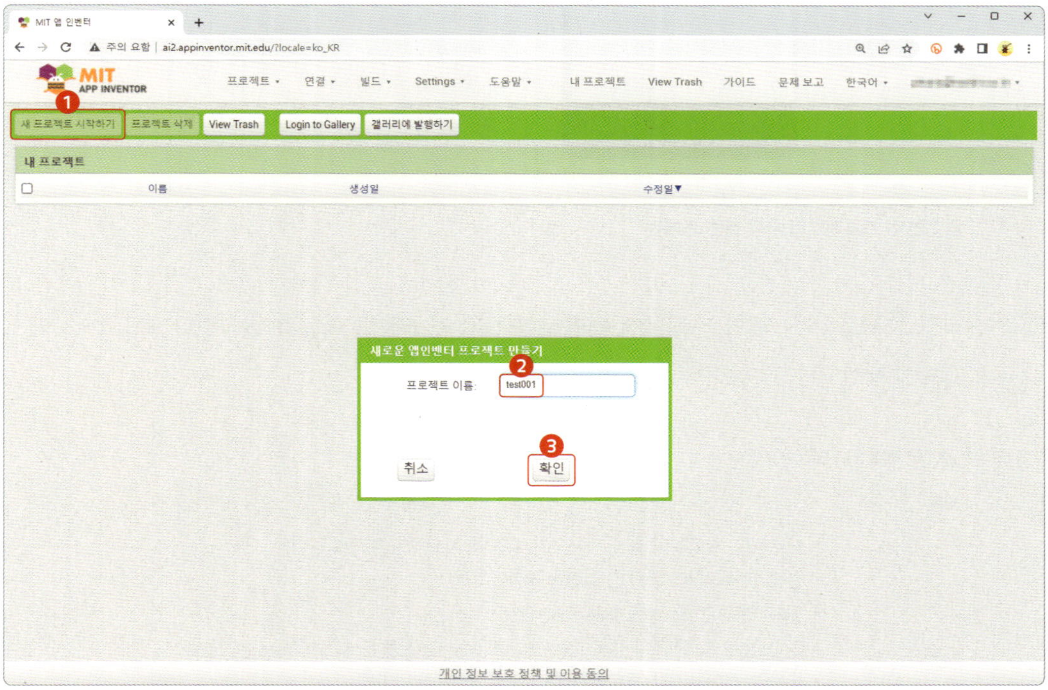

그림 1-8 새 앱 인벤터 프로젝트 생성

프로젝트 이름은 영문자, 숫자, 언더바(_)만 사용할 수 있습니다.

2 앱 인벤터의 시작 화면과 메뉴

새 앱 인벤터 프로젝트를 생성하면 [그림 1-9]와 같은 앱 인벤터 프로젝트의 시작 화면과 메뉴가 나타납니다.

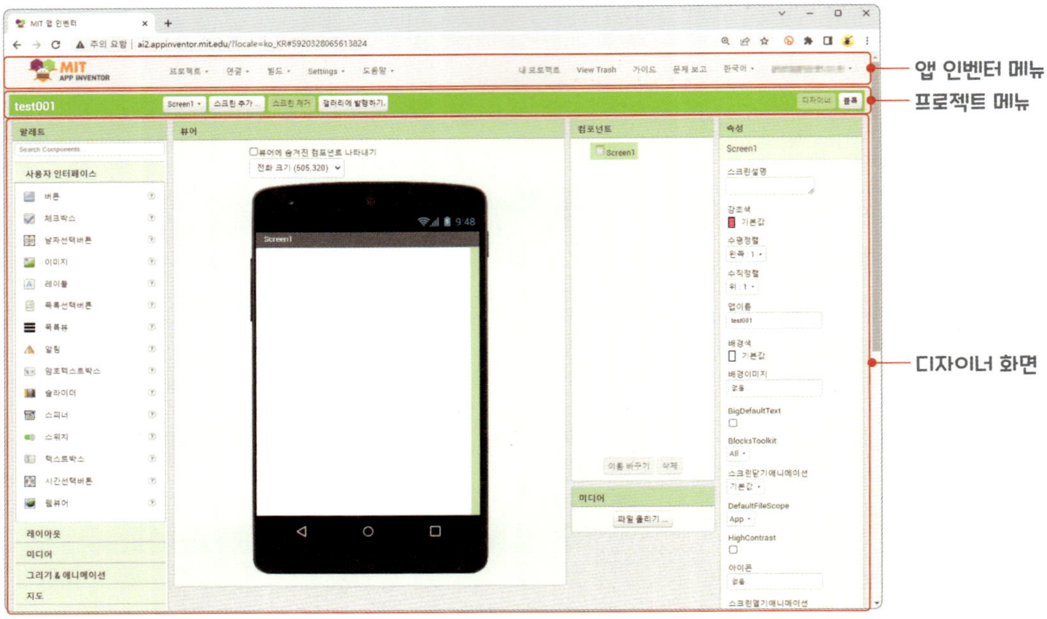

그림 1-9 앱 인벤터 프로젝트의 시작 화면과 메뉴

앱 인벤터 프로젝트의 시작 화면에는 앱 인벤터 메뉴와 프로젝트 메뉴가 있습니다. [표 1-2]에서 각각의 메뉴에 대한 기능을 정리하였습니다.

표 1-2 앱 인벤터 메뉴와 프로젝트 메뉴

메뉴	내용
앱 인벤터 메뉴	• 프로젝트: 프로젝트 시작, 가져오기, 저장 등 프로젝트 관리와 관련된 기능 • 연결: 에뮬레이터 연결 등 실행과 관련된 기능 • 빌드: 안드로이드 빌드 파일(apk, aab) 생성 • Settings: 프로젝트 자동로드와 OpenDyslexic 폰트 Enable/Disable 기능 • 도움말: 라이브러리, 튜토리얼, 문제 해결 등 도움말 기능 • 내 프로젝트: 내가 생성한 프로젝트 목록 출력 • View Trash: 삭제한 프로젝트 보기 • 갤러리: 다른 사용자가 제작하여 오픈한 앱 목록 출력 • 가이드: 앱 인벤터 라이브러리 창 띄우기 • 문제 보고: MIT 앱 인벤터 포럼에 연결 • 한국어: 앱 인벤터에서 사용할 언어 선택

프로젝트 메뉴	• Screen1: 현재 스크린 표시 • 스크린 추가: 스크린 추가 기능 • 스크린 제거: 스크린 제거 기능 • 디자이너: 앱 화면을 디자인하는 디자이너 화면 표시 • 갤러리에 발행하기: 현재 프로젝트를 갤러리에 오픈(갤러리 계정 설정 등 별도 작업 필요) • 블록: 코딩을 할 수 있는 블록 편집 화면 표시

앱 인벤터 화면은 크게 '디자이너 화면'과 '블록 편집 화면'으로 구분할 수 있습니다. 디자이너 화면은 앱 화면을 디자인하기 위한 기능을 제공하고, 블록 편집 화면은 블록을 조립하며 코딩할 수 있는 기능을 제공합니다.

3 디자이너 화면의 구조와 기능

앱 인벤터 프로젝트를 시작하면 [그림 1-9]와 같이 디자이너 화면이 기본으로 표시됩니다. 디자인 편집 화면은 팔레트, 뷰어, 컴포넌트, 미디어, 속성 영역으로 구분되는데, [표 1-3]에 각각의 영역을 정리하였습니다.

표 1-3 디자이너 화면의 영역별 내용

영역	내용
팔레트	화면을 디자인하기 위한 컴포넌트를 구역별로 구분하여 모아놓은 곳이다. • 사용자 인터페이스: 버튼, 레이블 등 사용자 인터페이스를 디자인하기 위한 컴포넌트를 제공한다. • 레이아웃: 수평배치, 수직배치 등 사용자 인터페이스의 컴포넌트를 배치하기 위한 기능을 제공한다. • 미디어: 캠코더, 카메라, 소리 등 미디어 컴포넌트를 제공한다. • 그리기 & 애니메이션: 그림을 그릴 수 있는 캔버스와 이미지 처리에 필요한 컴포넌트를 제공한다. • 지도: 지도를 활용한 앱 개발에 필요한 컴포넌트를 제공한다. • Charts: 차트 작성에 필요한 컴포넌트를 제공한다. • 센서: 가속도센서, 바코드센서, 자이로센서 등 센서 컴포넌트를 제공한다. • 소셜: 전화, 문자메시지, 트위터 등 컴포넌트를 제공한다. • 저장소: 파일, DB 등 데이터를 저장할 때 사용하는 컴포넌트를 제공한다. • 연결: 블루투스, 웹 연결 등에 필요한 컴포넌트를 제공한다. • 레고® 마인드스톰®: 레고를 사용한 프로그래밍 컴포넌트를 제공한다. • 실험실: 현재 실험 중인 컴포넌트를 제공한다. • 확장 기능: 외부의 확장된 기능을 연결할 때 사용한다.
뷰어	컴포넌트를 배치하여 화면을 설계하는 곳으로 앱 화면을 개략적으로 보여준다. 실제 스마트폰에서 확인하면 약간 다를 수 있다.
컴포넌트	뷰어에 배치된 컴포넌트의 계층 구조를 보여준다.
미디어	업로드한 이미지나 사운드 등 미디어 파일을 표시한다.
속성	컴포넌트의 속성을 표시하며, 사용자가 설정할 수 있다.

4 블록 편집 화면의 구조와 기능

앱 인벤터 화면에서 우측 상단의 [블록]을 클릭하면 [그림 1-10]과 같이 블록 편집 화면으로 전환됩니다.

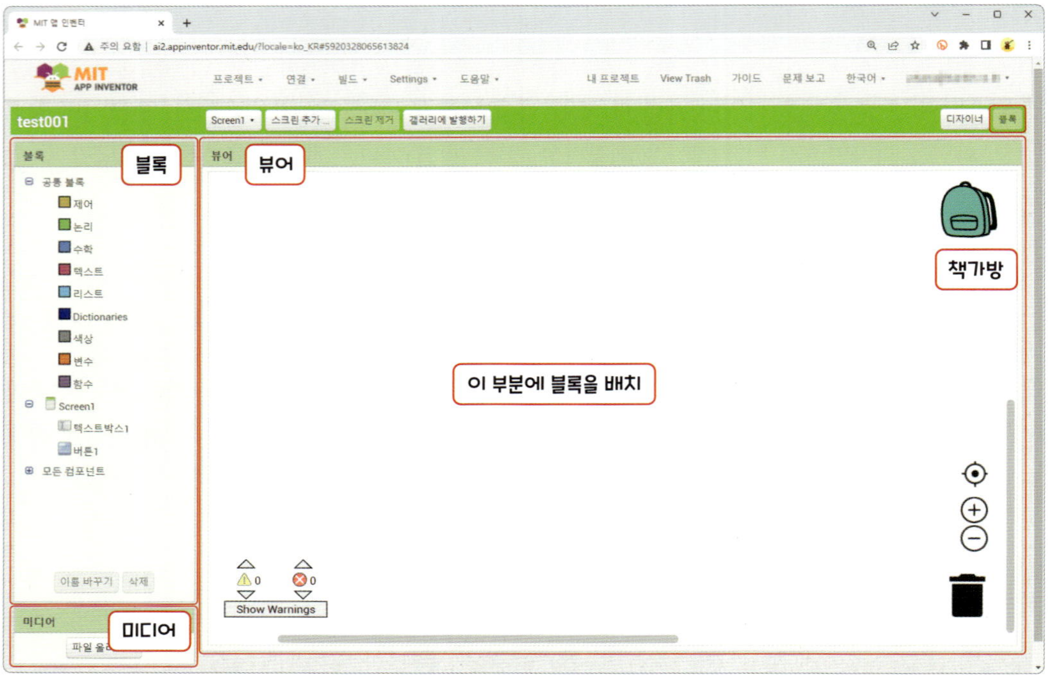

그림 1-10 앱 인벤터의 블록 편집 화면

블록 편집 화면은 블록, 미디어, 뷰어 영역으로 구성되어 있으며, [표 1-4]에 각 영역과 그 기능을 정리하였습니다.

표 1-4 블록 편집 화면의 영역별 내용

영역	내용
블록	컴포넌트의 동작을 코딩할 때 사용하는 블록을 모아놓은 곳이다. • 공통 블록: 변수, 제어, 색상 등 공통으로 사용할 블록을 제공한다. • 컴포넌트별 블록: 디자이너에서 설계한 컴포넌트별로 코딩에 필요한 블록을 제공한다.
뷰어	프로그래밍 블록을 끌어다 배치하여 코딩하는 화면이다.
미디어	업로드한 이미지나 사운드 등 미디어 파일을 표시한다.
책가방	블록을 복사해서 담아두었다가 다른 프로젝트에 불러서 사용할 수 있다.

하나 더 알기 ✓ **앱 인벤터의 공통 블록**

앱 인벤터는 블록 코딩 방식으로 앱 동작에 필요한 블록을 제공합니다. 앱 인벤터의 블록은 프로그래밍에서 사용하는 명령을 담고 있어 각각의 기능을 수행합니다. [공통 블록]은 앱 인벤터에서 별도의 컴포넌트 설정 없이 사용 가능한 블록으로, 명령의 종류를 색상으로 구분합니다. [공통 블록]의 종류와 내용을 간단히 알아보고, 이후 장에서 실습을 하며 자세한 블록 사용방법을 배우겠습니다.

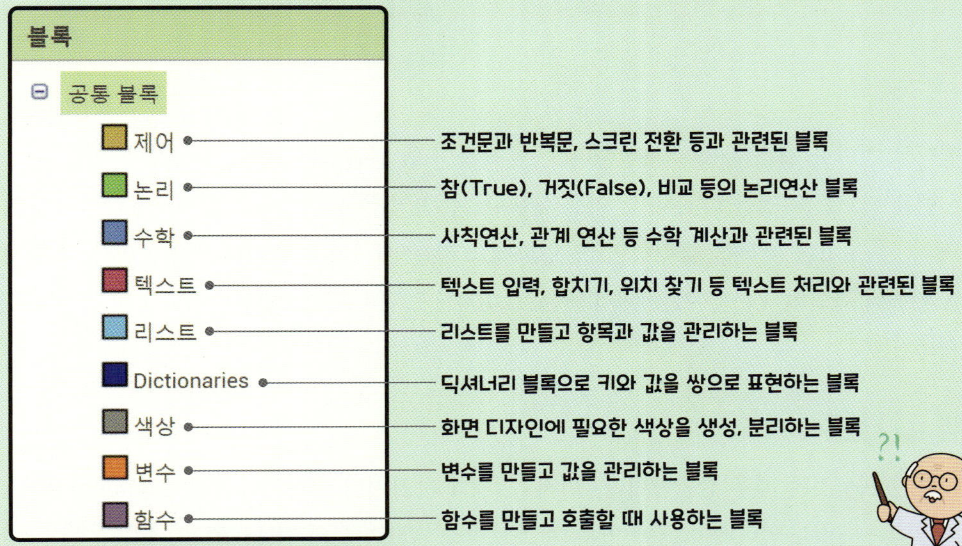

그림 1-11 앱 인벤터의 공통 블록

Section 04 앱 인벤터 테스트와 실행

앱 인벤터로 간단한 앱을 만들어 보겠습니다. 본격적인 앱 만들기는 2장에서 시작할 것입니다. 여기서는 앱을 만드는 과정을 이해하고, 이를 실행시키는 방법을 중점적으로 살펴보겠습니다. [그림 1-5]에서 본 것처럼 버튼을 클릭하면 '안녕하세요'라는 메시지를 출력하는 앱을 만들겠습니다. 3절 '앱 인벤터 화면의 구조와 기능'에서 만든 'test001' 프로젝트로 작업합니다.

1 앱 디자인

앱을 디자인하는 것은 매우 간단합니다. 먼저 [그림 1-12]처럼 디자이너 화면을 나타냅니다. [팔레트] 영역의 [사용자 인터페이스]에 있는 '텍스트박스' 컴포넌트와 '버튼' 컴포넌트를 [뷰어] 영역으로 드래그하면 됩니다.

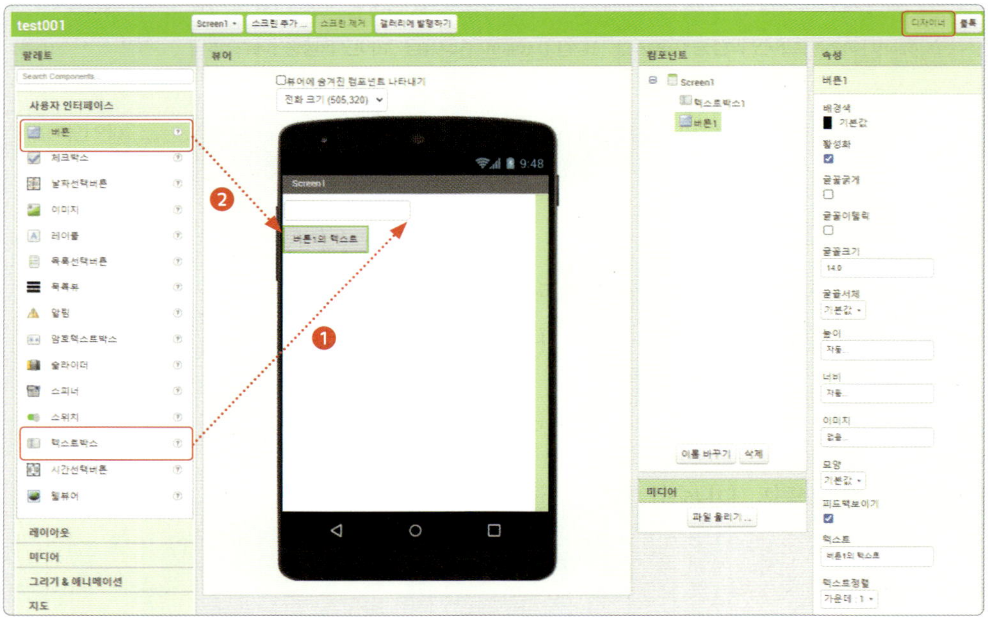

그림 1-12 텍스트박스와 버튼 컴포넌트를 [뷰어] 영역에 드래그하기

[그림 1-13]을 보면 [컴포넌트] 영역에 '텍스트박스1'과 '버튼1'이 추가된 것을 확인할 수 있습니다. '텍스트박스1'을 선택하면 우측 [속성] 영역에 '텍스트박스' 컴포넌트와 관련된 속성이 표시되며, '버튼1'을 선택하면 '버튼' 컴포넌트와 관련된 속성이 표시됩니다. [그림 1-13]처럼 '버튼1'을 클릭한 상태에서 [속성] 영역의 [텍스트] 항목을 '버튼'으로 수정하면 [뷰어] 영역에서 '버튼1의 텍스트'가 '버튼'으로 바뀝니다. 이것으로 앱 디자인은 끝났습니다.

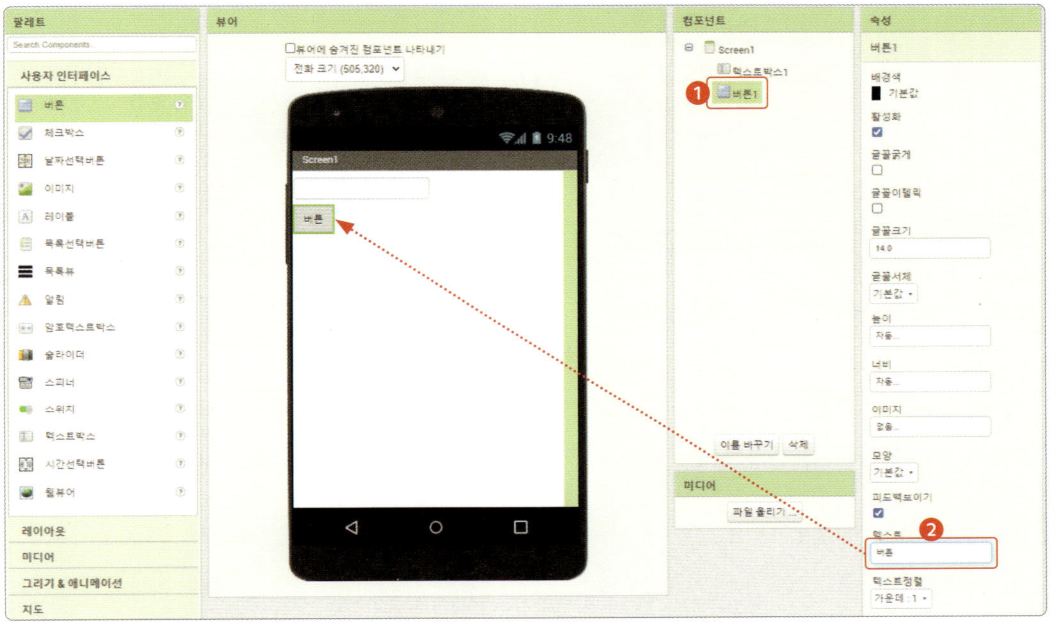

그림 1-13 **버튼의 텍스트 속성 수정하기**

2 코딩

이제 버튼을 클릭했을 때 바로 위에 있는 텍스트박스에 '안녕하세요'를 출력하도록 코딩해 보겠습니다. 코딩을 위해서 앱 인벤터 우측 상단의 [블록]을 클릭하여 블록 편집 화면을 나타냅니다. 좌측 [블록] 영역을 보면 [공통 블록] 외에 '텍스트박스1'과 '버튼1'이 추가되어 있습니다. 여기서 '버튼1'을 클릭하면 [그림 1-14]와 같이 [뷰어] 영역에 버튼에서 사용할 수 있는 코딩 블록들이 나타납니다.

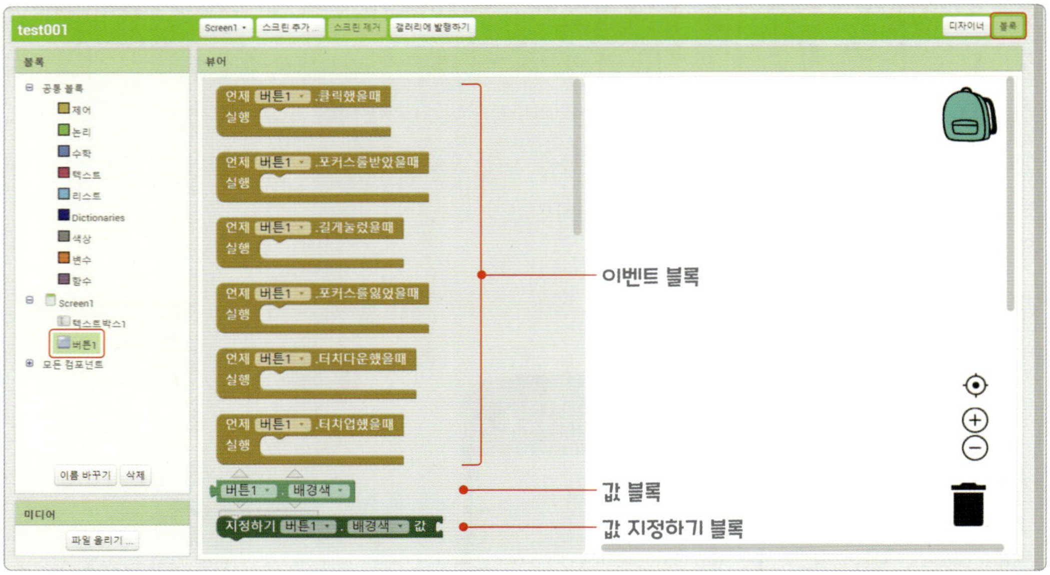

그림 1-14 '버튼1'을 클릭하면 나타나는 코딩 블록들

코딩 블록은 서로 맞는 블록을 끼울 수 있는 모양을 가지고 있는데, [표 1-5]와 같이 이벤트 블록, 값 블록, 값 지정하기 블록으로 구분되는 3가지 형태가 있습니다.

표 1-5 3가지 형태의 코딩 블록

블록 형태	블록 예시	설명
이벤트 블록	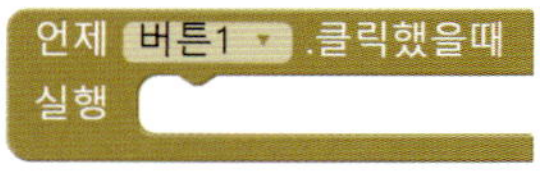	컴포넌트에 특정 이벤트가 발생했을 때 호출되는 블록으로 버튼에 대한 이벤트를 지정하는 블록이다.
값 블록		특정한 값을 표시하는 블록으로 버튼의 배경색을 나타내는 블록이다.
값 지정하기 블록	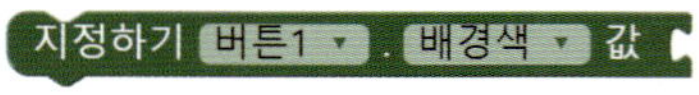	컴포넌트의 속성에 값을 지정하는 블록으로 버튼의 배경색을 지정하는 블록이다.

그러면 앱의 동작을 프로그래밍해 보겠습니다.

01 '버튼1'의 블록 선택하기 먼저 [블록] 영역에서 [Screen1]-[버튼1]을 눌러 나타나는 블록에서 [언제 '버튼1'.클릭했을때 – 실행] 블록을 클릭하면 02의 그림과 같이 [뷰어] 영역에 표시됩니다.

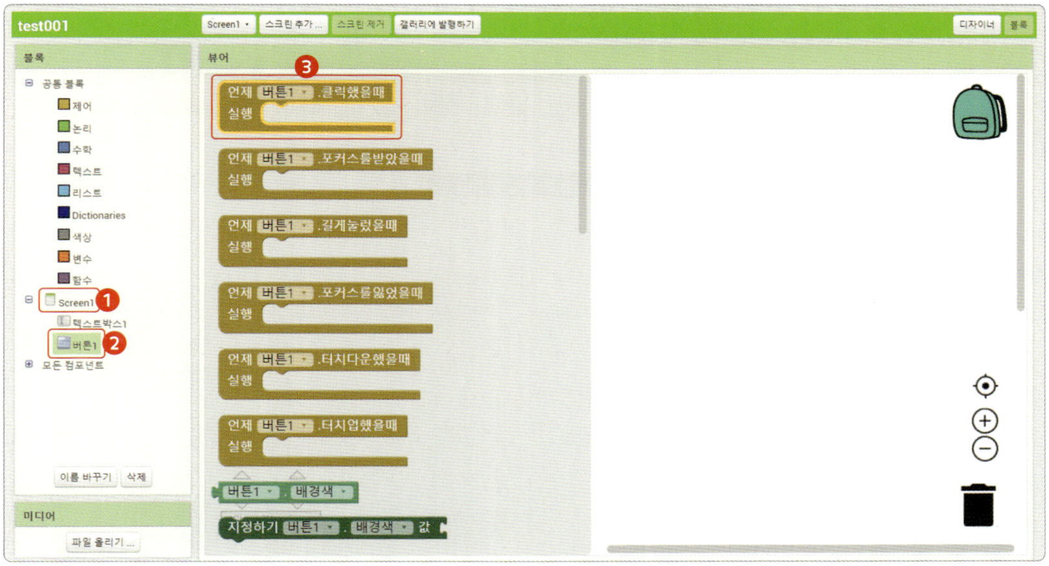

02 텍스트박스에 글자 출력하기 버튼을 클릭했을 때 텍스트박스에 글자가 출력된다는 것은 텍스트박스의 속성 중에 '텍스트' 속성에 값을 지정한다는 것을 의미합니다. 따라서 [블록] 영역에서 '텍스트박스1'을 클릭하여 [지정하기 '텍스트박스1'.'텍스트' 값] 블록을 클릭합니다.

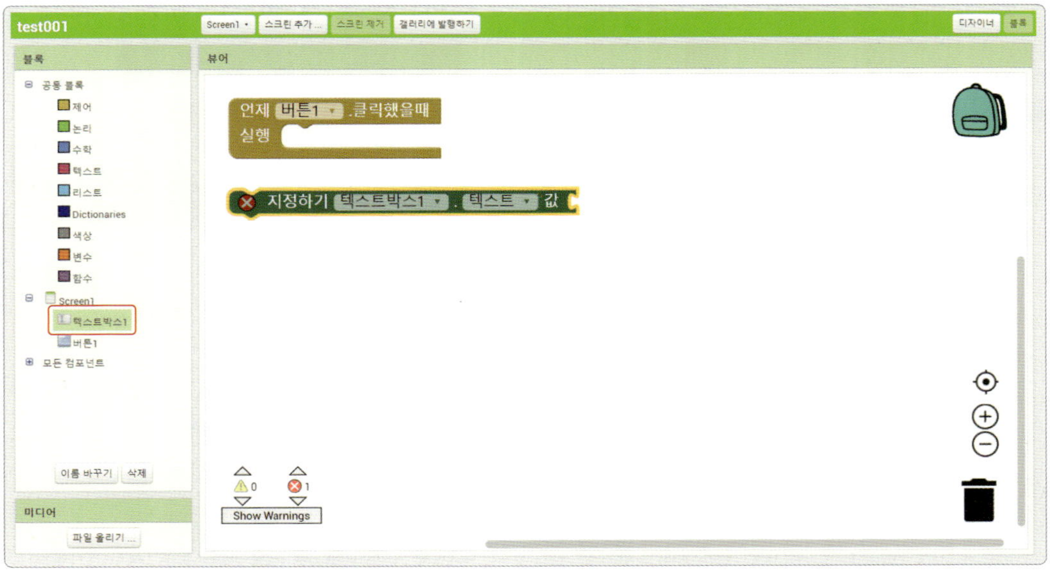

03 블록 결합하기 [언제 '버튼1'.클릭했을때 – 실행] 블록과 [지정하기 '텍스트박스1'.'텍스트' 값] 블록을 결합합니다. [지정하기 '텍스트박스1'.'텍스트' 값] 블록을 [언제 '버튼1'.클릭했을때 – 실행] 블록 안에 넣을 수 있도록 모양이 맞추어지는 것을 알 수 있습니다.

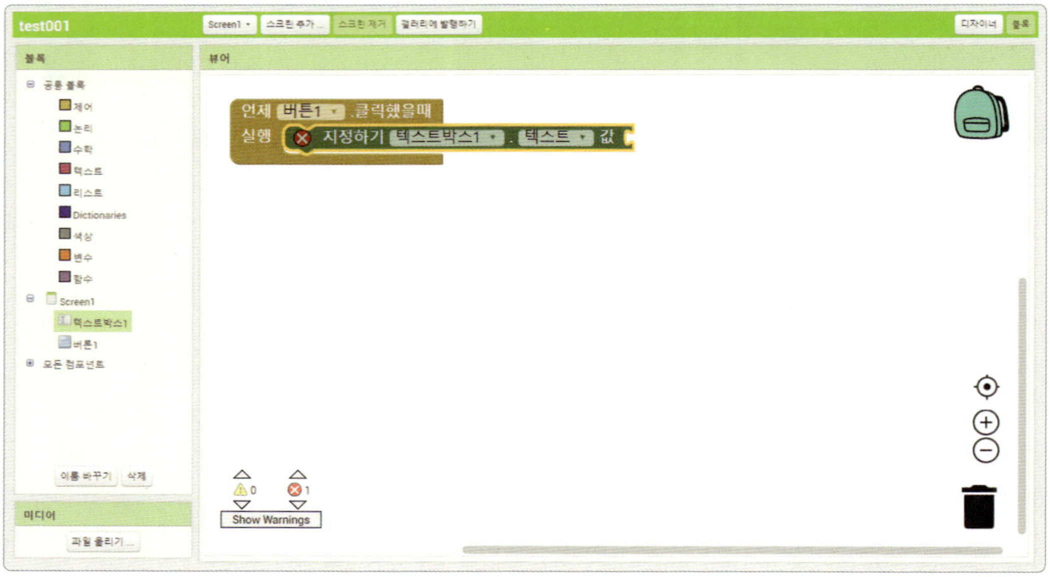

04 빈 텍스트 블록 결합하고 '안녕하세요' 입력하기 이제 버튼을 클릭하면 표시될 텍스트 값을 지정하면 됩니다. 그런데 지정할 값은 어디에 있을까요? 텍스트 지정과 같이 공통적으로 사용할 수 있는 블록들은 [공통 블록]에 준비되어 있습니다. [공통 블록]의 [텍스트]를 선택하면 텍스트 처리와 관련된 블록이 나타나는데 여기서 [' '] 블록을 선택합니다. [지정하기 '텍스트박스1'.'텍스트' 값] 블록에 결합한 후 [' '] 블록 안에 '안녕하세요'를 입력하면 됩니다.

클릭 몇 번으로 코딩이 모두 끝났습니다. 정말 간단하지 않나요? 이제는 실행할 차례입니다. 앱 인벤터에서 만든 앱은 어떻게 실행시키는지 알아보겠습니다.

3 앱 테스트

앱 인벤터는 앱을 개발하면서 바로 테스트할 수 있는 기능을 제공합니다. 상단의 앱 인벤터 메뉴 중 [연결] 메뉴의 [AI 컴패니언]과 [에뮬레이터] 메뉴로 라이브 테스팅이 가능합니다.

AI 컴패니언 사용하기

AI 컴패니언은 안드로이드 폰과 아이폰에서 앱 인벤터에 접속하여 바로 테스트할 수 있도록 합니다. 단, AI 컴패니언으로 앱을 테스트하기 위해서는 앱을 제작하고 있는 컴퓨터와 스마트폰이 같은 네트워크에 있어야 합니다.

01 스마트폰에 MIT 컴패니언 설치하기 안드로이드 폰은 'MIT AI2 Companion' 앱을 찾아 설치하고, 아이폰은 'MIT App Inventor' 앱을 찾아 설치합니다.

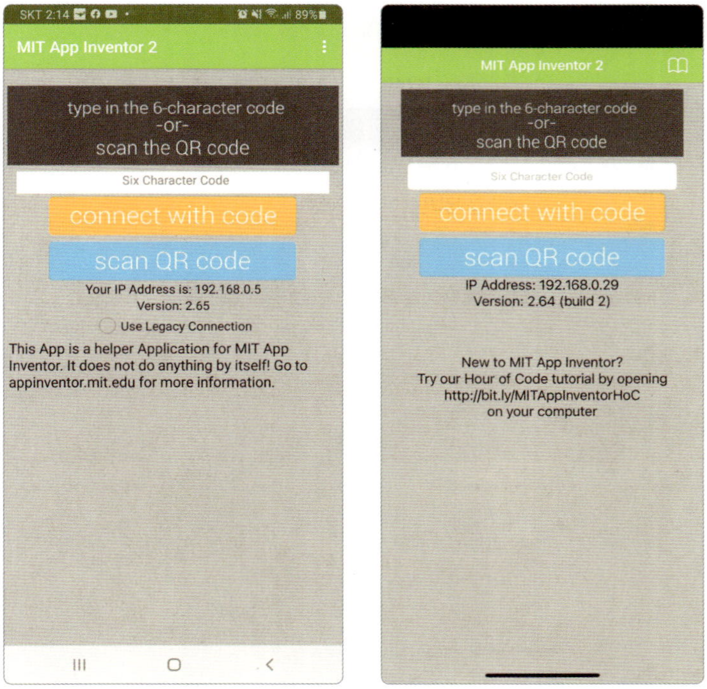

(a) 안드로이드 폰 화면 (b) 아이폰 화면

그림 1-15 컴패니언 앱 실행 화면

02 AI 컴패니언 메뉴 선택하기 앱 인벤터 상단의 [연결] 메뉴에서 [AI 컴패니언]을 선택하면 QR코드와 여섯 자리 코드가 출력됩니다.

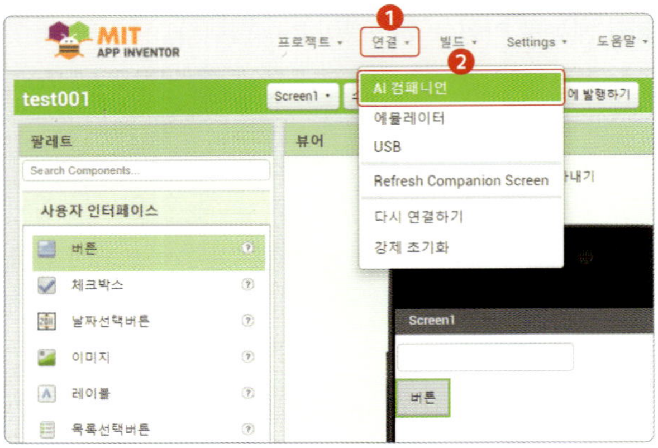

03 스마트폰에서 앱 실행하기 스마트폰에서 QR 코드를 스캔하거나 여섯 자리 코드를 입력하면 다음과 같이 앱이 실행됩니다.

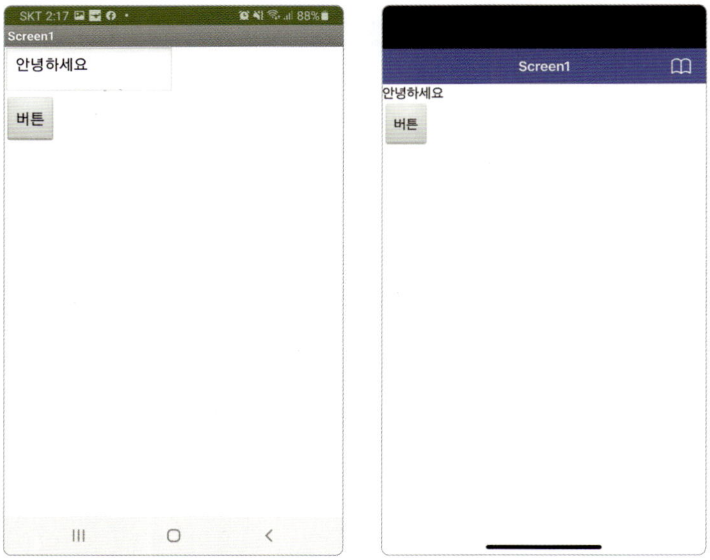

(a) 안드로이드 폰 화면 (b) 아이폰 화면

그림 1-16 AI 컴패니언이 연결된 앱 화면

AI 컴패니언으로 스마트폰과 연결된 앱은 앱 인벤터에서 컴포넌트를 추가하거나 코딩을 바꿀 경우 즉시 스마트폰의 앱으로 반영되어 라이브 테스팅이 가능합니다. 그러나 AI 컴패니언의 내부 오류가 발생하여 연결이 잘 안 되는 경우가 있습니다. 그럴 때에는 스마트폰의 앱을 다시 실행시키고, 앱 인벤터와 다시 연결하여 시도해 보도록 합니다.

에뮬레이터 사용하기

스마트폰과 PC가 같은 네트워크가 아니거나 AI 컴패니언과 스마트폰의 연결이 원활하지 않을 경우 PC에서 에뮬레이터를 사용하여 테스트할 수 있습니다. 에뮬레이터란 PC에서 가상의 스마트폰을 실행시키는 것을 말합니다.

01 PC에 에뮬레이터 다운로드하기 컴퓨터에 에뮬레이터를 설치합니다. 에뮬레이터는 http://appinventor.mit.edu/explore/ai2/windows.html에 접속하여 다운로드해야 합니다.

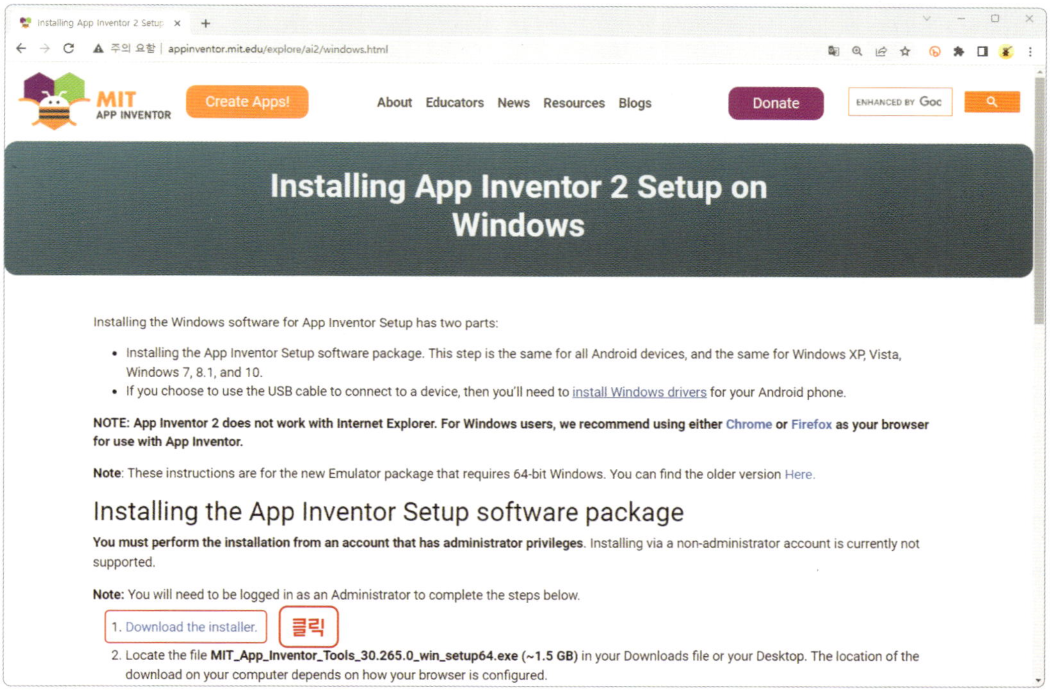

02 에뮬레이터 설치하기 다운로드가 끝나면 PC에 에뮬레이터를 관리자 권한으로 설치합니다.

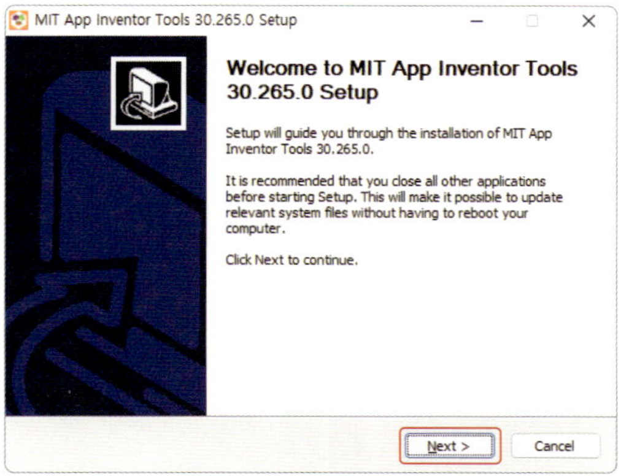

에뮬레이터 설치 전, 사용자 폴더명을 확인해 주세요. 사용자 폴더명이 한글이면 실행 오류가 발생할 수 있습니다. (C:\User\사용자 폴더명)

03 aiStarter 실행하기 설치가 끝나면 바탕화면에 [aiStarter] 아이콘이 생성됩니다. 이 [aiStarter]를 마우스 오른쪽 버튼을 클릭해 관리자 권한으로 실행시키면 다음과 같은 창이 나타납니다.

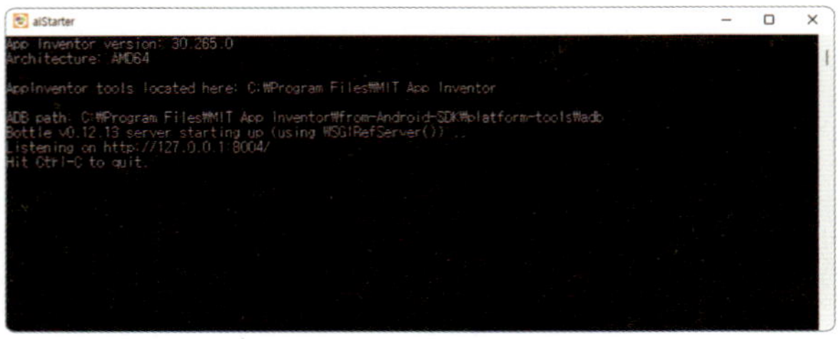

aiStarter는 에뮬레이터를 실행하기 위한 서버 역할을 하는 프로그램입니다. aiStarter는 '관리자 권한으로 실행'하는 것을 권장합니다.

04 에뮬레이터 연결하기 앱 인벤터 상단의 [연결] 메뉴에서 [에뮬레이터]를 선택하면 'Connecting...'이라는 메시지창이 나타납니다.

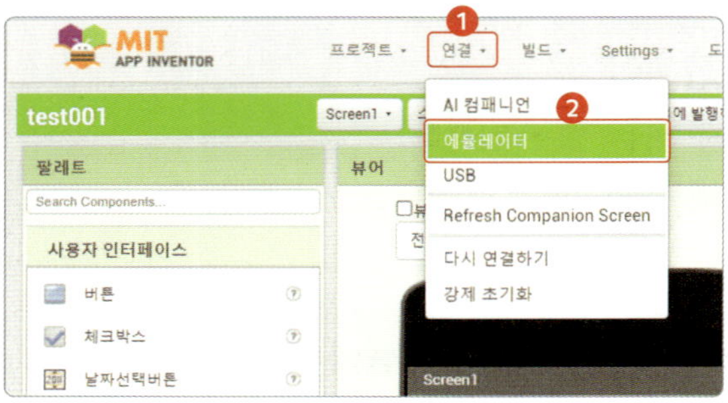

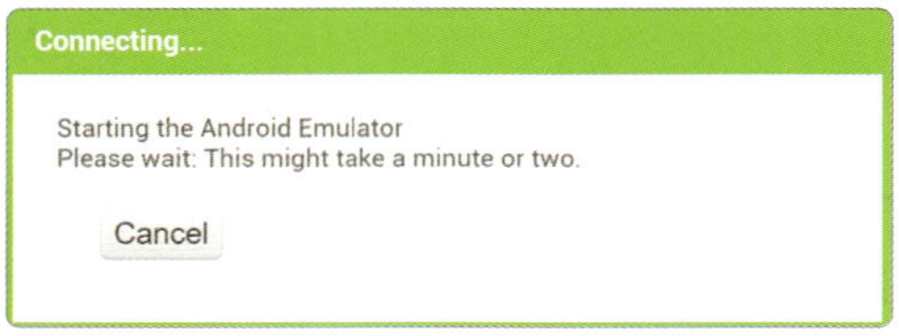

05 스마트폰 에뮬레이터 실행하기 잠시 기다리면 [aiStarter] 창에서 메시지가 스크롤되면서 스마트폰 에뮬레이터가 나타납니다. 에뮬레이터는 버전이 올라가면서 기능도 안정되었습니다.

하나 더 알기 ✓ 에뮬레이터 오류 해결 방법

만약 에뮬레이터가 동작하지 않고, aiStarter 창에서 경로와 관련된 오류 메시지가 나오면 환경변수에서 ANDROID_HOME과 ANDROID_SDK_ROOT의 값을 설정하고 aiStarter를 다시 실행합니다.

[설정 경로]

[⊞]+[I]키를 누르면 [설정]앱이 실행됩니다. [시스템]-[정보]-[고급 시스템 설정]-[환경 변수]를 차례로 누르면 [시스템 속성] 메뉴가 열립니다. 이후 과정은 [그림 1-17]과 [그림 1-18]을 참고하여 진행합니다.

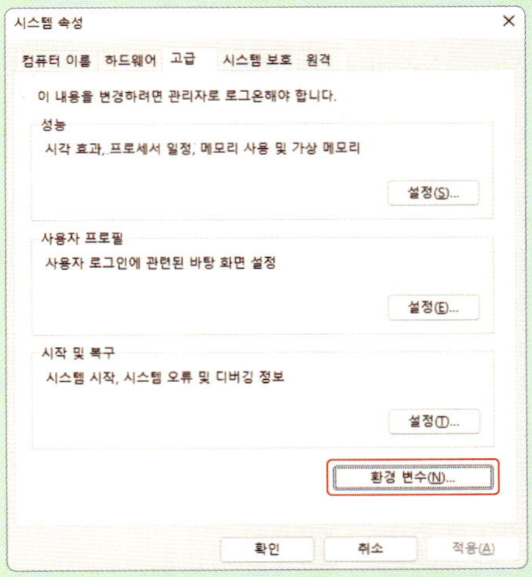

(a) 시스템 속성 화면

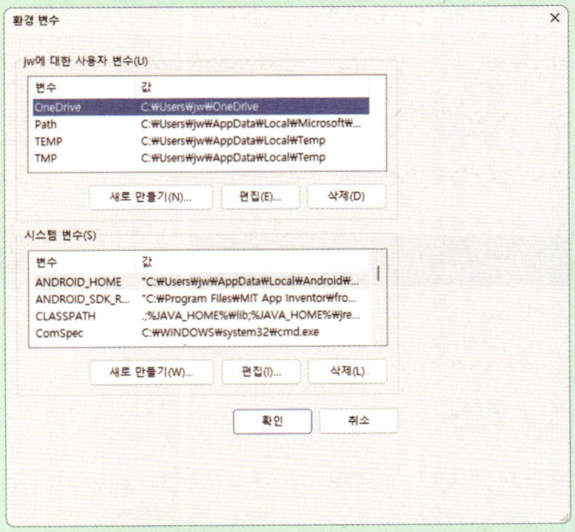

(b) 환경 변수 설정 화면

그림 1-17 에뮬레이터 오류 해결 방법 1

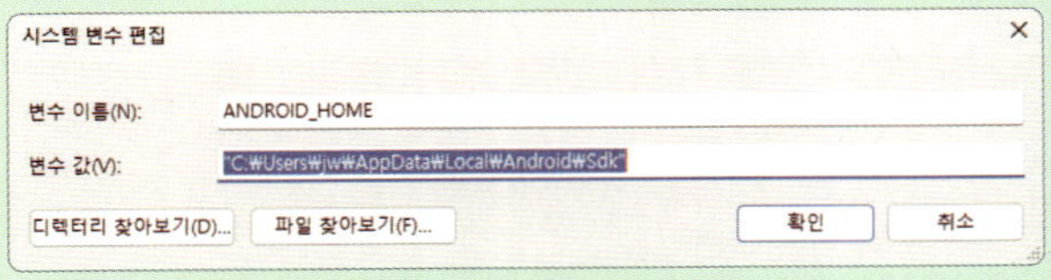

(a) ANDROID_HOME 값 설정 화면

(b) ANDROID_SDK_ROOT의 값 설정 화면

그림 1-18 에뮬레이터 오류 해결 방법 2

06 에뮬레이터에서 작업 중인 앱 실행하기 잠시 기다리면 에뮬레이터에서 AI 컴패니언이 실행되고, 현재 앱 인벤터에서 작업 중인 앱을 실행합니다.

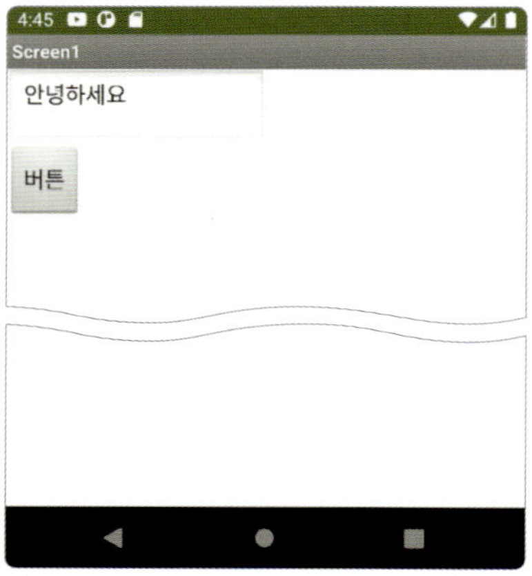

에뮬레이터에서 앱이 실행될 때까지 약간 시간이 걸리므로 끝까지 기다려야 합니다.

4 앱 빌드

앱 인벤터는 앱을 빌드하여 안드로이드 패키지(apk, aab) 파일로 만들어 줍니다. 앱 인벤터 상단의 [빌드] 메뉴를 클릭하면 [Android App (.apk)]와 [Android App Bundle (.aab)] 메뉴가 나타납니다. 현재까지는 iOS용 빌드 파일을 만들어 주지는 않습니다.

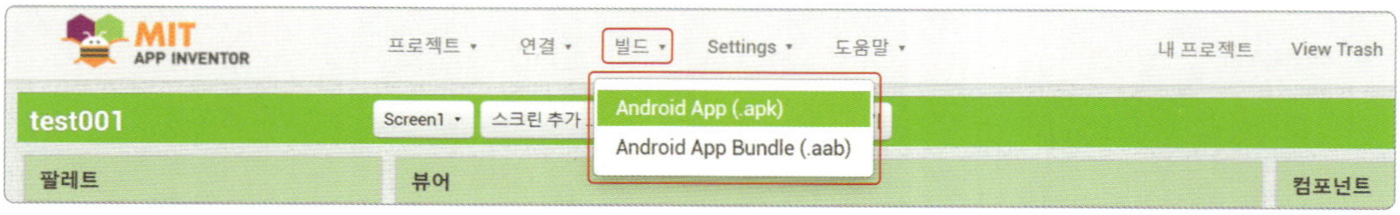

그림 1-19 앱 인벤터 [빌드] 메뉴

QR 코드로 다운로드 하기

[Android App (.apk)]를 선택하면 [그림 1-20]과 같이 apk 파일을 생성하고 있음을 표시하는 진행 바가 나타납니다.

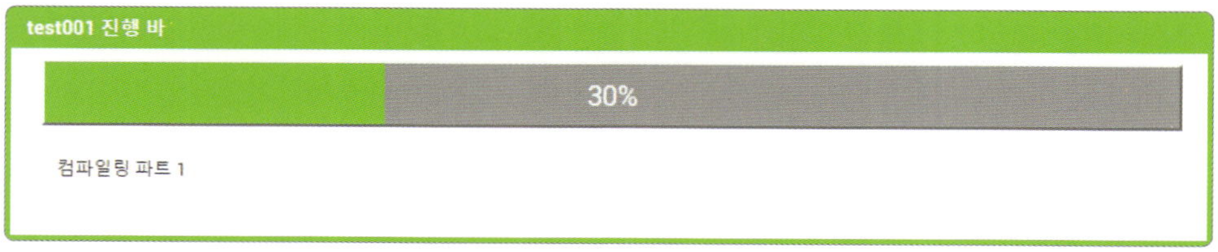

그림 1-20 apk 파일 생성 중임을 표시하는 진행 바

apk 파일의 생성이 완료되면 [그림 1-21]과 같은 QR 코드가 표시됩니다. 이 QR 코드를 스마트폰에서 스캔하여 접속하면 apk 파일이 다운로드됩니다. 다운로드한 apk 파일을 설치하면 앱을 실행할 수 있습니다.

'Download .apk now'를 클릭하면 apk 파일이 PC로 다운로드 됩니다. 이 파일을 스마트폰으로 복사하여 설치할 수 있습니다. 다만, 패키지 파일로 만들어 설치한 것이므로 AI 컴패니언처럼 앱 인벤터에서 앱을 수정하면 바로 반영되지는 않습니다.

그림 1-21 apk 파일 생성 완료되어 나타난 QR 코드

하나 더 알기 **aab 파일로 빌드하기**

aab는 2018년 구글이 새로 소개한 안드로이드 앱 형식으로, 2021년 8월부터 '구글 플레이'에 새로 올라오는 모든 안드로이드 앱은 aab 형식이어야 한다고 정책을 바꾸었습니다. apk 파일과 aab 파일의 차이나 장단점은 이 책에서 별도로 다루지는 않습니다. 새 정책에 맞추어 앱 인벤터에서도 aab 형식으로 빌드할 수 있는 기능을 제공하고 있습니다. 메뉴에서 [Android App Bundle (.aab)]를 선택하면 빌드가 끝난 후 [그림 1-22]처럼 .aab 파일을 다운로드 할 수 있습니다.

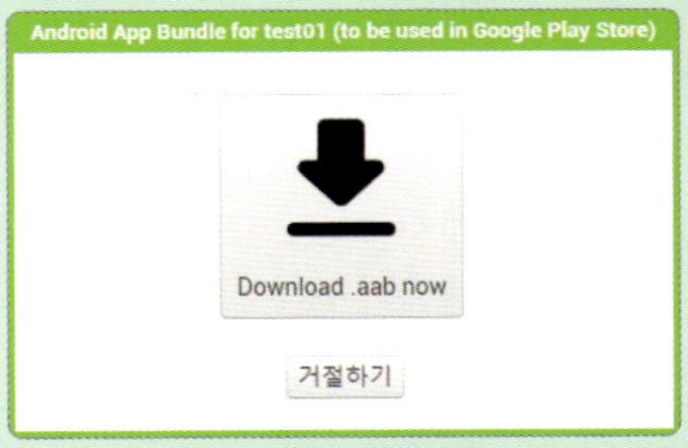

그러나 aab 파일을 안드로이드폰에 설치하려면 별도의 과정이 필요한데 이 책에서는 다루지 않습니다. 이 책에서는 앞에서 다룬 apk 방식을 사용하여 테스트를 진행합니다.

그림 1-22 aab파일 다운로드 화면

요약

01 프로그램(Program)은 문제를 해결하기 위해 서로 관련이 있는 명령을 체계적으로 구성한 것입니다.

02 프로그래밍(Programming)은 프로그램을 만드는 과정입니다.

03 프로그래밍 언어는 컴퓨터와 대화하기 위한 언어이며, 프로그래밍 언어로 프로그램을 작성하는 것을 코딩(Coding)이라고 합니다.

04 고급 언어로 작성된 프로그램을 번역하는 것에는 컴파일(Compile)과 인터프리터(Interpreter) 방식이 있습니다.

05 앱 인벤터는 블록형 언어로 드래그 앤 드롭(Drag and drop) 방식으로 프로그래밍합니다.

06 앱 인벤터는 화면 디자인과 코딩 기능을 웹 브라우저에서 제공합니다.

07 앱 인벤터를 사용하려면 구글 계정이 있어야 합니다.

08 앱 인벤터의 디자이너 화면은 팔레트, 뷰어, 컴포넌트, 미디어, 속성으로 구성되어 있습니다.

09 앱 인벤터의 블록 편집 화면은 블록, 미디어, 뷰어, 책가방으로 구성되어 있습니다.

10 앱 인벤터의 코딩 블록은 이벤트 블록, 값 블록, 값 지정하기 블록으로 구성되어 있습니다.

11 앱 인벤터로 앱을 개발하면서 AI 컴패니언을 사용하여 스마트폰에서 테스트하거나 PC에서 에뮬레이터로 테스트할 수 있습니다.

12 앱 인벤터에서는 앱을 빌드하여 apk 파일과 aab 파일을 만들 수 있고, 빌드한 파일을 스마트폰에 설치하여 실행할 수 있습니다.

연습문제

01 다음 중 고급 언어에 해당하는 언어로 옳지 않은 것은 무엇인가요?

① C ② 파이썬 ③ 기계어 ④ 자바 ⑤ 앱 인벤터

02 다음 중 앱 인벤터에 대한 설명으로 옳지 않은 것은 무엇인가요?

① 텍스트 기반의 언어이다.

② 드래그 앤 드롭 방식의 프로그래밍을 제공한다.

③ 별도의 설치 없이 웹 브라우저에서 이용이 가능하다.

④ 이벤트 기반 프로그래밍에 최적화 되어 있다.

03 블록을 복사해서 담아두었다가 다른 프로젝트에 불러서 사용할 수 있는 기능을 제공하는 영역의 이름은 무엇인가요?

① 컴포넌트 ② 뷰어 ③ 미디어 ④ 책가방 ⑤ 팔레트

04 다음 중 [공통 블록]의 명칭과 설명이 올바르게 이어진 것을 모두 고르세요.

① 제어 : 조건문과 반복문, 스크린 전환 등과 관련된 블록이다.

② 수학 : 함수를 만들고 호출할 때 사용하는 블록이다.

③ 논리 : 사칙연산, 관계 연산 등 수학 계산과 관련된 블록이다.

④ 함수 : 참(True), 거짓(False), 비교 등의 논리 연산을 제공하는 블록이다.

⑤ 리스트 : 리스트를 만들고 항목과 값을 관리하는 블록이다.

05 앱 인벤터의 '앱 빌드'에 관한 설명으로 옳은 것을 모두 고르세요.

① 안드로이드 폰과 아이폰 둘 다 빌드가 가능하다.

② apk 파일과 aab 파일을 만들 수 있다.

③ QR코드를 스캔하면 스마트폰으로 파일을 다운로드 할 수 있다.

④ AI 컴패니언과 마찬가지로 수정사항이 실시간으로 반영된다.

06 컴포넌트에 특정 이벤트가 발생했을 때 호출되는 블록의 명칭으로 옳은 것은 무엇인가요?

① 값 블록 ② 이벤트 블록 ③ 변수 블록 ④ 컴포넌트별 블록

07 'test001' 프로젝트는 텍스트박스와 버튼 하나로 구성되어 있습니다. 여기에 버튼을 추가해 봅시다. 기존의 [버튼1]을 클릭하면 텍스트박스에 '안녕하세요'를 출력하고, [버튼2]를 클릭하면 텍스트박스에 '감사합니다'를 출력합니다.

08 **07**번에서는 텍스트박스를 한 개 사용했습니다. [실행 결과]와 같이 [버튼1]과 [버튼2] 사이에 텍스트박스를 추가하고 [버튼2]를 클릭하면 새로운 텍스트박스에 '감사합니다'가 출력되도록 코딩합니다.

[실행 결과]

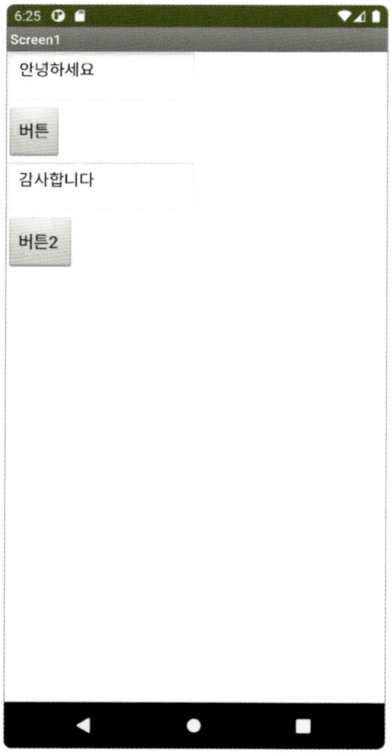

09 08번 [실행 결과]에 버튼을 하나 더 추가하고 버튼의 이름을 '지우기'로 합니다. [지우기] 버튼을 클릭하면 텍스트박스의 내용이 모두 지워지도록 코딩합니다.

10 09번의 결과에 버튼을 하나 더 추가하고 버튼의 이름을 '배경색 바꾸기'로 합니다. [배경색 바꾸기] 버튼을 클릭하면 Screen1의 '배경색'의 속성을 다른 색으로 지정될 수 있도록 코딩합니다. 블록 편집 화면 [공통 블록]-[색상]에서 색상 블록을 이용할 수 있습니다.

[실행 결과]

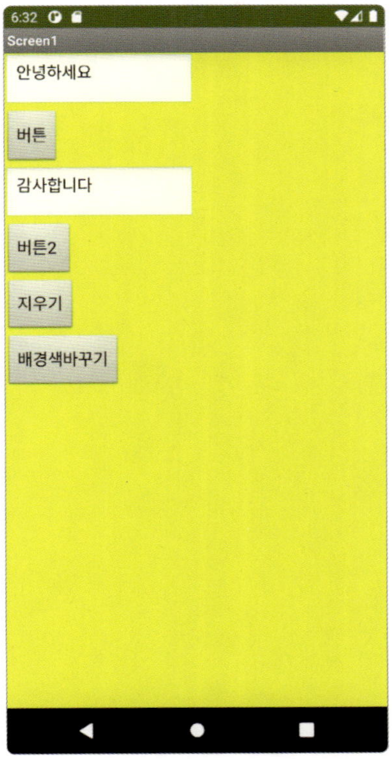

CHAPTER 02

간단한 앱 만들기

학습목표

- 앱을 만드는 작업 순서를 이해합니다.
- 앱의 화면을 디자인하는 방법을 알아봅니다.
- 블록을 조립하여 코딩하고 테스트하는 방법을 배웁니다.
- 간단한 앱 만들기 실습을 해보며 앱 인벤터의 프로그래밍 과정을 이해합니다.

Preview

앱 인벤터로 앱을 만들려면 앱의 화면을 설계하는 과정과 앱의 동작을 프로그래밍하는 작업이 필요합니다. 이번 장에서는 앱 인벤터의 작업과정을 이해하고, 본격적인 앱 개발 기법의 학습에 앞서 간단한 앱을 만들어 봅니다. 간단한 앱 제작 실습으로 앱의 화면을 설계하고 프로그래밍하는 과정이 어떻게 진행되는지 이해할 수 있을 것입니다. 이번 장에서 학습한 작업과정은 이후 실습에서도 동일하게 적용되므로 천천히 학습하면서 앱 인벤터에 조금씩 익숙해져 갑시다.

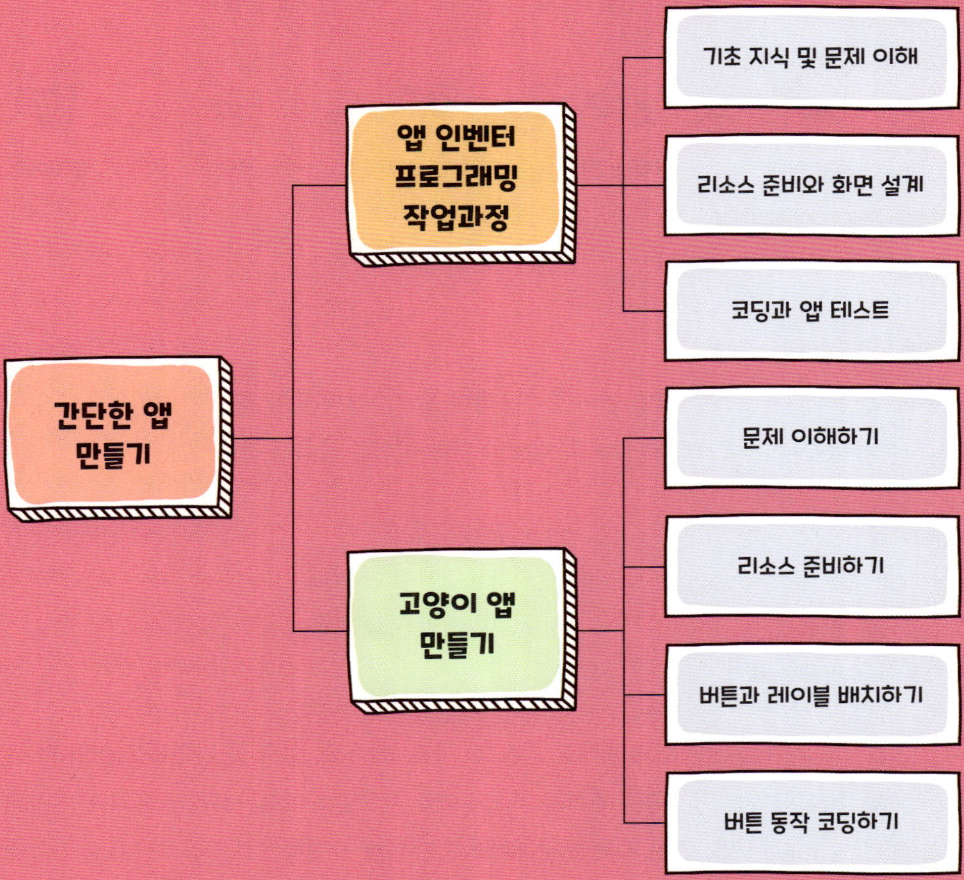

Section 01

앱 인벤터 프로그래밍 작업과정

앱 인벤터로 프로그래밍을 할 때에는 일반적으로 '기초 지식 이해 ▶ 문제 이해 ▶ 리소스 준비 ▶ 화면 설계 ▶ 코딩 ▶ 앱 테스트' 순으로 작업합니다. 각 단계별 내용을 살펴보겠습니다.

그림 2-1 앱 인벤터 프로그래밍 작업과정

1 기초 지식 이해

앱 인벤터뿐만 아니라 다른 프로그래밍 언어를 사용하여 프로그래밍을 할 때에도 기본적으로 알아야 할 기초 지식이 있습니다. 프로그래밍에 꼭 필요한 기초 지식은 다음과 같습니다.

- 출력과 입력 방법
- 연산자의 사용
- 조건문과 반복문 활용
- 함수를 사용하고 만드는 방법
- 변수의 개념
- 자료형에 대한 이해
- 복합적인 자료 활용

이외에 객체 지향 프로그래밍 언어를 사용하면 클래스, 객체, 메소드, 상속 등 관련된 지식이 더 늘어납니다. 이러한 기초 지식을 이해해야 원하는 프로그램을 작성할 수 있습니다. 프로그래밍 기초 지식의 기본 개념은 동일하지만, 기본 개념을 구체적으로 어떻게 표현하는지는 프로그래밍 언어에 따라 조금씩 차이가 있습니다. 이 책에서는 2부 '앱 인벤터 프로그래밍 기초'에서 각 장마다 기초 지식을 살펴보고, 앱 인벤터에서 이를 어떻게 구현할 수 있는지 배웁니다. 기초 지식을 모두 이해한 후에는 바로 문제 이해 단계부터 들어갈 수 있습니다.

2 문제 이해

프로그래밍을 하는 목적은 어떠한 문제를 해결하기 위한 것이기 때문에 프로그래밍을 시작하려면 먼저 해결하려는 문제가 무엇인지를 정확하게 이해하는 것이 중요합니다. 문제를 이해하는 과정은 문제를 분석하여 가능한 단순화하고, 문제를 작은 단위로 분해한 후, 반복하거나 유사한 패턴을 찾아 해결 방법을 도출하는 일련의 과정입니다. 이렇게 도출된 문제 해결 방법이나 절차를 알고리즘이라고 하는데, 프로그램은 이 알고리즘을 프로그래밍 언어의 문법에 맞게 작성한 것을 말합니다.

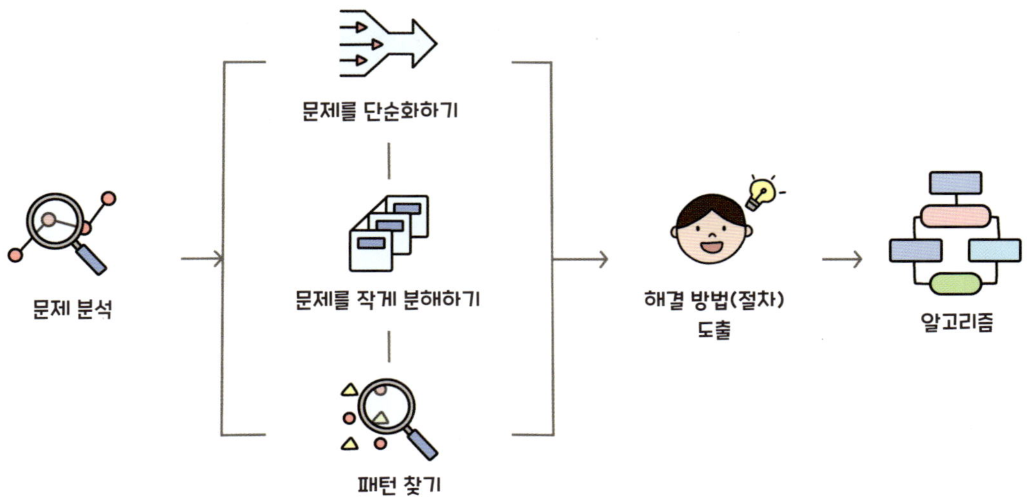

그림 2-2 문제 이해 과정

3 리소스 준비

문제를 이해하는 과정에서 앱에 필요한 리소스를 파악하고 이를 준비해야 합니다. 리소스(Resource)는 프로그래밍을 하는 과정에서 필요한 데이터나 파일들을 말합니다. 대표적인 리소스에는 개발하려는 앱에 사용하는 적당한 이미지나 사운드, 동영상 같은 것이 있습니다. 이미지나 사운드를 사용자가 직접 만들 수도 있고 공개된 자료를 활용할 수도 있는데, 공개된 자료를 다운로드하여 사용할 때에는 저작권을 잘 확인해야 합니다. 개인적으로 사용할 때에는 문제가 없지만, 상용화할 때에는 제약이 있을 수 있습니다.

하나 더 알기 **Android 개발 가이드 : 지원되는 미디어 형식**

Android 앱 개발 공식사이트(https://developer.android.com/guide/topics/media/media-formats?hl=ko)를 방문하면 안드로이드 플랫폼에서 제공하는 미디어 형식을 확인할 수 있습니다. 오디오부터 소리, 동영상, 이미지, 네트워크 프로토콜 등 지원하는 파일 형식과 권장 사항을 자세히 설명하고 있습니다.

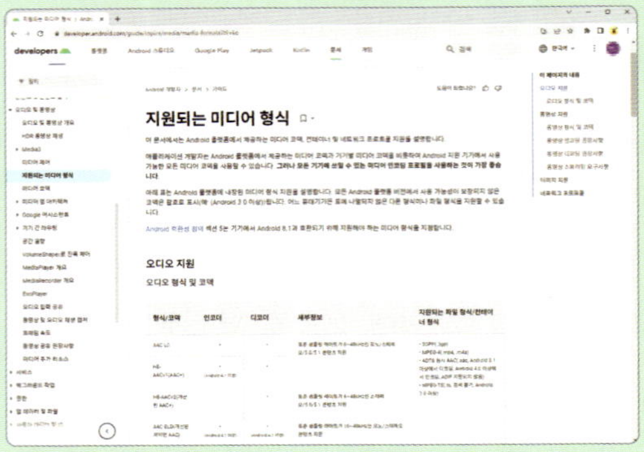

그림 2-3 Android 개발 가이드 : 지원되는 미디어 형식

4 화면 설계

알고리즘을 도출하고 리소스 준비가 끝났으면 이제 앱 인벤터에서 앱의 화면을 설계합니다. 이 단계에서 앱의 화면이나 동작을 바로 확인할 수 있도록 스마트폰이나 에뮬레이터에서 AI 컴패니언을 동작시켜 놓는 것이 좋습니다. 앱의 화면은 앱 인벤터의 디자이너 화면에서 설계하면 됩니다. 화면을 디자인할 때는 앱의 전체 화면을 한 번에 디자인한 후 코딩할 수도 있고, 일부분을 디자인한 다음 코딩하고 동작을 확인한 후, 다시 디자인을 추가하는 방법도 가능합니다.

> 일반적으로 간단한 앱인 경우 화면을 한 번에 설계하고 코딩하면 되지만, 화면이나 기능이 복잡한 경우 나누어서 하는 것을 권장합니다.

5 코딩

화면 설계가 끝났다면 이제 알고리즘으로 정리한 것을 코드로 구현하면 됩니다. 앱 인벤터로 코딩할 때 주의할 것이 있습니다. 보통 순차적으로 작성하는 텍스트 기반의 언어들과 달리 앱 인벤터와 같은 블록 기반의 언어는 코딩할 때 블록을 뷰어의 아무 위치에나 끌어다 놓을 수 있습니다. 이렇게 하다 보면 블록이 사방에 흩어져 있어 전체 코드를 확인하거나 오류를 수정하는 데 어려울 수 있으므로, 블록을 끌어다 배치할 때 너무 산만해지지 않도록 주의해야 합니다.

6 앱 테스트

코딩이 끝나면 오류 없이 원하는 대로 구현이 되었는지 앱을 테스트하여 확인합니다. 앱 테스트는 PC에서 에뮬레이터를 이용하거나 스마트폰에서 할 수 있습니다.

Section 02

간단한 앱 만들기 : 고양이 앱

1970년대 초에 C 언어가 등장한 이후 프로그래밍 언어를 가르치는 대부분의 책들은 'Hello World'를 출력하는 것으로 프로그래밍을 시작하였습니다. 여기에서는 간단한 고양이 앱을 만드는 것으로 시작해보겠습니다. 완성된 앱을 에뮬레이터에서 동작시킨 것을 미리 보면 [그림 2-4]와 같습니다. 1절 '앱 인벤터 프로그래밍의 작업과정'에서 살펴본 순서에 따라 고양이 앱을 만들어 봅시다.

그림 2-4 **고양이 앱 화면**

> 고양이 앱은 매우 단순하여 사전에 알아두어야 할 프로그래밍 기초 지식은 없습니다. 그러므로 '기초 지식 이해' 다음 과정인 '문제 이해'부터 학습해 보겠습니다.

1 문제 이해

고양이 앱에서 요구하는 문제는 간단합니다. 앱 화면에 고양이 이미지와 간단한 메시지를 띄우고 고양이를 누르면 고양이 울음소리가 나는 것입니다. 문제가 너무 단순하여 더 이상 단순화하거나 분해할 것이 없습니다. 문제를 해결하는 순서는 다음과 같습니다.

> ❶ 앱을 시작하면 고양이 이미지가 나타나게 합니다.
> ❷ 고양이를 누르면 준비된 울음소리 사운드를 플레이합니다.

그림 2-5 고양이 앱의 문제 이해

2 리소스 준비

고양이 앱을 만들기 위해 필요한 리소스는 고양이 이미지와 울음소리 사운드 파일입니다. 이 책의 예제 소스로 제공하는 이미지와 사운드 파일을 이용하거나 독자가 따로 준비해도 됩니다.

3 화면 설계

리소스 준비가 끝났으면 새 프로젝트 화면을 설계합니다. 에뮬레이터를 동작시켜 놓는 것을 잊지 마세요. 고양이 앱은 고양이를 눌러보라는 메시지를 출력하는 레이블과 고양이 이미지 버튼으로 구성됩니다. 고양이 이미지가 상단에 나오고, '고양이를 눌러봐'라는 메시지가 하단에 오도록 배치할 것입니다.

고양이 앱 만들기 준비

01 새 앱 인벤터 프로젝트 생성하기 [새 프로젝트 시작하기] 버튼을 눌러 프로젝트를 새로 만듭니다. 프로젝트 이름은 'HelloCat'으로 지정합니다. 에뮬레이터를 함께 동작시킵니다.

02 버튼과 레이블 배치하기 [팔레트] 영역에 있는 '버튼' 컴포넌트와 '레이블' 컴포넌트를 [뷰어] 영역으로 드래그하여 배치합니다.

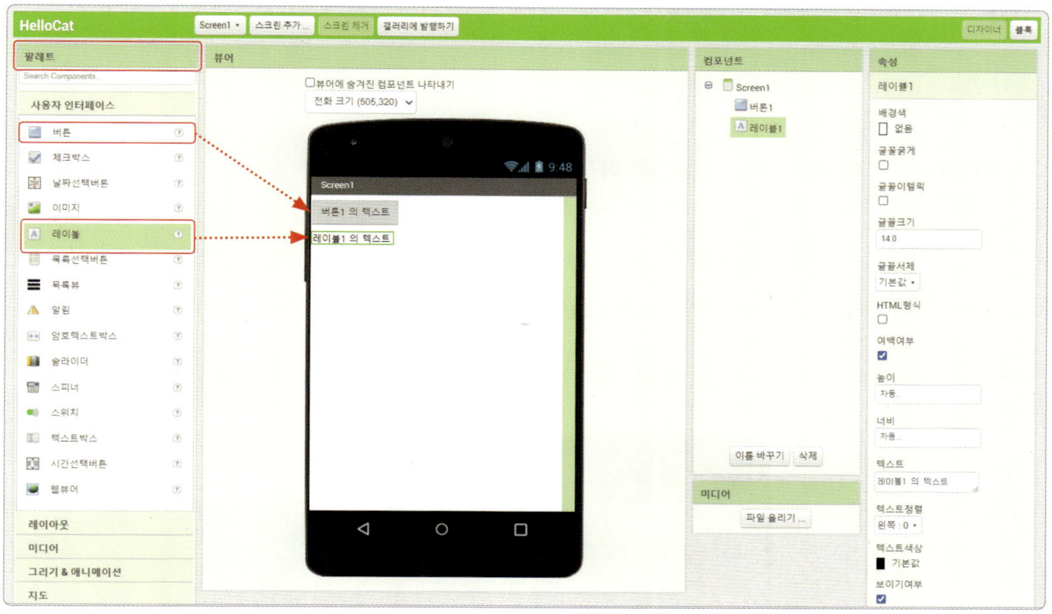

03 버튼과 레이블의 이름 바꾸기 [컴포넌트] 영역에 새로 생성된 버튼과 레이블의 기본 이름은 '버튼1'과 '레이블1'입니다. [컴포넌트] 영역의 하단에 있는 [이름 바꾸기] 버튼을 클릭하여 '버튼1'은 '고양이버튼'으로, '레이블1'은 '메시지레이블'로 이름을 변경합니다.

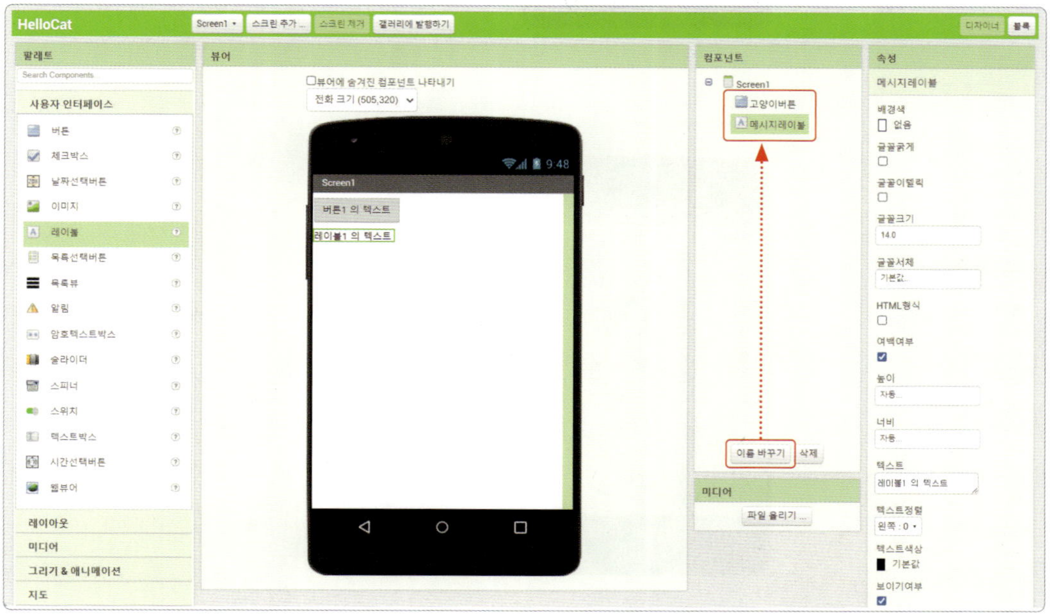

고양이 앱은 화면 구성이 간단해서 문제가 없지만 버튼이나 레이블 컴포넌트 등을 여러 개 사용하는 복잡한 프로그램이라면 버튼이나 레이블 컴포넌트의 이름을 명확하게 바꾸는 것이 좋습니다.

버튼 속성 조정

04 버튼의 이미지 속성에 이미지 파일 지정하기 현재 '고양이버튼'에는 '버튼1의 텍스트'가 지정되어 있습니다. 이 텍스트 대신에 고양이 이미지를 올리겠습니다. [속성] 영역에서 [이미지] 항목을 선택하고 [파일 올리기] 버튼을 클릭한 후, [파일 선택] 버튼을 눌러 'cat.PNG' 파일을 선택합니다. 이미지 파일을 지정하면 [미디어] 영역에 해당 파일이 표시되고, '버튼'이 고양이 이미지로 바뀝니다.

05 버튼의 이미지 크기 조정하기 그런데 고양이 이미지가 너무 커서 스크린의 크기를 초과합니다. 이를 조정하려면 '고양이버튼'의 속성 중 [높이]와 [너비] 항목을 현재의 '자동'에서 '부모 요소에 맞추기'로 수정합니다.

06 버튼의 텍스트 삭제하기 고양이 이미지 크기는 스크린 크기에 맞춰졌는데 고양이 이미지 중간에 '버튼1의 텍스트'가 아직 남아있습니다. 이것은 '고양이버튼'의 [속성] 영역에서 [텍스트] 항목의 내용을 삭제하면 사라집니다.

레이블 속성 조정

07 레이블에 메시지 작성하기 먼저 메시지를 작성해 보겠습니다. [컴포넌트] 영역에서 '메시지레이블'을 선택하고, [속성] 영역에서 [텍스트] 항목을 '고양이를 눌러봐'로 변경합니다.

08 레이블의 위치와 크기 조정하기 레이블을 보기 좋게 조정해 보겠습니다. [속성] 영역에서 [글꼴굵게]의 체크 박스를 클릭하고, [글꼴크기]는 '16.0', [너비]는 '부모 요소에 맞추기', [텍스트정렬]은 '가운데:1'로 설정합니다. '고양이를 눌러봐' 레이블의 위치와 크기가 조정되었습니다.

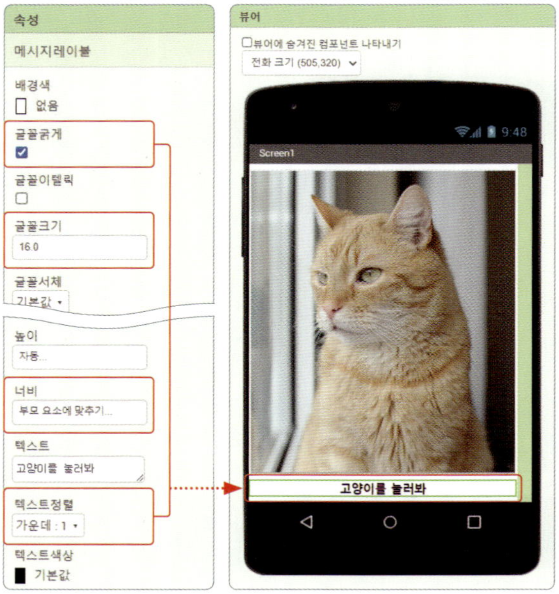

고양이 울음소리 설정

09 소리 컴포넌트 추가하기 고양이 앱은 버튼을 눌렀을 때 고양이 울음소리가 나야 합니다. [팔레트] 영역에서 [미디어]에 있는 '소리' 컴포넌트를 찾아 [뷰어] 영역으로 드래그합니다.

TIP

[뷰어] 영역에 있는 [뷰어에 숨겨진 컴포넌트 나타내기]를 체크하면 보이지 않는 컴포넌트에 있던 '소리'를 확인할 수 있습니다.

10 소리 컴포넌트 이름 변경 및 사운드 파일 지정 [컴포넌트] 영역의 '소리1'의 이름을 '고양이울음소리'로 바꾸고, [속성] 영역의 [소스] 항목에서 'cat_meow.mp3' 사운드 파일을 선택합니다.

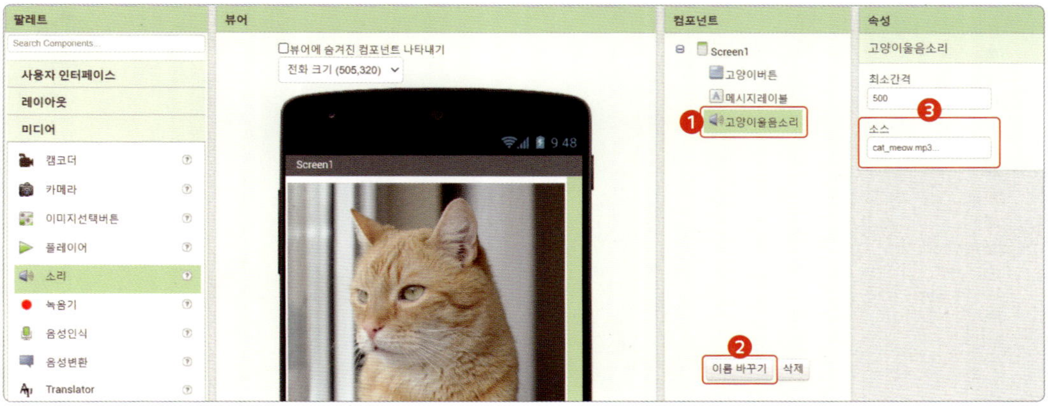

에뮬레이터 확인

11 에뮬레이터에서 확인하기 이제 화면 구성은 모두 끝났습니다. 에뮬레이터에서는 어떻게 보이는지 확인해 보세요. 에뮬레이터에서 고양이를 클릭하면 화면이 하얗게 되면서 버튼이 눌리지만, 고양이 울음소리가 나지는 않습니다. 버튼과 소리의 연결은 코딩으로 해결해야 합니다.

4 코딩

이번에는 코딩을 해보겠습니다. 코딩을 하기 위해 우측 상단에 [블록] 버튼을 눌러 블록 편집 화면으로 전환합니다. [블록] 영역에서 [Screen1] 아래에 '고양이버튼'과 '메시지레이블', '고양이울음소리'가 나타납니다.

01 버튼의 클릭 블록 선택하기 고양이 앱에서 버튼을 눌렀을 때 울음소리가 나오려면 버튼의 클릭 이벤트를 처리해야 합니다. '고양이버튼'을 선택하면 버튼에 속한 블록들이 나타나는데 이 중에서 [언제 '고양이버튼'.클릭했을때 – 실행] 블록을 선택하면 [뷰어] 영역에 블록이 생성됩니다.

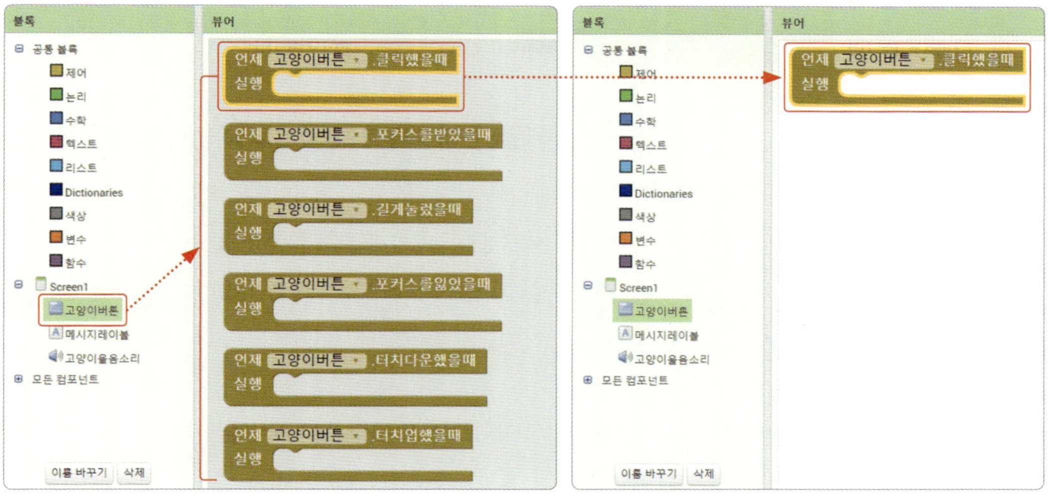

02 소리의 재생 블록 선택하기 버튼을 클릭하면 울음소리가 나야 합니다. [블록] 영역의 [Screen1] 아래에 있는 '고양이울음소리'를 클릭하면 소리와 관련된 블록이 나타나는데 이 중에서 [호출 '고양이울음소리'.재생하기] 블록을 선택합니다.

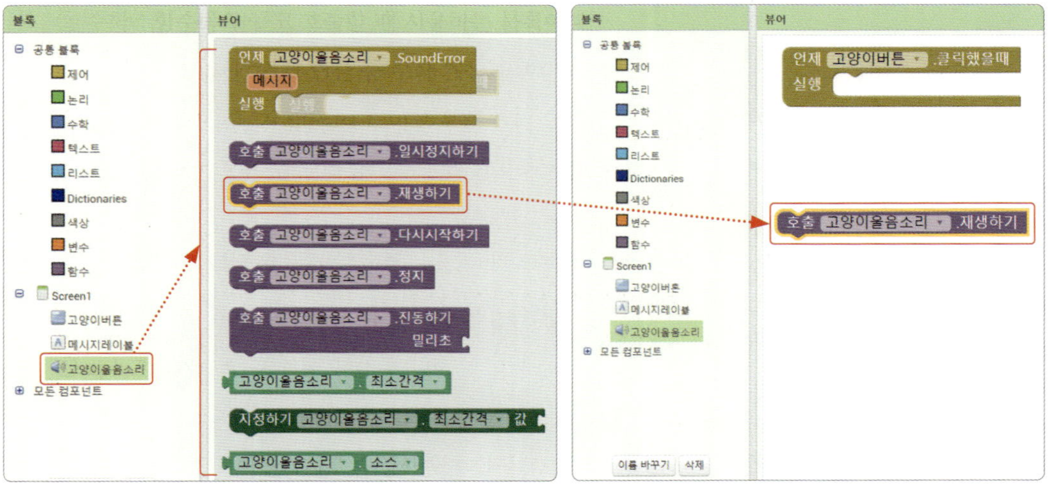

03 클릭과 재생 블록 결합하기 [언제 '고양이버튼'.클릭했을때 – 실행] 블록과 [호출 '고양이울음소리'.재생하기] 블록을 결합하면 코딩이 끝납니다.

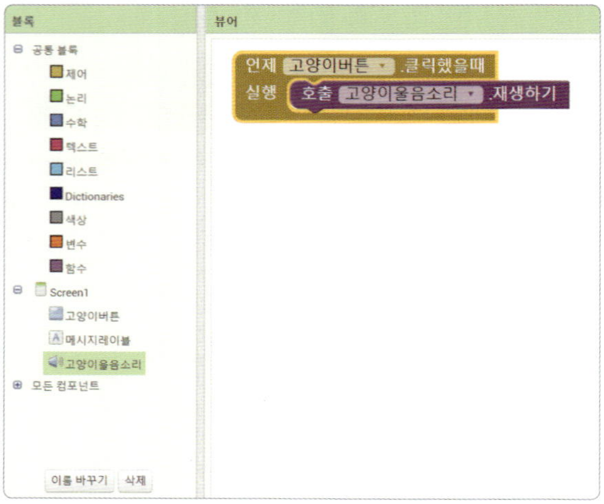

5 앱 테스트

고양이 앱의 화면 설계와 코딩이 완료되었습니다. 이제 앱을 테스트해 보겠습니다. 에뮬레이터에서 고양이를 클릭하면 고양이 울음소리가 납니다.

[실행 결과]

그림 2-6 고양이 앱 테스트 화면

고양이 앱 만들기가 끝났습니다. 첫 번째 앱을 만들어 본 소감이 어떤가요? 3장 '변수와 연산자 활용하기'부터는 프로그래밍의 기초 지식을 하나씩 살펴보면서 앱을 만들어 보겠습니다. 고양이 앱보다는 약간 복잡할 수 있지만, 차근차근 따라 하면 쉽게 익힐 수 있습니다.

하나 더 알기 **에뮬레이터 소리 오류**

만약 에뮬레이터에서 'Error 703: Unable to play ***.wav(mp3)'와 같은 오류가 발생한다면 사운드 파일의 크기가 너무 큰 게 이유일 수 있습니다. 사운드 파일은 가급적 mp3 파일을 사용하여 크기를 줄이는 것이 좋습니다. 그러나 스마트폰에서는 정상적으로 소리가 날 것입니다.

요약

01 앱 인벤터에서 프로그래밍은 일반적으로 '기초 지식 이해 ▶ 문제 이해 ▶ 리소스 준비 ▶ 화면 설계 ▶ 코딩 ▶ 앱 테스트' 순으로 작업합니다.

02 문제를 이해하는 과정은 문제를 분석하여 가능한 단순화하고, 문제를 작은 단위로 분해한 후, 반복하거나 유사한 패턴을 찾아 해결 방법을 도출하는 일련의 과정입니다.

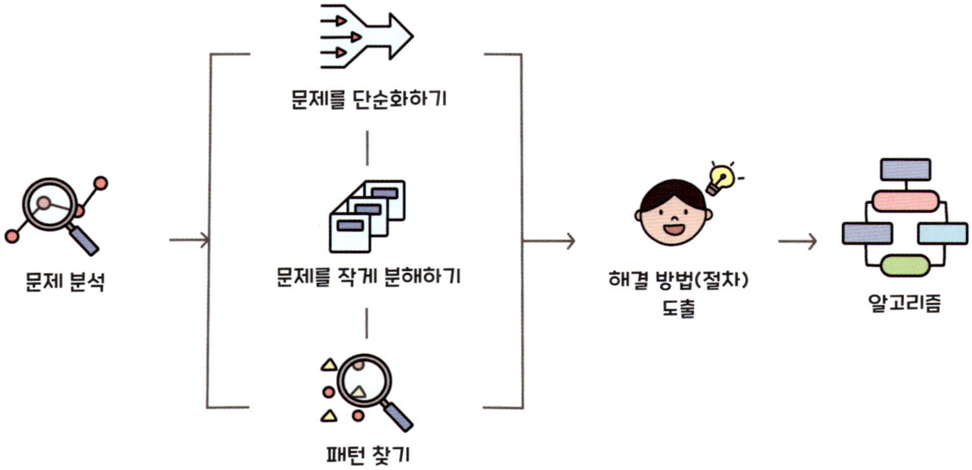

03 문제를 이해하여 도출된 문제 해결 방법이나 절차를 알고리즘이라고 합니다.

04 화면을 설계할 때 [컴포넌트] 영역에 생성되는 컴포넌트들의 이름은 용도에 따라 수정합니다.

05 컴포넌트의 높이나 너비, 이미지, 텍스트 등 속성의 수정은 디자이너 화면에서 할 수 있습니다.

06 버튼을 클릭했을 때 처리할 동작은 버튼의 클릭 이벤트 블록에서 지정합니다.

연습문제

01 앱 인벤터 프로그래밍 작업과정 중 '문제 이해' 단계에 해당하는 작업으로 옳지 않은 것은 무엇인가요?

① 문제 분석 ② 기초 지식 이해 ③ 알고리즘 ④ 패턴 찾기

02 앱 인벤터 프로그래밍 작업과정 중 '화면 설계' 과정에 대한 설명으로 옳지 않은 것을 고르세요.

① 에뮬레이터와 AI 컴패니언을 통해 앱의 화면과 동작을 실시간으로 확인할 수 있다.

② 앱의 화면은 앱 인벤터의 디자이너 화면에서 설계한다.

③ 화면을 설계한 다음 코딩 동작을 확인할 수 있다.

④ 화면 전체를 한 번 디자인 한 후에는 다른 디자인을 추가할 수 없다.

03 앱 제작을 위한 리소스 파일의 확장자로 옳지 않은 것은 무엇인가요?

① MP3 ② PNG ③ MP4 ④ JPG ⑤ AIA

04 앞에서 제작한 'HelloCat 앱'의 '고양이를 눌러봐' 텍스트를 다음과 같이 변경하려고 할 때, 화면 설계 경로로 알맞은 것을 고르세요.

① [컴포넌트] 영역 → [Screen1] → [속성] 영역 → 앱이름

② [컴포넌트] 영역 → [고양이버튼] → [속성] 영역 → 텍스트

③ [컴포넌트] 영역 → [메시지레이블] → [속성] 영역 → 텍스트

④ [컴포넌트] 영역 → [Screen1] → [속성] 영역 → 스크린설명

05 'HelloCat 앱'에 기능을 추가해 보겠습니다. 현재 'HelloCat 앱'은 [버튼]을 클릭하면 고양이 울음소리가 나도록 되어 있습니다. 여기에 [버튼]을 클릭했을 때 울음소리와 함께 진동이 울리도록 코딩해 보겠습니다.

[힌트]

- 진동은 '소리'에 속한 '진동하기' 블록을 사용합니다. '진동하기' 블록은 몇 초 동안 진동할 것인지 밀리초(msec)로 설정해야 합니다. 밀리초는 숫자로 설정합니다.
- 숫자 블록은 [블록] 영역의 [공통 블록] 아래에 [수학] 블록에 있습니다. 300밀리초(0.3초) 동안 진동하도록 설정해 보세요.
- [그림 2-7]과 같은 블록들을 선택하면 됩니다. 이를 어떻게 결합해야 진동이 울리는지 스스로 코딩해 보세요.

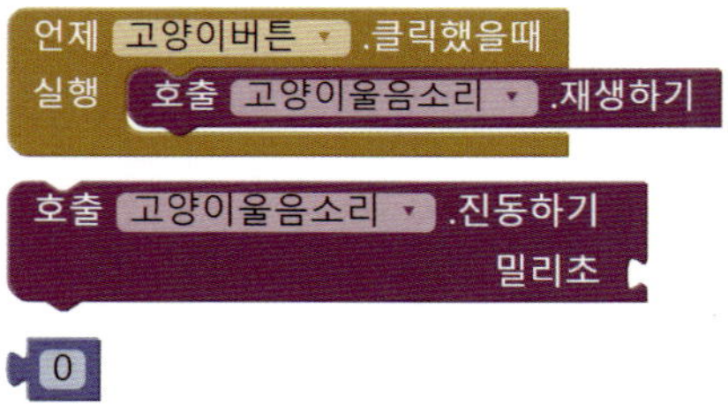

그림 2-7 진동 블록과 숫자 블록

진동은 에뮬레이터에서는 테스트할 수 없습니다. 스마트폰에서 AI 컴패니언을 실행하여 테스트하거나 파일을 빌드하여 설치해서 실행해 봅니다.

06 [고양이 버튼]을 누르면 레이블의 메시지가 바뀌도록 코딩합니다.

[힌트]

- '메시지레이블'을 선택하면 나오는 블록들 중에 [지정하기 '메시지 레이블'.텍스트] 블록이 있습니다. 이 블록에 연결할 텍스트는 공통 블록에 있는 텍스트 블록 중 [' '](빈 텍스트) 블록을 사용합니다.

그림 2-8 메시지레이블 블록과 텍스트 블록

[실행 결과]

07 다음 [실행 결과]와 같이 [고양이 버튼]을 하나 더 추가해 봅니다. [고양이 버튼]별로 다른 메시지가 출력되도록 코딩합니다. [고양이 버튼]을 추가하는 과정은 본문 내용을 참고합니다.

[실행 결과]

· PART ·

02

앱 인벤터 프로그래밍 기초

CONTENTS

CHAPTER 03

변수와 연산자 활용하기

01 변수와 연산자 알아보기

02 앱 인벤터 변수와 연산자 이해하기

03 변수와 산술 연산자 활용 앱 만들기 : 계산기 앱

요약

연습문제

학습목표

- 컴퓨터의 동작 구조와 주소 개념을 이해합니다.
- 변수가 무엇인지 알아봅니다.
- 연산자가 무엇인지 알아봅니다.
- 앱 인벤터에서 변수 블록을 사용하는 방법을 배웁니다.
- 앱 인벤터에서 산술 연산자 블록을 사용하는 방법을 배웁니다.
- 변수와 산술 연산자를 활용하여 앱을 만들어 봅니다.

Preview

앱의 기능을 구현하려면 여러 가지 자료를 처리하는 프로그래밍이 필요합니다. 프로그래밍에서 자료를 저장하고 사용할 때에는 변수를 사용합니다. 변수는 메모리에 저장된 자료가 무엇인지 알려줍니다. 변수에 저장하는 자료에는 일정한 유형이 있는데 이를 '자료형'이라고 합니다. 자료형은 변수에 어떤 유형의 자료가 저장되어 있는지를 알려줍니다.

변수에 저장된 자료를 이용하여 계산을 할 때는 연산자를 사용합니다. 대표적인 연산자로 덧셈, 뺄셈, 곱셈, 나눗셈의 산술 연산자가 있습니다. 이번 장에서는 변수와 산술 연산자의 개념을 이해하고 앱 인벤터에서 이를 활용하는 방법을 배웁니다.

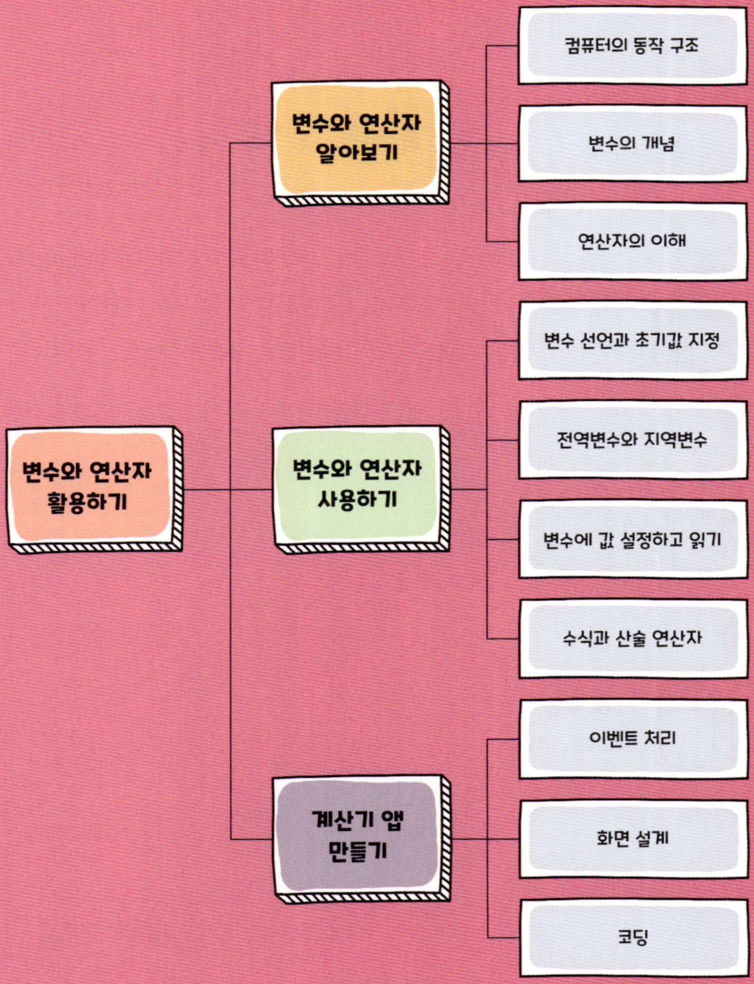

Section 01

변수와 연산자 알아보기

프로그래밍은 기본적으로 자료를 처리하여 결과를 출력합니다. 그렇다면 이러한 자료들은 어디에 저장되었다가 처리되는 것일까요? 변수와 연산자가 무엇인지 알아보기 전에 컴퓨터의 동작 구조를 먼저 알아보겠습니다.

1 컴퓨터의 동작 구조

컴퓨터의 구조를 간단하게 표현하면 [그림 3-1]과 같으며 입력장치, 출력장치, 중앙처리장치(CPU), 메모리(RAM), 디스크로 구분할 수 있습니다.

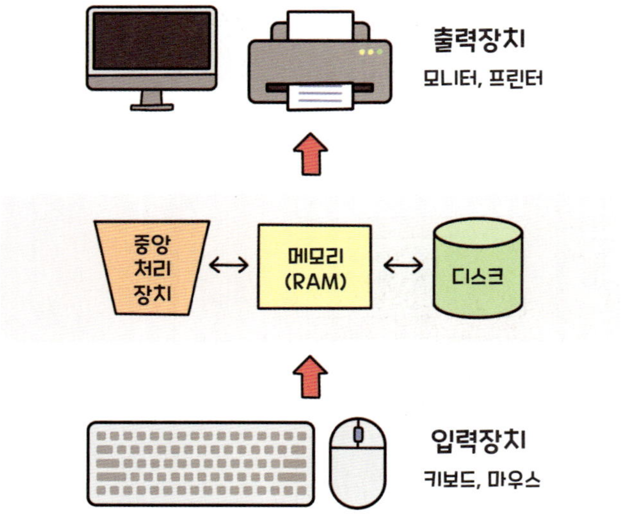

그림 3-1 컴퓨터의 동작 구조

입력장치는 사용자가 컴퓨터에 자료나 명령을 입력할 때 사용하는 장치로 키보드와 마우스가 대표적이고, 출력장치는 컴퓨터가 사용자에게 명령의 처리 결과나 정보를 출력하는 장치로 모니터와 프린터가 대표적입니다.

- **중앙처리장치(Central Processing Unit, CPU)** 컴퓨터에서 실제로 처리를 담당하는 핵심 장치로, 인텔(Intel)이나 AMD 같은 업체의 프로세서(Processor)를 사용합니다.
- **메모리(Memory)** 사용 중인 프로그램이나 자료를 저장하는 장치로, 흔히 'RAM(Random Access Memory)'이라고 부릅니다. PC의 전원이 꺼지면 저장한 내용도 모두 사라지는 특징이 있습니다.
- **디스크(Disk)** 파일을 저장하는 보조 저장장치로, 전원이 꺼져도 저장한 내용이 지워지지 않습니다. 예를 들어, 우리가 컴퓨터에서 문서 작업을 하면서 중간중간 저장을 하는데, 이것은 메모리에 있는 내용을 디스크로 옮겨서 저장하는 것입니다. 메모리에 있는 내용은 언제든 문제가 생겨서 사라질 수도 있기 때문입니다.

프로그램의 동작 구조

그렇다면 프로그램은 어떻게 동작하는 것일까요? 바로 중앙처리장치가 프로그램을 처리합니다. 중앙처리장치는 디스크의 내용을 직접 읽어오지 않고 메모리의 내용을 읽어서 실행합니다. 따라서 프로그램을 실행할 때는 디스크에 저장되어 있던 프로그램이 메모리에 올라와 있어야 하는데, 이를 로딩(Loading)이라고 합니다.

[그림 3-2]에서 보는 것처럼 프로그램과 자료는 디스크에서 메모리로 로딩되고, 중앙처리장치는 이를 읽어서 처리한 후 처리 결과를 다시 메모리에 저장합니다. 이 처리 결과는 모니터로 출력되기도 하고 디스크에 저장할 수도 있습니다. 이와 같이 실행 중인 프로그램과 자료가 메모리에 로딩되어 있다는 것은 중요한 사항이므로 잊지 말아야 합니다.

그림 3-2 프로그램의 로딩과 처리 과정

메모리와 주소

메모리는 일반적으로 'RAM'이라고 부르며, 운영체제를 비롯하여 여러 프로그램이 동작하고 있고, 실행 중인 프로그램이 사용하는 각종 자료가 저장되어 있습니다. 그리고 메모리에는 주소(Address)가 있는데 바이트(Byte)별로 지정됩니다.

예를 들어, 메모리가 1GB라면 주소는 0번지부터 1GB-1번지까지 지정됩니다. [그림 3-3]과 같이 중앙처리장치는 메모리상의 특정 위치를 주소로 구별하여 읽어오거나 저장합니다. 예를 들면 500번지의 내용을 읽어들여 1,000번지에 저장하는 방식입니다.

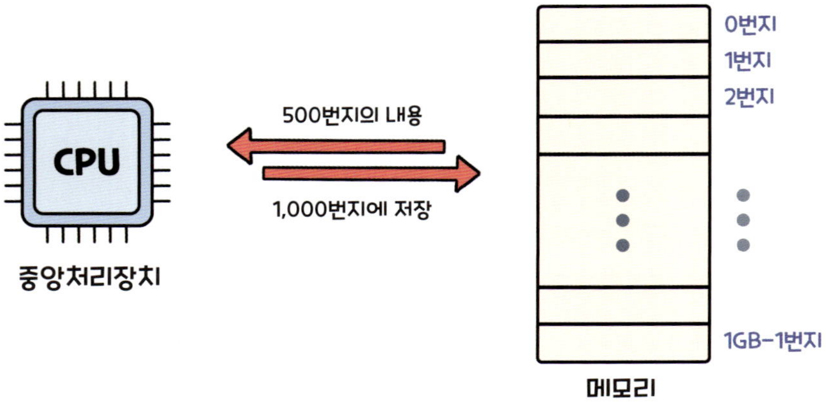

그림 3-3 메모리와 주소

2 변수의 개념

프로그램과 자료는 메모리에 로딩되어 실행한다고 앞에서 설명하였습니다. 메모리에 저장된 자료의 위치에는 당연히 주소가 할당되어 있습니다. 그렇다면 사용자가 프로그래밍을 하면서 자료를 저장하거나 읽어올 때에는 어떻게 하는 것일까요? 그리고 사용자는 메모리 어디에 자료가 저장되었는지 어떻게 알 수 있을까요? 또한, 메모리의 주소를 직접 사용하는 것일까요?

변수의 정의

일반적으로 사용자는 자료가 저장된 위치의 주소를 알 필요가 없고, 대신 자료가 저장된 곳을 가리키는 이름을 사용합니다. 이렇게 실제 주소 대신에 자료가 저장된 위치를 가리키는 데 사용하는 이름을 변수(Variable)라고 합니다. 사용자가 프로그래밍을 할 때는 변수를 사용하지 않으면 메모리의 위치를 구분할 수가 없습니다. 그리고 변수가 가리키는 위치의 실제 주소를 몰라도 프로그래밍을 할 수 있습니다.

변수라고 부르는 것은 그 위치에 저장되는 자료가 바뀔 수 있다는 것을 의미합니다. 예를 들어, 'score'라고 이름을 붙인 변수에는 10을 저장했다가 다시 20을 저장할 수 있습니다. 또한, 변수에는 숫자뿐만 아니라 문자도 저장할 수 있습니다.

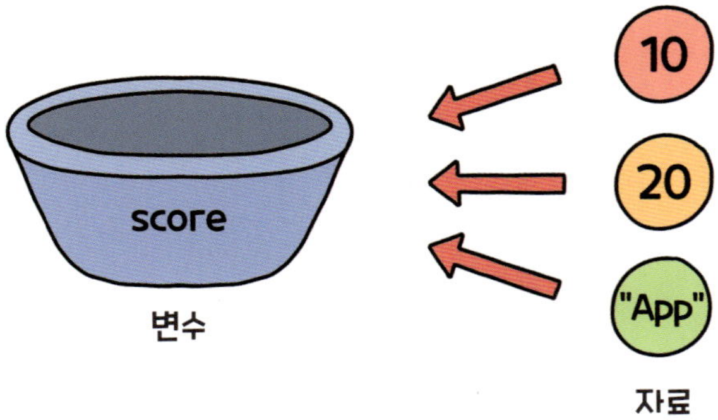

그림 3-4 변수에 자료 넣기

변수와 자료형

변수에 저장할 수 있는 자료에는 일정한 유형이 있는데 이를 자료형(Data type)이라고 합니다. 대표적인 자료형으로는 정수형, 실수형, 문자형, 불린형이 있습니다.

- **정수형(Integer type)** 정수를 저장합니다.

  예 -1, 0, 1

- **실수형(Real type)** 실수를 저장합니다.

  예 -1.5, 0.0, 5.4

- **문자형(Character type)** 문자나 문자열을 저장합니다.

  문자 : 문자 하나를 의미하며, 보통 작은따옴표(' ')로 구분합니다.

  예 'A', 'b'

  문자열 : 두 개 이상의 문자를 의미하며 보통 큰따옴표(" ")로 구분합니다.

  예 "name", "coffee", "이름"

- **불린형(Boolean type)** 참(True)이나 거짓(False)을 저장합니다.

프로그래밍 언어에 따라 변수를 사용하기 전에 자료형을 엄격하게 지정하여 미리 선언하고, 변수의 자료형을 바꿀 수 없도록 하는 경우도 있습니다. 하지만 앱 인벤터는 자료형을 최대한 신경쓰지 않도록 하며, 숫자와 문자를 저장할 수 있는 블록을 별도로 제공하는 정도입니다.

프로그래밍을 할 때 변수는 사용자가 만듭니다. 일반적으로 영문자로 시작하며 특수문자는 사용하지 않습니다. 변수의 이름은 해당 변수에 저장할 자료가 무엇인지 알 수 있도록 만드는 것이 좋습니다. 예를 들어, 시험점수를 저장하는 데 사용한다면 변수의 이름을 'score'로 만드는 것이 좋습니다.

앱 인벤터에서는 변수의 이름을 한글로 만들 수도 있습니다. 이 책에서는 상황에 따라 한글이나 영어로 변수를 만들 것입니다.

3 연산자의 이해

프로그램에서는 값을 더하거나 빼기 같은 계산을 하고, 값의 크기를 비교하기도 합니다. 이때 필요한 것이 연산자(Operator)입니다. 연산자는 수학의 기본 연산인 덧셈, 뺄셈, 곱셈, 나눗셈을 하는 산술 연산자와 값의 크기를 비교하는 관계 연산자, 참, 거짓을 판단하는 논리 연산자 등이 있습니다. 연산자의 종류를 구분하면 [표 3-1]과 같습니다. 프로그래밍 언어에 따라 연산자로 사용하는 기호는 다를 수 있습니다.

표 3-1 연산자의 종류

구분	연산자
산술 연산자	+, −, *, /, ^(제곱)
관계 연산자	<, >, <=, >=, ==, !=
논리 연산자	and, or, not

앱 인벤터에서 산술 연산자와 관계 연산자는 [공통 블록]의 [수학]에 있고, 논리 연산자는 [논리]에 있습니다. 이 장에서는 산술 연산자를 사용해 볼 것입니다. 관계 연산자와 논리 연산자는 4장에서 다룹니다.

Section 02

앱 인벤터 변수와 연산자 이해하기

1 변수 사용하기

앱 인벤터에서 사용자가 바꿀 수 있는 값은 컴포넌트의 속성과 변수에 저장하는 값입니다. 버튼이나 레이블 등 컴포넌트의 크기나 색상, 텍스트 같은 속성은 디자이너 화면이나 블록 편집 화면에서 속성별 지정하기 블록으로 수정할 수 있습니다. 이러한 속성들과 상관없이 자료를 저장하거나 활용할 때는 변수 블록을 사용합니다. 앱 인벤터에서는 블록 편집기의 [공통 블록]-[변수]에서 변수와 관련된 블록을 제공합니다.

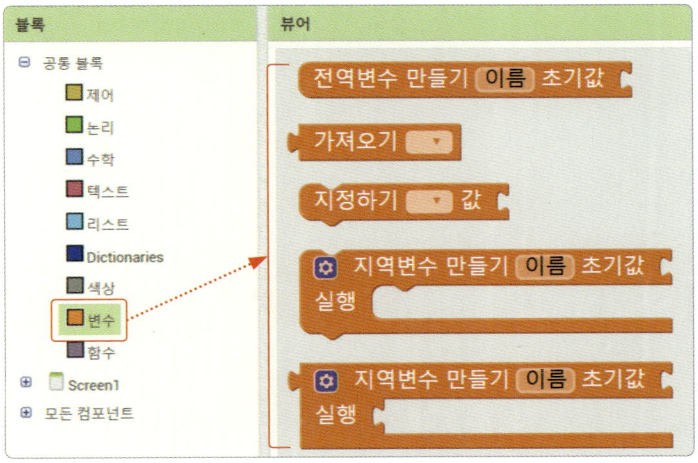

그림 3-5 **변수와 관련된 블록**

변수 선언

앱 인벤터에서 변수를 사용하려면 먼저 변수를 선언해야 합니다. 변수를 선언할 때는 [블록] 영역의 [공통 블록]에 있는 [변수]를 클릭하여 [전역변수 만들기 '이름' 초기값] 블록을 [뷰어] 영역으로 끌어온 뒤 블록의 '이름'을 수정하여 변수의 이름을 지정합니다. [그림 3-6]에서는 변수의 이름을 'score'로 변경하였습니다.

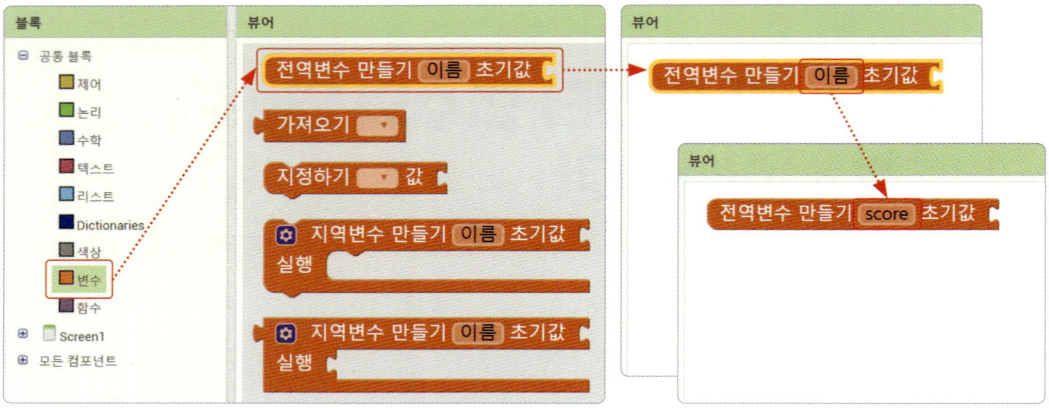

그림 3-6 전역변수 초기화 블록을 끌어와 변수의 이름 변경하기

변수의 초기값 지정

변수를 선언할 때는 초기값을 지정해야 합니다. 예를 들어, 숫자를 저장하는 변수이면 초기값을 '0'으로 하고, 문자를 저장하는 변수는 빈 문자열(' ')을 지정할 수 있습니다. 앱 인벤터에서 변수의 초기값을 지정할 때 사용할 수 있는 블록은 자료형에 따라 [표 3-2]와 같습니다.

표 3-2 초기값 지정에 사용할 수 있는 블록

자료형	블록	[공통 블록] 위치
숫자형	0	수학
문자형	' '	텍스트
불린형	참 거짓	논리

예를 들어 'score' 변수를 숫자 0으로 초기화하려고 한다면 [그림 3-7]과 같이 결합하면 됩니다.

그림 3-7 'score' 변수 초기화

전역변수와 지역변수

[그림 3-6]의 변수 블록을 보면 전역변수와 지역변수 블록이 있습니다. 전역변수(Global variable)는 프로그램의 어느 곳에서나 사용할 수 있는 변수이고, 지역변수(Local variable)는 변수를 선언한 일부 영역에서만 사용할 수 있는 변수입니다. 예를 들어 [그림 3-8]에서 'score'는 전

역변수로 선언하였고 'name'은 지역변수로 선언하였습니다. 'score'는 프로그램의 어디에서나 사용할 수 있지만, 'name'은 변수를 선언한 블록 내부에서만 사용할 수 있습니다.

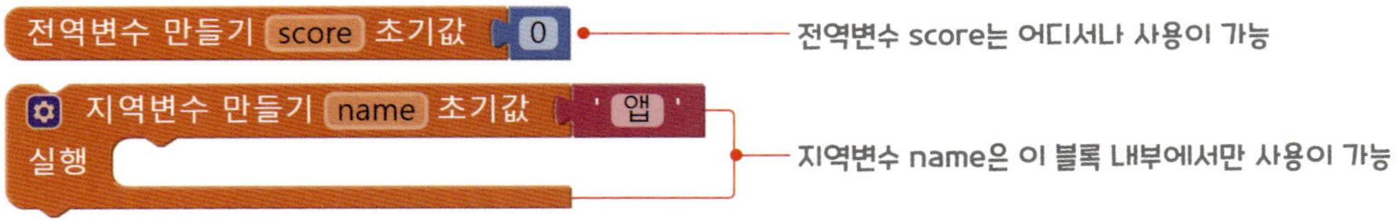

그림 3-8 **전역변수와 지역변수**

> **하나 더 알기** **앱 인벤터에서 전역변수와 지역변수 활용**
>
> 앱 인벤터에서 전역변수와 지역변수는 편의에 따라 사용하면 되지만, 일반적으로 변수가 일부 범위 내에서만 사용된다면 지역변수를 사용하는 것이 좋습니다. 앱 인벤터에서 지역변수는 프로시저나 이벤트 처리기 내부에서 사용합니다. 앞으로 앱을 만들어 보면서 지역변수를 사용할 때가 나오면 다시 살펴보겠습니다.

변수에 값을 설정하고 읽기

변수에 값을 설정하거나 읽어올 때는 [가져오기 ' '] 블록과 [지정하기 ' ' 값] 블록을 사용하는데, 이 두 블록을 바로 [뷰어] 영역으로 드래그하면 [그림 3-9]처럼 표시가 생깁니다. 블록에 이와 같은 표시가 생기면 블록의 조립이 완성되지 않았거나 오류가 있다는 뜻입니다.

그림 3-9 **가져오기 블록과 지정하기 블록**

[그림 3-9]에서 발생한 오류는 변수를 지정하지 않았기 때문입니다. '가져오기'나 '지정하기' 옆 박스에 있는 작은 삼각형을 클릭하면 사용할 수 있는 변수의 목록이 나타나는데, 여기에서 사용하려는 변수를 선택하면 됩니다. 예를 들어, 'score' 변수를 선택하면 [그림 3-10]과 같습니다. 'score'가 전역변수이기 때문에 변수 앞에 '전역변수'가 자동으로 붙습니다.

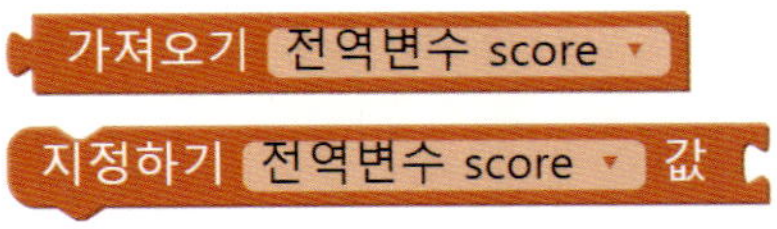

그림 3-10 **가져오기 블록과 지정하기 블록에서 전역변수 'score'를 선택한 모습**

변수의 [가져오기 ' '] 블록과 [지정하기 ' ' 값] 블록을 [공통 블록]에서 끌어오지 않고 사용하는 방법도 있습니다. [전역변수 만들기 '이름' 초기값] 에서 변수명에 마우스를 가져가면 [그림 3-11]과 같이 [가져오기 '전역변수 score'] 블록과 [지정하기 '전역변수 score' 값] 블록이 나타납니다.

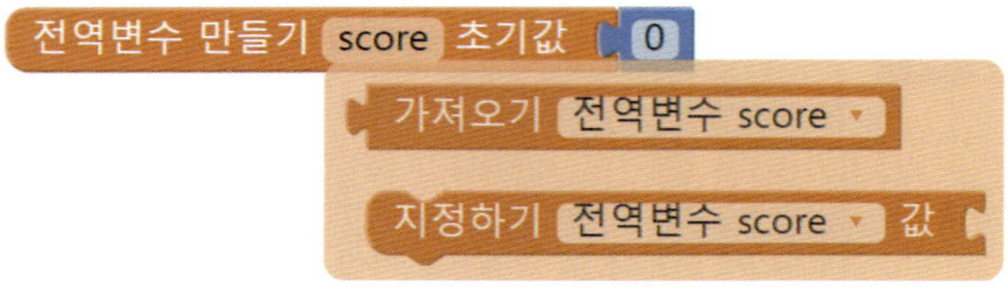

그림 3-11 **변수 초기화 블록의 변수명에 마우스를 올린 경우**

변수에 값을 지정할 때는 [지정하기 '전역변수 score' 값] 블록을 선택하고, 초기값을 설정할 때처럼 숫자나 텍스트 등의 블록을 선택하여 결합한 후 값을 지정하면 됩니다. [그림 3-12]는 'score' 변수에 숫자 100을 설정한 모습입니다.

그림 3-12 **'score' 변수에 100을 설정**

변수의 값을 가져오는 방법을 살펴보겠습니다. [그림 3-13]에서는 전역변수 'score'에 10을 초기값으로 지정하였고, '버튼1'을 클릭했을 때 'score' 변수의 값을 가져와서 '레이블1'의 텍스트 값으로 지정하도록 하였습니다.

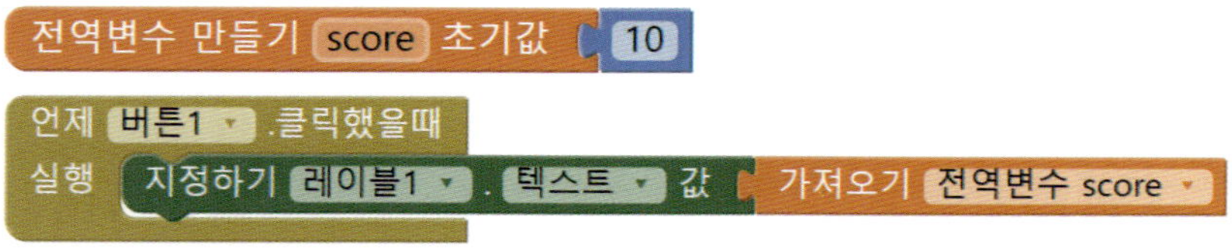

그림 3-13 **변수의 값을 가져와 지정하기**

2 변수와 수식 설정하기

변수는 특정 값을 직접 설정하기도 하지만 수식을 설정할 수도 있습니다. 수식을 설정하기 위해선 연산자를 사용해야 합니다. 연산자를 이용한 수식 블록은 [공통 블록]밑에 [수학]에 있습니다.

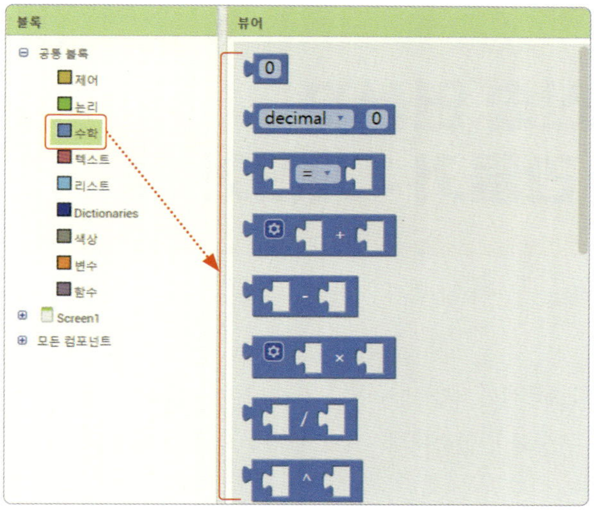

그림 3-14 [수학] 블록의 수식 블록

변수에 수식으로 값을 지정하기

앱을 만드는 과정에서 다양한 수식이 사용됩니다. 여기서는 산술 연산자를 이용한 덧셈만 간단하게 살펴보겠습니다. 예를 들어, 덧셈을 한 결과를 변수에 저장할 경우 [그림 3-15]와 같이 결합합니다. [그림 3-15]의 윗수식은 '10 + 10'의 결과를 'score' 변수에 저장한 것이고, 아래 수식은 'score' 변수의 값을 가져와서 10을 더한 후, 다시 'score' 변수에 저장한 것입니다. 그렇다면 윗수식의 'score' 값은 20, 아래 수식의 'score' 값은 30이 저장될 것입니다.

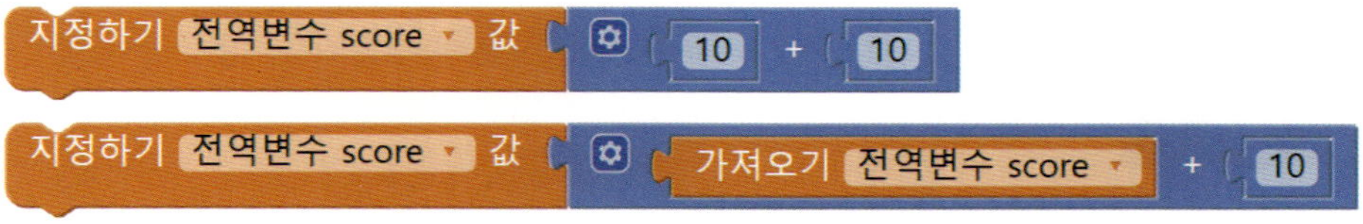

그림 3-15 변수에 수식으로 값을 지정하기

Section 03 변수와 산술 연산자 활용 앱 만들기 : 계산기 앱

변수와 산술 연산자를 활용한 앱의 예로 간단한 계산기를 만들어 보겠습니다. 계산기 앱은 [그림 3-16]과 같이 제목, 텍스트박스, 버튼으로 구성되어 있습니다. 프로그래밍 작업 과정은 2장의 [그림 2-1]의 순서에 따라 진행합니다.

그림 3-16 계산기 앱 화면

1 기초 지식 이해

이번 앱에서 필요한 기초 지식은 변수와 이벤트 처리입니다. 변수에 대해서는 앞에서 충분히 살펴봤으므로, 여기서는 이벤트 처리만 살펴보겠습니다. 이벤트는 사용자가 버튼을 클릭하는 것처럼 어떤 동작을 했을 때 발생하며, 이를 처리하기 위한 이벤트 처리기가 동작합니다. 예를 들어, 버튼을 클릭했을 때 이벤트 처리기는 [그림 3-17]과 같은 블록을 사용합니다.

버튼을 클릭했을 때 실행할 부분을 이벤트 처리기 안에 코딩하는 것입니다. 앱 인벤터는 컴포넌트의 블록별로 발생할 수 있는 이벤트에 대한 이벤트 처리기 블록을 제공합니다.

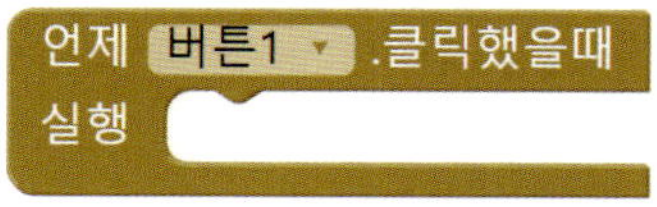

그림 3-17 **버튼 클릭에 대한 이벤트 처리기 블록**

2 문제 이해

계산기 앱은 레이블 한 개, 텍스트박스 세 개, 산술 연산자 버튼 네 개로 이루어집니다. 레이블은 제목을 붙이는 데 사용하고, 텍스트박스는 계산을 할 숫자용으로 두 개, 결과값을 표시하기 위해 한 개를 사용합니다. 버튼은 '더하기', '빼기', '곱하기','나누기' 버튼으로 사용합니다. 마지막으로 숫자 두 개와 계산 결과를 저장할 변수 세 개가 필요합니다.

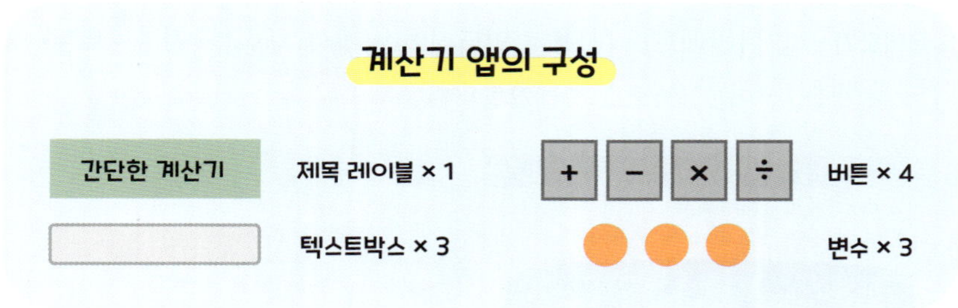

그림 3-18 **계산기 앱의 구성**

계산기 앱은 앱 인벤터가 제공하는 컴포넌트만으로 구현이 가능하기 때문에 별도로 준비할 리소스는 없습니다.

3 화면 설계

이제 화면을 설계해 보겠습니다. 전체 구성은 [그림 3-16]과 같이 하겠습니다. 계산기 앱을 설계하는 데 필요한 컴포넌트는 [표 3-3]과 같습니다.

표 3-3 **계산기 앱 설계에 필요한 컴포넌트**

컴포넌트	위치	역할
레이블	[팔레트] – [사용자 인터페이스]	제목 작성
텍스트박스		숫자 입력과 결과값 출력
수평배치	[팔레트] – [레이아웃]	버튼을 수평으로 배치

01 새 프로젝트 시작하기 새 프로젝트를 만들고 프로젝트의 이름을 'Calc01'로 합니다. 그리고 에뮬레이터를 동작시킵니다.

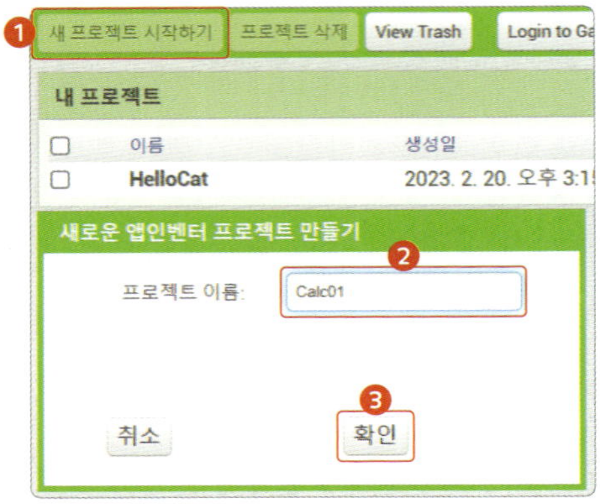

02 레이블과 텍스트박스 끌어오기 먼저 [팔레트]–[사용자 인터페이스]에서 '레이블' 컴포넌트 한 개와 '텍스트박스' 컴포넌트 두 개를 [뷰어] 영역으로 드래그합니다.

03 'Screen1' 컴포넌트의 제목 바꾸기 [컴포넌트] 영역에서 'Screen1'을 선택하고 [속성] 영역 하단에 있는 [제목] 항목을 '계산기'로 바꾸면 [뷰어] 영역에서 제목이 바뀌고, 에뮬레이터의 제목도 바뀝니다.

04 버튼 컴포넌트 배치하기 버튼 컴포넌트 네 개를 [뷰어] 영역으로 드래그하면 네 개의 버튼이 가로로 배치되지 않고 세로로 배치됩니다. 마우스로 버튼을 옮겨 보아도 다시 제자리로 돌아갑니다. 어떻게 하면 [그림 3-16]처럼 가로로 배치할 수 있을까요?

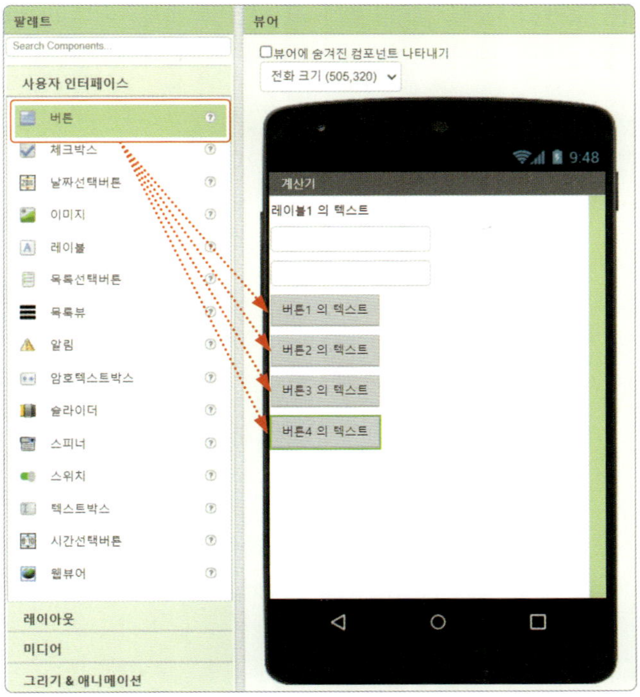

05 수평배치 컴포넌트 드래그하기 컴포넌트를 수평으로 배치하거나 표로 배치할 경우에는 [팔레트]–[레이아웃]에서 '수평배치' 컴포넌트나 '표형식배치' 컴포넌트를 먼저 드래그하고, 그 위에 버튼과 같은 다른 컴포넌트를 배치해야 합니다. 여기서는 버튼들을 수평으로 배치해야 하므로 [레이아웃]에서 '수평배치' 컴포넌트를 '버튼1' 위쪽으로 드래그합니다.

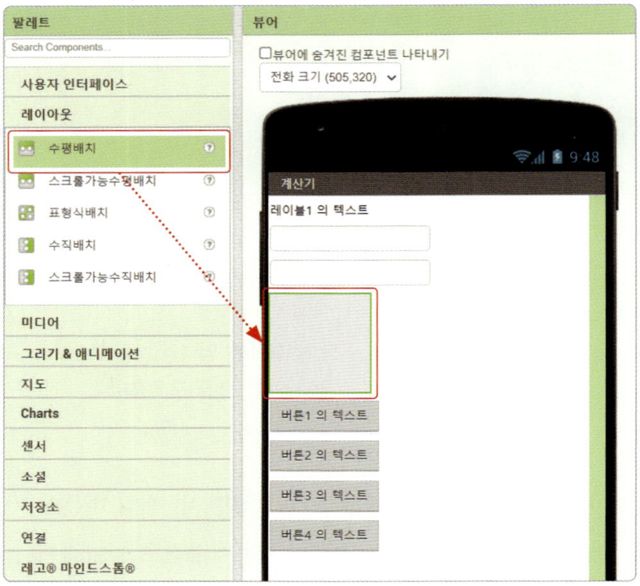

06 '수평배치1'의 너비 속성 수정하기 [컴포넌트] 영역에서 '수평배치1'을 선택하고, [속성]에서 [너비] 항목을 '부모 요소에 맞추기'로 수정하면, [뷰어]에서 '수평배치1'의 크기가 바뀝니다.

07 4개의 버튼 텍스트 변경 및 재배치하기 [뷰어] 영역에서 버튼을 차례로 수평배치 컴포넌트 안으로 드래그합니다. [속성] 영역에서 '버튼1'~'버튼4'까지의 [텍스트] 항목을 각각 '더하기', '빼기', '곱하기', '나누기'로 수정하고, 네 개의 버튼의 [너비] 항목을 '부모 요소에 맞추기'로 수정하면 버튼이 동일한 크기로 바뀝니다.

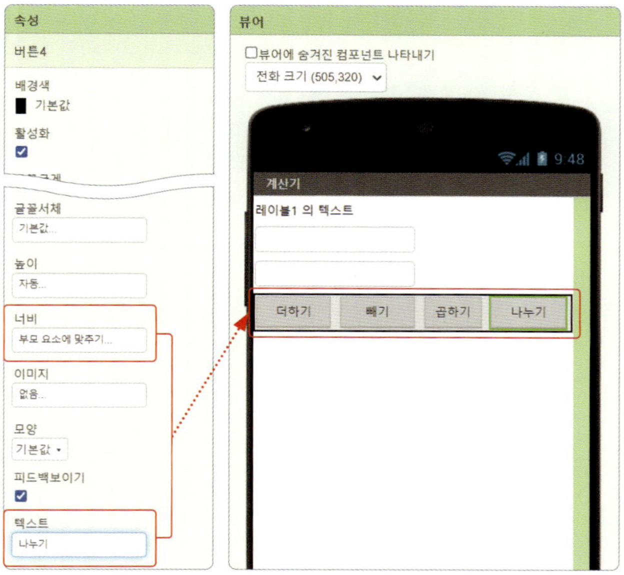

08 '텍스트박스3' 비활성화 시키기 결과값을 출력할 '텍스트박스' 컴포넌트를 [뷰어] 영역에 드래그합니다. 결과값을 표시할 텍스트박스는 숫자를 입력할 것이 아니고 출력만 할 것이므로 [속성] 영역에서 [활성화] 항목의 체크를 제거하여 비활성화시킵니다.

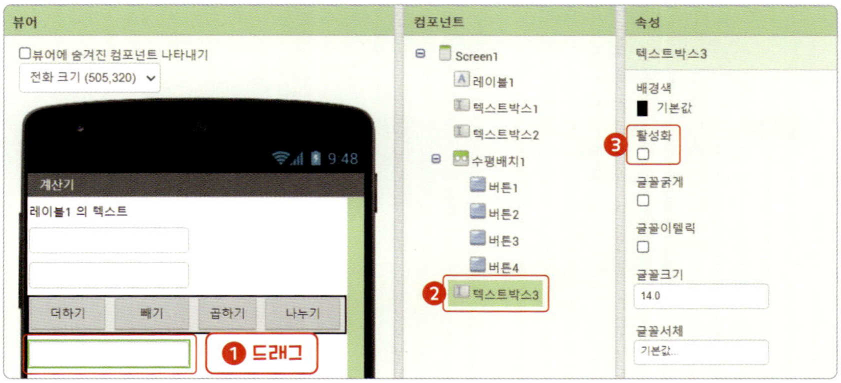

에뮬레이터에서 확인해 보면 '텍스트박스3'은 클릭되지 않습니다.

09 '레이블1' 속성 수정하기 [속성] 영역에서 '레이블1'의 [글꼴크기] 항목은 '20.0', [너비] 항목은 '부모 요소에 맞추기', [텍스트] 항목은 '간단한 계산기', [텍스트정렬] 항목은 '가운데:1'로 변경합니다.

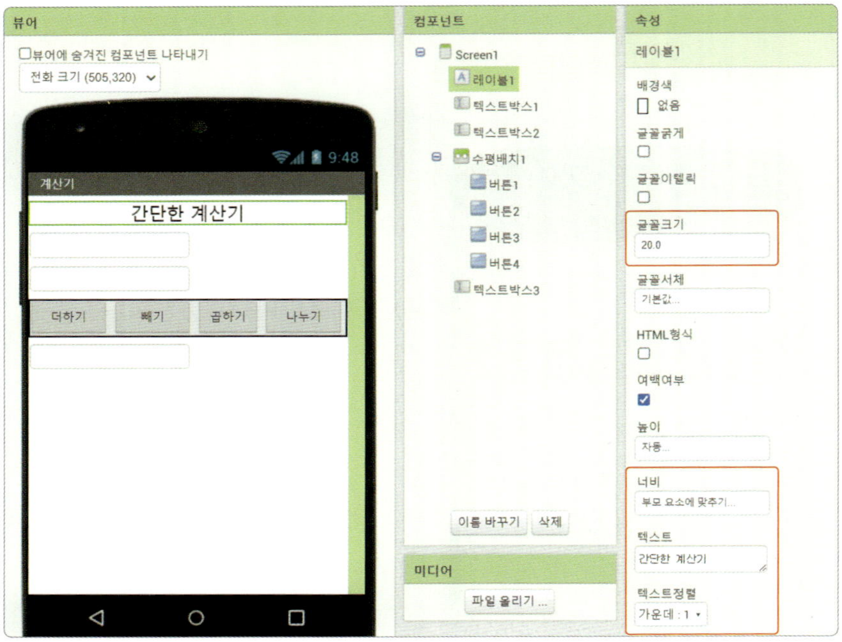

10 컴포넌트의 이름 바꾸기 [컴포넌트] 영역의 계층 구조에서 각 컴포넌트의 이름을 역할에 따라 알기 쉽게 수정합니다. 이제 화면 설계가 모두 끝났으니 코딩을 해 보겠습니다.

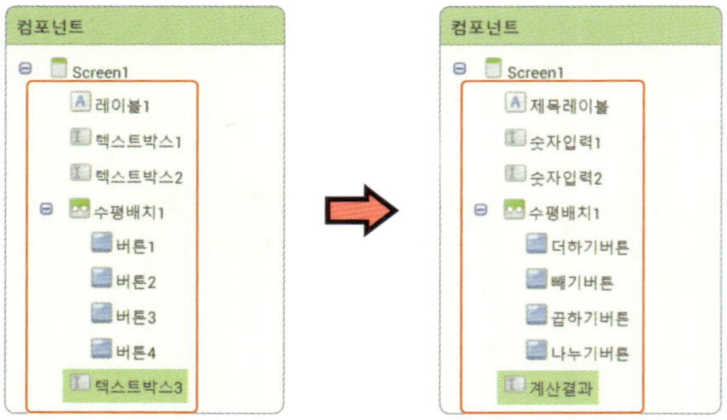

4 코딩

블록 편집 화면으로 전환합니다. 계산기 앱은 변수를 사용하지 않아도 프로그래밍이 가능하지만 여기서는 변수를 사용하여 숫자를 저장하고, 이를 더하여 다시 변수에 저장하고 출력하도록 하겠습니다.

변수 선언 및 주석 추가하기

01 변수 선언하고 초기화하기 숫자 두 개와 계산 결과를 저장할 변수까지 총 세 개의 변수를 선언하겠습니다. [블록] 영역의 [변수]에서 [전역변수 만들기 '이름' 초기값] 블록 세 개를 [뷰어]에 드래그하고 변수명을 각각 'num1', 'num2', 'result '로 지정합니다. 그리고 [블록] 영역의 [수학]에서 0 블록을 전역변수 블록에 각각 결합하고, 변수는 모두 '0'으로 초기화합니다.

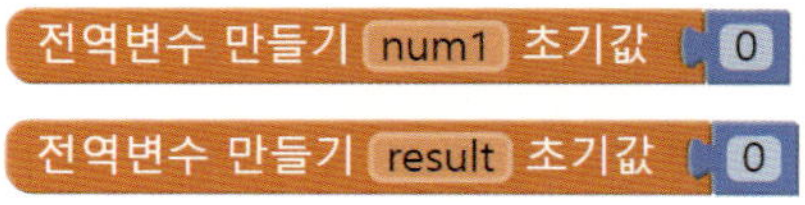

02 변수에 주석 추가하기 변수 블록에서 마우스 오른쪽 버튼을 클릭하면 열리는 팝업메뉴에서 [주석 추가하기]를 선택하면 변수 블록에 물음표(?)가 생깁니다. 이 물음표를 클릭하면 주석을 추가할 수 있는 박스가 열리는데, 여기에 주석을 작성하면 됩니다. 아래와 같이 변수 'result'에 주석을 입력합니다.

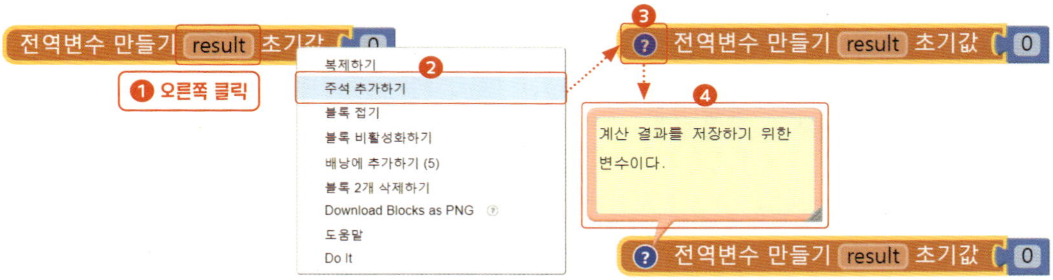

주석은 변수나 코드에 설명을 붙이는 것인데, 코드가 복잡해지면 나중에 보았을 때 바로 이해하기 어려울 수 있으므로 설명을 추가해 놓으면 도움이 됩니다.

더하기 기능 코딩하기

'더하기' 버튼을 클릭했을 때 처리할 순서는 다음과 같으며, 사용할 코딩 블록은 [표 3-4]를 참조합니다. 처리할 순서에 따라 블록을 결합해 보겠습니다.

❶ 숫자를 입력한 '텍스트박스'의 값을 변수에 저장합니다.
❷ 숫자를 저장한 변수끼리 서로 더하여 그 결과값을 다시 'result' 변수에 저장합니다.
❸ 계산 결과를 '텍스트박스'에 출력합니다.

표 3-4 더하기 코딩에 사용할 블록

블록	위치	역할
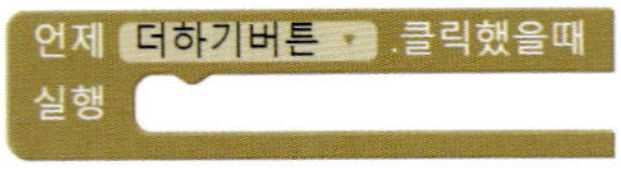	'더하기버튼'	더하기 이벤트 처리하기
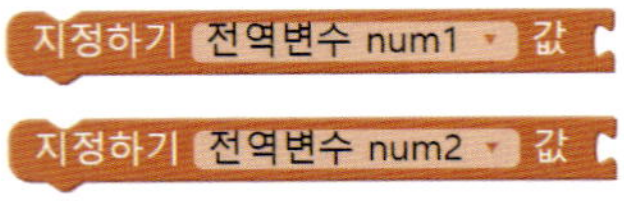	변수 'num1' 블록, 'num2' 블록에 마우스 올리기	변수에 숫자 저장하기
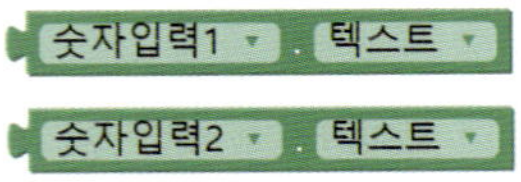	'숫자입력1', '숫자입력2' 텍스트박스	텍스트박스에서 숫자 읽어오기
	변수 'result' 블록에 마우스 올리기	결과값 저장하기
	[공통 블록]-[수학]	더하기
	변수 'num1' 블록, 'num2' 블록에 마우스 올리기	변수의 숫자를 읽어오기
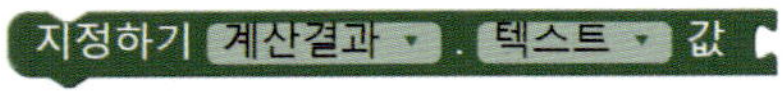	'계산결과' 텍스트박스	텍스트박스에 결과 지정하기
	변수 'result' 블록에 마우스 올리기	계산 결과값 읽어오기

03 숫자를 읽어 변수에 저장하기 숫자를 입력한 '텍스트박스'의 값을 변수에 저장합니다. [지정하기 '전역변수 num1' 값] 블록에 ['숫자입력1'.'텍스트'] 블록을 결합합니다. 마찬가지로 [지정하기 '전역 변수 num2' 값] 블록에 ['숫자입력2'.'텍스트'] 블록을 결합한 후 결합된 두 블록을 결합합니다. 최종적으로 [언제 '더하기버튼'.클릭했을때 – 실행] 블록 사이에 다음 그림과 같이 결합합니다.

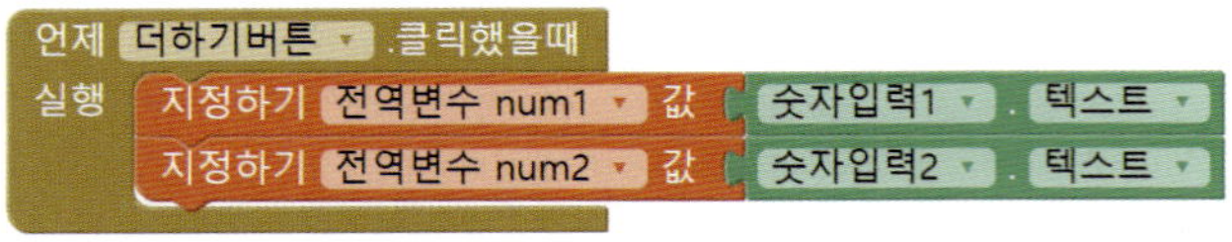

04 숫자를 더한 결과를 변수에 저장하기 숫자를 저장한 변수를 더하여 다시 'result' 변수에 저장합니다. 이를 위해 가져오기 블록을 덧셈 블록에 끼어 넣어야 합니다. ['+'] 블록에 [가져오기 '전역변수 num1'] 블록과 [가져오기 '전역변수 num2'] 블록을 결합한 후, [지정하기 '전역변수 result' 값] 블록과 결합하고, 먼저 완성된 블록 아래에 결합시킵니다.

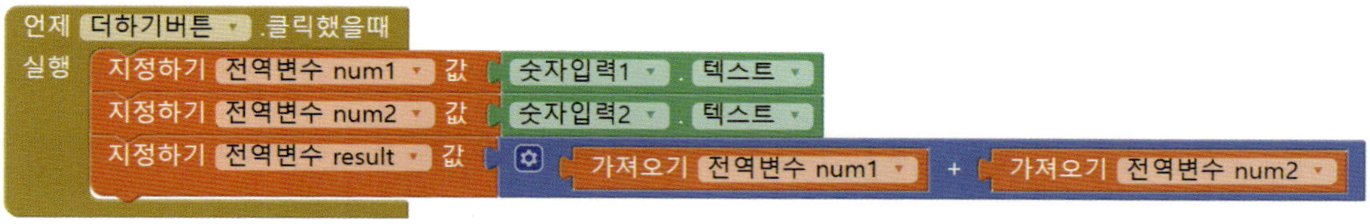

05 결과값을 텍스트박스에 출력하기 '계산결과' 텍스트박스에 출력하기 위해 아래와 같이 결합한 후 마무리합니다.

하나 더 알기 **프로그램에서 변수를 사용하지 않는 경우**

다시 한번 말하지만 이 프로그램에서 변수를 꼭 써야 하는 것은 아닙니다. 변수를 사용하지 않는다면 다음과 같이 코딩할 수 있습니다. [그림 3-19]는 뺄셈에서 변수를 사용하지 않는 경우의 예시입니다.

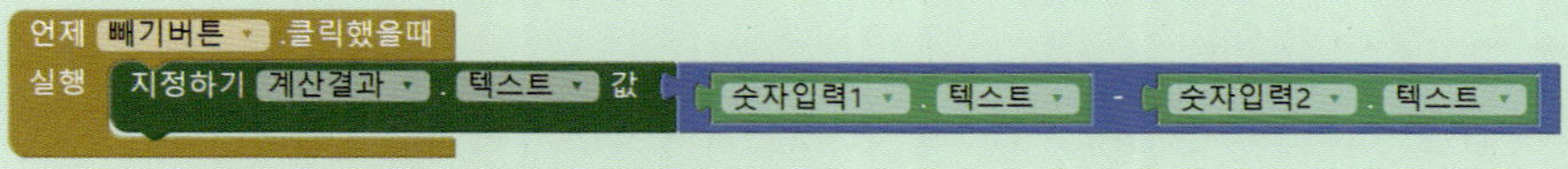

그림 3-19 변수를 사용하지 않은 '빼기버튼'에 대한 코딩

곱하기와 나누기도 변수를 사용하는 경우와 사용하지 않는 경우로 나눠서 각각 코딩해 보세요.

전체 코드 확인하기

변수를 활용해서 만든 계산기 앱 전체 코드는 다음과 같습니다. '더하기' 버튼과 '곱하기' 버튼은 변수를 사용하여 코딩하였고, '빼기' 버튼과 '나누기' 버튼은 변수를 사용하지 않았습니다.

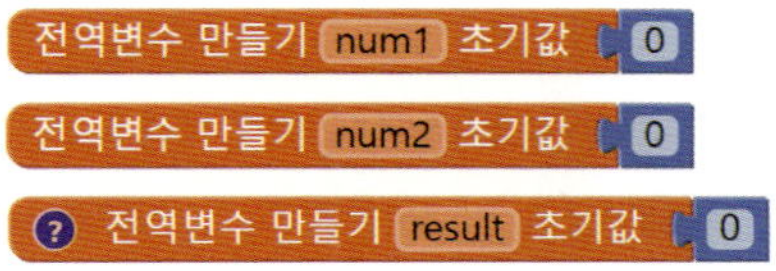

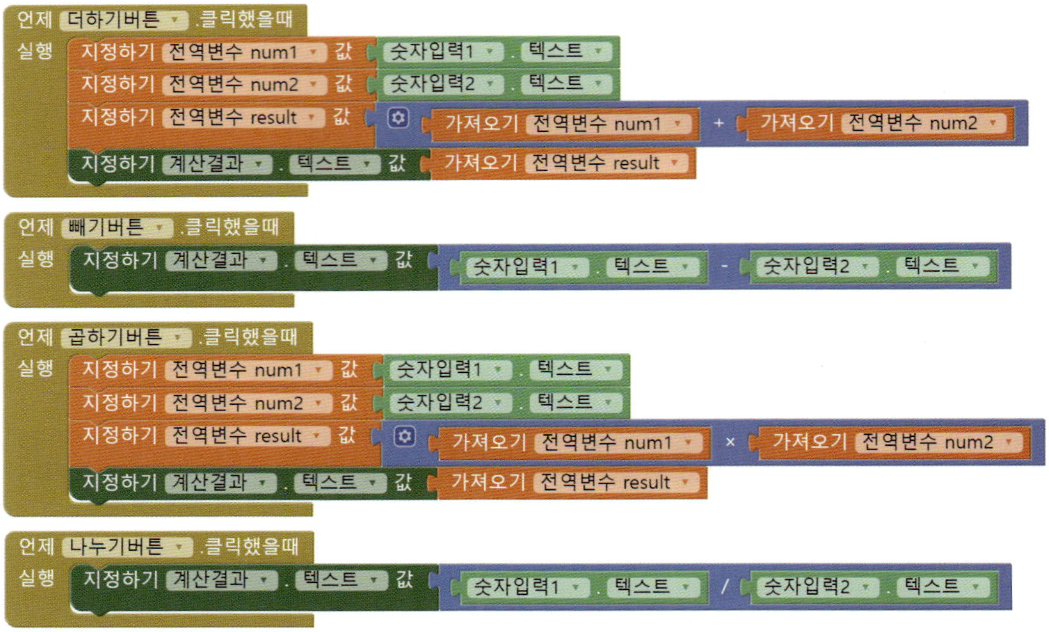

5 앱 테스트

에뮬레이터에서 앱을 테스트해 봅니다. '텍스트박스'를 클릭하면 에뮬레이터에 키보드 자판이 나타나며, 이 자판을 사용하여 숫자를 입력하고 버튼을 클릭하면 됩니다. 계산이 잘 되는지 확인해 보세요.

[실행 결과]

그림 3-20 **계산기 앱 더하기 테스트 결과**

요약

01 컴퓨터는 입·출력장치와 중앙처리장치(CPU), 메모리, 디스크로 구성되어 있습니다.

02 프로그램은 메모리에 로딩(Loading)되어야 실행할 수 있습니다.

03 메모리(RAM)에는 바이트 단위로 주소가 할당되어 있습니다.

04 변수는 메모리에 저장된 자료의 위치를 가리키는 이름입니다.

05 변수에는 숫자나 문자 등 자료를 저장할 수 있고, 저장되는 자료가 바뀔 수 있습니다.

06 앱 인벤터는 변수를 선언하는 블록과 값을 저장하고, 가져오는 블록을 [공통 블록] 밑에 있는 [변수]에서 제공합니다.

07 프로그램에서는 값을 더하고 빼는 계산과 값의 크기를 비교하기 위해 연산자가 필요합니다.

08 연산자는 수학의 기본 연산인 덧셈, 뺄셈, 곱셈, 나눗셈을 하는 산술 연산자와 값의 크기를 비교하는 관계 연산자, 참, 거짓을 판단하는 논리 연산자 등이 있습니다.

09 앱 인벤터는 더하기, 빼기 등 산술 연산자와 관련된 블록을 [공통 블록] 밑에 있는 [수학]에서 제공합니다.

10 앱 인벤터는 컴포넌트의 블록별로 발생할 수 있는 이벤트에 대한 이벤트 처리기 블록을 제공합니다.

11 버튼과 같은 컴포넌트를 수평으로 여러 개 배치하려면 [팔레트]–[레이아웃]에서 '수평배치' 컴포넌트를 드래그해서 사용합니다.

12 뷰어로 드래그한 컴포넌트는 [속성] 영역에서 너비나 높이, 텍스트 등을 수정할 수 있습니다.

13 주석은 변수나 코드에 설명을 붙이는 것입니다. 블록에서 마우스 오른쪽 버튼을 클릭하여 나타나는 팝업메뉴에서 [주석 추가하기]를 선택하여 만들 수 있습니다.

연습문제

01 다음 중 메모리에 관한 설명으로 옳은 것을 모두 고르세요.

① 컴퓨터에서 실제로 처리를 담당하는 핵심 장치다.

② 컴퓨터 출력장치의 한 종류이다.

③ 사용 중인 프로그램이나 자료를 저장하는 장치로 흔히 RAM이라고 부른다.

④ 메모리에는 주소가 있어 각종 자료가 바이트 별로 지정된다.

⑤ 파일을 저장하는 보조 저장장치이다.

02 자료형의 종류와 예시를 알맞게 연결해 보세요.

① [실수형] •	• ⓐ 1, −13, 0
② [정수형] •	• ⓑ 참(True)이나 거짓(False)
③ [문자형] •	• ⓒ ‘A’, “cake”
④ [불린형] •	• ⓓ 0.0, −3.2, 0.02

※ 다음은 앱 인벤터에서 제공하는 블록들입니다. 보기를 이용해 **03**번과 **04**번 문제에 답하세요.

ⓐ 

ⓑ 

ⓒ 

ⓓ 

03 그림과 블록의 종류가 알맞게 연결된 것을 고르세요.

① ⓐ – [공통 블록]의 [논리] 블록

② ⓑ – [공통 블록]의 [제어] 블록

③ ⓒ – [공통 블록]의 [변수] 블록

④ ⓓ – [공통 블록]의 [수학] 블록

04 이벤트 사용자가 버튼을 클릭하는 것과 같이 어떤 동작을 처리하기 위해 사용하는 블록은 무엇인가요?

① ⓐ 블록　　② ⓑ 블록

③ ⓒ 블록　　④ ⓓ 블록

05 '계산기 앱'을 변형하여 앱을 실행하면 '텍스트박스'에 '텍스트박스1의 힌트'가 아니라 '0'이 오른쪽으로 정렬하여 나타나도록 만듭니다.

[힌트]

- '텍스트박스'의 너비가 화면에 꽉 차도록 만듭니다. 디자이너 화면에서 '텍스트박스'의 속성을 추가하면 됩니다.
- '텍스트박스'의 속성을 다음과 같이 수정합니다.

표 3-5 텍스트 박스 속성 수정

속성	수정할 값	기능
너비	부모 요소에 맞추기	텍스트박스의 너비를 화면에 꽉 차게 한다.
글꼴크기	20.0	글꼴의 크기를 크게 한다.
힌트	삭제	텍스트박스에 힌트가 나오지 않도록 한다.
텍스트정렬	오른쪽:2	숫자를 오른쪽으로 정렬한다.
숫자만	체크	숫자만 입력할 수 있게 한다.
텍스트	0	초기값을 '0'으로 설정한다.

[실행 결과]

06 연습문제 **05**번에서 변형한 '계산기 앱'의 바탕에 이미지를 넣어봅니다. 계산기 제목이 보이지 않으면 '제목레이블'의 [텍스트 색상] 항목을 변경해 봅니다.

[힌트]

- 'Screen1'의 [배경 이미지] 항목에 이미지 파일 'milky-way.jpg'를 지정합니다.
- '제목레이블'의 [텍스트색상] 항목을 '흰색'으로 변경합니다.

[실행 결과]

07 연습문제 **06**번에서 변형한 '계산기 앱'에 '더하기', '빼기', '곱하기', '나누기' 버튼을 누르면 계산 결과가 출력되면서 종소리가 나도록 코딩해 봅니다.

[힌트]

- [미디어]에 있는 '소리' 컴포넌트를 추가합니다.
- '소리1'의 속성에서 [소스] 항목을 'bells.mp3' 파일로 지정합니다.
- 버튼 클릭 시 종소리가 나도록 코딩합니다.

2장에서 고양이 앱을 만들면서 고양이 울음소리가 나도록 코딩했던 것을 참고합니다.

08 연습문제 **07**번에서 변형한 '계산기 앱'에서 '지우기' 버튼을 추가하여 이 버튼을 클릭하면 숫자 입력 텍스트박스 2개와 결과값 텍스트박스를 '0'으로 초기화하도록 코딩해 봅니다.

[실행 결과]

09 연습문제 **08**번에서 변형한 '계산기 앱'에서 '더하기', '빼기', '곱하기', '나누기' 버튼을 없애고 다음 [실행 결과]와 같이 '계산하기' 버튼을 새로 만듭니다. 이 버튼을 누르면 덧셈, 뺄셈, 곱셈, 나눗셈 결과를 한 번에 출력하도록 코딩해 봅니다.

[실행 결과]

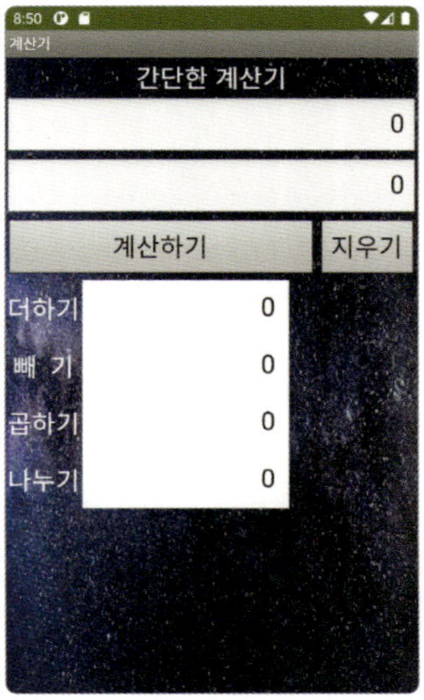

결과 출력 부분은 '레이블'과 '텍스트박스' 네 쌍을 만들어야 하므로 [레이아웃]의 '표형식배치(2×4)'를 사용합니다. 당연히 코딩 부분도 수정해야 합니다.

10 '계산기 앱'을 약간 변형하여 다음 [실행 결과]와 같이 사각형의 면적을 구하는 앱을 만들어봅시다. 계산기 앱의 기능 중에서 곱하기 기능을 이용하면 쉽게 만들 수 있습니다.

[힌트]

- 레이블 옆에 텍스트 박스가 와야 하므로 [레이아웃]의 수평배치 기능을 이용합니다.
- 텍스트의 속성에서 '숫자만'을 선택하면 값을 입력할 때 숫자 키보드가 출력됩니다.

[실행 결과]

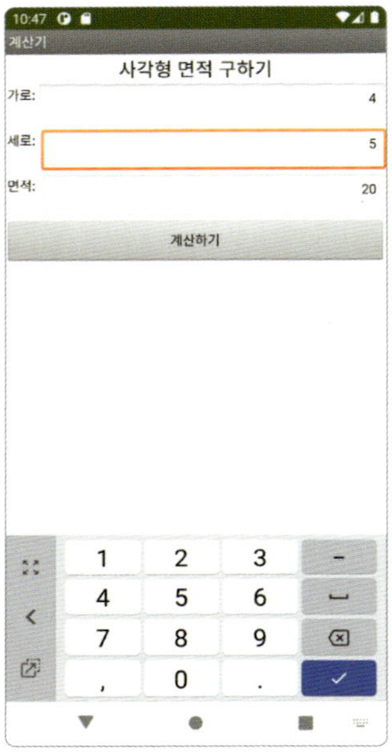

11 정육면체의 한 변의 길이를 입력받아 정육면체의 표면적과 부피를 구하는 앱을 만들어 봅니다.

[힌트]

- 정육면체 표면적 구하기 공식 : 6 × 한 면의 넓이
- 정육면체 부피 구하기 공식 : 한 변의 길이^3

[실행 결과]

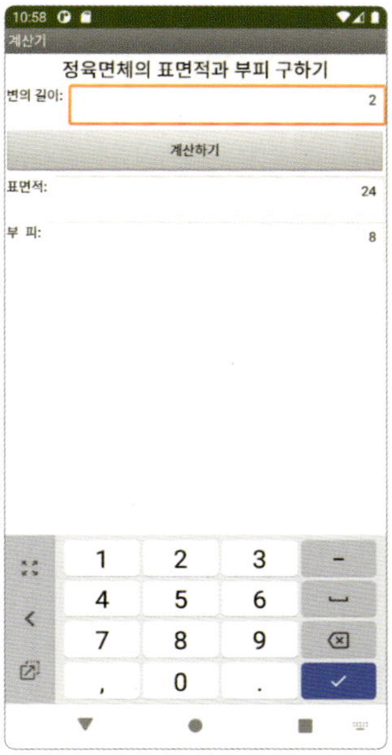

CHAPTER 04

조건문 활용하기

01 조건문 알아보기

02 앱 인벤터 조건문 이해하기

03 조건문 활용 앱 만들기 : 숫자 맞추기 앱

요약

연습문제

학습목표

- 조건문이 무엇인지 이해합니다.
- 관계 연산자와 논리 연산자가 무엇인지 알아봅니다.
- 앱 인벤터에서 조건문 블록의 사용법을 배웁니다.
- 조건문을 사용하여 앱을 만들어 봅니다.

Preview

일반적으로 프로그램은 조건에 따라 각각 다른 동작을 수행하는 데, 이때 사용하는 것이 조건문입니다. 조건문은 조건식의 결과가 참(True) 또는 거짓(False)일 경우로 구분하여 코딩합니다. 조건식은 관계 연산자나 논리 연산자를 사용하여 만듭니다. 관계 연산자는 두 값의 관계를 비교하여 참이나 거짓으로 판단합니다. 참과 거짓으로 구분된 값에 and, or, not 등의 연산을 수행할 때 사용하는 것이 논리 연산자입니다. 이 장에서는 앱 인벤터에서 관계 연산자와 논리 연산자를 이용해 조건식을 만들고 조건식의 결과에 따라 동작을 수행하는 앱을 만들어 볼 것입니다.

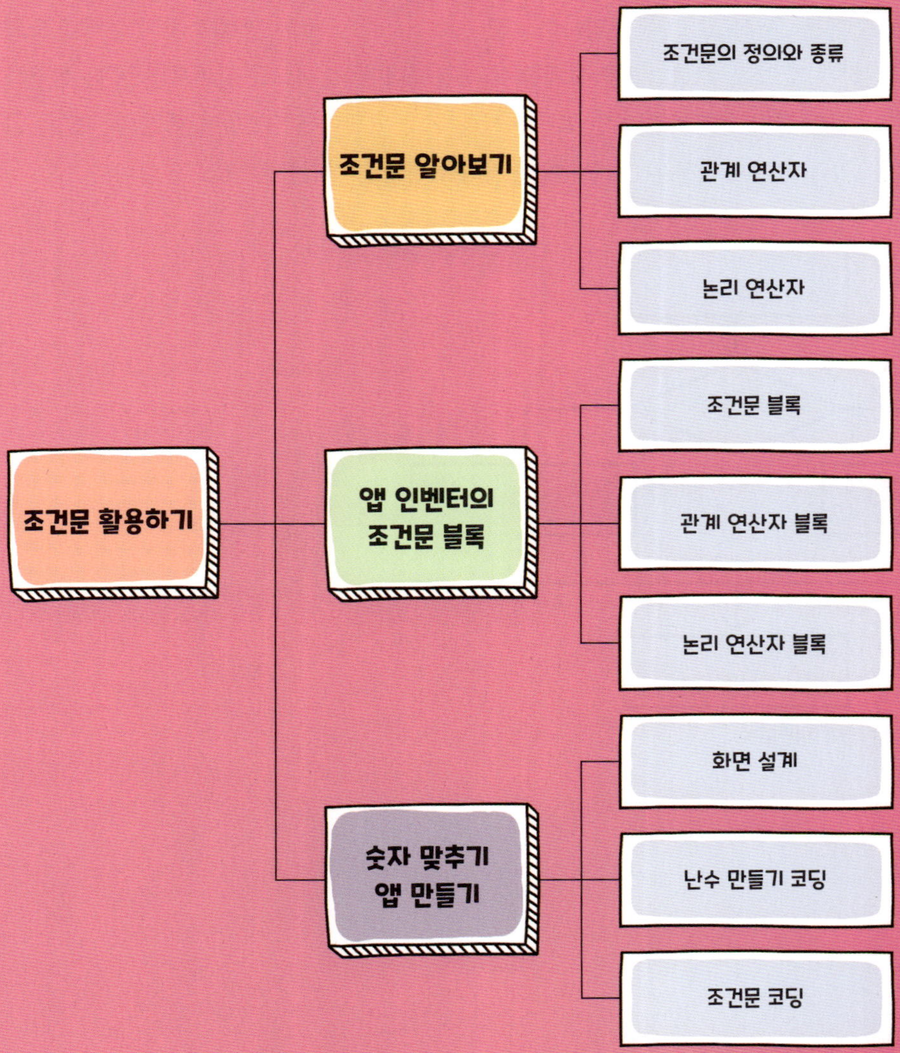

Section

01 조건문 알아보기

프로그래밍에서는 조건문을 사용하여 조건에 따라 수행할 명령을 선택할 수 있습니다. 프로그래밍에서 조건은 참(True)과 거짓(False)으로 판단합니다.

[그림 4-1]은 조건문을 순서도로 그린 것입니다. 순서도(Flow chart)는 명령의 처리 순서를 도표로 간단하게 표현하는 것으로, 프로그램을 설계할 때 사용합니다. 순서도를 살펴보면 'A'를 실행하고 조건을 만나 조건의 판단 결과가 참이면 'B1'을 실행하고, 거짓이면 'B2'를 실행한 후, 'C'를 실행하는 것입니다. 이와 같이 조건문은 조건에 따라 처리할 명령을 결정할 수 있도록 합니다.

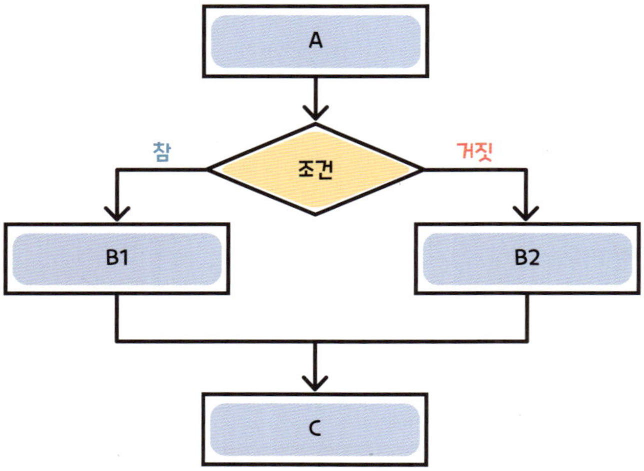

그림 4-1 순서도 : 조건문의 기본 구조

1 조건문의 종류

[그림 4-1]이 조건문의 기본적인 구조이지만, 수행할 명령의 유무와 추가적인 조건 판단 유무에 따라 다양한 형태를 가질 수 있습니다. 조건문의 형태에 대해 순서도를 사용하여 살펴보겠습니다.

단순 선택형

단순 선택형은 조건이 참일 경우에는 실행할 명령이 있지만, 거짓일 경우에는 실행할 명령이 없는 조건문입니다. 이를 순서도로 나타내면 [그림 4-2]와 같습니다. 조건이 참이면 'B'를 실행한 후 'C'를 실행하지만, 조건이 거짓이면 바로 'C'를 실행합니다.

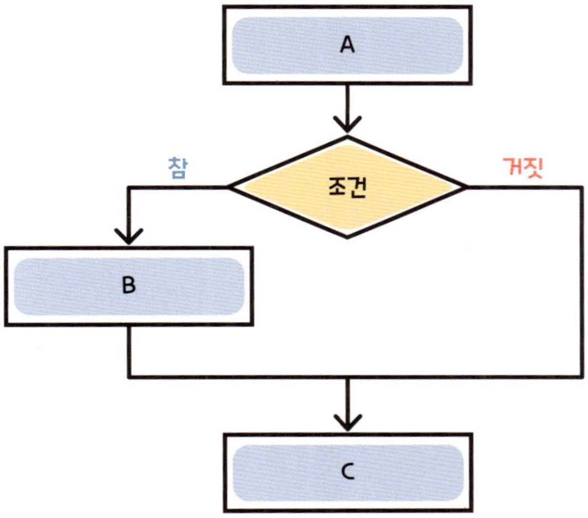

그림 4-2 **순서도 : 단순 선택형 조건문**

양자 택일형

양자 택일형은 [그림 4-1]과 같은 구조입니다. 조건이 참인지, 거짓인지에 따라 실행할 명령이 별도로 주어집니다.

다중 선택형

다중 선택형은 확인해야 할 조건이 여러 개 일 때 사용하는 조건문입니다. 예를 들어, 학생들의 시험 점수 등급을 정하기 위한 프로그램을 만든다고 가정해 보겠습니다. 80점 이상이면 '우수', 60점~79점이면 '보통', 60점 미만이면 '미흡'으로 처리할 경우 조건은 2개가 됩니다. 이와 같은 조건문을 다중 선택형 조건문이라고 합니다. 이 조건문을 순서도로 나타내면 [그림 4-3]과 같습니다.

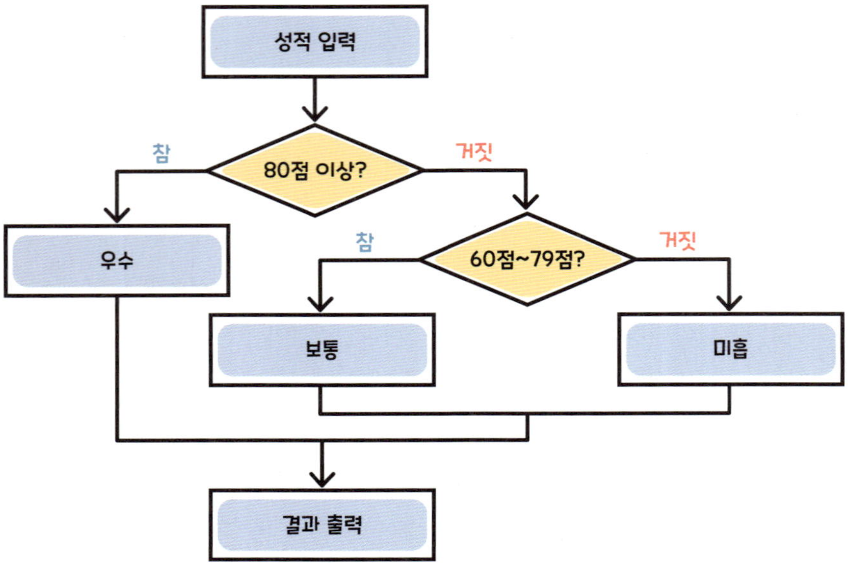

그림 4-3 **순서도 : 다중 선택형 조건문**

2 조건문을 코드로 표현하기

조건문을 코드로 표현할 때는 if문과 else문을 사용합니다. 프로그래밍 언어에 따라 if문과 else문을 사용하는 형식은 약간의 차이가 있습니다. 여기서는 앱 인벤터의 문법을 기준으로 설명하도록 하겠습니다.

조건문의 기본 형식은 다음과 같습니다. 조건이 '참'이나 '거짓'일 때 실행할 명령은 여러 개가 올 수 있습니다. 그러면 앞에서 살펴본 조건문의 종류에 따라 명령을 어떻게 작성하는지 살펴보겠습니다.

```
if (조건)
then
  참일 때 실행할 명령들
else
  거짓일 때 실행할 명령들
```

단순 선택형

단순 선택형은 조건이 참일 경우에만 실행하므로 [그림 4-2]를 코드로 표현하면 다음과 같습니다. 명령 'A'를 실행한 후 조건을 확인하여 참이면 'B'를 실행한 다음 'C'를 실행하고, 거짓이면 그냥 'C'를 실행합니다.

```
A
if (조건)
then
  B
C
```

양자 택일형

양자 택일형은 거짓일 때 실행할 명령이 있는 것이므로 else문을 사용합니다. 조건문을 작성할 때 단순 선택형처럼 if문은 else문 없이 사용할 수 있지만, else문은 if문 없이 단독으로 사용할 수 없습니다.

```
A
if (조건)
then
  B1
else
  B2
C
```

다중 선택형

다중 선택형은 조건이 거짓일 때 다른 조건을 확인하는 형태인데, 이를 위해 else if문이라는 새로운 형식이 추가됩니다. [그림 4-3]을 코드로 표현하면 다음과 같습니다. 처음 if문에서 조건이 거짓이라면, 다음 조건을 확인할 때 else if문을 사용하고, 마지막 else문은 else if문의 조건이 거짓일때 실행할 명령을 지정합니다.

```
성적 입력
if (성적 >= 80)
then
  우수
else if (성적 >= 60)
  then
    보통
  else
    미흡
결과 출력
```

하나 더 알기 **중첩 조건문**

if문에서 조건이 참이거나 거짓일 때 실행할 명령에 다시 조건문이 올 수 있습니다. 예를 들어 성적이 80점 이상이면 '우수'인데, 이중 90점 이상이면 '매우 우수'로 다시 구분해야 한다고 했을 때 다음과 같이 조건문 안에 다시 조건문이 들어오게 됩니다. 이를 '중첩 조건문'이라고 부릅니다.

```
성적 입력
if (성적 >= 80)
then
  if (성적 >= 90)
  then
    매우 우수
  else
    우수
else if (성적 >= 60)
then
  보통
else
  미흡
결과 출력
```

3 조건문에 사용하는 연산자

조건문에서는 참이나 거짓으로 결과를 판단합니다. 이때 사용하는 연산자는 '관계 연산자'와 '논리 연산자'입니다.

관계 연산자

관계 연산자(Relational operator)는 비교하는 두 값이 큰지, 작은지, 크거나 같은지, 작거나 같은지, 같은지, 같지 않은지를 판단하여 참이나 거짓으로 알려주는 연산자입니다. 관계 연산자는 수학에서 사용하는 기호와 유사한 기호를 사용합니다. [표 4-1]에서는 C언어의 관계 연산자를 기준으로 설명하였습니다. 앱 인벤터의 관계 연산자 사용은 이번 장의 2절 '앱 인벤터 조건문 이해하기'에서 살펴보겠습니다.

관계 연산자를 '비교 연산자'라고도 부릅니다.

표 4-1 관계 연산자(C 언어 기준)

의미	수학 기호	관계 연산자	예제	
			수식	결과
A가 B보다 크다	A > B	A > B	100 > 50	참
A가 B보다 작다	A < B	A < B	100 < 50	거짓
A가 B보다 크거나 같다	A ≥ B	A >= B	100 >= 50	참
A가 B보다 작거나 같다	A ≤ B	A <= B	100 <= 50	거짓
A와 B가 같다	A = B	A == B	100 == 50	거짓
A와 B는 같지 않다	A ≠ B	A != B	100 != 50	참

논리 연산자

논리 연산자(Logical operator)는 수식을 논리적으로 연결하여 참과 거짓을 판단할 때 사용합니다. 대표적인 논리 연산자는 and(그리고), or(또는), not(부정) 세 가지입니다. 논리 연산자의 결과도 참이나 거짓으로 결정되는데, 논리 연산자는 연산자별로 진리표를 기준으로 결과를 판단합니다.

[표 4-2]의 연산자별 진리표를 보면 and 연산자는 두 수식의 값이 모두 참일 때만 참이고, or 연산자는 둘 중의 하나만 참이어도 결과값이 참입니다. not 연산자는 현재 값의 반대 값으로 결정합니다. 논리 연산자는 'A and B and C'와 같이 수식을 여러 개 연결하여 계산할 수도 있습니다.

표 4-2 논리 연산자의 진리표

A	B	A and B	A or B	not A
참	참	참	참	거짓
참	거짓	거짓	참	거짓
거짓	참	거짓	참	참
거짓	거짓	거짓	거짓	참

[표 4-3]의 예를 보면서 진리표와 비교하여 결과값을 확인해 봅니다. [표 4-3]에서 A와 B는 관계 연산자를 사용한 수식이므로 참이나 거짓으로 결과값이 나오고, 이 결과값을 논리 연산자에서 and, or, not으로 연산하여 판단할 수 있습니다.

표 4-3 논리 연산의 예

A	B	A and B	A or B	not A
50 > 0	50 < 100	참	참	거짓
50 > 0	50 > 100	거짓	참	거짓
50 < 0	50 < 100	거짓	참	참
50 < 0	50 > 100	거짓	거짓	참

조건문에서 연산자를 사용하기

조건문에서 관계 연산자와 논리 연산자를 사용한 예를 살펴보겠습니다. 관계 연산자는 C언어의 형식을 사용합니다. [표 4-4]는 관계 연산자만 사용한 것이고, [표 4-5]는 관계 연산자와 논리 연산자를 함께 사용한 것입니다.

표 4-4 관계 연산자만 사용한 조건문

조건문	의미
if (num > 100) then	변수 num에 저장된 값이 100보다 큰지 비교
if (num >= 100) then	변수 num에 저장된 값이 100보다 크거나 같은지 비교
if (num < 100) then	변수 num에 저장된 값이 100보다 작은지 비교
if (num <= 100) then	변수 num에 저장된 값이 100보다 작거나 같은지 비교
if (num == 100) then	변수 num에 저장된 값이 100인지 비교
if (num != 100) then	변수 num에 저장된 값이 100이 아닌지 비교

표 4-5 관계 연산자와 논리 연산자를 함께 사용한 조건문

조건문	의미
if (num > 0 and num < 100) then	변수 num에 저장된 값이 0보다 크고, 100보다 작은지 판단
if (num < 0 or num > 100) then	변수 num에 저장된 값이 0보다 작거나, 100보다 큰지 판단
if (not (num > 0)) then	변수 num에 저장된 값이 0보다 크지 않은지 판단

Section 02 앱 인벤터 조건문 이해하기

앱 인벤터에서는 앞에서 살펴본 조건문과 관련된 블록과 연산자 블록을 제공합니다. 그럼 조건문 블록부터 살펴보겠습니다.

1 앱 인벤터의 조건문 블록

앱 인벤터의 조건문 블록은 블록 편집 화면의 [블록] 영역 [공통 블록]밑에 [제어]를 클릭하면 확인할 수 있습니다.

그림 4-4 조건문 블록

조건문 블록은 [만약 – 이라면 실행], [만약 – 이라면 실행 – 아니라면], [만약 – 이라면 실행 – 아니고 만약 – 이라면 실행 – 아니라면]과 같이 세 가지 블록을 제공합니다.

(a) if~then (b) if~then~else (c) if~then~else if~then~else

그림 4-5 세 가지 조건문 블록

조건문 블록에서 [만약] 우측 부분에 조건 블록을 결합하고, [이라면 실행] 우측 부분에 조건이 참일 때 실행할 코드 블록을 조립하고, [아니라면] 우측 부분에는 조건이 거짓일 때 실행할 코드 블록을 조립합니다.

하나 더 알기 **영어 모드의 조건문 블록**

[그림 4-4]에서는 앱 인벤터가 한국어로 설정되어 있어서 조건문 블록이 '만약~이라면 실행' 형식으로 나타나는데, 영어로 설정하면 [그림 4-6]과 같이 'if~then' 형식으로 나타납니다.

그림 4-6 영어 모드의 조건문 블록

조건문 블록의 확장

조건문 블록은 확장이 가능합니다. 조건문에 [아니면] 부분을 추가하려면 설정 아이콘(⚙)을 클릭하고 [아니면] 블록을 끌어다가 [만약] 블록의 우측에 끼우면 됩니다.

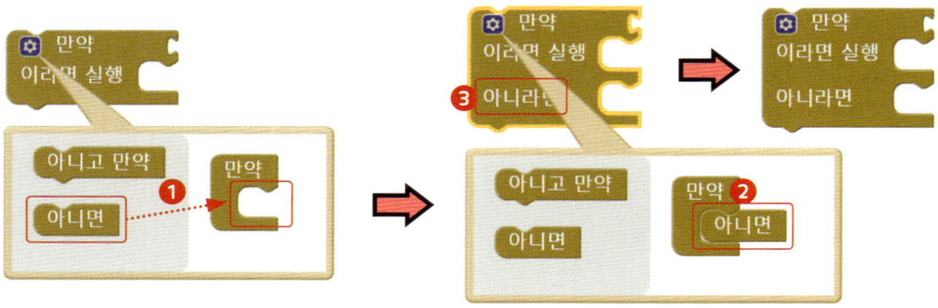

그림 4-7 조건문 블록에 [아니면] 블록 결합하기

조건문에 [아니고 만약] 부분을 추가하려면 설정 아이콘(⚙)을 클릭하고, [아니고 만약] 블록을 끌어다가 [만약] 블록의 우측에 끼우면 됩니다.

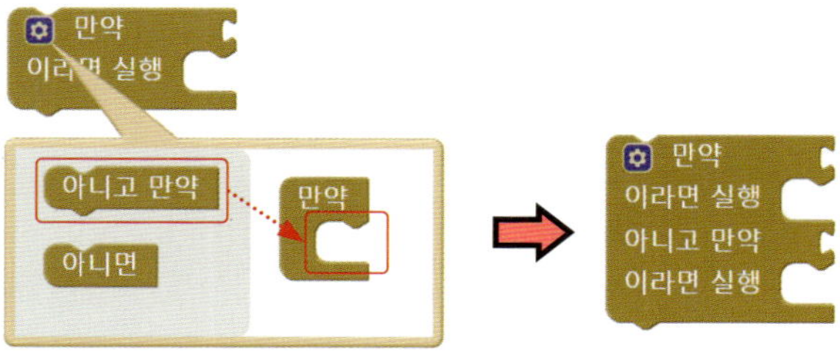

그림 4-8 조건문 블록에 [아니고 만약] 블록 결합하기

2 관계 연산자와 논리 연산자

앱 인벤터에서 관계 연산자나 논리 연산자를 사용하려면 조건문 블록에서 [만약] 블록 우측에 조건을 만들어 결합하면 됩니다. 앱 인벤터의 관계 연산자는 [공통 블록] 밑에 [수학], 논리 연산자는 [공통 블록] 밑에 [논리]에 있습니다.

관계 연산자

관계 연산자는 [공통 블록] 밑에 [수학]을 클릭하여, 기본형 블록인 [' ' = ' '] 블록을 선택한 후 원하는 관계 연산자로 바꾸어야 합니다.

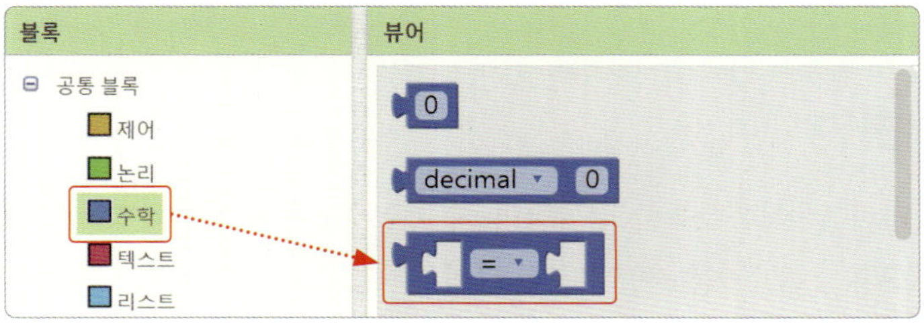

그림 4-9 **관계 연산자의 기본형 선택**

관계 연산자의 [' ' = ' '] 블록을 선택한 후 '= ▾' 부분을 클릭하면 선택할 수 있는 관계 연산자가 표시됩니다. 이 중에서 원하는 연산자를 선택하면 됩니다. 예를 들어, '>' 연산자를 선택하려면 [그림 4-10]과 같이 하면 됩니다.

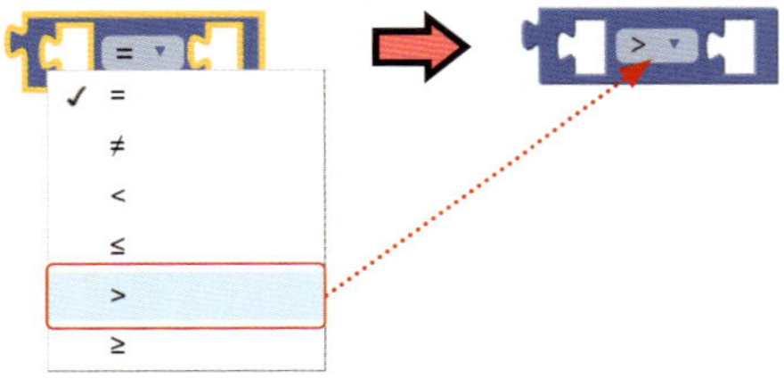

그림 4-10 **관계 연산자 선택**

논리 연산자

논리 연산자 블록은 [공통 블록] 밑에 [논리]를 클릭하면 확인할 수 있습니다. 참, 거짓 블록과 아니다(not), 그리고(and), 또는(or) 블록 등으로 구성되어 있습니다.

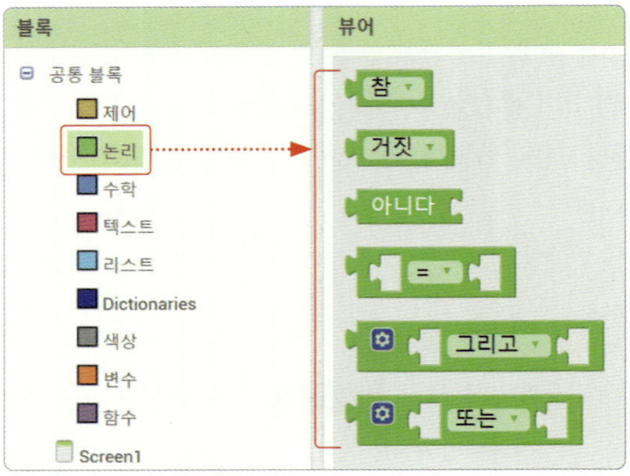

그림 4-11 **논리 연산자 블록**

3 조건문과 연산자 조립하기

조건문 블록과 관계 연산자 블록, 논리 연산자 블록을 결합하여 보겠습니다. [표 4-4]와 [표 4-5]의 코드 중 일부를 블록으로 바꾸어 봅니다. 관계 연산자만 사용하는 경우는 [그림 4-12]와 같습니다.

(a) if (num > 100) then

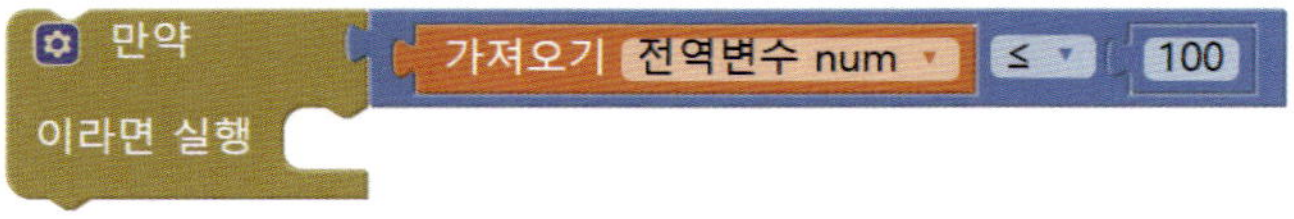

(b) if (num <= 100) then

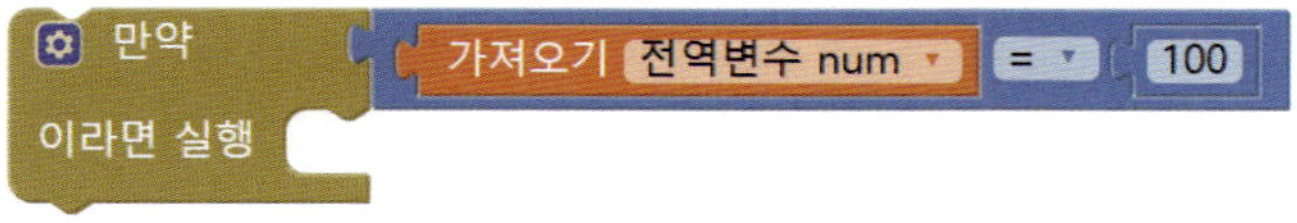

(c) if (num == 100) then

그림 4-12 **관계 연산자 블록만 사용한 경우**

관계 연산자 블록을 결합하기 전, [그림 4-13]과 같이 'num' 변수를 변수 블록을 이용하여 전역변수로 선언하고, 0으로 초기화 시킵니다.

그림 4-13 **num 변수 초기화**

관계 연산자와 논리 연산자 블록을 함께 사용한 경우는 [그림 4-14]와 같습니다.

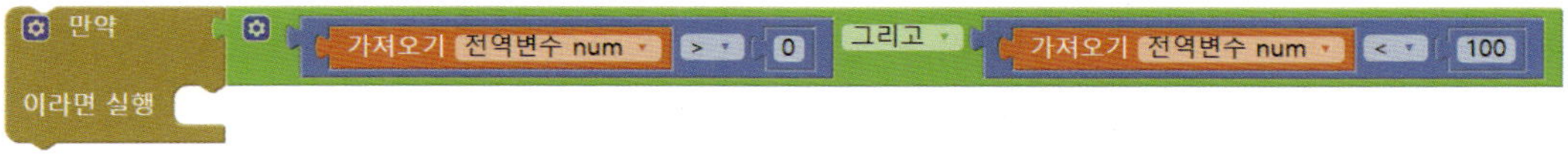

(a) if (num > 0 and num < 100) then

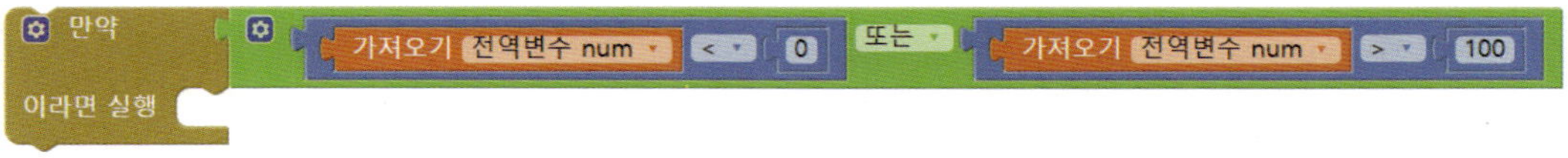

(b) if (num < 0 or num > 100) then

(c) if (not (num > 0)) then

그림 4-14 관계 연산자 블록과 논리 연산자 블록을 함께 사용한 경우

4 다중 조건문 만들기

다중 조건문의 예를 살펴보겠습니다. 일반 코드로 표현하면 다음과 같습니다.

```
if (num >= 90) then
else if (num >= 80) then
else if (num >= 70) then
else
```

이 코드를 블록으로 조립하면 [그림 4-15]와 같습니다. 조건문 블록의 설정에서 [아니고 만약] 블록과 [아니면] 블록을 추가하면 됩니다.

그림 4-15 다중 조건문 만들기

[그림 4-15]와 같이 만들어진 다중 조건문의 '만약' 부분에 코드에 맞게 비교 연산자 블록을 결합하면 [그림 4-16]과 같이 완성됩니다.

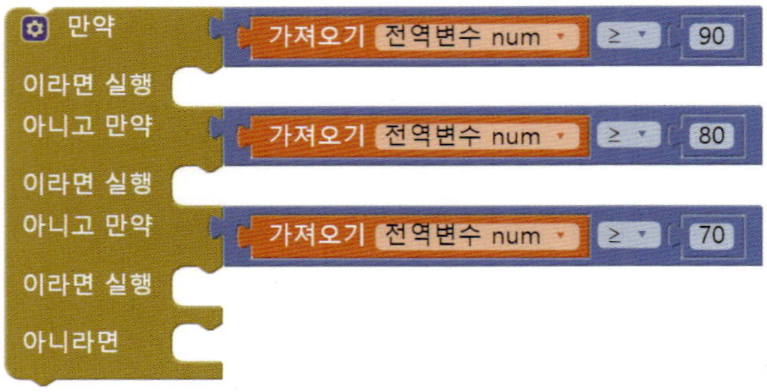

그림 4-16 다중 조건문에 맞는 비교 연산자 블록을 사용한 경우

Section 03

조건문 활용 앱 만들기 : 숫자 맞추기 앱

조건문을 활용한 앱의 예로 숫자 맞추기 앱을 만들어 보겠습니다. 숫자 맞추기 앱은 1~100 사이의 임의의 숫자를 난수로 생성하고, 이를 사용자가 맞추는 앱입니다. 숫자 맞추기 앱은 [그림 4-17]과 같이 제목과 레이블, 텍스트박스, 버튼으로 구성되어 있습니다.

그림 4-17 **숫자 맞추기 앱**

1 기초 지식 이해

숫자 맞추기 앱에서 필요한 기초 지식은 조건문과 난수(Random number) 생성입니다. 조건문은 2절 '앱 인벤터 조건문 이해하기'에서 충분히 다루었기 때문에 여기서는 난수 생성만 살펴보겠습니다. 난수는 사용자가 지정한 범위 내의 숫자 중 임의의 숫자를 의미합니다. 앱 인벤터에서는 난수와 관련된 블록을 [공통 블록] 밑에 있는 [수학]에서 확인할 수 있습니다.

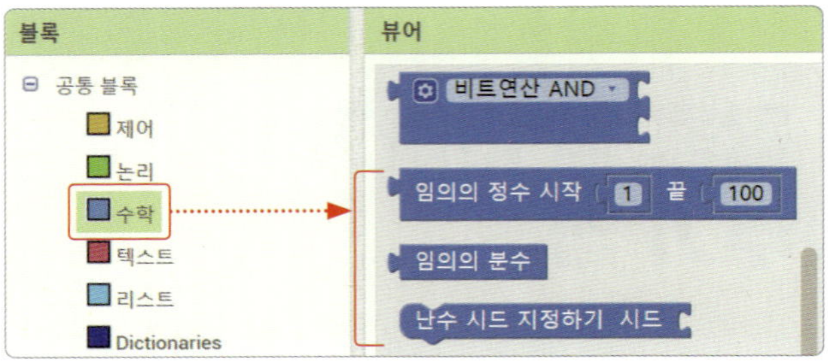

그림 4-18 **난수와 관련된 블록**

난수와 관련된 블록은 총 세 개이며, 난수와 관련된 블록의 용도는 [표 4-6]과 같습니다.

표 4-6 **난수와 관련된 블록**

블록	용도
임의의 정수 시작 1 끝 100	1~100 사이의 숫자 중 임의의 정수를 생성한다. 시작 숫자와 마지막 숫자는 수정 가능하다.
임의의 분수	0~1 사이의 임의의 실수를 생성한다.
난수 시드 지정하기 시드	시드로 특정 값을 지정하면, 항상 같은 순서로 난수를 생성한다.

2 문제 이해

숫자 맞추기 앱은 1~100 사이에 있는 임의의 숫자를 난수로 생성한 뒤, 사용자가 입력한 숫자와 비교한 결과를 알려주어서 숫자를 맞추도록 하는 것입니다. 동작 흐름은 다음과 같습니다.

❶ 난수를 생성합니다.
❷ 사용자가 숫자를 입력합니다.
❸ 난수와 입력한 숫자를 비교하여 큰지, 작은지 결과를 출력합니다.
❹ 난수를 맞출 때까지 ❷와 ❸을 반복합니다.
❺ 난수를 맞추면 '다시하기' 버튼을 클릭하여 ❶부터 다시 시작합니다.

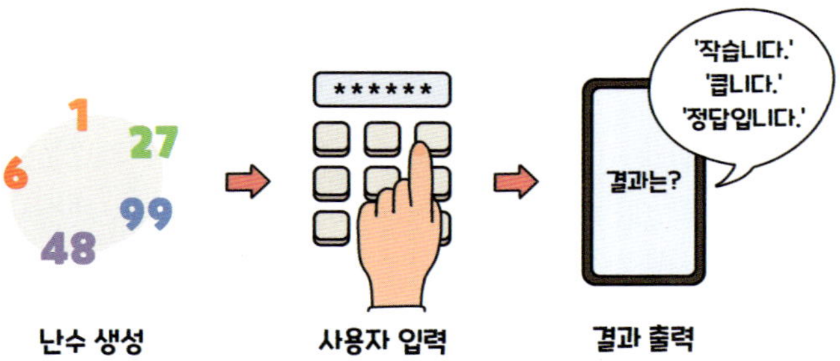

그림 4-19 **숫자 맞추기 앱의 문제 이해**

난수는 앱이 시작할 때 생성하고, 사용자가 '다시하기' 버튼을 클릭했을 때 다시 생성됩니다. 난수를 저장할 변수가 필요한데, 조건문을 사용하여 사용자가 입력한 숫자와 난수를 비교하고 메시지를 출력합니다. 앱은 [그림 4-17]처럼 레이블과 텍스트박스, 버튼 컴포넌트로 설계합니다. 레이블에 출력되는 텍스트는 코딩으로 수정할 수 있으므로 이 기능을 이용하여 메시지를 출력합니다.

숫자 맞추기 앱은 앱 인벤터가 제공하는 컴포넌트만으로 구현이 가능하므로 별도로 준비할 리소스는 없습니다.

3 화면 설계

숫자 맞추기 앱의 화면을 설계해 보겠습니다. 전체 구성은 [그림 4-17]과 같습니다. 숫자 맞추기 앱을 설계하는 데 필요한 컴포넌트는 [표 4-7]에 정리하였습니다.

표 4-7 **숫자 맞추기 앱 설계에 필요한 컴포넌트**

컴포넌트	위치	역할
레이블1		제목 출력
레이블2	[팔레트]-[사용자 인터페이스]	'물음표', '큽니다', '작습니다', '정답입니다' 메시지 출력
레이블3		숫자 입력하라는 메시지 출력
수평배치	[팔레트]-[레이아웃]	텍스트박스와 버튼을 수평으로 배치
텍스트박스		숫자 입력
버튼1	[팔레트]-[사용자 인터페이스]	숫자 읽어서 난수와 비교하기 이벤트 처리
버튼2		'다시하기' 버튼

01 새 프로젝트 시작하고 제목 바꾸기 새 프로젝트를 만들어 프로젝트의 이름을 'GuessNum'으로 하고, 에뮬레이터를 동작시킵니다. 그리고 [속성] 영역에서 'Screen1'의 [제목] 항목을 '숫자 맞추기'로 변경합니다.

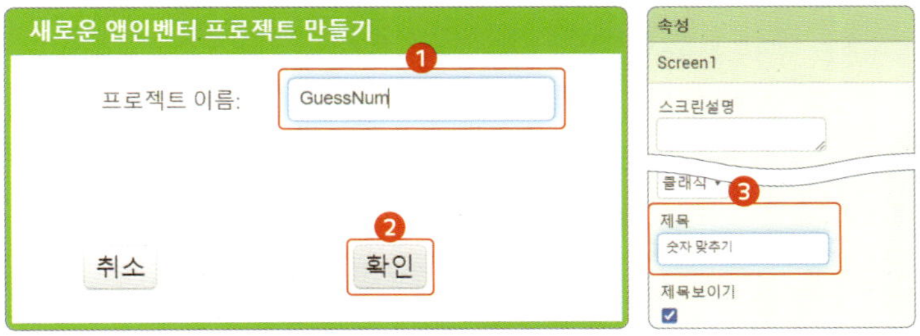

02 레이블 컴포넌트 배치하기 [팔레트]–[사용자인터페이스]에서 '레이블' 컴포넌트 세 개를 [뷰어] 영역으로 드래그합니다.

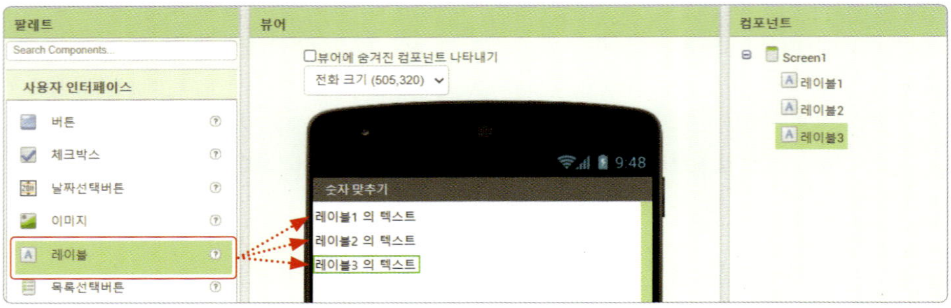

03 세 개의 레이블 수정하기 [컴포넌트] 영역에 생성된 '레이블1', '레이블2', '레이블3'의 이름과 속성을 [표 4–8]을 참고하여 수정합니다.

표 4-8 레이블의 속성 수정하기

이름	이름 수정	속성	속성 수정
레이블1	제목레이블	글꼴크기	20
		너비	부모 요소에 맞추기
		텍스트	숫자 맞추기
		텍스트정렬	가운데:1
레이블2	난수레이블	배경색	주황
		글꼴크기	25
		너비	부모 요소에 맞추기
		텍스트	?
		텍스트정렬	가운데:1
레이블3	메시지레이블	글꼴크기	16
		너비	부모 요소에 맞추기
		텍스트	1~100 사이의 숫자를 입력하시오.
		텍스트정렬	가운데:1

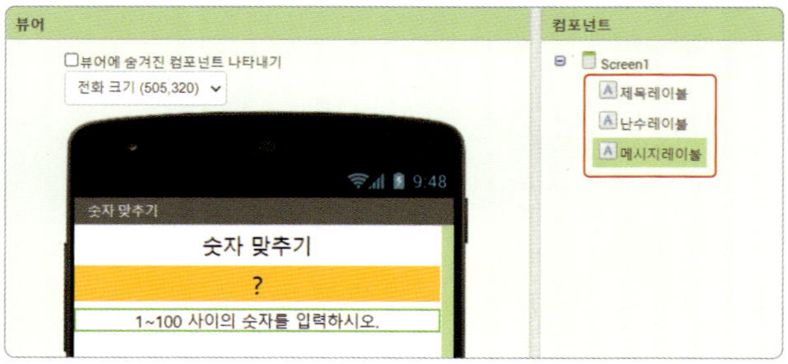

컴포넌트 이름은 [컴포넌트] 영역에서 [이름 바꾸기]를 클릭하여 변경하면 되고, 나머지는 [속성] 영역에서 변경합니다.

04 텍스트박스와 버튼 배치하기 [팔레트]-[레이아웃]에서 '수평배치' 컴포넌트를 [뷰어] 영역에 드래그하여 배치합니다. 생성된 '수평배치1'에 대한 [속성] 영역에서 [너비] 항목을 '부모 요소에 맞추기'로 설정합니다.

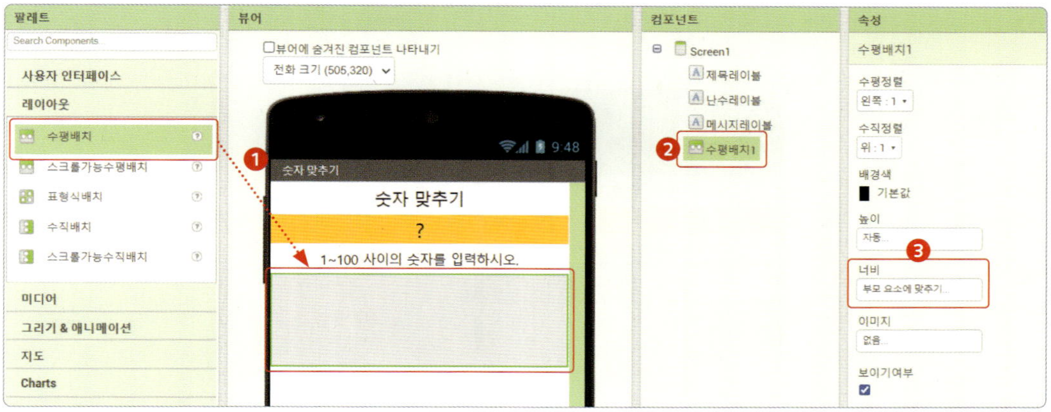

05 텍스트박스와 버튼 수정하기 '수평배치1' 내부에 텍스트박스와 버튼 컴포넌트를 드래그하고, [컴포넌트] 영역에 생성된 '텍스트박스1'과 '버튼1'의 이름과 속성을 [표 4-9]를 참고하여 수정합니다.

표 4-9 텍스트박스와 버튼의 속성 수정하기

이름	이름 수정	속성	속성 수정
텍스트박스1	숫자입력상자	글꼴크기	20
		높이	부모 요소에 맞추기
		힌트	
		숫자만	체크
		텍스트정렬	가운데:1
버튼1	입력버튼	글꼴크기	20
		너비	부모 요소에 맞추기
		텍스트	입력

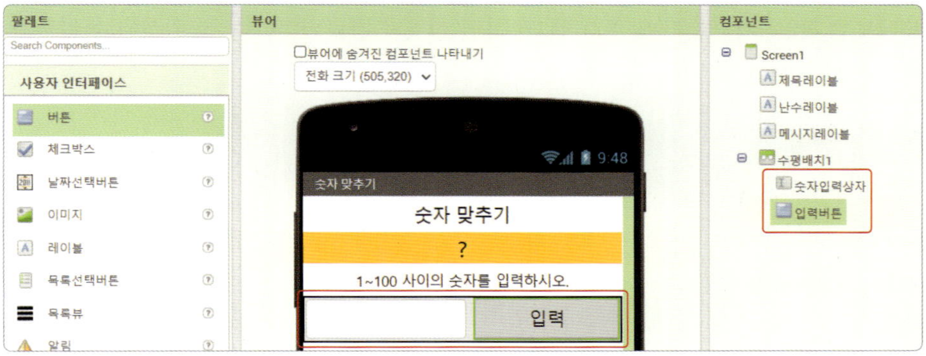

06 '다시하기' 버튼 추가하고 속성 수정하기 '다시하기' 버튼을 만들기 위해 '버튼' 컴포넌트를 추가적으로 [뷰어] 영역에 드래그합니다. [컴포넌트] 영역에 생성된 '버튼1'의 이름을 '다시하기버튼'으로 바꾸고, [속성] 영역에서 [글꼴크기] 항목을 20, [텍스트] 항목을 '다시하기'로 수정합니다.

07 '다시하기' 버튼 정렬하기 '다시하기' 버튼이 왼쪽으로 정렬되어 있는데 버튼의 속성 중에 버튼 자체를 가운데 정렬하는 속성은 없으며, 만약 버튼의 [너비] 항목을 '부모 요소에 맞추기'로 하면 버튼이 너무 커집니다. 그렇다면 어디를 수정해야 할까요? 정답은 'Screen1' 컴포넌트의 속성 중 [수평정렬] 항목을 '가운데:3'으로 변경하면 됩니다.

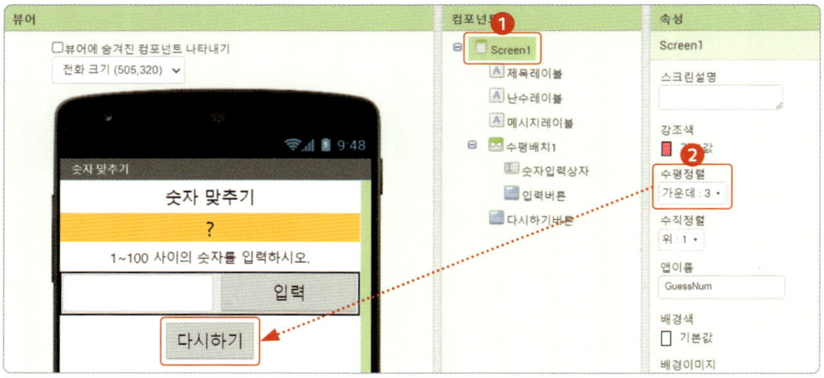

08 에뮬레이터에서 앱 확인하기 '숫자 맞추기 앱'의 화면 설계가 완료되었습니다. 완성된 화면을 에뮬레이터에서 확인해 보세요.

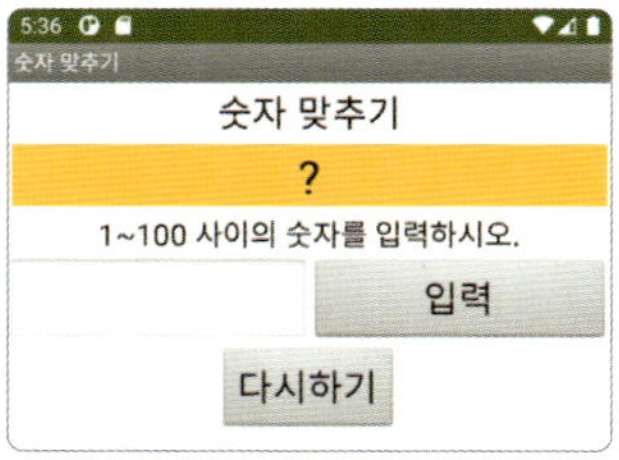

4 코딩

블록 편집 화면으로 전환하여 코딩해 보겠습니다. 변수는 난수 저장용으로 하나만 사용합니다. 사용자가 입력한 숫자도 변수에 저장할 수 있지만, 이번에는 저장하지 않고 그냥 사용하기로 합니다.

변수 선언하고 난수 생성하기

01 변수 선언하고 초기화하기 변수의 이름은 'rnum'으로 선언하고 0으로 초기화합니다.

02 난수를 생성하여 변수에 지정하기 난수를 생성하여 'rnum' 변수에 저장하겠습니다. [전역변수 만들기 'rnum ' 초기값][0] 블록에 마우스를 올리면 [지정하기 '전역변수 rnum' 값] 블록을 가져올 수 있습니다. 여기에 [공통 블록] 밑에 [수학]에 있는 [임의의 정수 시작 '1' 끝 '100'] 블록을 드래그하여 결합합니다.

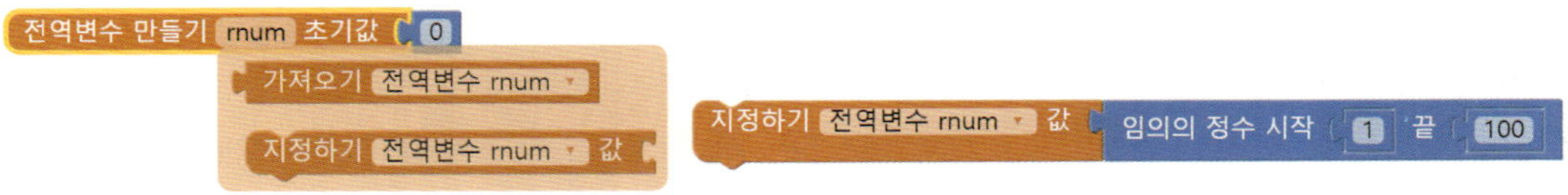

03 난수 저장 블록과 초기화 블록 결합하기 '숫자 맞추기 앱'은 앱이 시작되면 바로 난수가 생성되어야 합니다. 난수 하나가 생성되어 있어야 앱이 시작할 때 문제가 없습니다. [블록] 영역의 [Screen1]에서 [언제 'Screen1'.초기화되었을때] 블록을 선택합니다. 그리고 [언제 'Screen1'.초기화되었을때] 블록에 02에서 코딩한 블록을 조립하면 앱을 시작할 때 난수를 만들어 'rnum' 변수에 저장합니다.

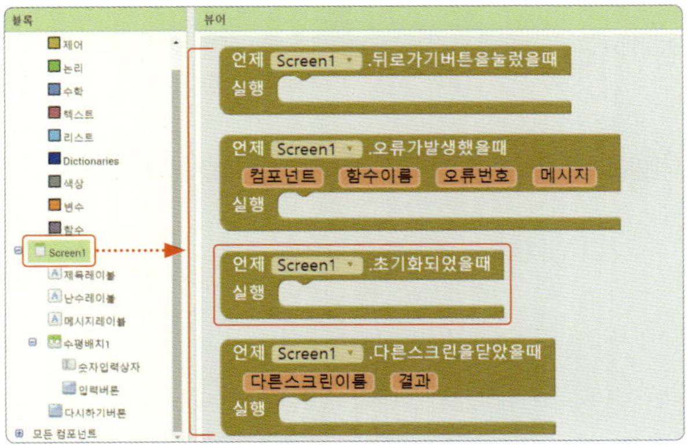

숫자 비교 처리하기

04 처리 순서와 사용할 블록 확인하기 이제 사용자가 텍스트박스에 숫자를 입력하고 '입력' 버튼을 클릭하면 난수와 입력한 숫자를 비교하여 메시지를 출력하도록 코딩해 봅니다. 여기가 이 장에서 배운 조건문을 사용하는 부분입니다. '입력' 버튼의 '클릭' 블록에서 조건문으로 처리해야 합니다.

❶ 난수와 사용자가 입력한 숫자를 비교합니다.
❷ 비교한 결과에 따라 '난수레이블'의 텍스트 속성을 수정하여 메시지를 출력합니다.

코딩에 사용할 블록은 [표 4-10]과 같습니다.

표 4-10 숫자 비교 코딩에 사용할 블록

블록	위치	역할
언제 입력버튼 .클릭했을때 실행	[입력버튼]	'입력버튼' 클릭 이벤트 처리하기
만약 / 이라면 실행 / 아니고 만약 / 이라면 실행 / 아니라면	[공통 블록] 밑에 [제어]	숫자를 비교하는 조건문 처리하기
> / <	[공통 블록] 밑에 [수학]	관계 연산자로 숫자를 비교하기
가져오기 전역변수 rnum	변수 'rnum' 블록에 마우스 올리기	변수 'rnum' 값 가져오기
숫자입력상자 . 텍스트	[숫자입력상자]	텍스트박스에서 숫자 읽어오기
지정하기 난수레이블 . 텍스트 값	[난수레이블]	레이블의 텍스트를 수정하기
' 큽니다. ' / ' 작습니다. ' / ' 정답입니다. '	[공통 블록] 밑에 [텍스트]	'난수레이블'에 출력할 메시지 만들기

05 입력한 숫자가 큰지 비교하기 사용자가 입력한 숫자가 난수보다 크면 '큽니다.'를 '난수레이블'에 표시합니다.

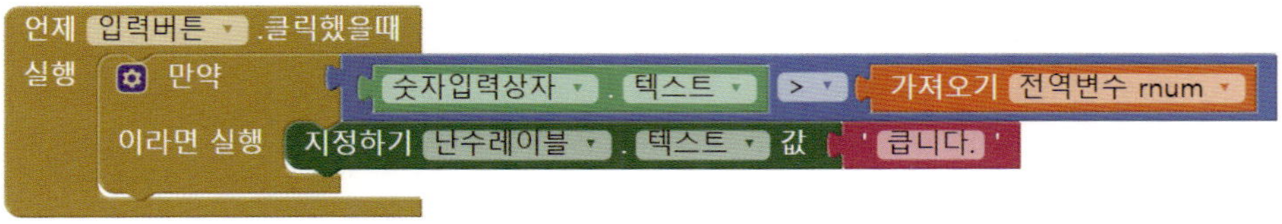

06 입력한 숫자가 작은지 비교하기 조건문에 [아니고 만약] 을 추가하여, 사용자가 입력한 숫자가 난수보다 작으면 '작습니다.'를 '난수레이블'에 표시합니다.

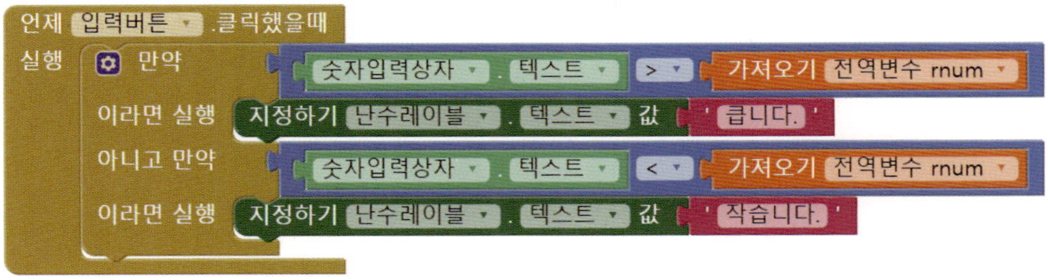

07 정답 메시지 출력하기 조건문에 [아니면] 을 추가하여 크거나 작지 않으면, '정답입니다.'라는 메시지를 '난수레이블'에 표시합니다.

08 '다시하기' 버튼 코딩하기 '다시하기' 버튼의 동작을 코딩합니다. '다시하기' 버튼을 클릭하면 난수를 다시 생성하고 '숫자입력' 텍스트박스를 비우고, 난수레이블을 '?'로 표시합니다. 다시하기 버튼의 동작을 코딩하는 데 필요한 블록들은 [표 4-11]을 참조합니다.

표 4-11 '다시하기' 버튼 코딩에 사용할 블록

블록	위치	역할
언제 다시하기버튼 .클릭했을때 실행	[다시하기버튼]	'다시하기' 버튼 클릭 이벤트 처리하기
지정하기 전역변수 rnum 값	변수 'rnum' 블록에 마우스 올리기	난수를 생성하여 변수에 저장하기
임의의 정수 시작 1 끝 100	[공통 블록] 밑에 [수학]	
지정하기 숫자입력상자 . 텍스트 값	[숫자입력상자]	'숫자입력상자'를 텍스트로 설정하기
' '	[공통 블록] 밑에 [텍스트]	'숫자입력상자'에 빈 텍스트 설정하기
' ? '		'난수레이블'에 출력할 메시지 만들기

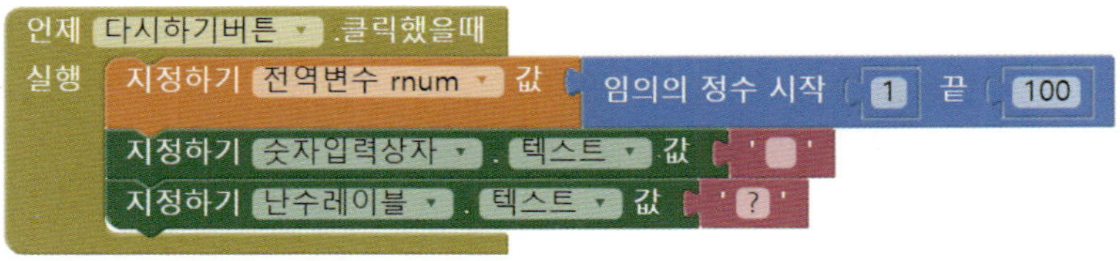

전체 코드 확인하기

조건문을 활용해서 만든 숫자 맞추기 앱 전체 코드는 다음과 같습니다.

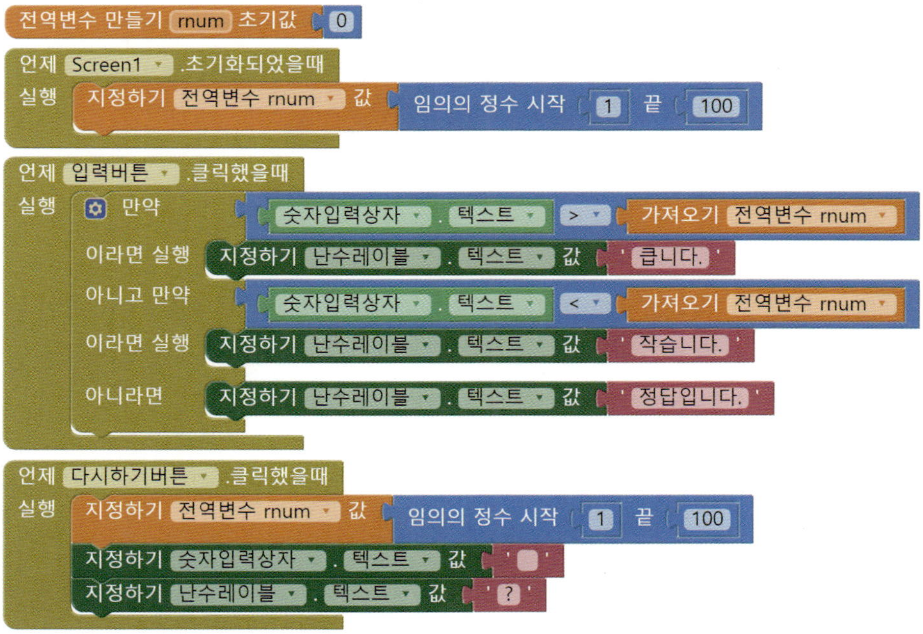

5 앱 테스트

에뮬레이터에서 앱을 테스트해 봅니다. 크거나 작다는 메시지가 잘 표시되는지 확인해 봅니다.

[실행 결과]

(a) 기본 화면

(b) '큽니다.' 출력 화면

(c) '작습니다.' 출력 화면

(d) '정답입니다.' 출력 화면

랜덤으로 숫자가 나오기 때문에 실제로 실행하면 [그림 4-20](d)처럼 숫자 8이 정답이 아닐 수 있습니다.

그림 4-20 숫자 맞추기 앱 테스트 화면

요약

01 조건문은 조건에 따라 수행할 명령을 선택합니다.

02 조건은 참과 거짓으로 판단합니다.

03 조건문은 조건이 참이나 거짓일 때 수행할 명령이 있는지에 따라 단순 선택형, 양자 택일형, 다중 선택형으로 구분합니다.

04 조건문 안에 다시 조건문이 올 수 있으며, 이를 '중첩 조건문'이라고 합니다.

05 조건문에는 '관계 연산자'와 '논리 연산자'를 사용합니다.

06 관계 연산자는 비교하는 두 값이 큰지, 작은지, 크거나 같은지, 작거나 같은지, 같은지, 같지 않은지를 판단하여 참이나 거짓으로 결과를 알려줍니다.

07 논리 연산자는 수식을 논리적으로 연결하여 참과 거짓을 판단하며 and, or, not이 있습니다.

08 앱 인벤터에서는 [공통 블록] 밑에 [제어]에서 조건문 블록을 제공하며 설정 아이콘을 클릭하여 조건문의 구조를 설정할 수 있습니다.

09 관계 연산자 블록은 [공통 블록] 밑에 [수학]에 있으며, 논리 연산자 블록은 [공통 블록] 밑에 [논리]에 있습니다.

10 난수는 사용자가 지정한 범위 내에서 임의의 숫자를 생성하는 것으로 앱 인벤터에서는 [공통 블록] 밑에 [수학]에서 난수 블록을 제공합니다.

11 앱이 시작할 때 난수값을 설정하려면 스크린의 초기화 블록에서 코딩해야 합니다.

연습문제

01 두 수식의 값이 모두 참일 때 결과값이 '참'인 연산자의 종류로 알맞게 연결된 것은 무엇인가요?

① 관계 연산자, !=

② 논리 연산자, or

③ 논리 연산자, and

④ 관계 연산자, ==

⑤ 논리 연산자, not

02 앱 인벤터의 조건문 블록에 대한 설명으로 알맞지 않은 것은 무엇인가요?

① 조건문 블록은 앱 인벤터의 [공통 블록]-[제어]를 클릭하면 확인할 수 있다.

② 조건문 블록은 네 가지 블록을 제공한다.

③ 조건문 블록에 관계 연산자와 논리 연산자 블록을 사용할 수 있다.

④ 조건문 블록은 [아니면], [아니고 만약] 블록을 결합하여 확장이 가능하다.

03 다음 블록이 의미하는 내용으로 알맞은 것은 무엇인가요?

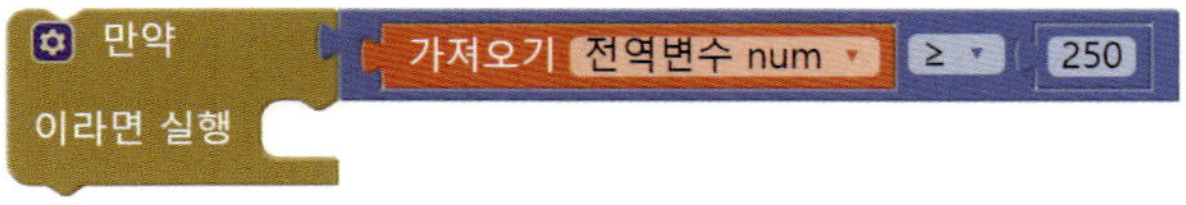

① if (num >= 250) then

② if (num ≥ 250) then

③ if (not (num > 250)) then

④ if (num > 250) then

04 다음 블록이 의미하는 내용으로 알맞은 것은 무엇인가요?

① if (num >= 30) then

② if (num == 30) then

③ if (not (num ≥ 30)) then

④ if (not (num >30)) then

05 '숫자 맞추기 앱'을 변형하여 다음 [실행 결과]와 같이 바탕화면의 색상을 바꾸어 보겠습니다. 바탕화면의 색상은 어떤 컴포넌트의 속성을 바꿔야 할지 생각해 보고 수정해 봅니다.

[실행 결과]

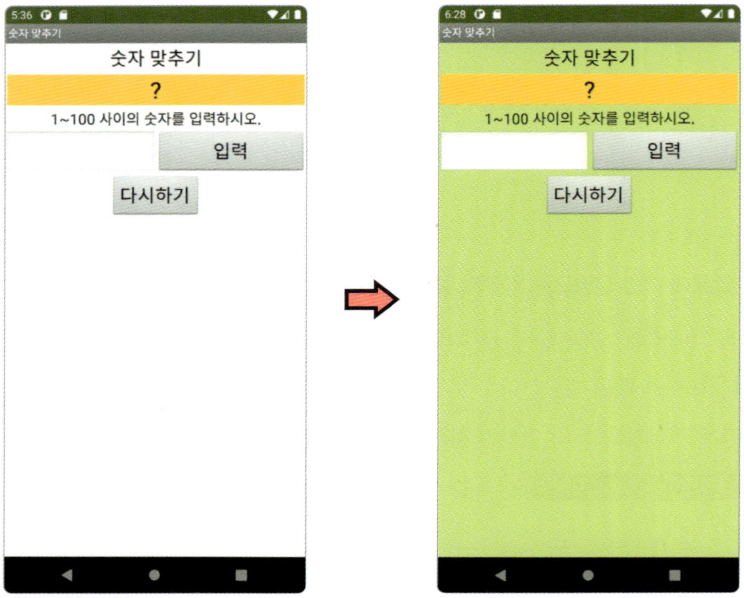

06 **05**번에서 변형한 '숫자 맞추기 앱'을 이용하여 입력한 수가 정답이면 스마트폰이 진동하고, 틀리면 벨소리가 나도록 코딩해 봅니다.

[조건]

- 벨소리는 'bells.mp3' 파일을 활용합니다.
- [팔레트]–[미디어]에서 '소리' 컴포넌트를 드래그하여 추가하고, 벨소리 파일을 [속성] 영역의 [소스] 항목에서 지정합니다.
- 사용자가 입력한 숫자가 크거나 작으면 벨소리가 나도록 코드를 추가합니다.
- [호출 '소리1'. 진동하기] 블록도 '소리'에 있습니다. 300밀리초 동안 진동이 오도록 설정합니다.

07 06번에서 변형한 '숫자 맞추기 앱'을 이용하여 정답을 몇 번만에 맞췄는지 출력하도록 코딩해 봅니다.

[힌트]

- 사용자가 숫자를 입력한 횟수를 저장하는 변수를 만듭니다(count).
- 횟수를 저장하는 변수는 '다시하기' 버튼을 클릭했을 때 0으로 초기화해야 합니다.
- '입력' 버튼을 클릭하면 횟수를 하나 증가시킵니다. 증가는 변수의 값에 1을 더하여 다시 그 변수에 저장하면 됩니다.

그림 4-21 **변수의 값을 1 증가시키기**

- 난수를 맞췄을 때 '난수레이블'에 출력하는 메시지를 '5번 만에 정답입니다.'와 같은 형태로 바꾸어야 합니다. 여기서 5는 'count' 변수에 저장되어 있는 값입니다. 따라서 이 메시지는 'count' 변수의 값과 '번 만에 정답입니다.'를 연결하여 만들어야 합니다. 이것은 [블록] 밑에 [텍스트]에 있는 [합치기] 블록을 사용합니다.

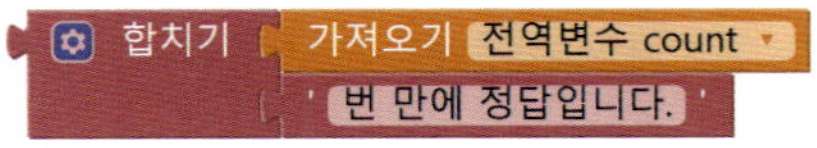

그림 4-22 **텍스트 합치기**

- 수정한 앱을 실행하면 다음 [실행 결과]와 같습니다.

[실행 결과]

08 '숫자 맞추기 앱'을 약간 변형하여 입력한 숫자가 홀수인지 짝수인지 판단하여 출력하는 앱을 만들어봅시다.

[힌트]

- 어떤 숫자가 홀수인지 짝수인지를 판단하는 방법은 무엇일까 생각해 봅니다.
- [공통 블록] 아래에 있는 [수학]에 [모듈로] 블록이 있습니다. 이 [모듈로] 블록을 클릭하면 '나머지'를 선택할 수 있습니다. '나머지'는 어떤 숫자를 다른 숫자로 나누기를 한 후 나머지 값을 돌려줍니다.

그림 4-23 모듈로 블록과 나머지 블록

[실행 결과]

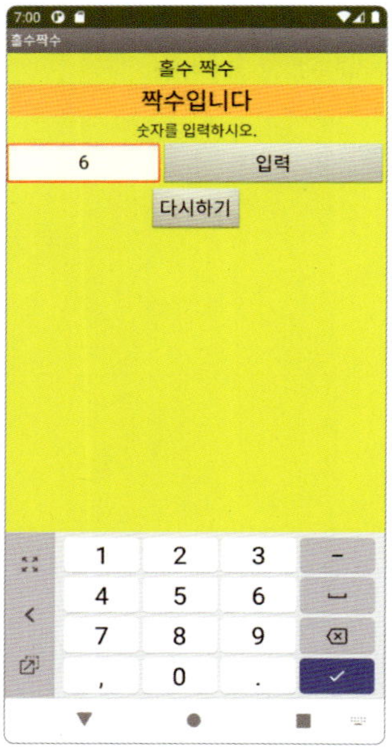

09 놀이공원에 가면 키가 작은 어린이가 이용하지 못하는 놀이 기구들이 있습니다. 키를 입력했을 때 이용할 수 있는지 아닌지를 판단하여 출력 해주는 앱을 만들어 봅니다.

[조건]

키의 기준값은 120cm미만으로, 이보다 큰 경우만 놀이 기구를 이용할 수 있습니다.

[실행 결과]

(a) 키가 120cm 초과일 때

(b) 키가 120cm 미만일 때

10 심화 조건문을 사용하여 '성적 처리 앱'을 만들어 보겠습니다. 조건은 다음과 같습니다. '성적 처리 앱'의 화면 설계와 완성된 모습은 [그림 4-24]와 [실행 결과] 화면을 참고합니다.

[조건]

1. **프로젝트명** : PassOrFail
2. **앱의 제목** : 성적 처리
3. **과목** : 리눅스, 앱 인벤터, 게임
4. **처리 방법**
   - 세 과목의 평균 점수가 60점이 넘으면 '합격' 메시지를 출력합니다.
   - 세 과목의 평균 점수가 60점 미만이면 '불합격' 메시지를 출력합니다.
   - 평균 점수와 상관없이 한 과목이라도 40점 미만인 과목이 있으면, '과락' 메시지를 출력합니다.

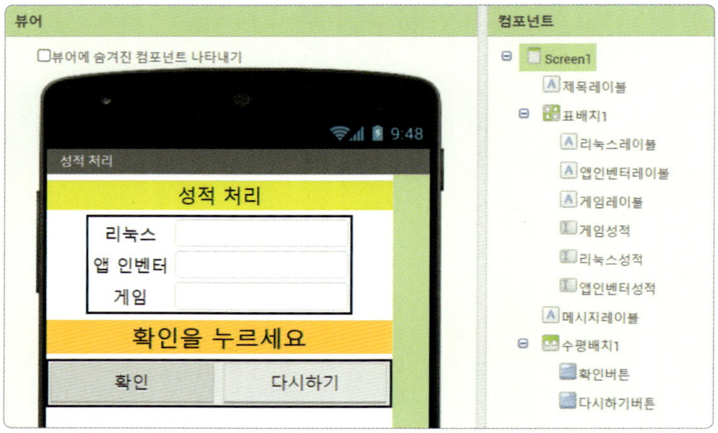

그림 4-24 **성적 처리 앱의 화면 설계**

[실행 결과]

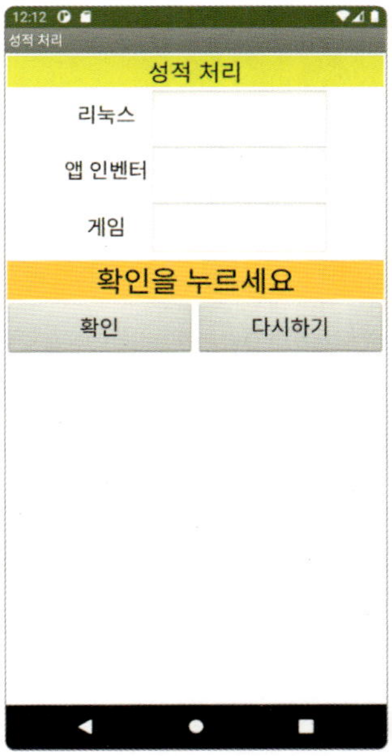

(a) 기본 화면

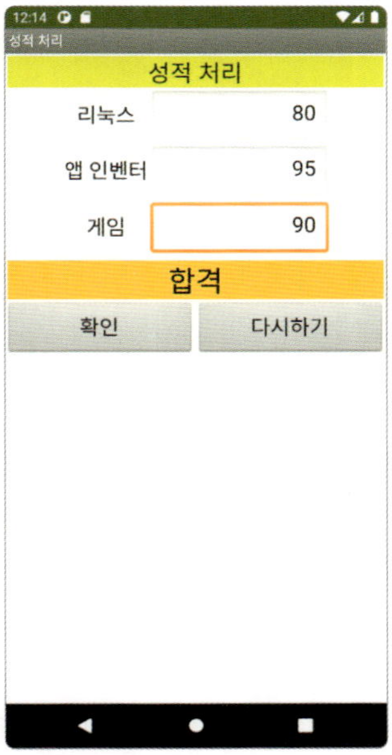

(b) '합격' 출력 화면

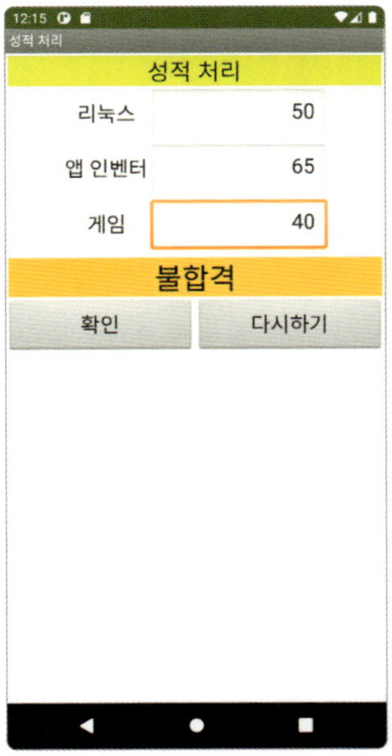

(c) '불합격' 출력 화면

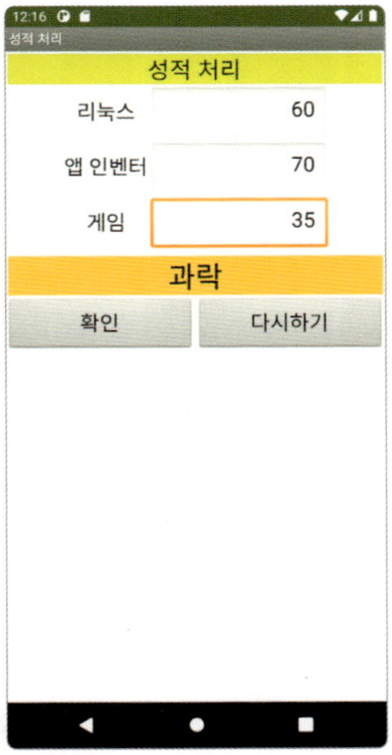

(d) '과락' 출력 화면

CHAPTER 05

함수 활용하기

학습목표

- 함수의 개념과 역할이 무엇인지 이해합니다.
- 함수의 구성 요소가 무엇인지 알아봅니다.
- 앱 인벤터에서 함수 블록의 사용법을 알아봅니다.
- 함수 블록을 사용하여 앱을 만들어 봅니다.

Preview

프로젝트를 진행할 때는 여러 사람이 모여 각자 역할을 분담하여 작업을 진행합니다. 이와 유사하게 앱을 코딩할 때도 각각의 기능에 따라 코드를 분리하여 작성할 수 있습니다. 이렇게 분리하여 작성한 코드 뭉치를 '함수'라고 합니다.

함수를 만들려면 먼저 함수가 수행할 기능을 정의해야 합니다. 그다음 이 기능을 수행하기 위해 입력받은 데이터를 처리하고 결과값을 돌려주는 방법을 구현합니다. 함수는 앱의 기능이 복잡할 때 유용하게 사용됩니다. 복잡한 코드를 분석하여 중복되거나 특정 기능을 수행하는 코드를 분리하여 코드 내용을 쉽게 알아볼 수 있도록 합니다.

이번 장에서는 함수의 기본 개념을 이해하고 앱 인벤터의 함수 블록들은 어떤 것이 있는지 살펴봅니다. 그리고 비만도 앱 만들기 실습과 연습문제로 함수를 이용한 앱을 만들어 볼 것입니다.

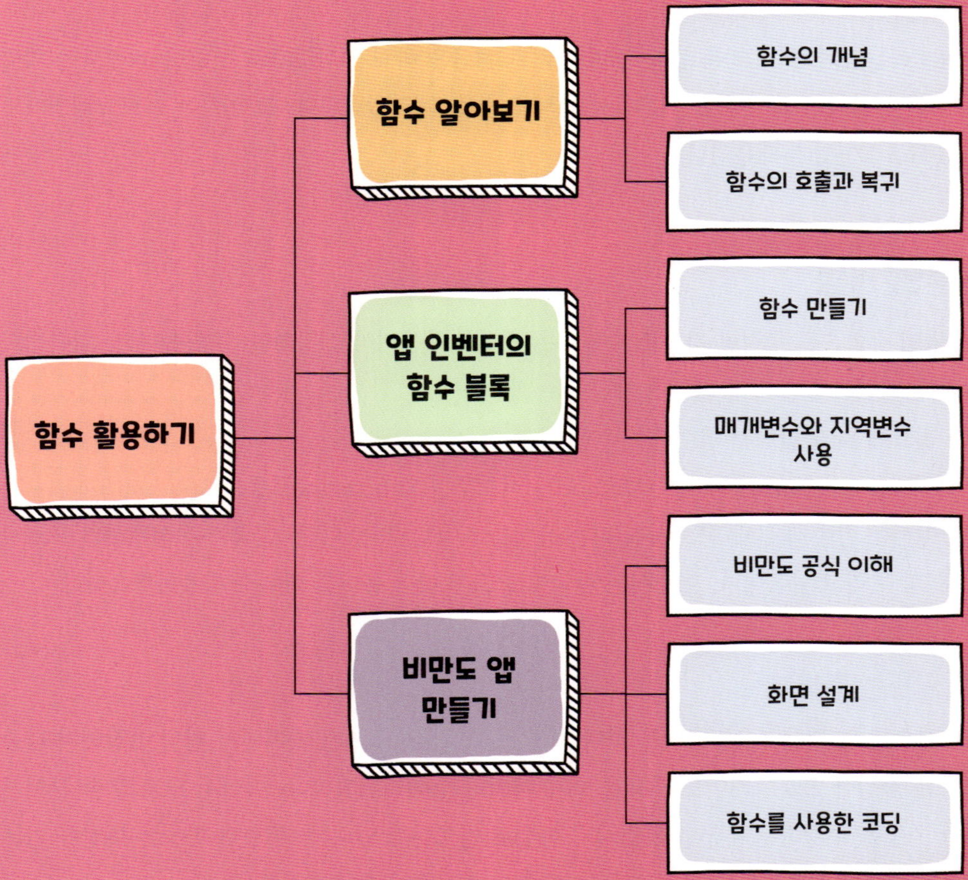

Section 01 함수 알아보기

수학에는 '함수'라는 것이 있는데, 함수를 간단히 정의하면 다음과 같습니다.

f(x)=y

이것은 'f( )'라는 함수에 'x'라는 값을 주면 어떠한 계산을 하여 결과값으로 'y'를 돌려준다는 의미입니다. 그런데 갑자기 왜 수학을 거론하는지 의문이 들 수도 있습니다. 그 이유는 프로그래밍에도 함수(Function)가 있기 때문입니다.

1 함수의 개념

프로그래밍에서 함수는 특정한 기능을 수행하는 명령의 묶음이라고 정의할 수 있습니다. 일반적으로 프로그래밍 언어에서 미리 만들어 제공하는 함수를 내장 함수(Intrinsic function)라고 하며, 사용자가 필요에 따라 만드는 함수를 사용자 정의 함수(User defined function)라고 합니다. 함수는 프로시저(Procedure), 메서드(Method), 서브루틴(Subroutine) 등으로 부르기도 합니다. 앱 인벤터에서는 함수 대신에 '프로시저'라는 용어를 사용합니다. 다만, 한국어를 선택하면 프로시저 대신에 '함수'라고 나옵니다. 여기서는 한국어 모드에 따라 용어를 함수로 사용하겠습니다.

함수를 만드는 이유

그렇다면 함수는 왜 만들까요? 코딩을 하다 보면 프로그램의 크기가 커지면서 점점 복잡해져 나중에는 코드를 작성한 프로그래머도 내용을 쉽게 파악하기 어려워집니다. 따라서 코드를 잘 분석하여 특정한 기능을 수행하는 부분을 독립시켜 함수로 만드는 것입니다. 독립된 함수는 특정한 기능만 수행하기 때문에 사용자는 코드의 내용을 쉽게 이해할 수 있습니다.

함수를 만드는 또 다른 이유는 코드를 재사용하기 위해서입니다. 코딩을 하다 보면 유사한 기능을 수행하는 코드가 프로그램의 곳곳에서 발견됩니다. 이렇게 중복되는 코드를 함수로 만들어놓고 필요에 따라 호출하여 사용하면 전체 코드도 간결해집니다. 또한, 오류가 발생했을 때 한 곳에서만 수정하면 되기 때문에 유지 보수하기도 쉬워집니다.

예를 들어, 자동차 만드는 회사를 생각해 보겠습니다. 자동차를 만드는 데는 작은 나사부터 엔진까지 수만 개의 부품이 필요합니다. 이 모든 것을 자동차 회사에서 직접 만들고 있을까요? 아닙니다. 부품을 분류하여 해당 부품을 잘 만드는 다른 회사에 외주 처리를 하고, 제품을 받아서 사용하는 것입니다. 함수도 이와 같다고 보면 됩니다. 코드를 기능별로 적절하게 구분하여 함수로 만들고, 필요에 따라 외주를 주는 것처럼 사용하는 것입니다.

그림 5-1 **함수 개념의 예**

아주 간단한 프로그램을 제외하고는 코딩을 하는 과정에서 함수를 만듭니다. 사실 프로그램은 수많은 함수들의 집합이라고 할 수 있습니다. 사용자가 만든 함수를 공개하여 다른 사용자가 사용할 수도 있습니다. 관련된 함수를 모아서 제공하기도 하는데 이것을 **라이브러리(Library)**라고 부릅니다. 예를 들어, 그래픽과 관련된 함수를 모아서 라이브러리로 제공하는 것을 그래픽 라이브러리라고 합니다.

함수의 호출과 복귀

함수는 특정한 기능을 수행하는 코드 묶음이지만 스스로 기능을 수행하는 것은 아닙니다. 프로그램의 다른 부분에서 함수를 실행시켜야 하고, 함수는 수행이 끝나면 자신을 실행시킨 코드로 다시 실행 순서를 넘깁니다. 프로그램에서 함수를 실행시키는 것을 호출(Call)이라고 하며, 함수가 수행을 끝내고 자신을 호출한 곳으로 돌아가는 것을 복귀(Return)라고 합니다.

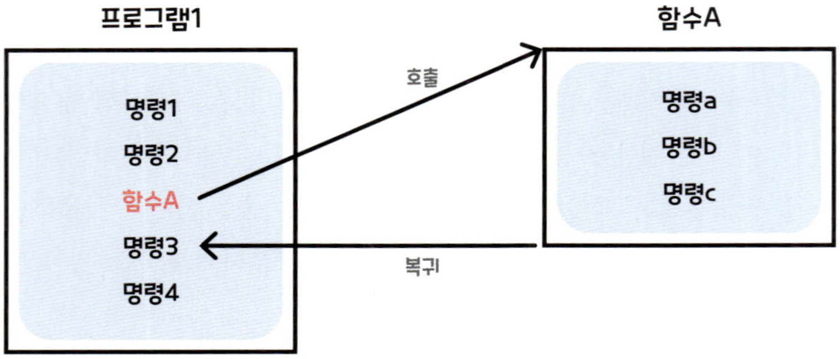

그림 5-2 **함수의 호출과 복귀**

[그림 5-2]를 보면 프로그램1과 함수A는 서로 독립적입니다. 만약 프로그램1에서 함수A를 호출하지 않는다면 함수A는 실행되지 않습니다. 프로그램1은 명령1과 명령2를 수행하고 함수A를 호출합니다. 이때, 프로그램1은 대기 상태가 됩니다. 호출된 함수A는 명령a, 명령b, 명령c를 수행하고 다시 프로그램1로 복귀합니다. 그러면 프로그램1의 대기 상태가 풀리고 나머지 명령3과 명령4를 수행합니다.

코딩할 때 함수는 필요에 따라 여러 개를 만들어 사용하며, 함수가 다른 함수를 호출하여 사용할 수도 있습니다.

2 함수 만들기

함수를 만들기 위해서는 먼저 함수에서 처리할 기능이 무엇인지를 명확하게 정의해야 합니다. 또한 다른 함수와 중복되는 기능을 최대한 없애고, 하나의 기능만 수행하도록 설계해야 합니다. 함수는 다음과 같은 요소로 구성되어 있습니다.

- **함수명** 함수를 구분해 주는 이름으로 함수가 수행하는 기능이 무엇인지 잘 드러나게 만드는 것이 좋습니다.
- **매개변수** 함수를 호출할 때 함수에 전달되는 자료입니다. 함수를 호출할 때 전달되는 자료가 없을 수도 있습니다. 함수를 호출하는 쪽에서 보내는 값은 '인자'라고 하며, 함수에서 인자를 받는 변수를 '매개변수'라고 합니다.

- **수행 코드** 함수가 수행할 기능을 처리하는 코드입니다.
- **반환값** 함수가 수행한 결과를 돌려주는 값입니다. 함수에 따라서 반환값이 있을 수도 있고, 없을 수도 있습니다.

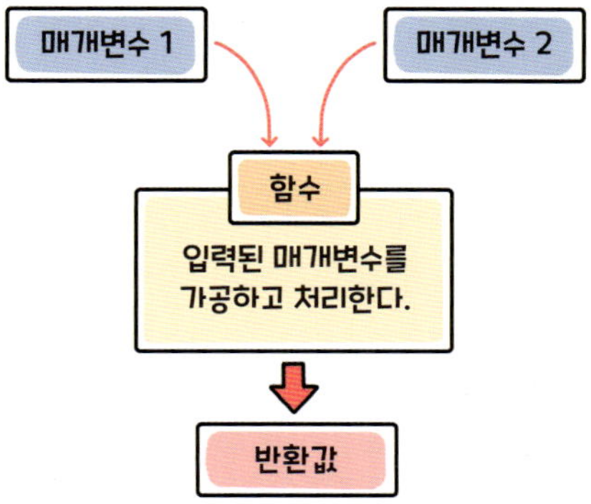

그림 5-3 함수의 형태

Section 02

앱 인벤터 함수 이해하기

함수와 프로시저는 어떤 차이가 있을까요? 일반적으로 반환값이 없는 경우를 '프로시저'라고 하고, 반환값이 있는 경우를 '함수'라고 합니다. 다만 앱 인벤터에서는 반환값의 유무에 상관없이 영어 모드에서는 프로시저라고 하고, 한국어 모드에서는 함수라고 합니다. 앱 인벤터에서 함수와 관련된 블록들을 살펴보겠습니다.

1 앱 인벤터의 함수 블록

앱 인벤터의 함수 블록은 블록 편집 화면의 [블록]-[공통 블록] 밑에 [함수]에 있습니다. 함수와 관련된 블록은 단 두 개인데 각각 반환값이 있는 경우와 없는 경우에 사용하는 블록입니다.

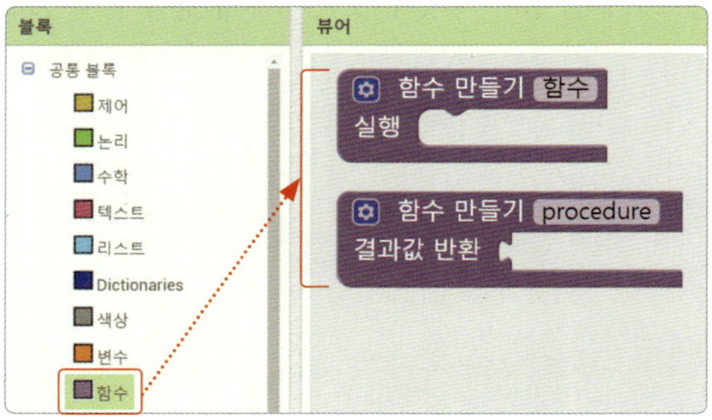

그림 5-4 함수 블록

하나 더 알기 **영어 모드에서 함수 블록**

영어 모드에서는 함수가 어떻게 나오는지 확인해 보도록 합니다. [그림 5-5]를 보면 영어 모드에서는 [함수] 대신에 [Procedures]이고, 함수 블록도 '함수 만들기' 대신에 'to', '함수' 대신에 'procedure'라고 되어 있음을 알 수 있습니다.

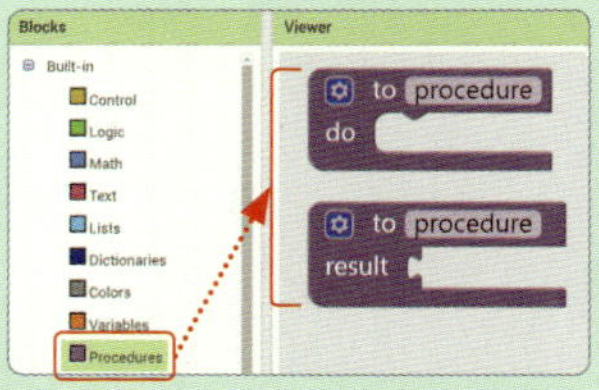

그림 5-5 영어 모드에서 함수 블록

2 함수 블록으로 함수 만들기

함수 블록은 이해하기 쉽게 함수의 껍데기라고 생각하면 되는데, 함수에서 수행할 기능을 함수 블록 안에 코딩해야 합니다. 함수의 구성 요소가 함수 블록에 어떻게 적용되는지 살펴보겠습니다.

함수명 정하기

[블록]-[공통 블록] 밑에 [함수]에 있는 [함수 만들기 '함수' - 실행] 블록을 [뷰어] 영역으로 드래그합니다. 함수명은 함수 블록에서 [함수] 부분을 클릭하여 변경할 수 있으며, 한글로도 작성이 가능합니다. [그림 5-6]은 함수명을 한국어와 영어로 작성해본 것입니다.

그림 5-6 **함수명 정하기**

함수명은 변수와 마찬가지로 함수에서 수행하는 기능이 무엇인지 잘 알 수 있도록 만드는 것이 좋습니다.

매개변수 지정하기

매개변수는 함수를 호출할 때 함수에 전달되는 자료로, 함수로 입력되는 값이라고 볼 수 있습니다. 앱 인벤터의 함수 블록에서는 블록의 좌측 상단에 있는 설정 아이콘( )을 클릭하면 팝업창이 열리면서 [입력: 'x'] 블록이 나타납니다. 이 블록을 오른쪽에 있는 [입력값] 블록에 드래그하여 결합하면 됩니다.

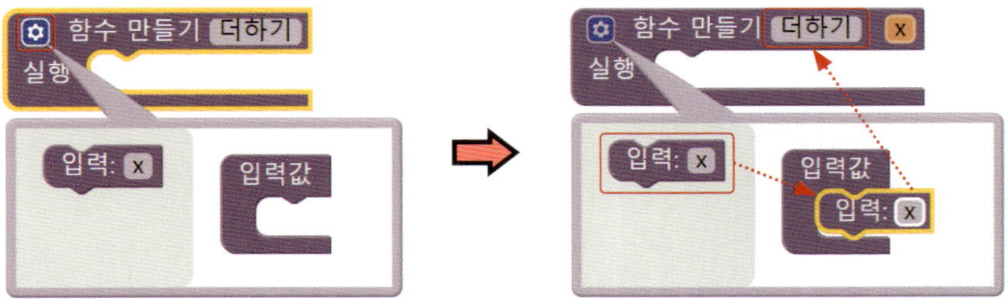

그림 5-7 **함수의 매개변수 지정하기**

매개변수가 여러 개이면 [그림 5-8]과 같이 [입력: 'x'] 블록을 끌어다가 계속 추가하면 됩니다.

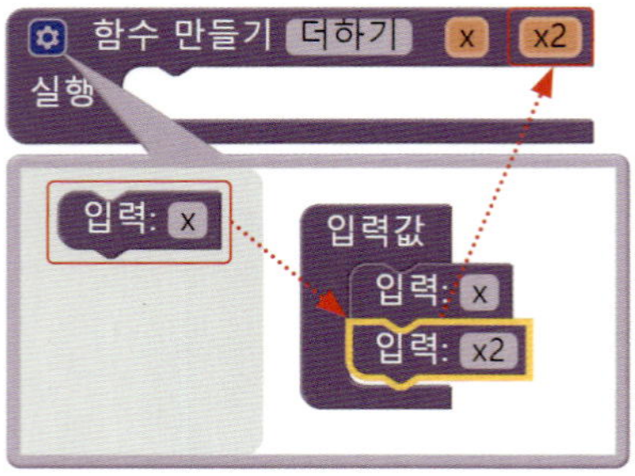

그림 5-8 **매개변수 추가하기**

[그림 5-8]을 보면 매개변수의 이름은 기본적으로 'x', 'x2'로 설정됩니다. 이것을 그냥 사용해도 되지만, 함수의 기능에 따라 변수명을 변경해서 사용하는 것이 좋습니다. 매개변수명을 변경할 때는 변수명을 클릭하여 수정하면 됩니다. 예를 들어 [그림 5-6]의 함수명이 '더하기'이기 때문에 'x', 'x2'보다는 [그림 5-9]와 같이 'num1', 'num2'로 변경하는 것이 더 좋습니다.

그림 5-9 **매개변수명 변경하기**

수행 코드 작성하기

수행 코드를 작성하기 위해서는 함수에서 수행할 기능을 함수 블록의 실행 부분에 결합하면 됩니다. 그러면 먼저 지역변수에 대해 알아보겠습니다. 3장에서 변수를 살펴볼 때는 전역변수를 중심으로 설명하였습니다. 전역변수가 프로그램의 어디에서나 사용할 수 있는 변수라면 지역변수는 특정 영역에서만 사용할 수 있는 변수입니다. 함수의 내부에서만 사용할 변수는 전역변수보다는 지역변수를 사용하면 됩니다.

■ 지역변수 블록 끌어오기

지역변수를 사용하려면 [공통 블록] 밑에 [변수]에서 지역변수 블록을 드래그하여 앞에서 만든 **[함수 만들기 '더하기' 'num1' 'num2' – 실행]** 블록에 결합하면 됩니다.

그림 5-10 **함수에 지역변수 블록 끌어오기**

지역변수가 여러 개 필요하면 설정 아이콘(⚙)을 클릭하여 변수를 추가할 수 있습니다.

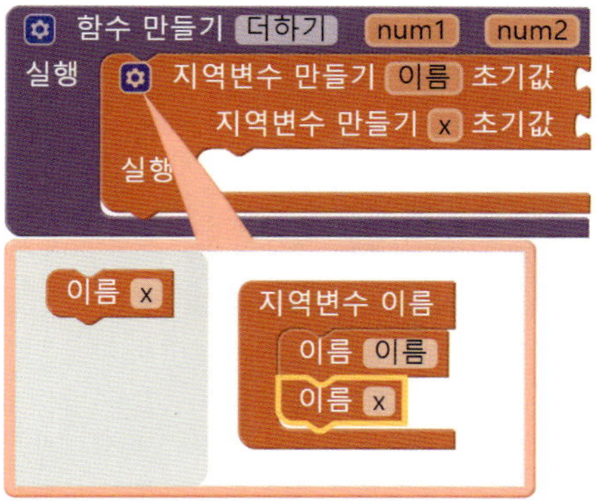

그림 5-11 **지역변수 추가하기**

■ 지역변수 선언하고 초기화하기

지역변수도 변수명을 지정하고 초기화해야 하며, 지역변수 블록 내에서만 사용이 가능합니다. 예를 들어, [그림 5-12]와 같이 지역변수로 'sum'을 만들었다면 sum은 지역변수 블록 내부에서만 사용할 수 있습니다.

그림 5-12 **지역변수를 사용할 수 있는 범위**

하나 더 알기 **지역 변수의 사용 범위**

지역변수를 사용할 수 있는 범위를 벗어나서 사용하려고 하면 블록에 ⊗가 표시되어 오류임을 알려줍니다.

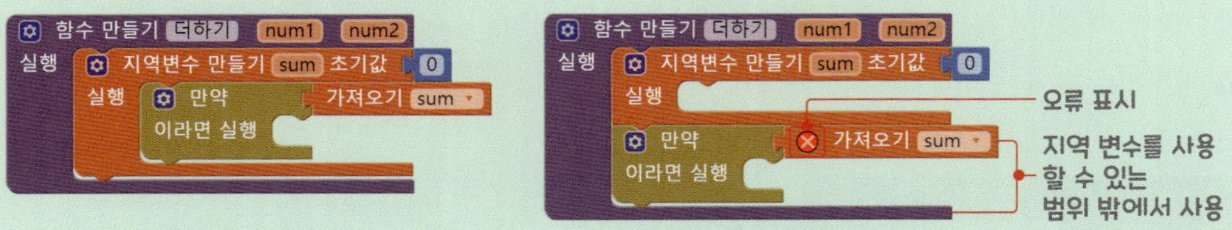

(a) 지역변수를 올바르게 사용한 예 (b) 지역변수의 범위를 벗어난 예

그림 5-13 **지역변수를 사용할 수 있는 범위 밖에서 사용 시 오류 발생**

■ 수행 코드 작성하기

함수에서 실행할 코드를 작성한 예는 [그림 5-14]와 같습니다. 더하기 함수이므로 매개변수가 전달받은 값을 더해서 지역변수 sum에 저장하였습니다.

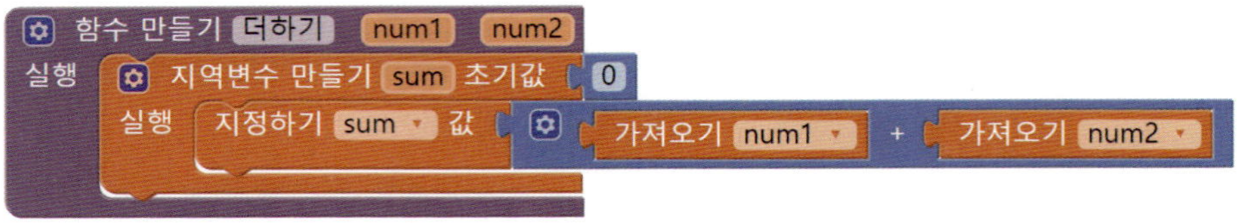

그림 5-14 수행 코드 작성하기

반환값 처리하기

반환값은 함수가 수행한 결과를 돌려주는 값입니다. 함수는 반환값이 있을 수도 있고 없을 수도 있는데, [그림 5-14]의 더하기 함수는 반환값이 없는 함수입니다. 반환값이 있는 함수를 만들려면 처음에 [함수] 컴포넌트에서 결과가 있는 함수 블록인 [함수 만들기 'procedure' – 결과값 반환] 블록을 가지고 와야 하며, 여기서 '결과값 반환'이 반환값을 의미합니다.

그림 5-15 결과가 있는 함수 블록

결과가 있는 함수 블록은 블록의 모양이 값을 지정하는 블록을 결합하도록 되어 있습니다. '빼기' 함수를 예로 만들면서 사용 방법을 살펴보겠습니다.

■ 함수명과 매개변수 지정하기

함수명과 매개변수를 지정하는 것은 똑같이 하면 됩니다. [그림 5-16]에서 함수명은 '빼기'로 하고 매개변수는 'n1', 'n2'로 지정하였습니다.

그림 5-16 함수명과 매개변수 지정하기

지역변수 블록 끌어오기

결과가 있는 함수 블록에서 지역변수를 사용하려면 [그림 5-12]에서 사용한 블록이 아니라 [그림 5-17]과 같이 모양이 다른 블록을 사용해야 합니다.

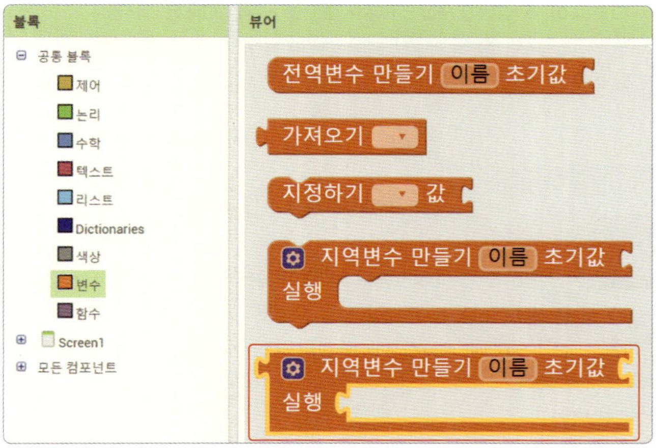

그림 5-17 **지역변수 블록 선택하기**

■ 지역변수명과 초기값 지정하기

지역변수 블록인 [지역변수 만들기 '이름' 초기값 – 실행] 함수 블록과 조립한 후 변수명을 지정하고 초기화합니다.

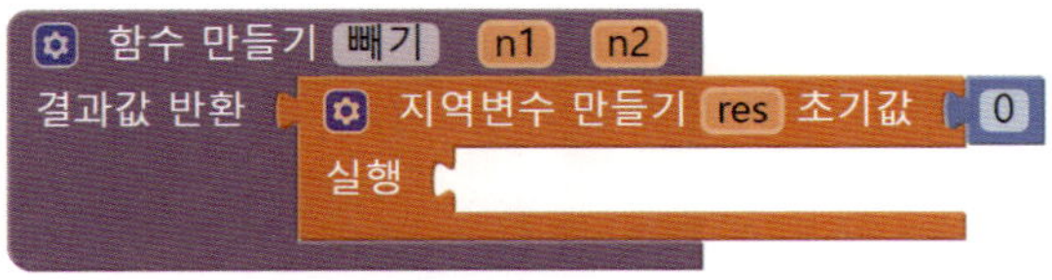

그림 5-18 **지역변수명 지정과 초기화하기**

■ 실행 코드 만들기

실행 코드 부분도 블록의 모양이 다릅니다. [그림 5-19]와 같이 계산식 블록을 꽂아 계산한 후 결과값이 'res' 변수에 저장되는 것입니다.

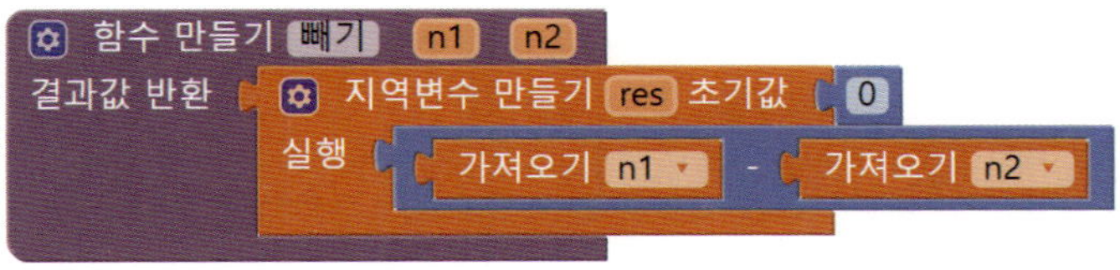

그림 5-19 **계산식 블록 조립하기**

3 함수 호출과 복귀

앞에서 '더하기' 함수와 '빼기' 함수를 어떻게 만드는지 살펴보았습니다. 이렇게 만들어진 함수는 어디선가 호출되어야 실행됩니다. 그럼 함수는 어떻게 호출될까요? [그림 5-4]를 보면 함수와 관련된 블록은 반환값이 없는 함수 블록과 반환값이 있는 함수 블록뿐이었습니다. 그런데 함수를 만든 다음에 다시 [함수]를 클릭해 보면 [그림 5-20]과 같이 함수를 호출할 수 있는 블록이 추가된 것을 확인할 수 있습니다.

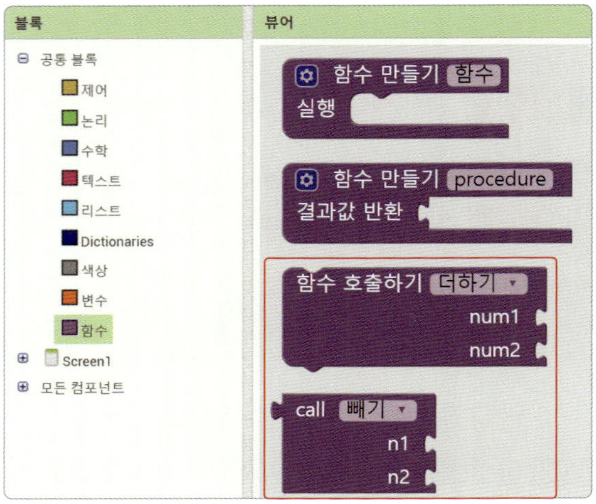

그림 5-20 **함수 호출 블록**

함수 호출 블록은 함수의 정의에 따라 인자에 값을 지정할 수 있도록 자동으로 생성됩니다. 버튼을 클릭했을 때 더하기 함수를 호출하는 경우를 [그림 5-21]에서 확인해 봅니다.

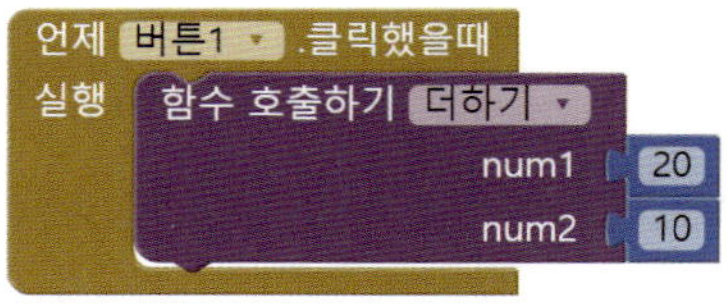

그림 5-21 **반환값이 없는 함수 호출**

반환값이 있는 경우에는 반환값을 받아서 처리하는 변수나 다른 블록이 있어야 합니다. 여기서는 전역변수 'tmp'가 반환값을 되돌려받도록 하였습니다.

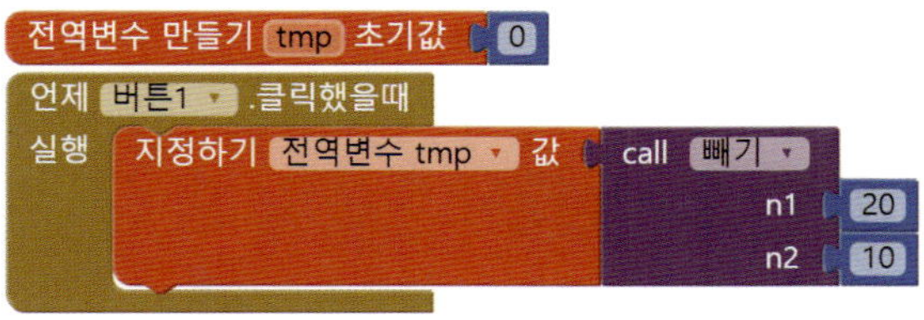

그림 5-22 **반환값이 있는 함수 호출**

Section 03

함수 활용 앱 만들기 : 비만도 계산기 앱

함수를 활용한 앱으로 비만도 계산기를 만들어 봅시다. 비만도 계산기는 BMI(체질량지수)를 계산하는 간단한 공식을 구현한 앱입니다. 비만도 계산기 앱은 [그림 5-23]과 같이 제목과 텍스트박스, 버튼, 레이블로 구성되어 있습니다.

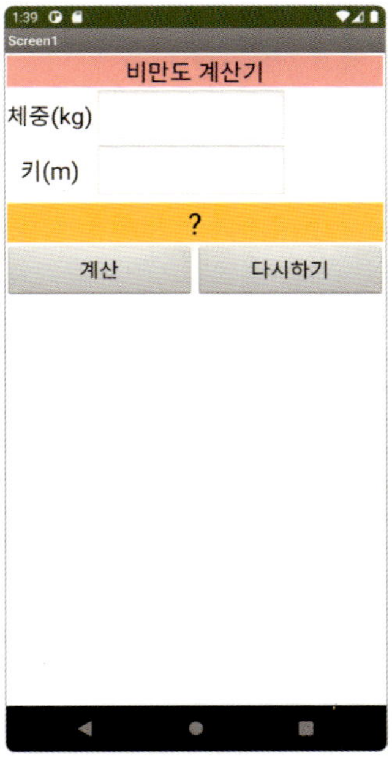

그림 5-23 비만도 계산기 앱

1 기초 지식 이해

비만도 계산기 앱에서 필요한 기초 지식은 수학 연산자 블록과 함수 블록의 사용법, 변수, 조건문을 이해하는 것입니다. 이것은 3장과 4장, 5장의 1, 2절에서 충분히 다루었기 때문에 BMI 지수에 대해서만 간단하게 알아보겠습니다. 비만도 계산기 앱에서 사용하는 BMI 계산식은 다음과 같습니다.

BMI = 체중(kg) / 키(m)^2

체중과 키의 단위가 kg과 m임을 기억해야 합니다.

BMI는 체중을 키의 제곱으로 나눈 것입니다. BMI 지수로 정상과 비만 등을 판단하는 기준은 [표 5-1]과 같습니다. 이 기준에 따라 앱에서 정상체중인지, 비만인지를 출력해야 합니다.

표 5-1 **BMI 비만도 판단 기준**

BMI 지수	비만도 판단
18.5 미만	체중 부족
18.5~22.9	정상
23.0~24.9	과체중
25.0	비만

2 문제 이해

비만도 계산기는 체중과 키를 입력받아 BMI 계산공식에 따라 계산한 후, [표 5-1]의 BMI 비만도 판단 기준에 따라 비만도를 판단하여 출력하는 앱입니다. 특히 이 앱은 입력·계산·조건문에 의한 결정과 출력이 잘 조합된 예제입니다. 함수는 BMI를 계산하는 함수와 [표 5-1]에 따라 비만도를 판단하는 함수를 만듭니다. 기본적인 동작 흐름은 다음과 같습니다.

❶ 체중과 키를 입력받습니다.
❷ 함수1 : 체중과 키를 매개변수로 받아 공식에 따라 계산하고, BMI 지수를 반환값으로 돌려줍니다.
❸ 함수2 : BMI 지수를 매개변수로 받아 [표 5-1]에 따라 비만도를 판단하여 출력합니다.
❹ '다시하기' 버튼을 클릭하면 텍스트박스와 메시지 출력 부분을 초기화합니다.

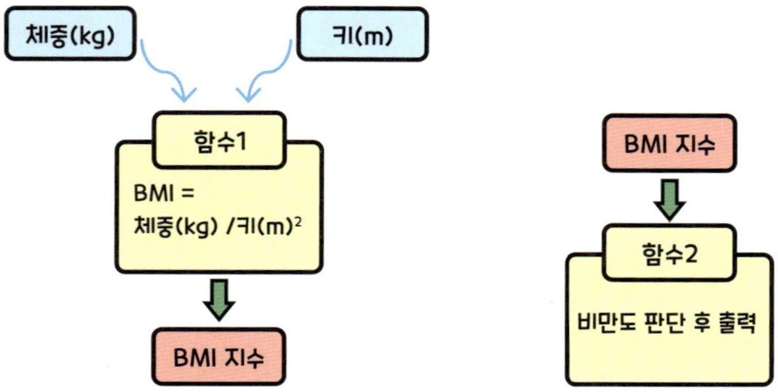

그림 5-24 **비만도 판단 함수의 형태**

이 앱은 함수 두 개를 사용하는데, 함수1은 반환값이 있는 함수이고, 함수2는 반환값이 없는 함수입니다. 앱은 [그림 5-23]과 같이 레이블, 텍스트박스, 버튼 컴포넌트로 설계합니다. 비만도 판단 결과는 레이블에 텍스트로 출력합니다.

비만도 계산기 앱은 앱 인벤터가 제공하는 컴포넌트만으로 구현이 가능하므로 별도로 준비할 리소스는 없습니다.

3 화면 설계

비만도 계산기 앱의 화면을 설계해 보겠습니다. 앱은 [그림 5-23]과 같이 구성하겠습니다. 비만도 계산기 앱을 설계하는 데 필요한 컴포넌트는 [표 5-2]에 정리하였습니다.

표 5-2 비만도 계산기 앱 설계에 필요한 컴포넌트

컴포넌트	위치	역할
레이블1	[팔레트]-[사용자 인터페이스]	제목 작성
표형식배치1	[팔레트]-[레이아웃]	레이블과 텍스트박스를 표로 배치
레이블2	[팔레트]-[사용자 인터페이스]	체중 레이블
레이블3		키 레이블
텍스트박스1		체중 입력
텍스트박스2		키 입력
레이블4		물음표, 비만도 판단 메시지 출력
수평배치1	[팔레트]-[레이아웃]	버튼 두 개를 수평으로 배치
버튼1	[팔레트]-[사용자 인터페이스]	'계산' 버튼
버튼2		'다시하기' 버튼

01 새 프로젝트 시작하기 새 프로젝트를 만들고 프로젝트의 이름을 'BMICalc'로 지정합니다. 그리고 에뮬레이터를 동작시킵니다.

02 제목용 레이블 컴포넌트를 배치하고 수정하기 [팔레트]-[사용자 인터페이스]에서 '레이블' 컴포넌트 한 개를 [뷰어] 영역으로 드래그하고, [표 5-3]을 참고하여 속성을 수정합니다.

표 5-3 '레이블1'의 속성 수정하기

이름	이름 수정	속성	속성 수정
레이블1	제목레이블	배경색	분홍
		글꼴크기	20
		너비	부모 요소에 맞추기
		텍스트	비만도 계산기
		텍스트정렬	가운데:1

03 표형식배치 컴포넌트를 배치하고 수정하기 레이블과 텍스트박스 각각 두 쌍을 배치해야 하므로 [팔레트]-[레이아웃]에서 '표형식배치' 컴포넌트를 [뷰어] 영역에 드래그하여 먼저 배치하고, '표형식배치1'에 대한 [속성] 영역에서 [너비]를 '부모 요소에 맞추기'로 설정합니다.

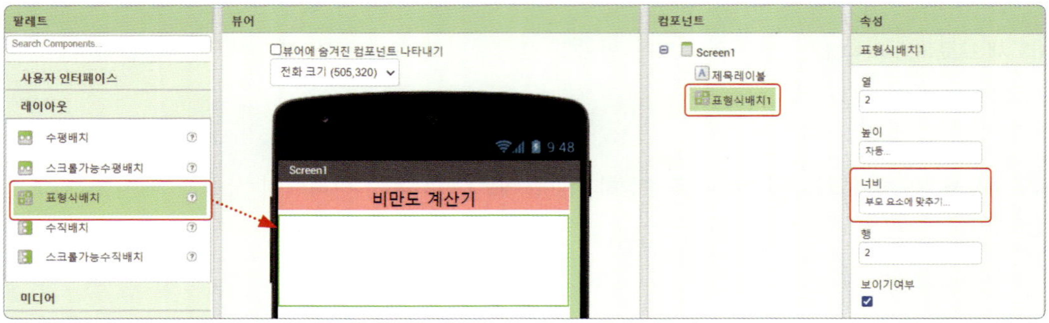

04 레이블과 텍스트박스 컴포넌트를 두 개씩 배치하고 수정하기 '표형식배치1' 안에 '레이블' 컴포넌트와 '텍스트박스' 컴포넌트를 두 개씩 드래그하고 [표 5-4]를 참고하여 이름과 속성을 수정합니다.

표 5-4 레이블과 텍스트박스의 이름과 속성 수정하기

이름	이름 수정	속성	속성 수정
레이블1	체중레이블	글꼴크기	20
		너비	부모 요소에 맞추기
		텍스트	체중(kg)
레이블2	키레이블	글꼴크기	20
		너비	부모 요소에 맞추기
		텍스트	키(m)
텍스트박스1	체중입력상자	글꼴크기	20
		힌트	모두 지우고 빈 칸으로
		숫자만	활성화
		텍스트정렬	가운데:1
텍스트박스2	키입력상자	글꼴크기	20
		힌트	모두 지우고 빈 칸으로
		숫자만	활성화
		텍스트정렬	가운데:1

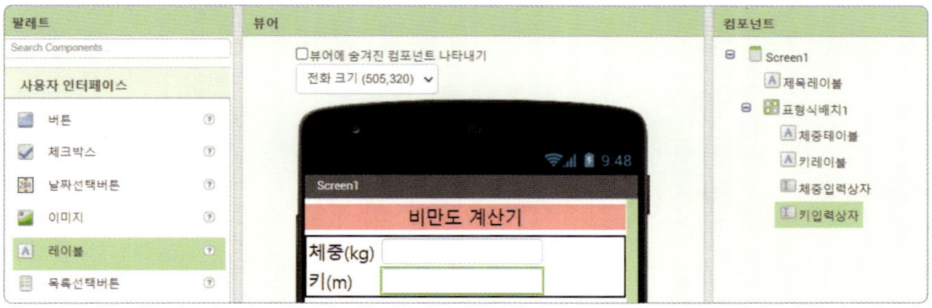

05 메시지용 레이블 컴포넌트를 배치하고 수정하기 비만도 계산 결과를 출력하기 위한 '레이블' 컴포넌트 하나를 더 추가하고, [표 5-5]를 참고하여 속성을 수정합니다.

표 5-5 메시지 레이블의 속성 수정하기

이름	이름 수정	속성	속성 수정
레이블1	메시지레이블	배경색	주황
		글꼴크기	25
		너비	부모 요소에 맞추기

		텍스트	?
		텍스트정렬	가운데:1

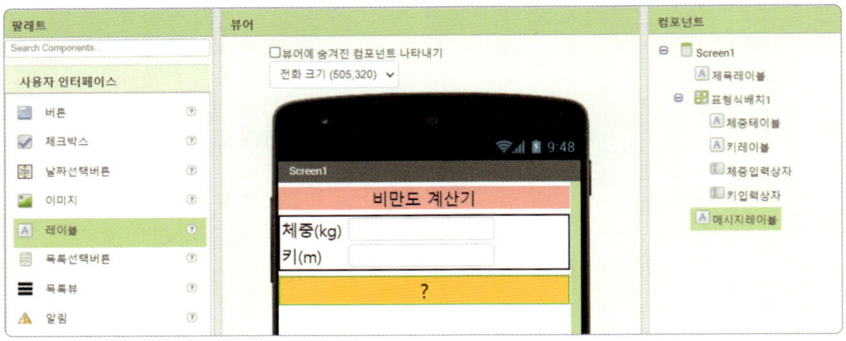

06 수평배치 컴포넌트와 버튼 컴포넌트를 배치하고 수정하기 이제 버튼 두 개만 배치하면 됩니다. 버튼 두 개를 수평으로 배치할 것이기 때문에 [팔레트]–[레이아웃]에서 '수평배치' 컴포넌트를 추가하고, 그 안에 [팔레트]–[사용자 인터페이스]에 있는 '버튼' 컴포넌트 두 개를 배치한 다음, 이름과 속성을 수정합니다.

표 5-6 수평배치와 버튼의 속성 수정하기

이름	이름 수정	속성	속성 수정
수평배치	버튼수평배치	너비	부모 요소에 맞추기
버튼1	계산버튼	글꼴크기	18
		너비	부모 요소에 맞추기
		텍스트	계산
버튼2	다시하기버튼	글꼴크기	18
		너비	부모 요소에 맞추기
		텍스트	다시하기

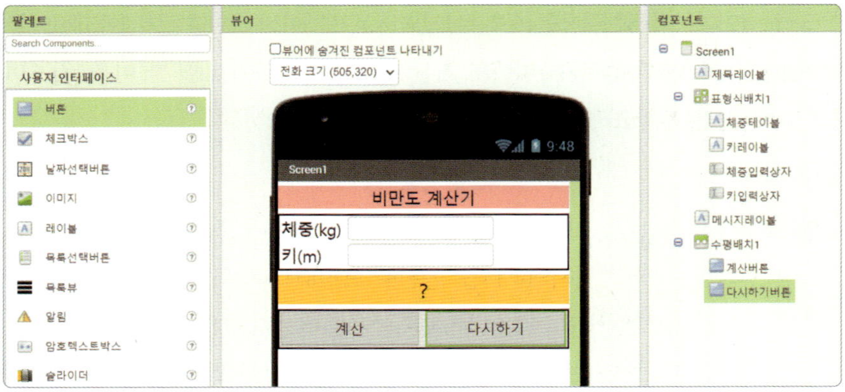

07 에뮬레이터에서 비만도 계산기 앱 확인하기 '비만도 계산기 앱'의 화면 설계가 완료되었습니다. 완성된 화면을 에뮬레이터에서 확인해 보세요.

4 코딩

블록 편집 화면으로 전환하여 코딩해 보겠습니다. '계산' 버튼의 클릭 이벤트 처리기와 함수 사이의 호출과 복귀 관계는 [그림 5-25]와 같습니다. 이벤트 처리기에서는 체중과 키를 읽어서 이를 함수1에 인자로 지정하여 호출하고, 함수1에서 BMI 지수를 반환하면 이를 다시 함수2의 인자로 지정하여 호출합니다. 함수2는 BMI 지수를 매개변수로 받아서 비만도를 판단하고, 메시지 레이블에 출력하면 됩니다. 먼저 함수1과 함수2를 만들고, '계산' 버튼의 클릭 이벤트 처리기를 코딩합니다. 여기서 전역변수는 사용하지 않고 지역변수만 사용합니다.

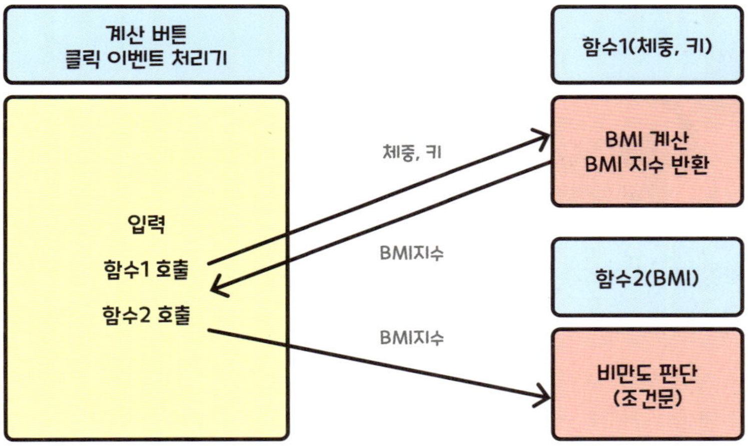

그림 5-25 버튼 클릭 이벤트 처리기와 함수 사이의 호출/복귀 관계

함수1 만들기

01 함수1의 이름과 매개변수 지정하기 먼저 함수1을 만들겠습니다. 함수1은 BMI를 계산하는 함수이기 때문에 함수명은 'bmiCalc'로 하고, 매개변수로는 'weight'와 'height'를 지정합니다.

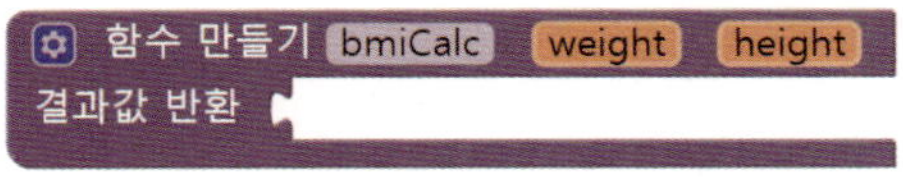

함수1은 반환값이 있으므로 반환값이 있는 함수 블록을 선택해야 합니다.

02 BMI 계산식 만들기 bmiCalc 함수에서 BMI를 계산하고 결과값을 반환하기 위해서는 지역변수를 사용해야 합니다. 수식은 이미 여러 번 사용해 봤으므로 쉽게 만들 수 있을 것입니다. [표 5-7]

에 필요한 블록을 정리하였습니다. 변수를 설정하고, BMI는 '체중(kg)/키(m)^2'이므로 수식에 맞춰 서 블록을 조립하면 됩니다.

표 5-7 BMI 계산에 필요한 블록

블록	위치	역할
	[공통 블록]–[변수]	• 지역변수 선언하기 • 지역변수명 : bmi • 초기값 : 0
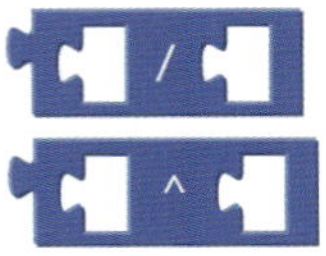	[공통 블록]–[수학]	BMI 계산하기(나누기와 제곱)
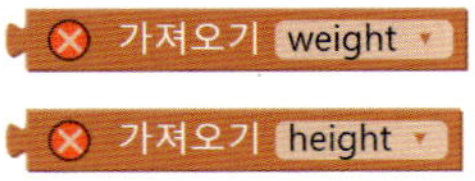	[공통 블록]–[변수]	변수의 값 가져오기

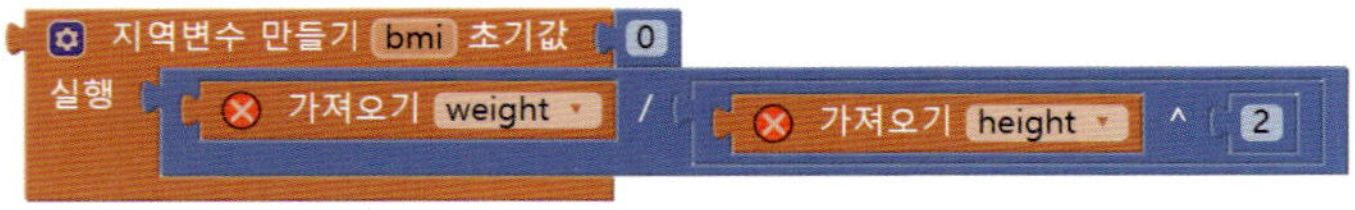

결합한 블록 중, 가져오기 블록에 ⊗가 붙은 것은 weight와 height가 함수 bmiCalc의 내부에서만 사용되는 변수인데, 함수 블록 바깥에 있기 때문입니다. 함수와 조립하면 없어지므로 걱정하지 않아도 됩니다.

03 bmiCalc 함수 완성하기 앞에서 만든 계산식을 함수 bmiCalc에 결합합니다. bmiCalc 함수가 완성되었습니다.

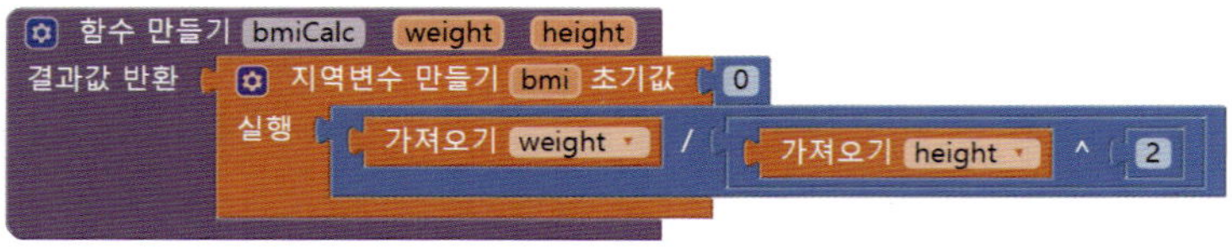

하나 더 알기 **매개변수 블록 가져오기**

앞서 3장에서 변수명에 마우스 커서를 올리면 '가져오기' 블록과 '지정하기 값' 블록이 나타난다는 것을 배웠습니다. 이 방식은 [함수] 블록에도 적용됩니다. [함수] 블록의 매개변수명에 마우스 커서를 올리면 각각의 매개변수에 해당하는 '가져오기' 블록과 '지정하기 값' 블록을 선택할 수 있는 창이 생성됩니다.

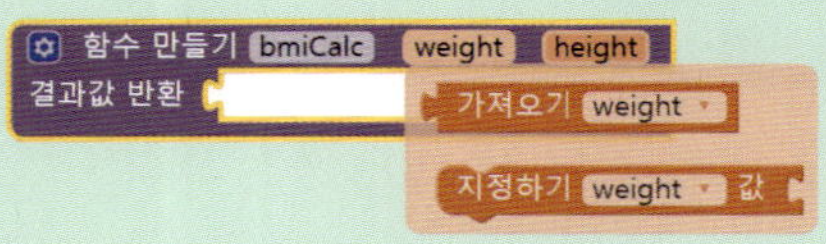

그림 5-26 매개변수 블록 가져오기

함수2 만들기

04 displayBMI 함수의 이름과 매개변수 지정하기 이제 함수2를 만들어 보겠습니다. 함수2는 함수 bmiCalc에서 계산한 BMI 지수를 매개변수로 받아서 비만도를 판단하며, 반환값은 없습니다. 따라서 매개변수는 한 개이고 반환값이 없는 함수 블록을 사용합니다. 함수명은 'displayBMI'로하고, 매개변수명은 'bmi'로 지정합니다.

05 비만도 판단을 위한 조건문 만들기 displayBMI 함수에서는 매개변수로 받은 BMI 지수를 BMI 비만도 판단 기준을 바탕으로 판단하여, 비만도 메시지를 출력합니다. 비만도를 판단하기 위해 조건문을 사용해야 하고, 비만도 메시지는 'BMI 20.2 정상'과 같은 형태로 텍스트를 만들어야 합니다. displayBMI 함수의 코딩에 사용할 블록은 [표 5-8]과 같으며, 이 블록들을 이용하여 비만도 판단을 위한 조건문을 만듭니다. BMI 비만도 판단 기준은 [표 5-1]을 참고합니다.

표 5-8 비만도 판단 코딩에 사용할 블록

블록	위치	역할
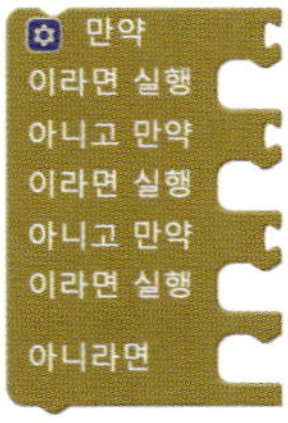	[공통 블록]-[제어]	BMI를 비교하는 조건문 처리하기
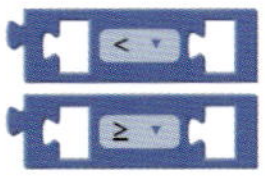	[공통 블록]-[수학]	관계 연산자와 논리 연산자로 비만도를 비교하기
	[공통 블록]-[논리]	논리 연산자 and 역할
	[공통 블록]-[변수]	변수의 값을 가져오기
	[메시지레이블]	레이블의 텍스트를 수정하기
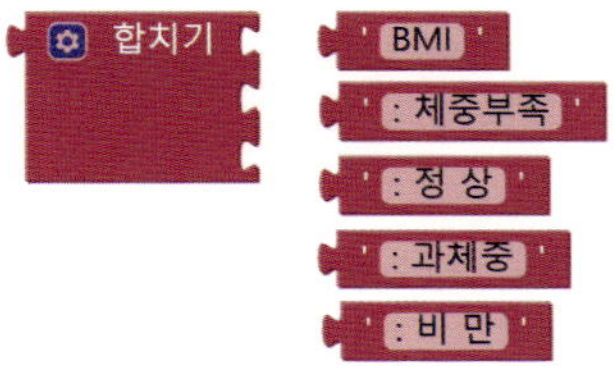	[공통 블록]-[텍스트]	'메시지레이블'에 출력할 메시지 만들기

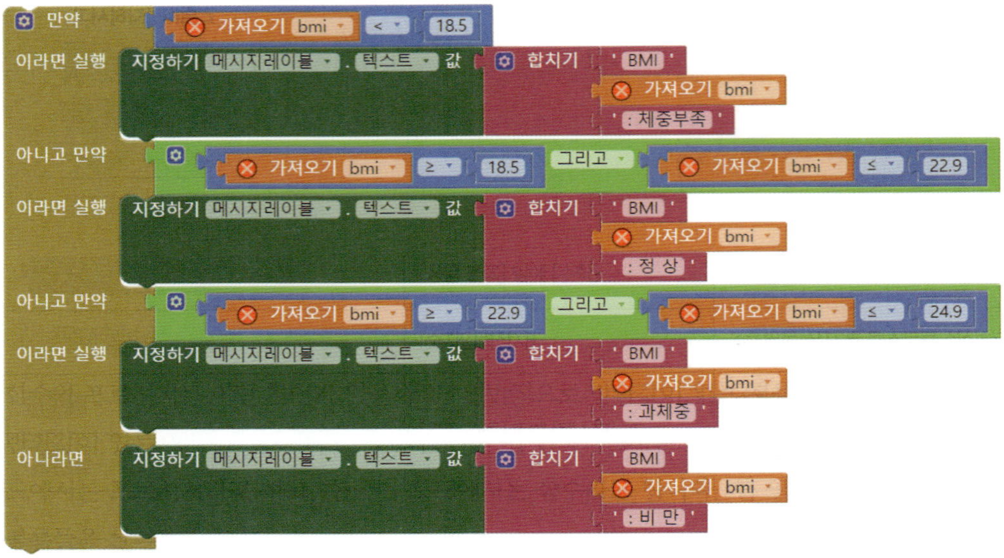

06 displayBMI 함수 완성하기 앞에서 만든 조건문을 함수 displayBMI에 결합합니다. displayBMI 함수가 완성되었습니다.

'계산' 버튼의 클릭 이벤트 처리기 만들기

함수 두 개가 모두 완성되었습니다. 이번에는 '계산' 버튼을 클릭하면, 이 함수들을 호출할 수 있도록 이벤트 처리기를 만들어 보겠습니다. 먼저 '계산' 버튼을 클릭하면 텍스트박스에서 체중과 키를 읽어서, bmiCalc 함수에 인자로 지정하여 호출하고, 결과값을 받아서 displayCalc 함수에 인자로 지정하여 호출하면 됩니다. 차례로 코딩해 보겠습니다.

07 '계산버튼' 이벤트 처리기 만들기 [블록] 밑에 '버튼수평배치'–'계산버튼'을 누르면 나타나는 [언제 '계산버튼'.클릭했을때 – 실행] 블록을 [뷰어] 영역에 드래그하여 클릭 이벤트 처리기를 만듭니다.

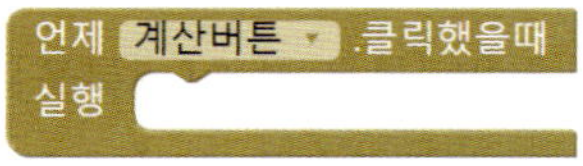

08 bmiCalc 함수 호출 블록 만들기 먼저 bmiCalc 함수를 호출합니다. 체중과 키는 별도의 변수를 사용하지 않고 텍스트박스에서 바로 가져옵니다.

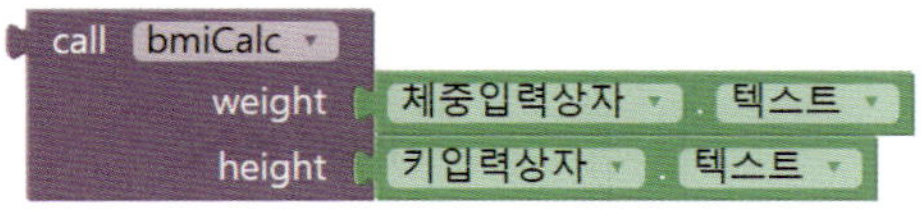

09 bmiCalc 함수의 반환값을 지역변수에 저장하기 지역변수를 하나 정의해서 bmiCalc 함수의 반환값을 저장합니다.

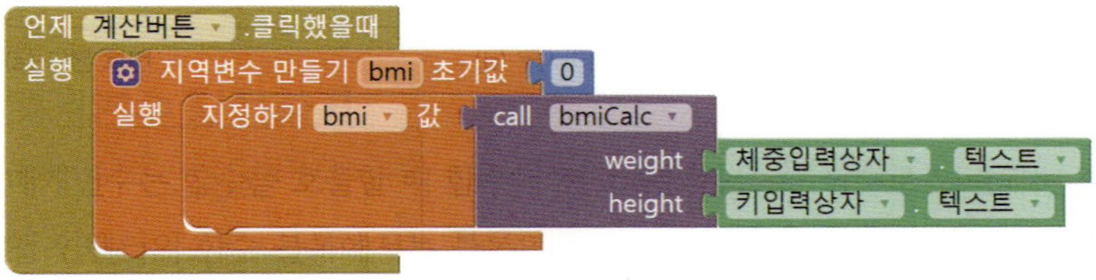

10 displayBMI 함수 호출하기 displayBMI 함수에 인자를 지정하여 호출합니다. 클릭 이벤트 처리기가 완료되었습니다.

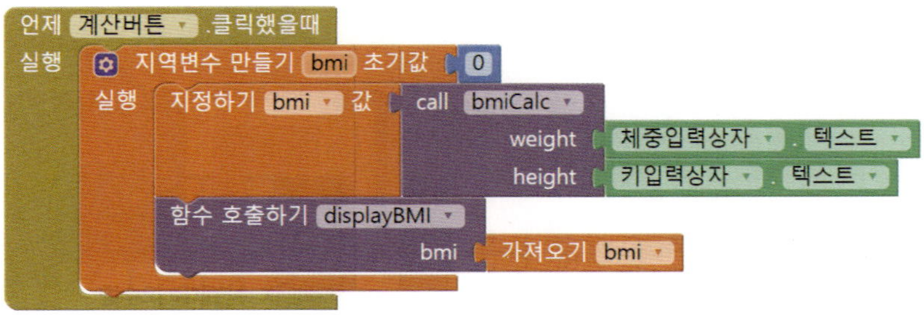

'다시하기' 버튼의 동작 코딩하기

11 '다시하기' 버튼 코딩하기 [블록] 밑에 '버튼수평배치'–'다시하기버튼'을 클릭하여 나타나는 [언제 '다시하기버튼'.클릭했을때 – 실행] 블록을 [뷰어] 영역에 드래그합니다. '다시하기' 버튼을 클릭하면 텍스트 박스의 숫자를 지우고, 메시지 레이블에 '?'를 출력합니다. 코딩에 필요한 블록들은 다음 결합 블록을 참고합니다.

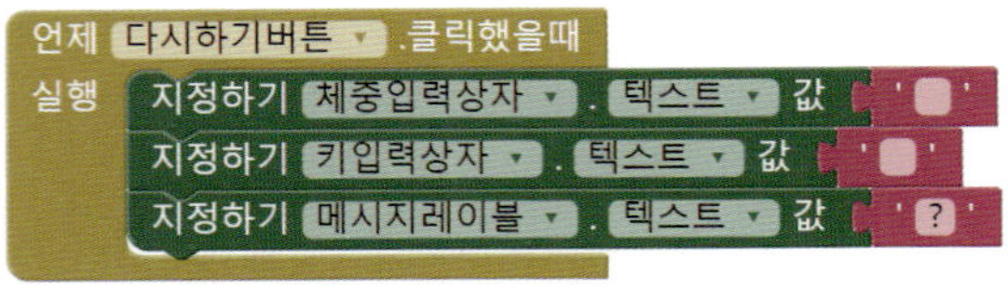

전체 코드 확인하기

함수를 활용해서 만든 비만도 계산기 앱 전체 코드는 다음과 같습니다.

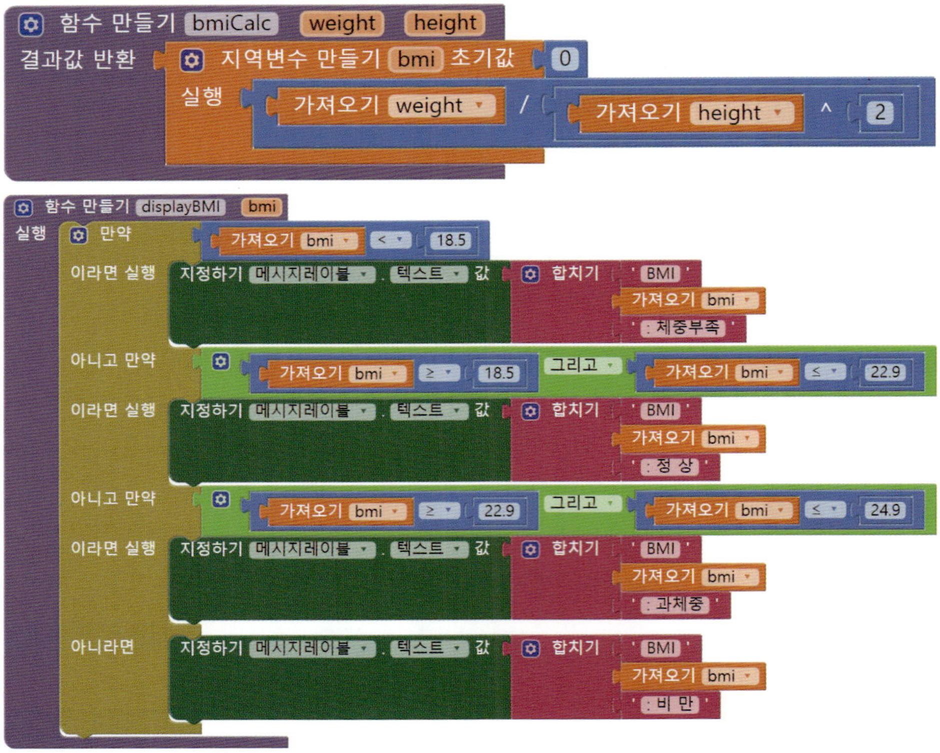

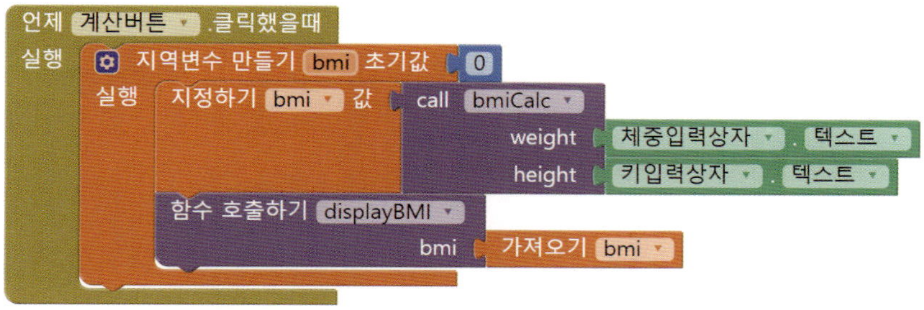

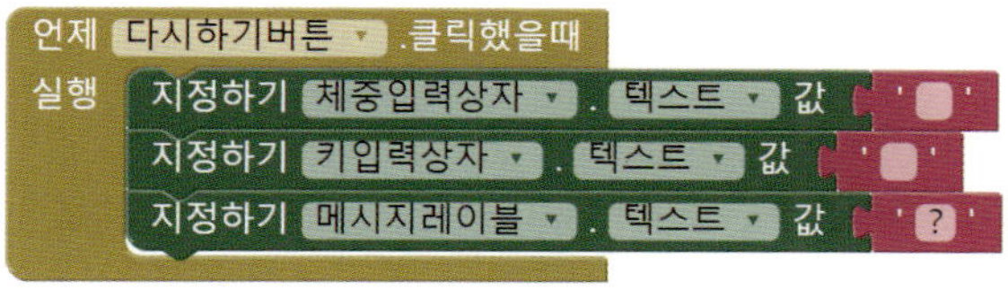

5 앱 테스트

에뮬레이터에서 앱을 테스트해 봅니다. 비만도가 제대로 계산되는지 확인해 봅니다.

[실행 결과]

(a) '체중부족' 출력의 예

(b) '정상' 출력의 예

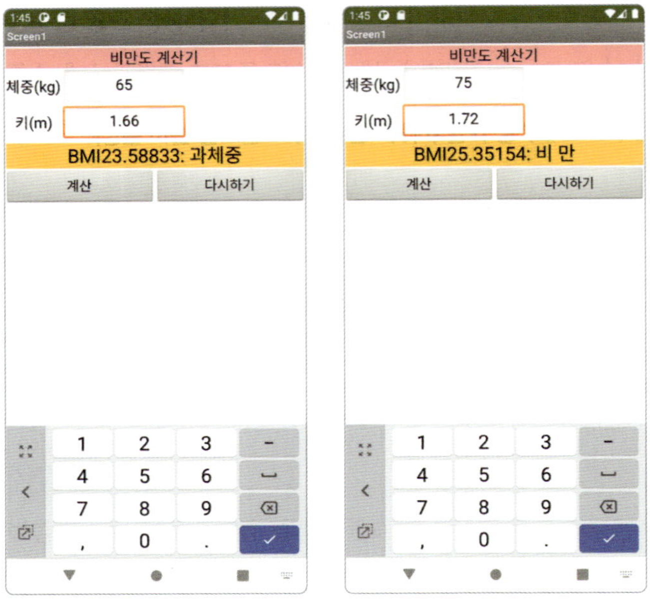

(c) '과체중' 출력의 예　　(d) '비만' 출력의 예

그림 5-27 비만도 계산기 앱 테스트 화면

요약

01 함수는 특정한 기능을 수행하는 명령의 묶음입니다.

02 프로그래밍 언어가 미리 만들어 제공하는 함수를 내장 함수(Intrinsic function)라고 합니다.

03 사용자도 필요에 따라 함수를 만들 수 있으며 이를 사용자 정의 함수(User defined function)라고 합니다.

04 프로그램에서 함수를 실행시키는 것을 호출이라고 하며, 함수가 실행을 끝내고 호출한 곳으로 돌아가는 것을 복귀라고 합니다.

05 함수는 함수명, 매개변수, 수행코드, 반환값으로 구성합니다.

06 함수는 반환값이 있을 수도 있고, 없을 수도 있습니다.

07 앱 인벤터 영어 버전에서는 함수를 프로시저(procedures)라고 합니다.

08 앱 인벤터에서는 반환값이 있는 함수 블록과 반환값이 없는 함수 블록을 제공합니다.

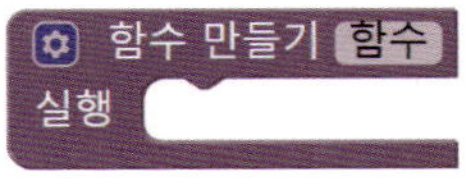

(a) 반환값이 없는 함수 블록

(b) 반환값이 있는 함수 블록

09 앱 인벤터의 함수 블록을 사용할 때는 함수 이름을 지정하고, 설정 아이콘( )을 클릭하여 입력 블록을 끌어다가 매개변수를 지정할 수 있습니다.

10 앱 인벤터에서 함수를 만들면 [공통 블록] 밑에 [함수]에 사용자가 만든 함수를 호출할 수 있는 블록이 생성됩니다.

연습문제

01 다음 중 함수와 관련된 설명으로 옳지 않은 것은 무엇인가요?

① 함수는 하나의 기능을 수행하도록 설계해야 한다.

② 반환값은 함수가 수행한 결과를 돌려주는 값으로, 함수에 따라 반환값의 유,무가 다르다.

③ 함수를 호출할 때 전달되는 자료가 없을 수는 없다.

④ 함수가 다른 함수를 호출하여 사용이 가능하다.

⑤ 함수는 필요에 따라 여러 개를 만들어 사용할 수 있고, 재사용이 용이하다.

02 사용자가 만든 함수는 공개하여 다른 사용자가 사용할 수 있습니다. 이렇게 관련된 함수를 모아서 제공하기도 하는데 이를 칭하는 용어로 알맞은 것은 무엇인가요?

① 라이브러리 ② 프로시저 ③ 메서드

④ 서브루틴 ⑤ 사용자 정의 함수

03 매개변수에 관한 설명으로 옳은 것은 무엇인가요?

① 매개변수는 1개만 사용할 수 있다.

② 함수를 호출하는 쪽에서 보내는 값을 '인자'라고 하는데, 함수에서 인자를 받는 변수를 의미한다.

③ 프로그램 어디에서나 사용할 수 있는 변수다.

④ 앱 인벤터에서 함수의 매개변수를 지정하기 위해선 [공통 블록]밑에 [변수]블록을 사용한다.

04 다음은 함수의 수행 코드를 작성한 것입니다. 다음 블록으로 알 수 있는 사실들로 알맞은 것을 모두 고르세요.

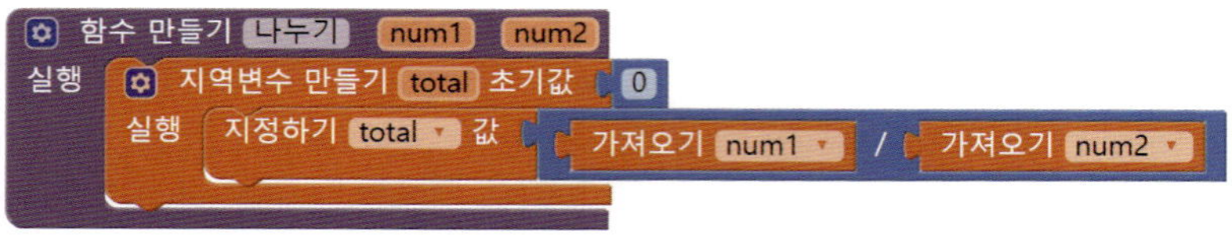

① 매개변수명이 num1, num2로 정의되어 있다.

② [공통 블록]–[함수]항목에 '함수 호출하기'블록이 추가된다.

③ [공통 블록]–[수학]블록의 비교 연산자 블록을 사용했다.

④ 해당 함수 블록은 결과값을 반환한다.

⑤ 지역변수 total의 초기값은 0으로 지정되어 있다.

05 '비만도 계산기 앱'을 변형해 봅니다. [그림 5-27]의 [실행 결과]를 보면 소수점 아래 다섯째 자리까지 출력되는데, 이를 소수점 아래 둘째 자리까지만 출력되도록 수정해 봅니다.

[힌트]

- 소수점의 자릿수를 제한하기 위해서는 [공통 블록] 밑에 [수학]에 있는 소수의 자릿수를 제한하는 블록을 사용합니다.

그림 5-28 **소수의 자릿수를 제한하는 블록**

[실행 결과]

06 **05**번에서 변형한 '비만도 계산기 앱'을 이용하여 비만도 판정이 '과체중'이나 '비만'이 나올 경우, 계산기의 하단 빈자리에 이미지가 출력하도록 수정해 봅니다.

[힌트]

- 이미지 파일은 running.jpg를 사용합니다.
- 디자이너 화면에서 '이미지' 컴포넌트를 드래그하여 배치합니다.
- 생성된 '이미지1'의 높이와 너비 속성을 '부모 요소에 맞추기'로 합니다.
- 블록 편집 화면에서 과체중이나 비만일 때 이미지의 사진을 지정합니다. 사진은 이미지 파일명을 텍스트로 지정하면 됩니다.

[실행 결과]

07 **06**번에서 변형한 '비만도 계산기 앱'을 이용하여 비만도 판정이 '체중부족'으로 나오면 음식 사진이 나오도록 하고, '정상'이면 휴식하는 사진이 나오도록 수정해 봅니다.

[힌트]

- 이미지 파일은 pizza.jpg와 rest.jpg 파일을 사용합니다.

[실행 결과]

(a) '체중부족' 출력 화면

(b) '정상' 출력 화면

08 비밀번호를 확인하는 앱을 만들어봅시다. 비밀번호는 4자리 숫자로 만들 수 있습니다. 입력한 번호가 비밀번호와 같으면 "문이 열립니다", 틀리면 "틀렸습니다"를 출력합니다.

[실행 결과]

(a) 초기화면

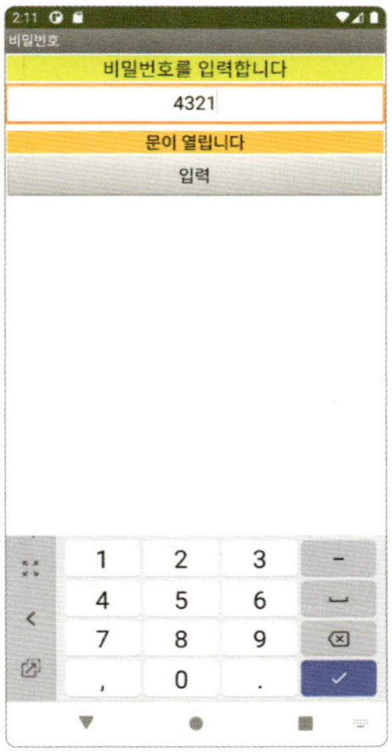

(b) 문이 열립니다 화면

(c) 틀렸습니다 화면

비밀번호가 같은지 확인하는 기능을 별도의 함수로 코딩합니다.

09 숫자 세 개를 입력하면 이 중에서 가장 큰 수와 가장 작은 수를 알려주는 앱을 만들어 봅니다. 큰 수와 작은 수를 구분하는 기능을 별도의 함수로 코딩합니다.

[힌트]

- 큰 수를 구분하는 함수 BigNum을 만들고 매개변수로 숫자 세 개를 보내고, 큰 수를 결과값으로 반환합니다.
- 큰 수를 구분하는 함수 SmallNum을 만들고 매개변수로 숫자 세 개를 보내고, 작은 수를 결과값으로 반환합니다.

(a) 초기화면

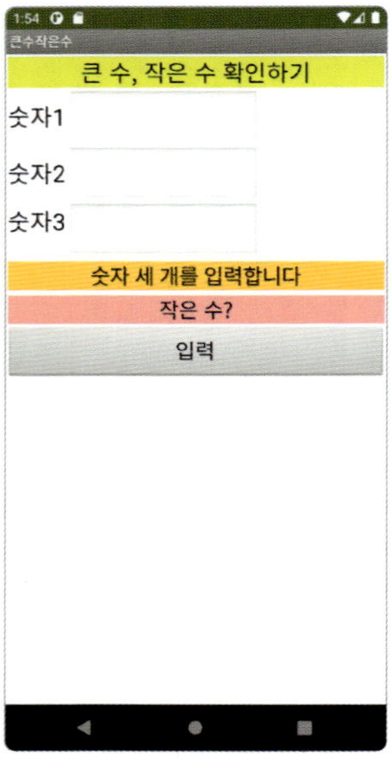

(b) 숫자 세 개를 입력합니다 화면

(c) 같은 수입니다 화면

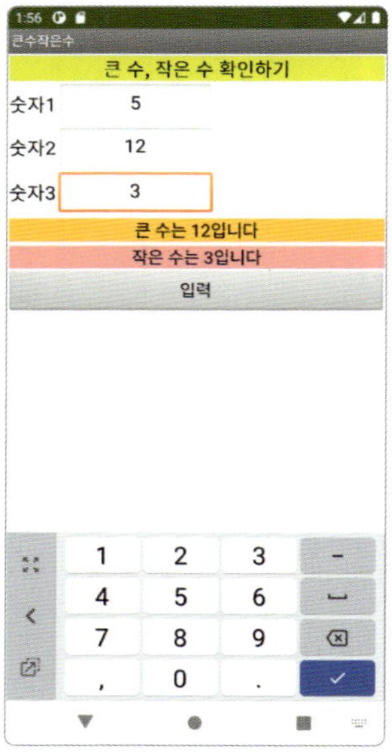

(d) 큰 수, 작은 수 구분 화면

10 심화 '비만도 계산기 앱'이 아닌 함수를 활용한 다른 앱을 만들어 보겠습니다. 섭씨 온도를 입력하면 화씨 온도로 바꾸고, 화씨 온도를 입력하면 섭씨 온도로 바꿔주는 앱을 코딩합니다.

[조건]

1. **프로젝트명 :** CtoF
2. **앱의 제목 :** 섭씨/화씨 온도 변환기
3. **공식 :**
   - 섭씨 온도 → 화씨 온도: F = C * 1.8 + 32
   - 화씨 온도 → 섭씨 온도: C = (F − 32) / 1.8
4. **이미지 :** CtoF.jpg

[실행 결과]

CHAPTER 06

반복문 활용하기

학습목표

- 반복문의 기본 개념을 이해합니다.
- 반복문의 기본 형식을 알아봅니다.
- 앱 인벤터의 반복문 블록의 종류와 사용법을 알아봅니다.
- 반복문 블록을 사용하여 앱을 만들어 봅니다.

Preview

어릴 적 수학을 처음 배울 때 구구단을 외웠던 기억이 있을 겁니다. 구구단을 잘 살펴보면 고정된 값과 바뀌는 값이 있는 것을 알 수 있습니다. 예를 들어 구구단 2단의 2는 고정된 값이고, 1부터 9까지는 바뀌는 값입니다. 바뀌는 값에 따라 계산 결과도 달라집니다. 이처럼 고정된 값과 규칙적으로 변화하는 값이 있을 때 반복문을 사용합니다. 반복문을 사용하면 지정한 횟수만큼 명령을 반복하는 기능을 수행하기 때문에 전체 코드가 줄어드는 효율적인 코딩을 할 수 있습니다.

이번 장에서는 반복문의 기본 개념을 이해한 후 앱 인벤터의 반복문 블록들을 살펴봅니다. 그리고 본문 예제와 연습문제를 통해 반복문을 이용한 앱을 만들어 볼 것입니다.

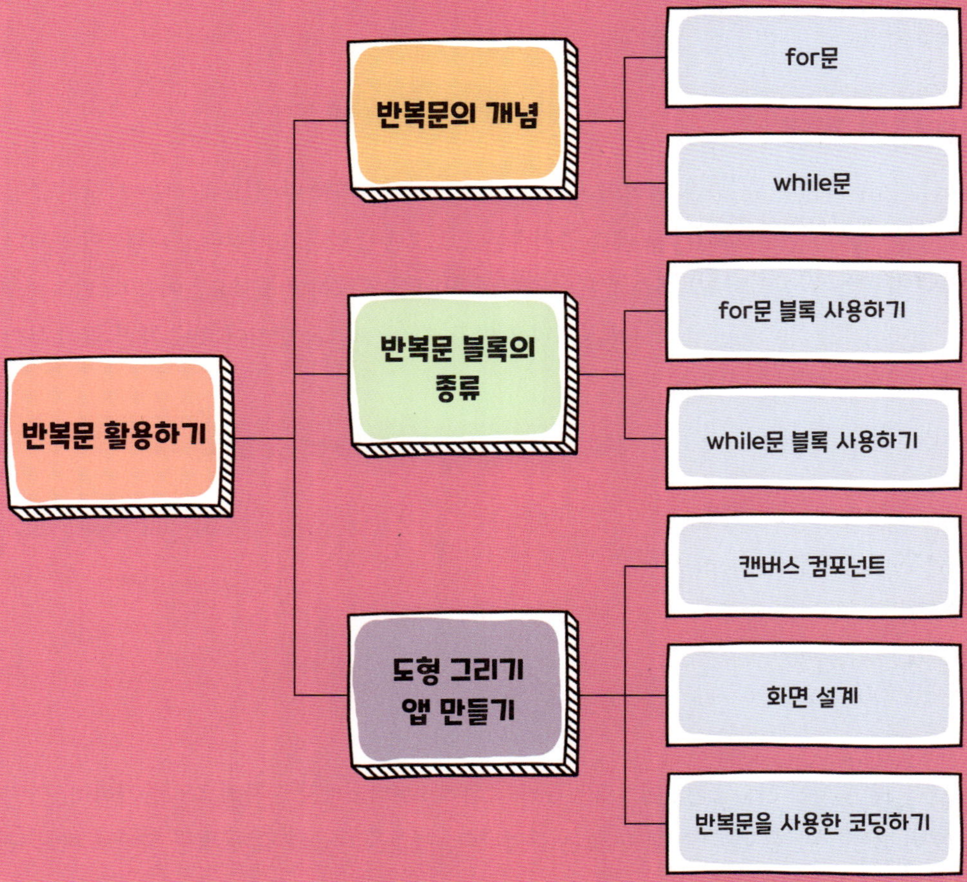

Section 01

반복문 알아보기

사람이 같은 일을 반복적으로 하다 보면 지루해지기도 하고 일의 효율성도 떨어집니다. 하지만 컴퓨터는 아무런 문제 없이 반복적으로 작업을 수행할 수 있습니다. 프로그래밍을 하다 보면 같은 코드가 반복될 때가 있습니다. 이럴 때 반복문을 사용하면 컴퓨터가 같은 작업을 반복하도록 명령할 수 있습니다.

1 반복문의 개념

반복문(Repetitive statement)은 일련의 명령을 반복적으로 수행할 수 있도록 하는 문장 구조를 말합니다. 예를 들어, '안녕하세요.'를 계속 출력하는 프로그램이 있다고 가정해 봅니다. 이 프로그램을 어떻게 작성할 수 있을까요? 계속 같은 출력문 수천 개를 작성하면 될까요? 이럴 때 반복문을 사용하여 '안녕하세요.'를 몇 번 출력하라는 명령을 만들 수 있습니다. 심지어 횟수 제한 없이 무한히 반복하도록 할 수도 있습니다.

보통 반복문을 배울 때 많이 사용하는 예제가 구구단입니다. 구구단 2단을 살펴봅니다.

```
2 × 1 = 2
2 × 2 = 4
2 × 3 = 6
...
2 × 9 = 18
```

구구단 2단을 보면 앞에 2는 고정되어 있고, 곱하기 뒤에 1부터 9까지 순차적으로 증가하며, 마지막으로 2부터 18은 계산한 결과로 알 수 있는 값입니다. 이것을 다음과 같이 명령 하나로 바꿀 수 있습니다.

```
2 * A = B
```

여기서 A가 1부터 9까지 차례로 바뀌면 B는 자동적으로 산출됩니다. 이를 순서도로 표현하면 [그림 6-1]과 같습니다.

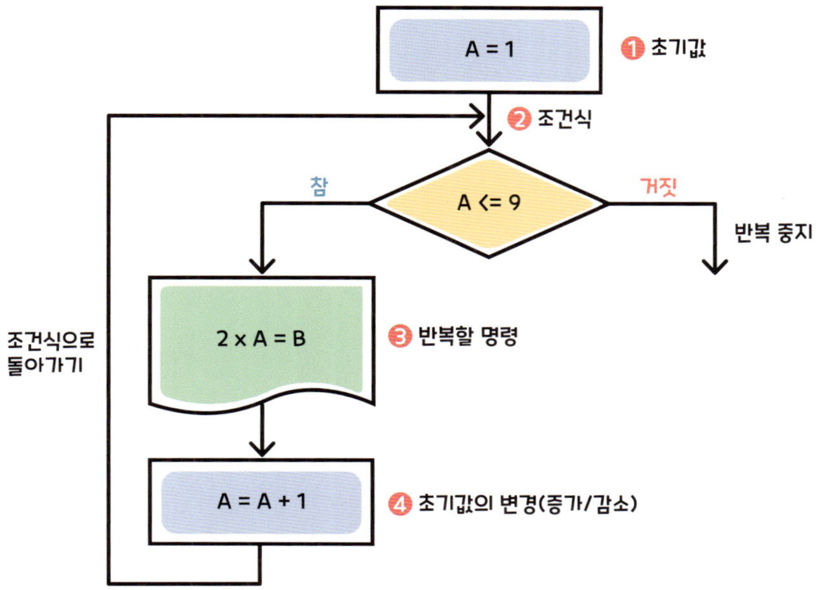

그림 6-1 반복문을 사용하여 구구단 2단을 출력하는 순서도

❶ 초기값으로 A는 1부터 시작합니다. ❷ 조건식에서 A가 9보다 작거나 같은지 판단하고 참이면 ❸ 반복할 명령인 '2 × A = B'를 출력합니다. 그다음 ❹ A의 값을 1 증가시키고 다시 조건으로 돌아가 조건을 만족하는지 확인합니다. A가 1부터 9까지 계속 반복한 뒤 A가 10이 되면 조건에서 거짓으로 판단하여 반복을 중지하는 것입니다. 반복문을 만들 때 중요한 것은 반복할 것인지 판단하는 조건식의 결과가 참이어야 반복한다는 것입니다. 또한, 의도적으로 무한히 반복하도록 하는 것이 아니라면 조건식에서 사용하는 변수의 값을 증가시키거나 감소시키는 것을 잊으면 안 됩니다.

2 반복문의 형식

반복문을 구성하는 요소는 [그림 6-1]에서 보는 바와 같이 '초기값', '조건식', '반복할 명령', '초기값의 변경' 등 네 가지입니다. 이 네 가지 모두 반드시 있어야 하는 것은 아니고, 프로그래밍 목적에 따라 일부 요소가 빠질 수도 있습니다.

프로그래밍 언어에 따라 약간씩의 차이는 있지만 기본적으로 반복문을 만들 때 사용하는 명령으로는 'for'와 'while'이 있습니다. 두 명령의 형식은 완전히 다르므로 반복문의 구성 요소 네 가지가 어떻게 배치되는지 잘 확인하기 바랍니다.

for문

for를 사용한 반복문은 기본적으로 다음과 같은 구조를 가지고 있습니다. for문은 초기값, 조건식, 초기값의 변경이 모두 for와 같은 행에 나오고, 반복할 명령이 그 다음에 배치됩니다.

```
for ( ① 초기값; ② 조건식; ④ 초기값의 변경 )
{
        ③ 반복할 명령
}
```

while문

while을 사용한 반복문은 다음과 같은 구조를 가지고 있습니다. while문은 초기값을 while의 앞에 먼저 작성하고 조건식은 while과 같은 행에 나오며, 반복할 명령과 초기값의 변경이 while문 안에 포함되는 구조입니다.

```
① 초기값
while ( ② 조건식 )
{
        ③ 반복할 명령
        ④ 초기값의 변경
}
```

for문과 while문 비교

for문이나 while문은 같은 반복 기능을 수행합니다. for문은 초기값, 조건식, 초기값의 변경을 한눈에 파악할 수 있다는 장점이 있습니다. for문은 '시작과 끝을 명확하게 하라'라는 의미가 강하고, while문은 '기본적으로 조건식이 참인 동안 반복한다'는 의미가 강합니다. 하지만 같은 기능을 서로 바꿔서 프로그래밍하는 것이 가능합니다. 즉, for문과 while문 모두 사용이 가능합니다. 프로그래머의 취향에 따라 선호하는 구조에 맞춰 프로그래밍을 할 수 있습니다.

Section 02 앱 인벤터 반복문 이해하기

1 앱 인벤터의 반복문 블록

앱 인벤터에서는 앞에서 살펴본 for문 블록과 while문 블록을 모두 제공합니다. 반복문 블록을 살펴보겠습니다. 앱 인벤터의 반복문 블록은 블록 편집 화면에서 [공통 블록] 밑에 [제어]를 클릭하면 확인할 수 있습니다. 반복문과 관련된 블록은 모두 네 개로, for문이 세 개이고 while문은 한 개입니다.

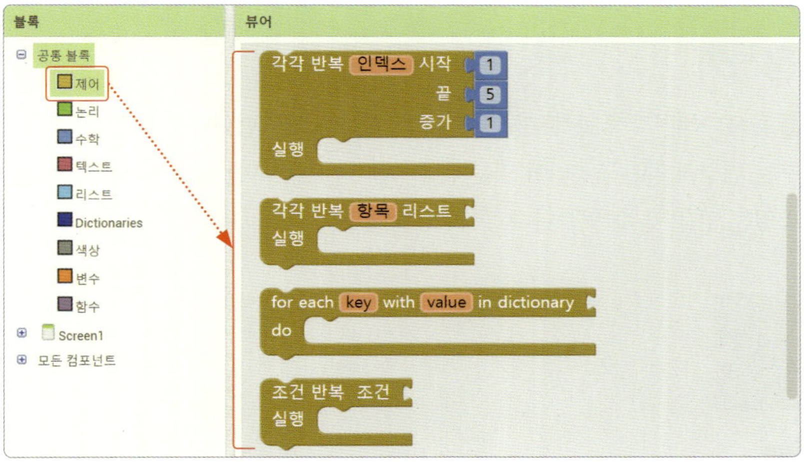

그림 6-2 앱 인벤터에서 제공하는 반복문 블록

반복문 블록 네 개 중 하나는 리스트와 관련된 것이고, 다른 하나는 딕셔너리와 관련된 것입니다. 리스트에 대한 설명은 7장에서 다룹니다. 딕셔너리 관련 블록은 아직 한글화가 되어 있지 않아 이 책에서는 설명하지 않습니다. 이번 장에서는 나머지 두 개 블록만 사용합니다.

하나 더 알기 **영어 모드의 반복문 블록**

반복문 블록을 한국어 모드에서 보면 어느 것이 for문이고 while문인지 구분이 잘 안 될 수 있습니다. [그림 6-3]의 영어 모드를 참고합니다.

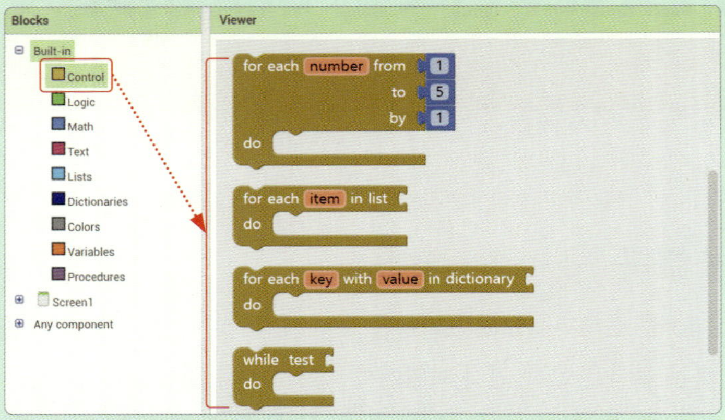

그림 6-3 영어 모드의 반복문 블록

2 for문 블록 사용하기

[각각 반복 '인덱스' ... 실행] 블록(이하 '각각 반복' 블록)이 for문 블록에 해당합니다. for문은 시작값, 조건식(끝 값), 값을 바꾸는 변경식으로 구성되어 있는데, [그림 6-4]를 보면 각각 반복 블록이 정확하게 이 구조를 가지고 있는 것을 알 수 있습니다.

그림 6-4 for문 블록(각각 반복 블록)

[각각 반복 '인덱스' ... 실행] 블록에서 '인덱스' 부분은 변수명을 지정하는 부분이며, 이 '인덱스' 부분을 용도에 따라 다른 변수명으로 바꿔서 사용하면 됩니다. 기본값으로 '시작'은 1, '끝'은 5, '증가'는 1로 되어 있는데, 이 세 가지 값 모두 사용자가 바꿔서 사용하면 됩니다. '증가'는 시작 값을 어떻게 바꿀 것인지를 지정하는 것입니다. 예를 들어, 변수명을 'count'로 하고, '시작'은 1, '끝'은 10, '증가'는 2로 한다면 블록을 [그림 6-5]와 같이 설정하면 됩니다.

그림 6-5 for문 블록(각각 반복 블록) 설정하기

각각 반복 블록을 사용하여 1부터 10까지 더하는 코드를 작성해 보겠습니다. 화면은 [그림 6-6]과 같이 텍스트박스 컴포넌트와 버튼 컴포넌트로 구성되며, [뷰어] 영역에 보이는 '합계' 버튼을 클릭하면 텍스트박스에 결과값을 출력하는 것으로 합니다.

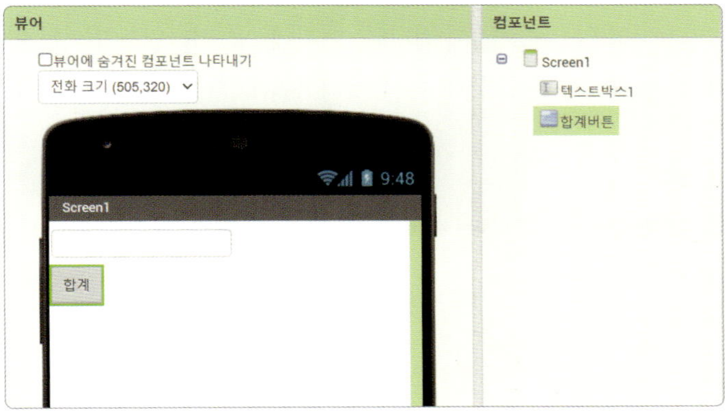

그림 6-6 합계 구하기 앱의 화면

'합계' 버튼의 클릭 이벤트 블록 만들기

블록 편집 화면에서 [컴포넌트] 영역의 [Screen1] 밑에 '합계버튼'을 클릭했을 때 나타나는 클릭 이벤트 블록인 [언제 '합계버튼'.클릭했을때 – 실행] 블록을 [뷰어] 영역으로 드래그합니다.

그림 6-7 클릭 이벤트 블록 드래그하기

[각각 반복 '인덱스' ... 실행] 블록을 [뷰어] 영역에 드래그하고, 변수명은 'number', '시작'은 '1', '끝'은 '10', '증가'는 '1'로 설정하고, 클릭 이벤트 블록과 결합합니다.

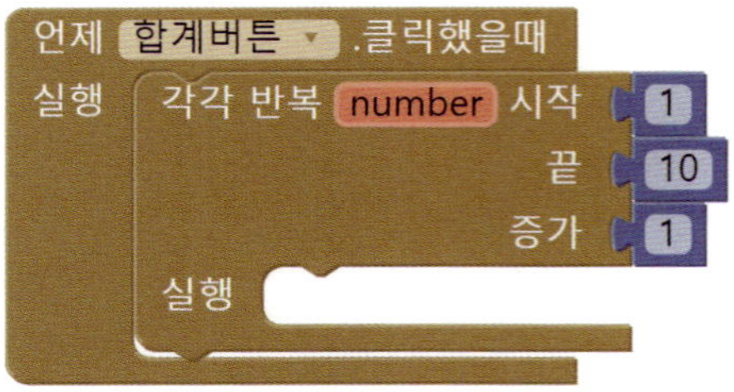

그림 6-8 클릭 이벤트 블록과 각각 반복 블록 결합하기

합계를 구하는 방식과 for문 코드

반복문에서 반복할 명령을 만들어야 합니다. 합계를 구하는 수식은 합계 변수가 가지고 있는 값에 숫자를 증가시키면서 더하는 것입니다. 즉, 변수가 0으로 초기화되어 있는 상태에서 1을 더하면 합계는 1이 되고, 다시 2를 더하면 변수가 가지고 있는 값이 3이 됩니다. 여기에 3을 더하면 6이 되는 방식입니다. 이렇게 10까지 반복하면 최종 합계는 55가 되는데 이를 정리하면 [표 6-1]과 같습니다.

표 6-1 1부터 10까지 반복문을 사용하여 더하는 경우

반복 횟수	합계 변수의 기존값(sum)	더하는 수(number)	합계 변수의 최종값(sum)
1	0	1	1
2	1	2	3
3	3	3	6
4	6	4	10
5	10	5	15
6	15	6	21
7	21	7	28
8	28	8	36
9	36	9	45
10	45	10	55

이것을 for문으로 코딩하면 다음과 같습니다.

```
sum = 0
for (number=1; number <= 10; number++)
   sum = sum + number
```

합계를 구하는 코딩하기

합계를 저장할 변수가 하나 필요합니다. 이 변수는 전역변수를 사용해도 되고 지역변수를 사용해도 되는데, 여기서는 간단하게 전역변수 sum을 만들어 사용하겠습니다. 전역변수 sum을 0으로 초기화한 후, 변수 sum의 현재 값을 읽어오고 여기에 number의 값을 더해서 다시 sum에 저장하는 방식입니다. 이를 블록으로 나타내면 다음과 같습니다.

그림 6-9 **합계를 구하는 코드**

[그림 6-9]의 블록들을 반복문 블록에 조립하여 합계를 구하는 반복문을 완성해 봅니다.

그림 6-10 **합계를 구하는 반복문 블록**

끝으로 결과값을 텍스트박스에 출력하면 됩니다. 출력은 반복문 안에서 할 수도 있고, 반복문 밖에서 할 수도 있습니다. 반복문 안에서 출력을 한다면 계산할 때마다 출력하게 되고, 반복문 밖에서 출력하면 마지막으로 한 번만 결과값이 출력됩니다. 출력문을 어디에 넣을지는 사용자가 필요에 따라 판단하면 됩니다. 여기서는 반복문 밖에서 출력하겠습니다. 텍스트박스에 출력하는 것이므로 텍스트박스의 텍스트 속성에 변수 sum의 값을 출력하면 됩니다. 완성된 코드는 [그림 6-11]과 같습니다.

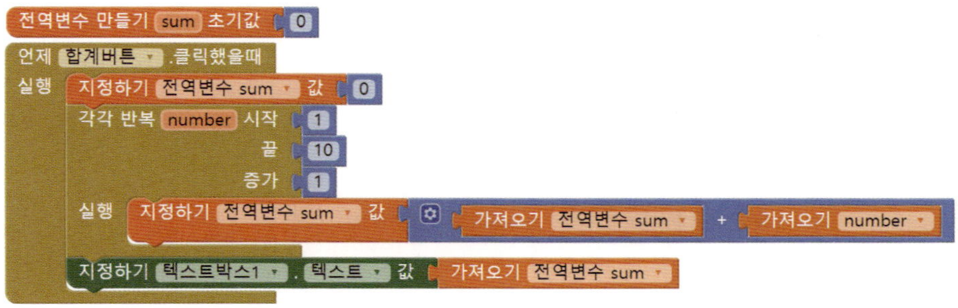

그림 6-11 **1부터 10까지 합계를 구하는 반복문 블록의 완성된 모습**

에뮬레이터에서 실행하여 확인하면 [그림 6-12]와 같습니다.

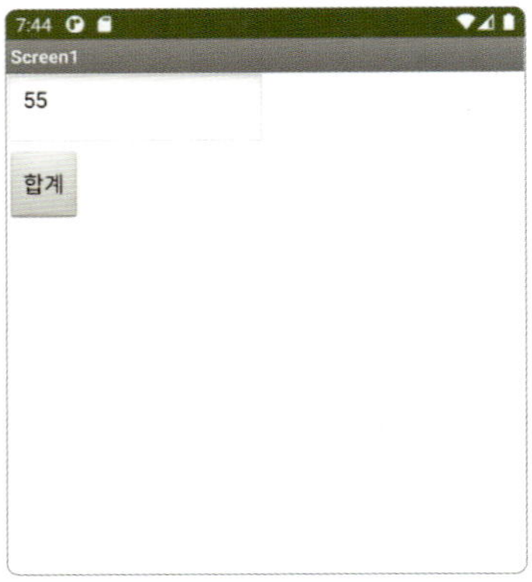

그림 6-12 **1부터 10까지 합계를 구하는 반복문이 실행된 모습**

3 while문 블록 사용하기

[조건 반복 조건 – 실행] 블록은 while문에 해당합니다. while문은 조건이 참인 동안 반복합니다. [조건 반복 조건 – 실행] 블록에서 조건 부분에 논리나 수학 블록을 드래그하여 만들어야 합니다.

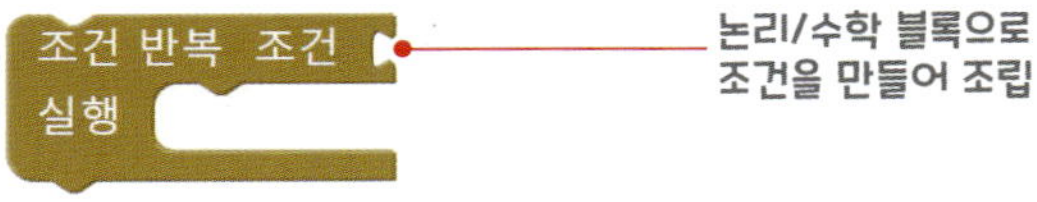

그림 6-13 **while문 블록**

시작값은 반복문보다 먼저 와야 하고, 값을 바꾸는 변경식이 반복문 안에 와야 합니다. 앞에서 for문 블록인 각각 반복 블록으로 만든 합계 구하는 앱을 while문 블록인 [조건 반복 조건 – 실행] 블록으로 다시 만들어 봅니다. 먼저 코드로 정리하면 다음과 같습니다.

```
sum = 0
number = 1
while number <=10
  sum = sum + number
  number = number + 1
```

앱의 화면은 [그림 6-6]과 같이 간단하게 구성합니다. '합계' 버튼을 클릭하면 실행할 것이므로 '합계' 버튼의 클릭 이벤트 블록을 그대로 사용합니다.

먼저 합계를 저장하는 sum 외에 number 변수를 만들고 초기화합니다.

그림 6-14 **변수 초기화**

반복을 위한 조건식(number <= 10)을 만듭니다. [공통 블록] 밑에 [수학]을 클릭하면 관계 연산자들이 나타납니다. 이것을 드래그하여 만들면 됩니다.

그림 6-15 **반복을 위한 조건식 블록 만들기**

합계를 구하는 수식은 각각 반복 블록과 동일합니다. 다만 number 변수가 전역변수로 바뀌었으므로 수정해야 합니다.

그림 6-16 **합계를 구하는 수식 블록 수정하기**

또한 number 변수의 값을 증가시키는 블록이 추가되어야 합니다.

그림 6-17 **number 변수의 값을 증가시키는 블록 만들기**

이제 반복문을 완성해 보겠습니다. 변수 sum과 number를 초기화하는 블록이 [조건 반복 조건 – 실행] 블록의 바로 앞에 와야 합니다. 이 블록들이 있을 때와 없을 때의 차이를 나중에 에뮬레이터에서 실행하면서 스스로 확인해 보기 바랍니다.

그림 6-18 **반복문 블록 완성하기**

[그림 6-19]와 같이 출력문 블록을 추가하면 앱이 완성됩니다.

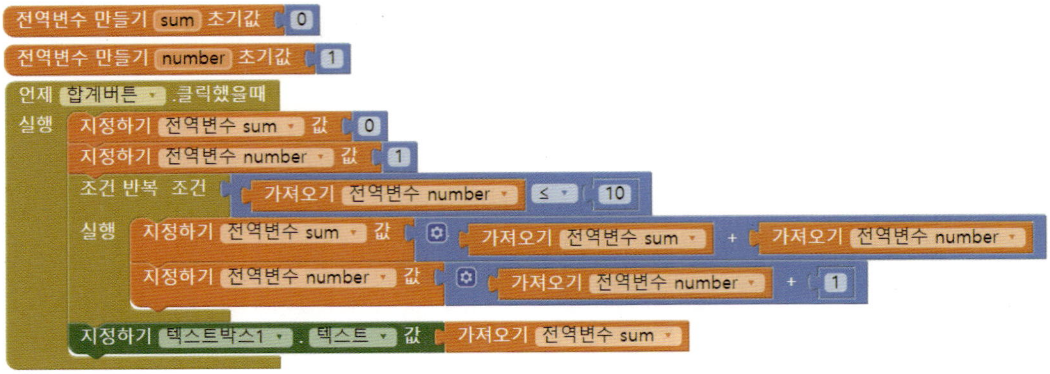

그림 6-19 **반복문을 사용한 합계 구하기 앱 완성**

Section 03 반복문 활용 앱 만들기 : 도형 그리기 앱

반복문을 활용하여 도형을 반복적으로 그리는 앱을 만들어 보겠습니다. 이 앱은 화면 임의의 위치에 원을 그리는 앱입니다. 도형 그리기 앱은 [그림 6-20]과 같이 제목과 캔버스, 버튼으로 구성되어 있습니다. 작업 순서에 따라 앱을 만들어 봅니다.

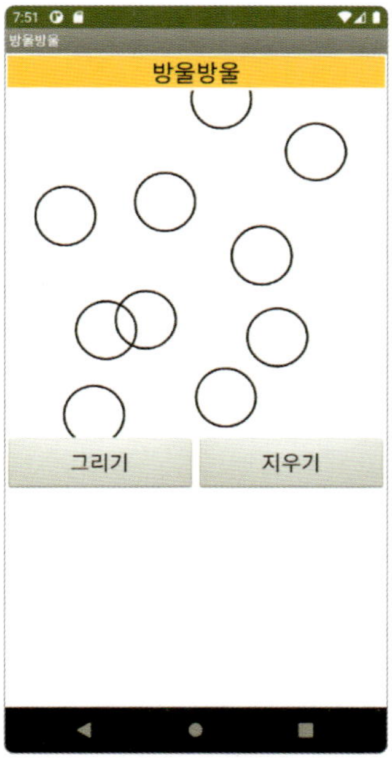

그림 6-20 **도형 그리기 앱**

1 기초 지식 이해

도형 그리기 앱은 원이 화면 여기저기에 그려지는 간단한 앱입니다. 이 앱을 만들기 위해서는 반복문과 원을 그리는 방법을 알아야 하고, 원이 그려지는 임의의 위치를 지정하기 위해 난수를 만들어야 합니다. 이 중 반복문은 앞에서 충분히 살펴봤고, 난수를 만드는 방법은 이미 4장에서 다루었기 때문에 여기서는 원을 어떻게 그리는지 알아보겠습니다.

캔버스 컴포넌트의 위치와 속성

미술 시간에 그림을 그리기 위해서는 도화지가 필요하며, 이 도화지 위에 물감으로 그림을 그립니다. 이와 마찬가지로 앱 인벤터에도 도화지 역할을 하는 '캔버스' 컴포넌트가 있습니다. 캔버스 컴포넌트는 터치가 가능한 2차원 패널로 그림을 그릴 수도 있고, 스프라이트를 움직일 수도 있습니다. 캔버스 컴포넌트는 디자이너 화면의 [팔레트]-[그리기 & 애니메이션]에 있습니다.

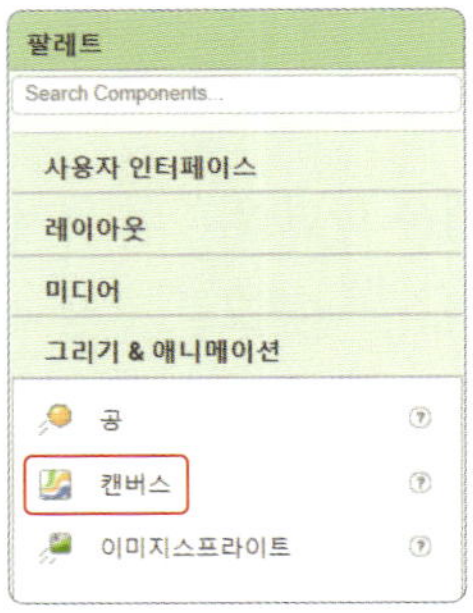

그림 6-21 **캔버스 컴포넌트의 위치**

캔버스 컴포넌트의 속성은 [표 6-2]와 같습니다. 이 속성은 디자이너 화면에서 지정할 수도 있고, 블록 편집 화면에서 프로그래밍으로 지정할 수도 있습니다.

표 6-2 **캔버스 컴포넌트의 속성**

속성	내용	기본값
배경색	캔버스의 배경색 지정	기본값
배경이미지	캔버스의 배경이미지 지정	없음
글꼴크기	캔버스에 그려지는 텍스트 글꼴의 크기 지정	14.0
높이	캔버스의 높이 지정	자동
너비	캔버스의 너비 지정	자동
선두께	캔버스에 그려지는 선의 두께 지정	2.0
페인트색상	캔버스에 그려지는 선의 색상 지정	기본값
텍스트정렬	캔버스에 텍스트를 그릴 때 정렬 방식 지정	가운데:1
보이기여부	캔버스가 스크린에 보일지 아닐지 지정	활성화

이 중 중요한 속성은 [높이]와 [너비]입니다. 캔버스 컴포넌트를 스크린으로 끌어온 다음 높이와 너비를 지정해야 합니다. 보통 [너비]는 '부모 요소에 맞추기'를 하면 되지만, [높이]의 경우 다른 컴포넌트의 배치를 고려하여 적당한 크기로 지정하는 것이 좋습니다.

캔버스 컴포넌트의 좌표계

캔버스 컴포넌트에 그림을 그리기 위해서는 좌표계를 이해해야 합니다. 캔버스는 2차원이므로 위치 지정은 x 좌표와 y 좌표로 지정하며 (x, y)의 형식으로 표시합니다. x 좌표는 수평 방향의 위치를 나타내고, y 좌표는 수직 방향의 위치를 나타냅니다. x 좌표와 y 좌표의 값은 화소(pixel)로 지정합니다.

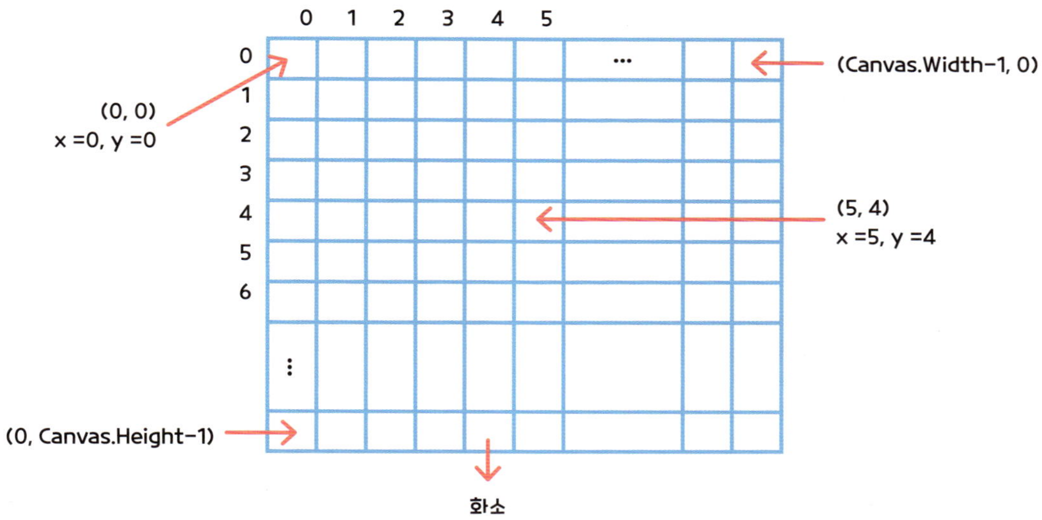

그림 6-22 캔버스의 좌표계

TIP

화소는 화면을 구성하는 가장 작은 점입니다. 예를 들어 화면의 크기가 800×600이라면 수평으로 800 화소, 수직으로 600 화소를 의미합니다.

캔버스의 좌표계는 화면의 좌측 상단을 시작점으로 하고 좌표값은 (0, 0)입니다. (0, 0)부터 시작해서 오른쪽으로 갈수록 x값이 증가하고, 아래쪽으로 내려갈수록 y값이 증가합니다. 캔버스의 가장 우측 끝의 x 좌표는 '캔버스의 너비(Canvas.Width) -1'이고, 가장 아래쪽의 y 좌표는 '캔버스의 높이(Canvas.Height) -1'입니다.

캔버스 컴포넌트가 제공하는 블록

캔버스 컴포넌트가 제공하는 블록들은 캔버스를 터치하거나 드래그하는 등 화면을 사용자가 직접 접촉했을 때 사용하는 블록들과 그리기와 관련된 블록들을 제공합니다. 이 가운데 그리기와 직접적으로 관련이 있는 블록들에는 [그림 6-23]과 같이 '지우기', '원호그리기', '원그리기', '선그리기', '점그리기' 등이 있습니다.

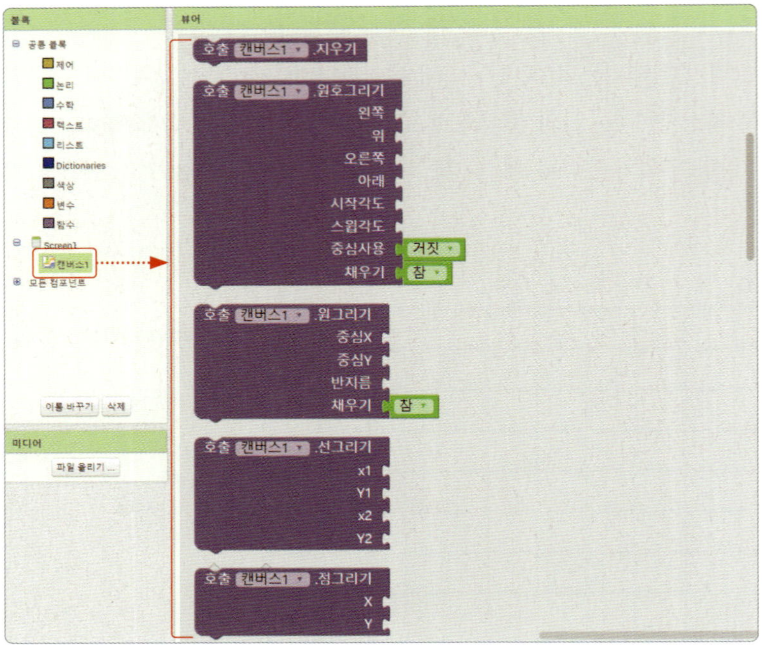

그림 6-23 **캔버스에서 제공하는 그리기 블록들**

각 블록들은 x, y 좌표를 기본으로 지정하고, 대상에 따라 추가 항목의 값을 지정합니다. '원그리기' 블록은 반지름을 추가로 지정하고, 원의 내부를 채울 것인지 비울 것인지를 참과 거짓으로 지정해야 합니다.

2 문제 이해

도형 그리기 앱은 캔버스의 임의 위치에 원을 그리는 앱입니다. 마치 비누방울이 퍼지는 것처럼 원이 방울방울 그려지는 것입니다. 반복문에서 캔버스 컴포넌트의 '원 그리기' 블록을 반복적으로 실행하면 됩니다. 이때 원이 그려지는 좌표는 난수를 사용하여 임의의 위치로 지정합니다. 기본적인 동작 흐름은 다음과 같습니다.

❶ 캔버스 컴포넌트와 '그리기' 버튼, '지우기' 버튼을 설정합니다.

❷ '그리기' 버튼을 클릭하면 반복문 안에서 지정한 횟수만큼 다음을 반복합니다.
- 난수를 두 개 생성합니다. x 좌표의 범위는 0 ~ 캔버스.너비-1이고, y 좌표의 범위는 0 ~ 캔버스.높이-1입니다.
- 난수를 좌표로 지정합니다.
- 지정한 좌표에 원을 그립니다.

❸ '지우기' 버튼을 클릭하면 캔버스의 모든 원을 지웁니다.

그림 6-24 도형 그리기 앱의 문제 이해

도형 그리기 앱은 앱 인벤터에서 제공하는 캔버스 컴포넌트와 블록으로 구현이 가능하므로 별도로 준비할 리소스는 없습니다.

3 화면 설계

도형 그리기 앱의 화면 구성은 간단합니다. [그림 6-20]과 같이 앱 제목용 레이블, 캔버스, 그리기 버튼, 지우기 버튼 컴포넌트로 구성합니다.

01 새 프로젝트 시작하기 새 프로젝트를 만들고 프로젝트의 이름을 'Bubble01'로 합니다. 그리고 에뮬레이터를 동작시킵니다. 'Screen1'의 제목을 '방울방울'로 바꿉니다.

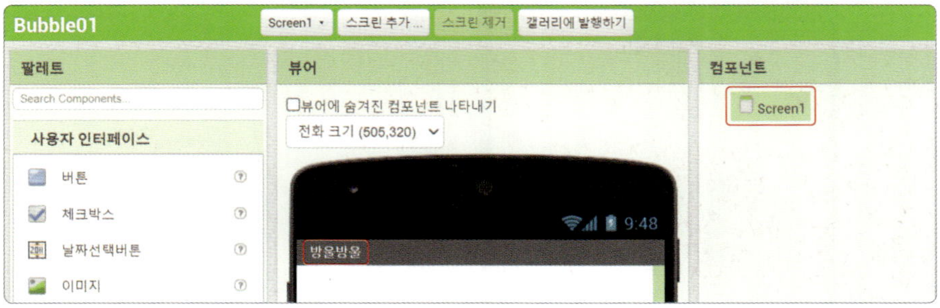

02 제목용 레이블 컴포넌트를 배치하고 수정하기 제목을 만들기 위해 '레이블' 컴포넌트를 [뷰어]영역으로 드래그하고, [표 6-3]을 참고하여 속성을 수정합니다.

표 6-3 레이블 컴포넌트의 속성 수정하기

이름	이름 수정	속성	속성 수정
레이블1	제목레이블	배경색	주황
		글꼴크기	20
		너비	부모 요소에 맞추기
		텍스트	방울방울
		텍스트정렬	가운데:1

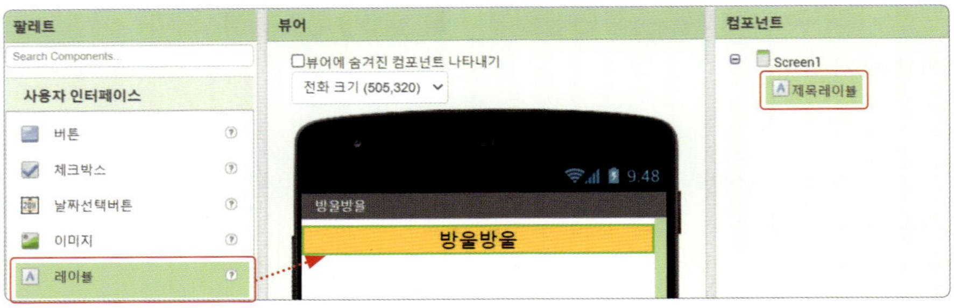

03 캔버스 컴포넌트를 배치하고 수정하기 [팔레트]–[그리기 & 애니메이션]에서 '캔버스' 컴포넌트를 [뷰어] 영역에 드래그하고, 이름을 '캔버스'로 바꿉니다. [속성] 영역에서 [너비] 항목은 '부모 요소에 맞추기'로 설정하고, [높이] 항목은 300픽셀로 설정합니다.

04 수평배치 컴포넌트와 버튼 컴포넌트를 배치하고 수정하기 버튼 두 개를 수평으로 배치할 것이기 때문에 [팔레트]–[레이아웃]에서 '수평배치' 컴포넌트를 추가하고, 그 안에 [팔레트]–[사용자 인터페이스]에 있는 '버튼' 컴포넌트 두 개를 배치하고 이름과 속성을 [표 6-4]를 참고하여 수정합니다.

표 6-4 수평배치 컴포넌트와 2개의 버튼 컴포넌트의 속성 수정하기

이름	이름 수정	속성	속성 수정
수평배치1	버튼수평배치	너비	부모 요소에 맞추기
버튼1	그리기버튼	글꼴크기	18
		너비	부모 요소에 맞추기
		텍스트	그리기
버튼2	지우기버튼	글꼴크기	18
		너비	부모 요소에 맞추기
		텍스트	지우기

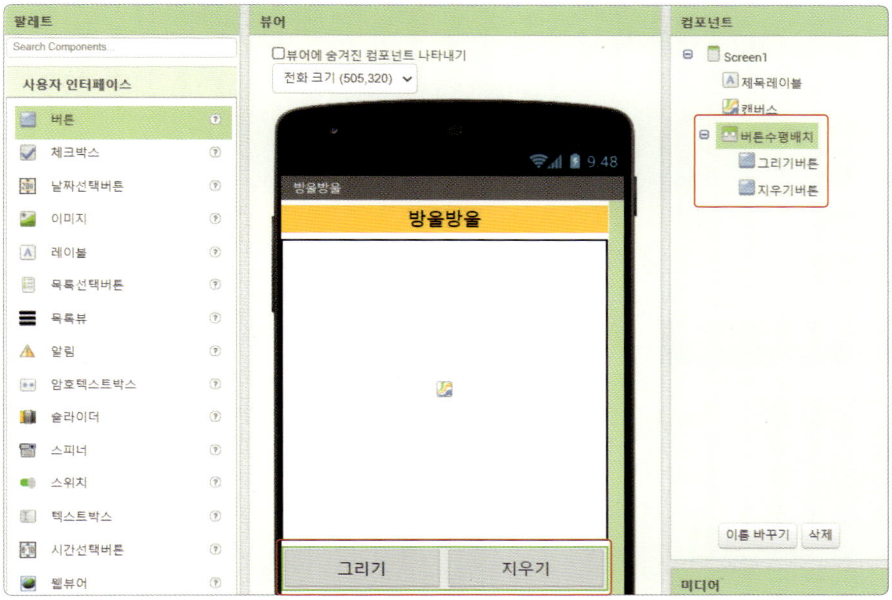

05 에뮬레이터에서 도형 그리기 앱 확인하기 화면 설계가 완료되었습니다. [그림 6-20]과 비교하며 완성된 화면을 에뮬레이터에서 확인해 봅니다.

4 코딩

블록 편집 화면으로 전환하여 코딩해 보겠습니다. 도형 그리기 앱은 '그리기' 버튼을 클릭하면 원을 그리고, '지우기' 버튼을 클릭하면 캔버스를 지우는 앱입니다. 먼저 '그리기' 버튼을 클릭했을 때 동작할 부분을 코딩해 보겠습니다.

그리기 동작 코딩하기

'그리기' 버튼을 클릭하면 반복문을 사용하여 원을 10개 그리도록 코딩해 보겠습니다. 반복문에서는 난수를 사용하여 x, y 좌표를 생성하고, 이를 중심점으로 잡아서 원을 그립니다. '그리기' 버튼을 클릭했을 때 반복문에서 실행할 순서는 다음과 같습니다.

❶ x 좌표를 난수로 생성합니다.(0 ~ 캔버스.너비-1)
❷ y 좌표를 난수로 생성합니다.(0 ~ 캔버스.높이-1)
❸ 캔버스에서 원 그리기 블록을 선택하여 좌표와 반지름, 채우기 값을 지정합니다.

이 작업에 필요한 블록은 [표 6-5]와 같습니다.

표 6-5 도형 그리기에 필요한 블록

블록	위치	역할
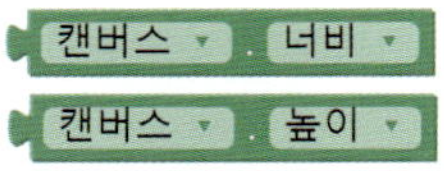	[Screen1]-'캔버스'	x, y 좌표를 생성할 때, 난수의 범위 지정에 사용한다.
	[공통 블록]-[수학]	난수를 생성한다.
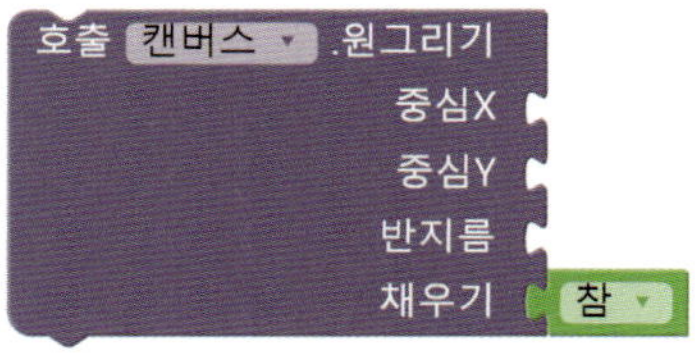	[Screen1]-'캔버스'	원을 그린다.
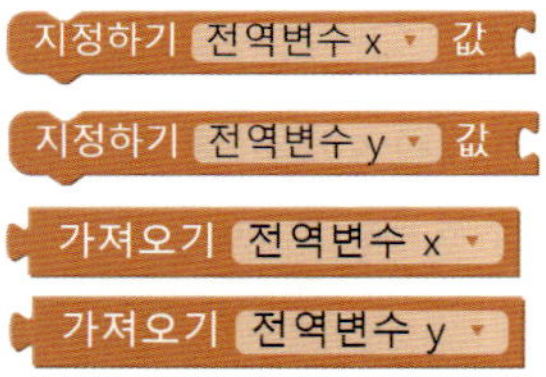	[공통 블록]-[변수]	x, y 좌표에 값을 지정하고 읽어온다.

01 변수 선언하고 초기화하기 x, y 좌표를 저장할 변수 두 개가 필요합니다. 초기값은 0으로 지정합니다.

02 x, y 좌표를 난수로 지정하기 실행 순서에 따라 블록을 결합해 보겠습니다. 먼저 x, y 좌표를 다음과 같이 난수로 생성합니다.

03 원그리기 블록 조립하기 원그리기 블록인 [호출 '캔버스' .원그리기...] 블록에 좌표값을 지정하고, '반지름'은 25, '채우기'는 '거짓'으로 지정합니다.

04 반복문 만들기 이제 02와 03에서 결합한 블록을 반복 수행하면 됩니다. 반복문 블록 두 가지 중 어느 것을 선택해도 되지만, 여기서는 추가로 변수를 선언하지 않아도 되는 for문 블록(각각 반복 블록)을 사용합니다.

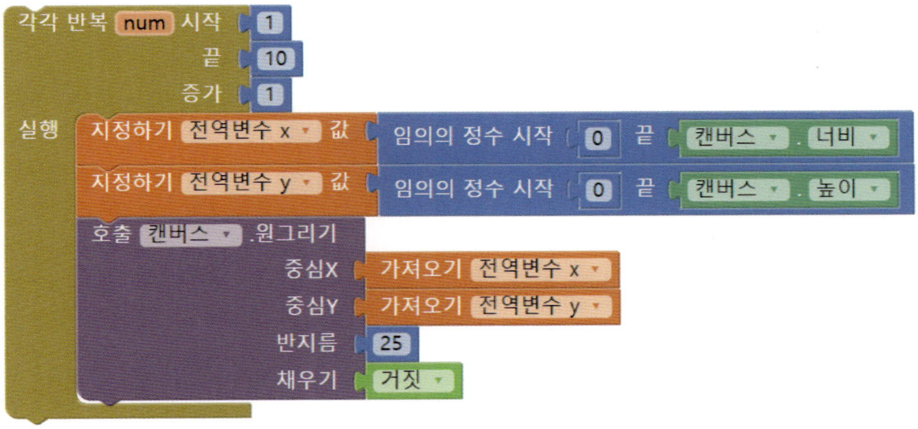

05 '그리기' 버튼 클릭 시 반복문을 실행하도록 지정하기 이제 04의 반복문이 '그리기' 버튼을 클릭했을 때 실행하도록 지정하기만 하면 됩니다.

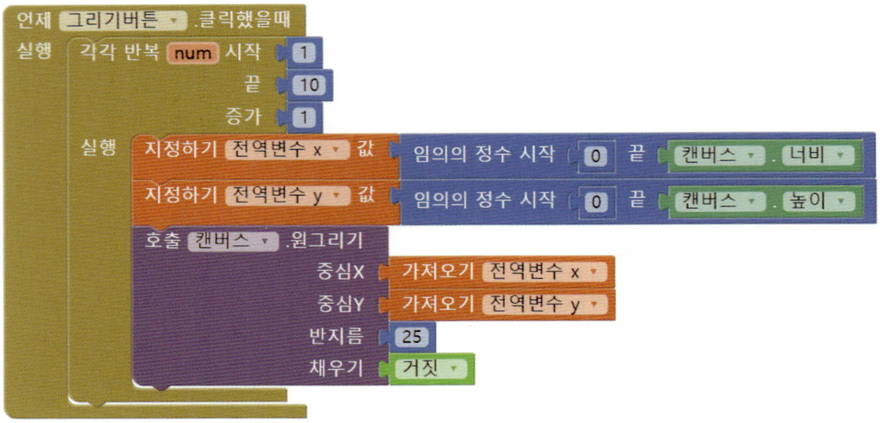

지우기 동작 코딩하기

06 '지우기' 버튼 클릭 시 캔버스를 지우도록 지정하기 '지우기' 버튼을 클릭하면 캔버스를 모두 지우도록 하겠습니다. [블록] 영역 '버튼수평배치'–'지우기버튼'에 있는 [언제 '지우기버튼'.클릭 했을때] 블록과 [Screen1]–'캔버스'에 있는 [호출 '캔버스'.지우기] 블록을 결합하면 됩니다.

전체 코드 확인하기

반복문을 활용해서 만든 도형 그리기 앱 전체 코드는 다음과 같습니다.

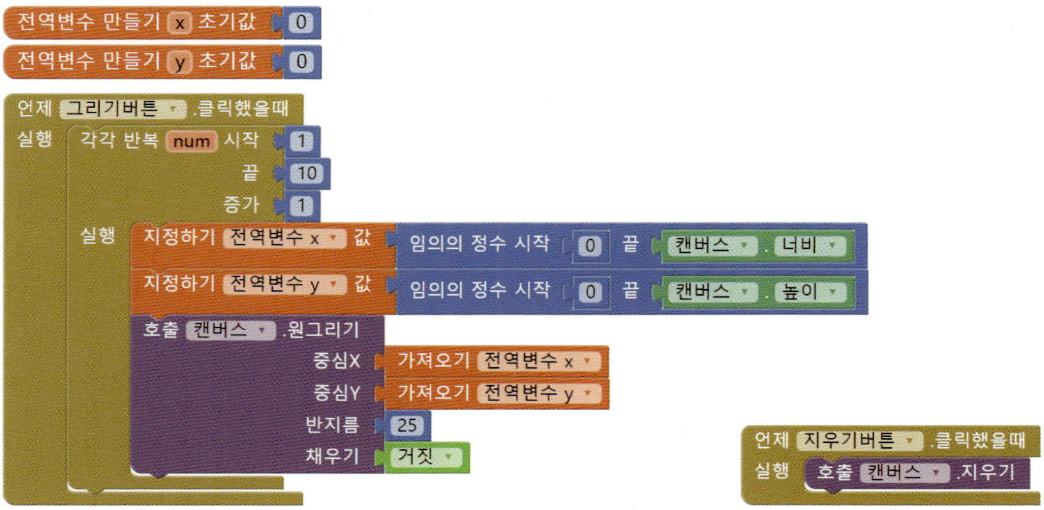

5 앱 테스트

에뮬레이터에서 앱을 테스트해 보겠습니다. 원이 잘 그려지고 지워지는지 확인해 봅니다.

[실행 결과]

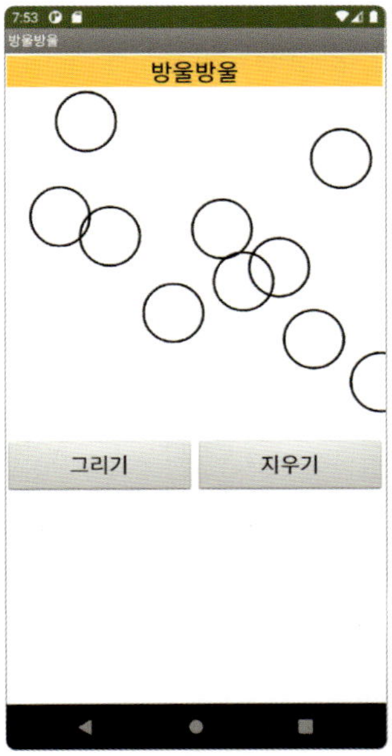

(a) '그리기' 버튼 클릭 시

(b)'지우기' 버튼 클릭 시

그림 6-25 **도형 그리기 앱 테스트 화면**

요약

01 반복문은 일련의 명령을 반복적으로 수행할 수 있도록 하는 문장 구조입니다.

02 반복문은 초기값, 조건식, 반복할 명령, 초기값의 변경 등으로 구성합니다.

03 대표적인 반복문은 'for문'과 'while문'이 있습니다.

04 for문은 초기값, 조건식, 초기값의 변경이 모두 for와 같은 행에 나오고, 반복할 명령이 그다음에 배치됩니다.

05 while문은 초기값을 while의 앞에 먼저 작성하고, 조건식은 while과 같은 행에 나오고, 반복할 명령과 초기값의 변경이 while문 안에 포함됩니다.

06 앱 인벤터의 반복문 블록은 [공통 블록]-[제어]에 있습니다.

07 앱 인벤터의 반복문 블록은 for문 블록('각각 반복' 블록)과 while문 블록('조건 반복 조건' 블록)을 제공합니다.

(a) for문 블록('각각 반복' 블록)

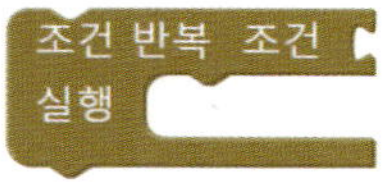

(b) while문 블록('조건 반복 조건' 블록)

08 앱 인벤터에서 그림을 그리기 위해서는 캔버스 컴포넌트를 사용합니다.

09 캔버스 컴포넌트의 좌표계는 좌상단을 시작점으로 하여 x값은 오른쪽으로 갈수록 증가하고, y값은 아래쪽으로 갈수록 증가합니다.

10 캔버스 컴포넌트는 '지우기', '원호그리기', '원그리기', '선그리기', '점그리기' 등의 코딩 블록을 제공합니다.

연습문제

01 반복문 for문과 while문에 관한 설명으로 옳은 것을 모두 고르세요.

① for문과 while문은 서로 다른 반복 기능을 수행한다.

② while문은 조건식이 참일 때 반복을 실행한다.

③ for문과 while문은 서로 변환이 가능하다.

④ for문은 반복문을 구성하는 요소인 초기값, 조건식, 초기값의 변경, 반복할 명령 네 가지가 반드시 필요하다.

02 다음 코드는 본문 예제를 응용한 코드입니다. 코드를 보고 알 수 있는 사실로 옳지 않은 것을 고르세요.

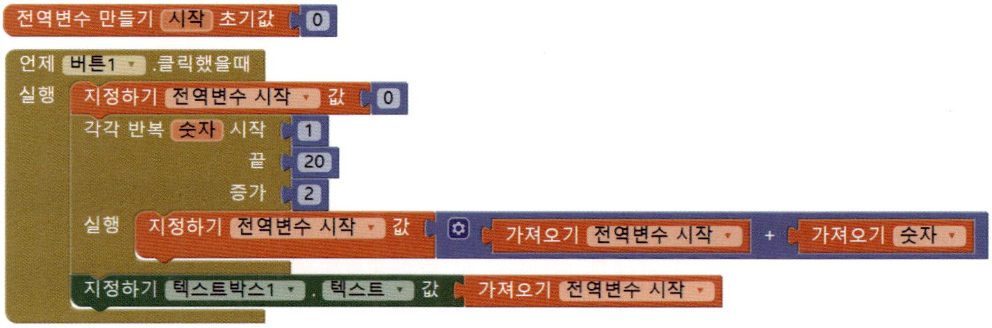

① 텍스트박스1에 출력되는 값은 '전역변수 시작'의 값이다.

② 변수 '숫자'에 반복되는 명령은 '숫자'+2이다.

③ 버튼1을 클릭했을 때 나오는 결과값은 '100'이다.

④ 해당 코드의 조건식은 '숫자 < 20'이다.

⑤ for문으로 작성된 코드이며, while문으로도 작성이 가능하다.

03 앞에서 제작한 '도형 그리기 앱'의 코드 요소를 변경하여 다음과 같은 출력 결과가 나왔습니다. 출력 결과를 보고 변경한 사항을 모두 고르세요.

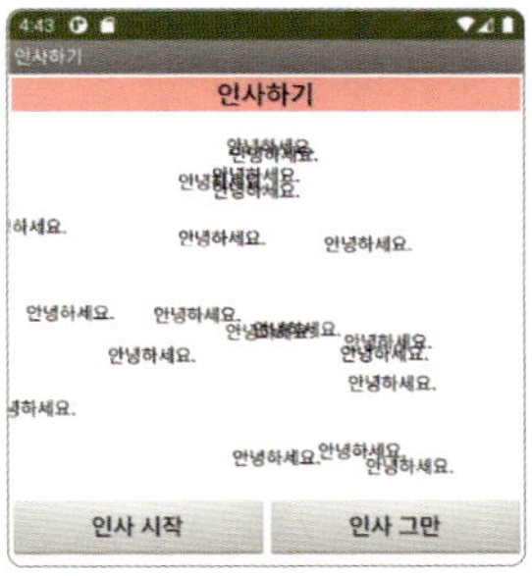

① [블록]–[Screen1]–[캔버스]

② [블록]–[공통 블록]–[변수]

③ [컴포넌트]–[제목레이블]–[속성]–[배경색]

④ [컴포넌트]–[그리기버튼]–[속성]–[텍스트색상]

⑤ [블록]–[공통 블록]–[텍스트]

04 '도형 그리기 앱'을 변형하여 봅니다. [실행 결과] 화면과 같게 캔버스의 배경색을 바꾸어 보고, 현재 검정색 원의 색상이 임의의 색으로 나오도록 바꾸어 봅니다.

[힌트]

- 디자이너 화면에서 '캔버스' 컴포넌트의 [배경색] 속성을 이용하여 배경색을 바꾸면 됩니다.

- 원의 색상을 임의로 지정하려면 [Screen1]–'캔버스'를 클릭했을 때 나타나는 [지정하기 '캔버스'.'페인트색상'값] 블록에 색상을 지정하면 됩니다.

그림 6-26 **캔버스의 페인트 색상 지정하기 블록**

- 블록 편집 화면의 [공통 블록] 밑의 [색상]에서는 여러 가지 색상 블록들을 제공하고 있습니다. 여기에서는 사용자가 임의의 색상을 만들 수 있도록 [색상 만들기] 블록도 제공합니다. 색상은 RGB 값을 각각 0~255 사이의 숫자로 조합하여 만들 수 있습니다. [색상 만들기] 블록은 [리스트 만들기] 블록을 사용하여 만드는데 리스트는 7장에서 다룰 것이므로 여기서는 그냥 사용해 봅니다.

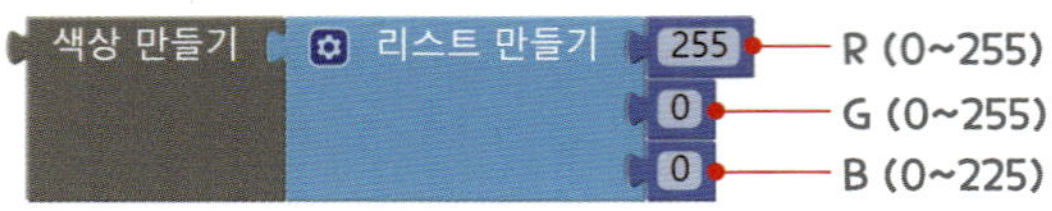

그림 6-27 **색상 만들기 블록**

[실행 결과]

05 **04번 문제에서 변형한 '도형 그리기 앱'을 이용하여 시간 간격을 두고 원을 그리도록 코딩해 봅니다.**

[힌트]

- 시간 간격을 두려면 디자이너 화면에서 [팔레트]–[센서]에 있는 '시계' 컴포넌트를 추가해야 합니다. 시계 컴포넌트의 속성에서 [타이머항상작동]과 [타이머활성화여부]를 모두 비활성화 시킵니다. 시계 컴포넌트의 속성에 있는 [타이머간격] 항목은 타이머가 자동으로 호출되는 간격으로 1,000은 1초를 의미합니다.

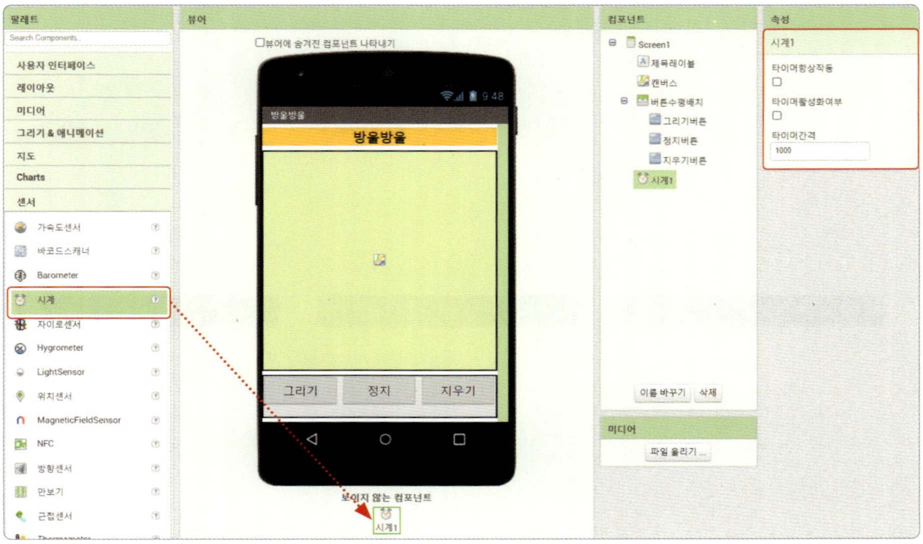

그림 6-28 **타이머를 적용한 도형 그리기 앱**

- 시계 컴포넌트의 타이머 블록인 [언제 '시계1'.타이머가작동할때] 블록은 [타이머간격] 속성에 정해진 시간 간격에 따라 자동으로 호출됩니다. 따라서 1초 간격으로 원이 그려지게 하려면 다음과 같이 코드를 수정합니다.

① 디자이너 화면에서 버튼을 추가하고 '정지버튼'으로 이름을 수정합니다.

② 반복문은 필요하지 않습니다. 반복문 내부의 코드를 [언제 '시계1'.타이머가작동할때] 블록으로 이동하여 배치합니다.

그림 6-29 **타이머 블록**

③ '그리기' 버튼을 클릭하면 '타이머활성화여부' 속성을 '참'으로 지정하여, 타이머가 호출되도록 합니다.

그림 6-30 **타이머활성화여부 속성을 참으로 설정하기**

- '정지' 버튼을 클릭하면 '타이머활성화여부' 속성을 '거짓'으로 지정하여, 타이머가 호출되지 않도록 합니다.

[실행 결과]

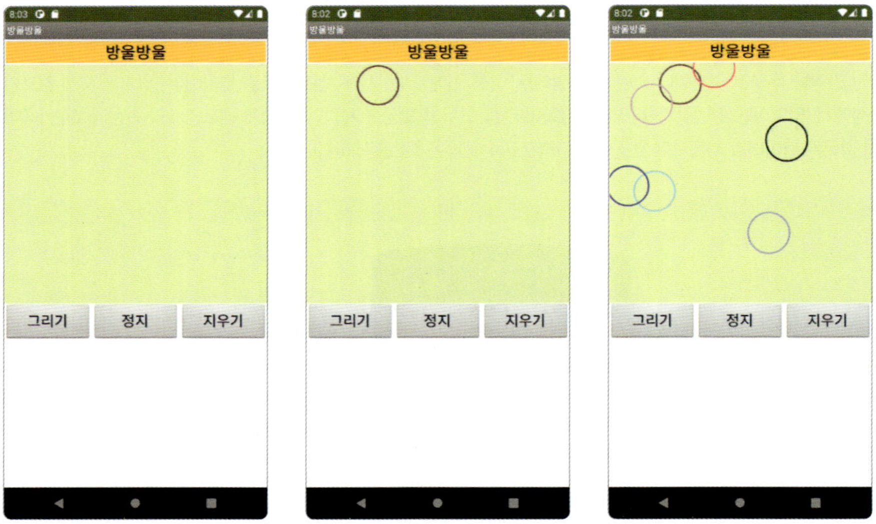

06 **05번에서 타이머를 적용한 '도형 그리기 앱'을 이용하여, 원이 그려질 때 소리가 나도록 수정해 봅니다.**

[힌트]

- 소리를 내기 위해서는 디자이너 화면의 [팔레트]–[미디어]에서 '소리' 컴포넌트를 추가한 후, 사운드 파일을 소스로 지정합니다.
- 사운드 파일은 'beeps16.mp3'을 사용합니다.
- 소리 컴포넌트를 추가하고 사운드 파일을 지정했으면, 블록 편집 화면에서 소리 재생 블록인 [호출 '소리1'.재생하기] 블록을 [호출 '캔버스'.원그리기 ...] 블록 다음 위치로 드래그하여 결합합니다.

07 심화 **캔버스 컴포넌트는 '도형그리기' 블록을 제공하여 다양한 도형을 그릴 수 있지만 좌표를 리스트로 지정해야 합니다. 아직 리스트를 배우지 않았으므로 여기서는 '선그리기' 블록을 이용하여 정사각형을 그리는 앱을 만들어 봅니다.**

[힌트]

① 블록 편집 화면의 [Screen1]–[캔버스]에 있는 선 그리기 블록인 [호출 '캔버스'.선그리기] 블록을 이용하여 사각형을 그리는 함수를 만듭니다. 함수는 x, y 좌표와 한 변의 길이(len)를 매개변수로 받아서 정사각형을 그립니다.

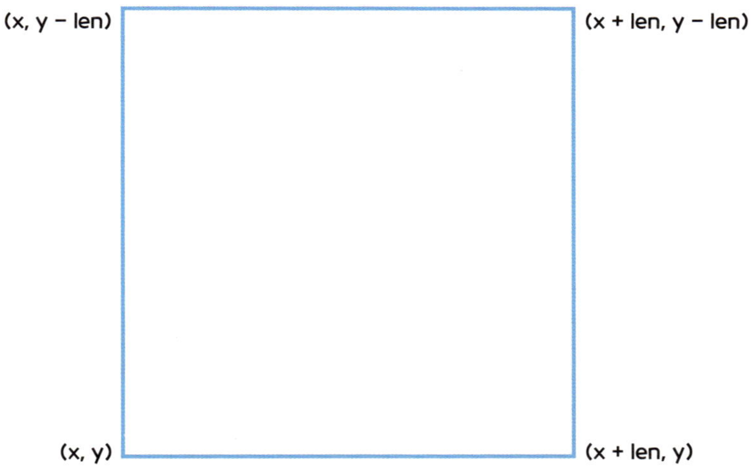

그림 6-31 사각형 그리기

② 반복문을 사용하여 '그리기' 버튼을 클릭하면 사각형 10개를 그릴 수 있도록 코딩합니다. x, y 좌표는 난수로 생성하고, 한 변의 길이는 20~100 사이의 난수로 생성합니다.

③ 타이머를 사용하여 1초 간격으로 사각형을 그립니다. '정지' 버튼을 클릭하면 그리기를 멈춥니다.

④ 사각형을 그릴 때 벨소리가 나도록 해 봅니다.

[실행 결과]

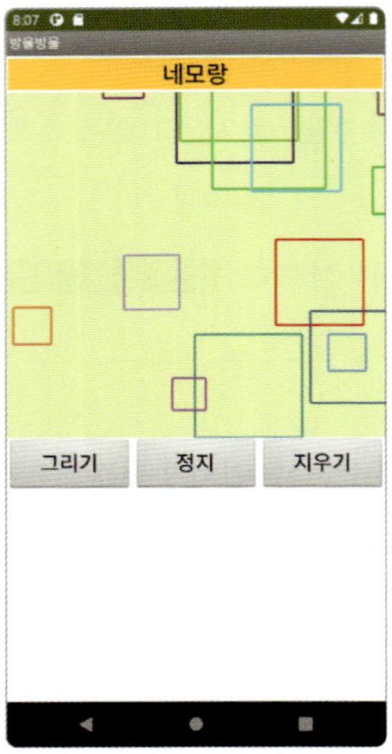

08 05번을 활용하여 원이 왼쪽에서 오른쪽으로 이동하도록 코딩해 봅니다.

[힌트]

- 원이 이동하는 것처럼 보이려면 그리기–지우기–그리기를 반복해야 합니다.
- 원의 y 위치는 캔버스 높이의 중간값으로 고정합니다.
- 원의 x 위치는 일정한 값으로 증가하도록 합니다.
- 원의 이동이 자연스럽게 보이도록 지우고 그리는 사이의 시계 컴포넌트의 타이머 간격을 적절하게 조정합니다.

[실행 결과]

(a) 시작 화면

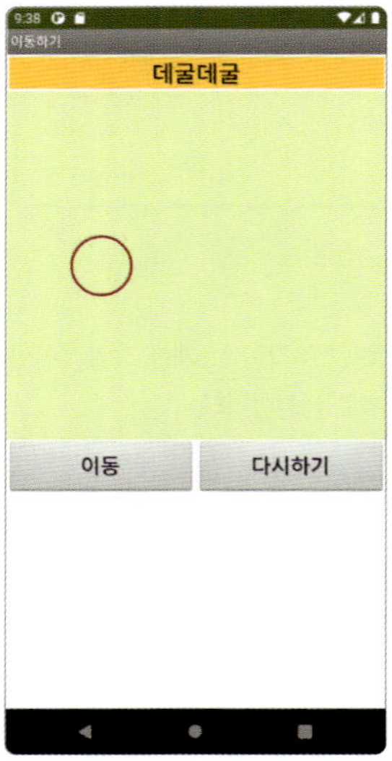

(b) 이동 시작

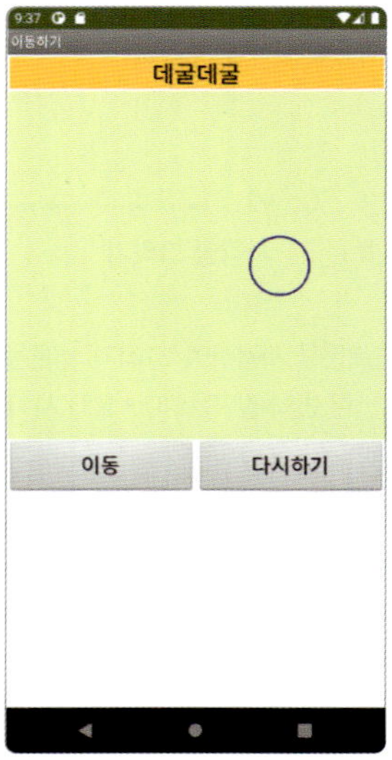

(c) 계속 이동

09 본문에서 예제로 살펴본 더하기 프로그램을 조금 더 확장하여 1부터 100까지 합계를 구해보고, 1부터 100까지 짝수 합계와 홀수 합계를 구분하여 출력하는 앱을 만들어 봅니다.

[실행 결과]

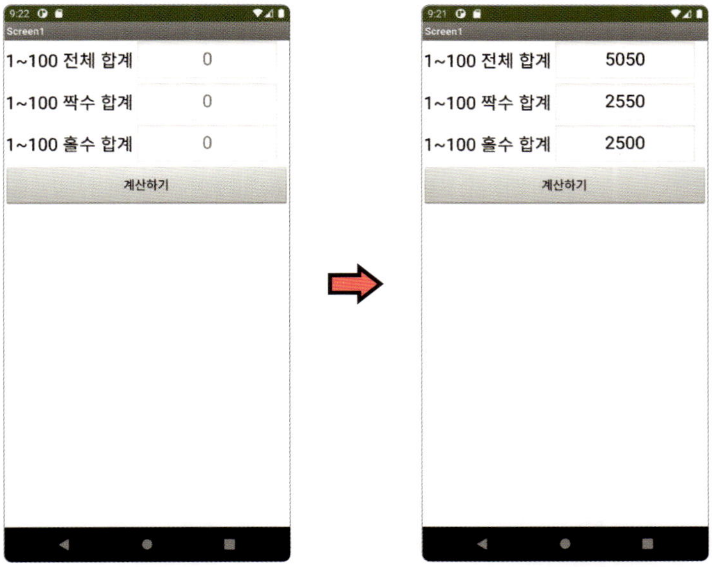

CHAPTER 07

리스트 활용하기

학습목표

- 리스트의 개념을 이해합니다.
- 앱 인벤터에서 제공하는 리스트 블록의 사용법을 익힙니다.
- 리스트를 이용하여 앱을 만들 수 있습니다.

Preview

3장에서 변수에 저장되는 자료는 바뀔 수 있다고 배웠습니다. 그리고 변수는 한 번에 한 개의 자료만 저장할 수 있습니다. 그런데 앱을 개발하다 보면 변수에 여러 개의 자료를 저장해야 할 때가 있습니다. 도서 목록을 관리하는 앱을 만든다고 가정했을 때 일반 변수를 사용하면 책 한 권 한 권마다 다른 변수를 사용해야 하므로 코딩하기가 매우 불편합니다. 이때 사용할 수 있는 것이 '리스트'입니다. 리스트는 같은 유형의 자료 여러 개를 변수 하나에 저장하고 각 자료에 번호를 붙여 구분합니다.

이번 장에서는 리스트의 기본 개념을 이해하고 앱 인벤터가 제공하는 리스트 관련 블록들은 어떤 것이 있는지 살펴보겠습니다. 그리고 리스트 블록을 이용한 퀴즈 앱을 만들어 볼 것입니다.

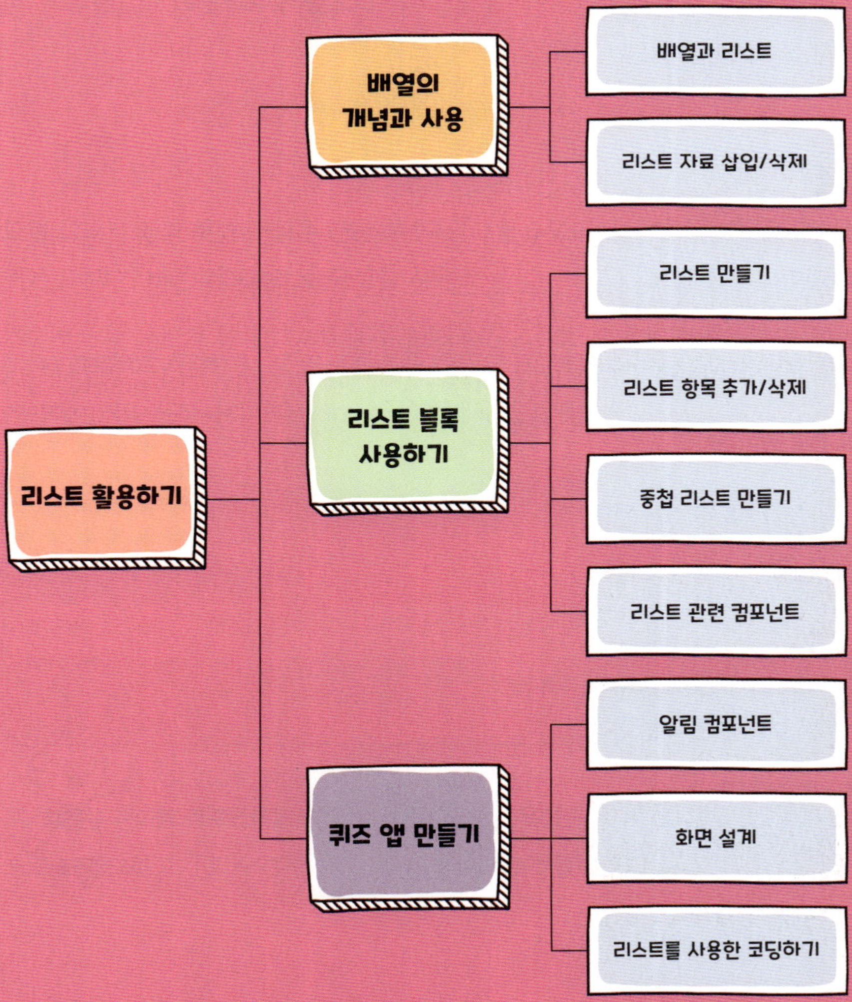

Section 01

리스트 알아보기

3장에서 변수는 자료를 저장하기 위해 사용한다고 배웠습니다. 변수에는 한 번에 한 개의 자료만 저장할 수 있습니다. 예를 들어, 성적을 처리하는 프로그램을 만든다고 하면 먼저 학생들의 이름과 점수를 저장해야 합니다. 그런데 만약 학생이 30명이라면 이름을 저장하기 위해 변수 30개를 만들어야 할까요? 혹시 다른 방법은 없을까요? 이러한 문제를 해결하기 위해 리스트가 필요합니다. 이제부터 리스트에 대해 알아보겠습니다.

1 배열의 개념

리스트를 알아보기 전에 배열에 대해 알아보겠습니다. 프로그래밍 언어에서는 변수 하나에 자료를 여러 개 저장할 수 있는 방법을 제공하는데, 일반적으로 이 방법을 사용하는 변수를 **배열(Array)**이라고 부릅니다. 배열은 변수를 선언할 때 정해진 기호(대부분 대괄호, [ ])를 붙여서 일반 변수가 아닌 배열로 사용하겠다고 지정합니다. 예를 들어, 다음과 같이 변수를 선언할 경우 num1은 일반 변수이고, num2는 자료 10개를 저장할 수 있는 배열입니다.

```
int num1;         // 일반 변수
int num2[10];     // 배열
```

하나 더 알기 **프로그래밍 언어와 배열의 자료형**

프로그래밍 언어에 따라 하나의 배열에는 같은 자료형의 자료만 저장할 수 있게 하거나 자료형 구분 없이 저장하도록 할 수도 있습니다. 예를 들어, C언어에서는 배열을 선언할 때 배열에 저장할 자료형을 지정할 수 있는데, 이때 다른 자료형의 자료를 저장하려고 하면 오류가 발생합니다. 반면 파이썬(python)은 자료형의 종류에 상관없이 저장할 수 있습니다.

2 배열의 사용

변수 이름은 하나인데 저장된 값이 여러 개라면 어떻게 구분할까요? 배열에 저장된 자료들은 번호를 붙여서 구분하게 되는데, 이 번호를 '색인 번호'라고 부릅니다. 예를 들어 [그림 7-1]과 같이 성적 처리를 위해 이름을 저장하는 배열을 name으로 정의할 경우 첫 번째 학생 이름은 name[0], 두 번째 학생 이름은 name[1]과 같이 색인 번호로 구분할 수 있습니다.

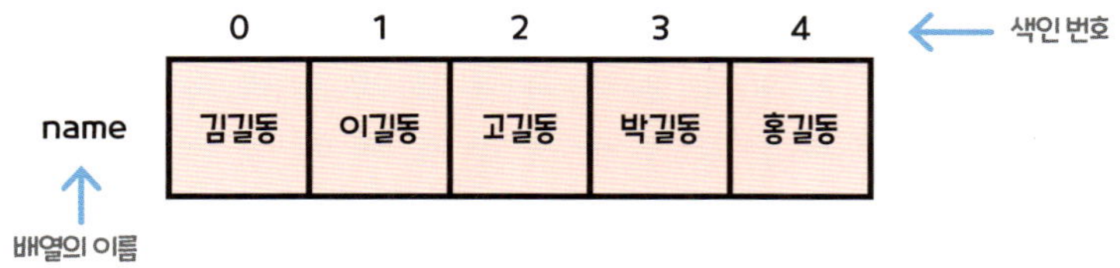

그림 7-1 배열의 예

앱 인벤터의 색인 번호는 1부터 시작합니다. 프로그래밍 언어에 따라 배열의 색인 번호가 0부터 시작하기도 하고, 1부터 시작하기도 하므로 잘 확인하고 사용해야 합니다.

3 배열과 리스트

앱 인벤터에서는 배열과 같은 기능을 리스트로 제공합니다. 리스트(List)는 '순서가 있는 자료의 모음'이라고 정의할 수 있습니다. 리스트라고 하면 할 일 목록이나 전화번호 목록과 같이 나열되어 있는 형태의 자료들을 처리하기에 적합하다는 인상을 줍니다. 개념적으로 배열과 리스트는 약간의 차이가 있지만 여기서 세부적으로 구분할 필요는 없습니다. 배열과 리스트, 둘 다 복수의 자료를 변수명 하나로 관리합니다. 배열보다 리스트가 자료 목록에 특정 자료를 삽입하거나 삭제하는 것이 편리하고, 자료를 순서대로 관리하기가 쉽다는 정도만 알아두면 됩니다.

예를 들어 [그림 7-1]의 배열에서 세 번째 항목을 삭제하면 [그림 7-2]와 같이 세 번째 자리는 비어있는 상태가 됩니다.

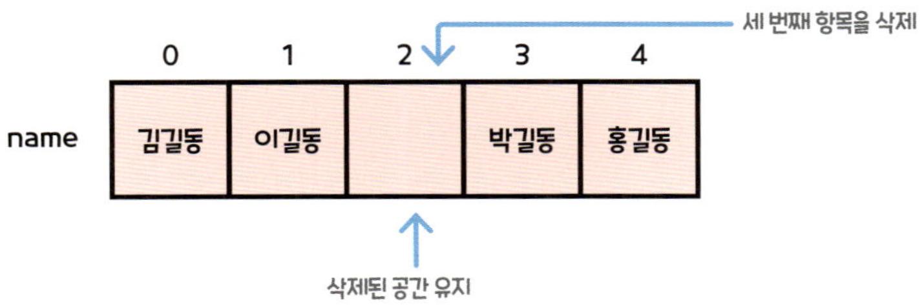

그림 7-2 배열에서 자료 삭제하기

그러나 리스트의 경우 중간의 자료가 삭제되면 해당 메모리를 제외하고 나머지를 순서대로 연결하여 사용합니다. [그림 7-3]과 같이 세 번째 항목이 삭제되면 해당 메모리를 제거하고 두 번째와 네 번째 항목을 연결하여 순서를 조정합니다.

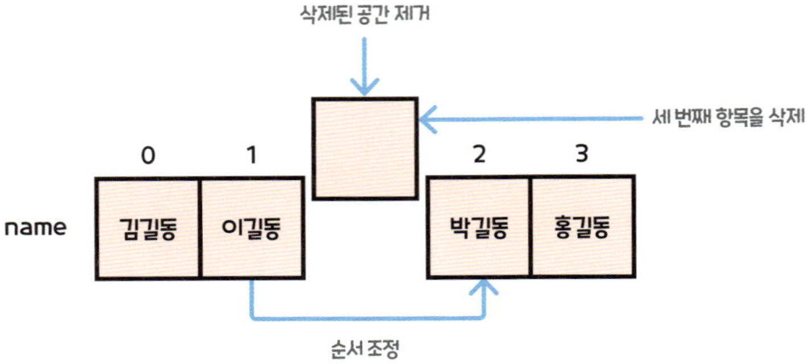

그림 7-3 **리스트에서 자료 삭제하기**

하나 더 알기 **리스트에서의 자료 삽입**

리스트에서 자료를 삭제하면 해당 메모리가 제거되는 것처럼 리스트에 새로운 데이터를 중간에 삽입하는 것도 쉽게 처리할 수 있으며, 순서도 다시 조정됩니다.

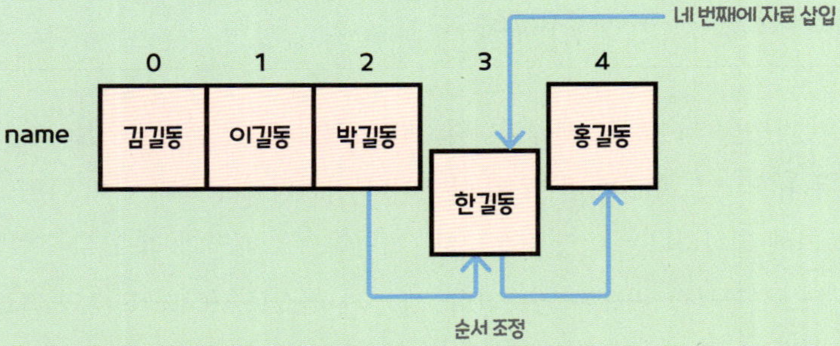

그림 7-4 **리스트에서 자료 삽입하기**

Section 02 앱 인벤터 리스트 이해하기

앱 인벤터의 리스트는 자료형을 특별히 구분하지 않고 여러 형태를 복합적으로 저장할 수 있으며, 리스트에서 자료의 위치를 나타내는 번호를 사용하여 구분합니다. 앱 인벤터의 리스트 블록들을 살펴보겠습니다.

1 앱 인벤터의 리스트 블록

앱 인벤터의 리스트 블록은 블록 편집 화면의 [공통 블록] 밑에 [리스트]에서 확인할 수 있습니다. 리스트와 관련된 블록은 '리스트 만들기', '항목 추가와 삭제', '교체' 등이 있습니다. 또한, 리스트의 길이를 구하거나 리스트를 복사하는 등의 다양한 블록도 제공합니다.

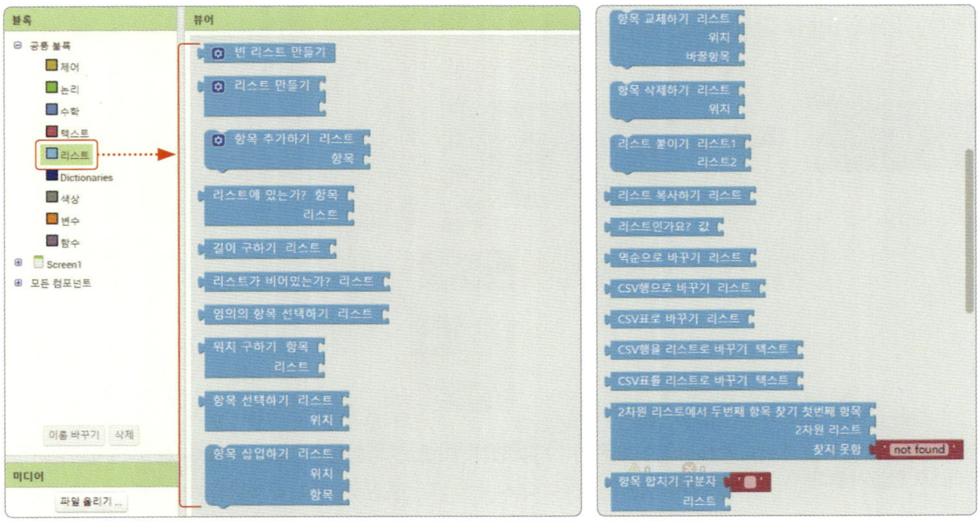

그림 7-5 **앱 인벤터에서 제공하는 리스트 블록**

CSV는 'Comma-Separated Value'의 약자로, 쉼표로 값을 구분하는 것입니다.

2 리스트 만들기

리스트를 만들기 위해서는 변수를 먼저 선언하고, '리스트 만들기' 블록을 연결해야 합니다. 리스트는 두 가지 방법으로 만들 수 있습니다. 첫 번째는 빈 리스트를 만드는 것이고, 두 번째 방법은 일정한 크기의 리스트를 만드는 것입니다.

빈 리스트 만들기

리스트에서 관리해야 할 자료의 개수를 모르거나 예측이 안 될 경우 빈 리스트를 만들고 필요할 때 항목을 추가하는 방식으로 사용할 수 있습니다. 빈 리스트는 변수를 선언하고, 이 변수에 [빈 리스트 만들기] 블록을 연결합니다. 예를 들어 'name'을 빈 리스트로 만들려면 [그림 7-6]과 같이 결합합니다.

그림 7-6 **빈 리스트 만들기**

크기가 정해진 리스트 만들기

리스트에 저장할 자료가 미리 정해져 있다면 [리스트 만들기] 블록을 사용하여 리스트를 만들 수 있습니다. [리스트 만들기] 블록은 기본적으로 자료를 넣을 홈이 두 개밖에 없지만, 설정 아이콘(⚙)을 클릭하여 필요한 만큼 항목을 늘릴 수 있습니다.

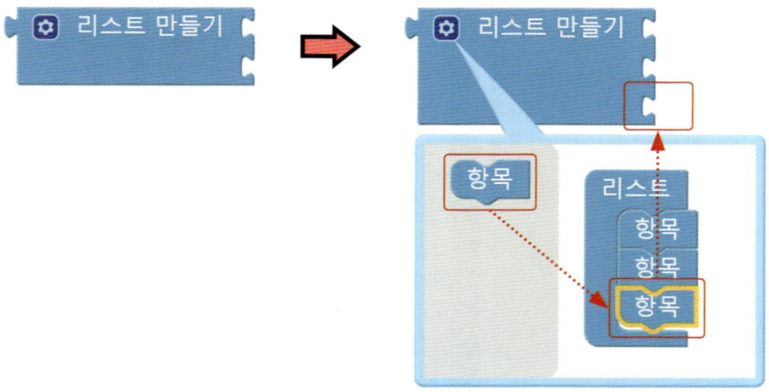

그림 7-7 **리스트 만들기 블록**

예를 들어 'name'이라는 변수에 항목이 다섯 개인 리스트를 만들어 연결하고, [그림 7-1]과 같은 이름 자료를 지정하면 [그림 7-8]과 같습니다.

그림 7-8 **항목이 5개인 리스트 만들기**

3 리스트에 항목 추가하고 삭제하기

리스트에 항목을 추가할 때는 색인 번호를 사용하여 위치를 지정할 수도 있고, 그냥 리스트의 마지막에 추가할 수도 있습니다.

색인 번호를 사용하여 추가하기

색인 번호로 추가할 위치를 지정할 때는 [그림 7-9]와 같이 블록을 사용하여 '리스트', '위치', '항목'을 지정하면 됩니다.

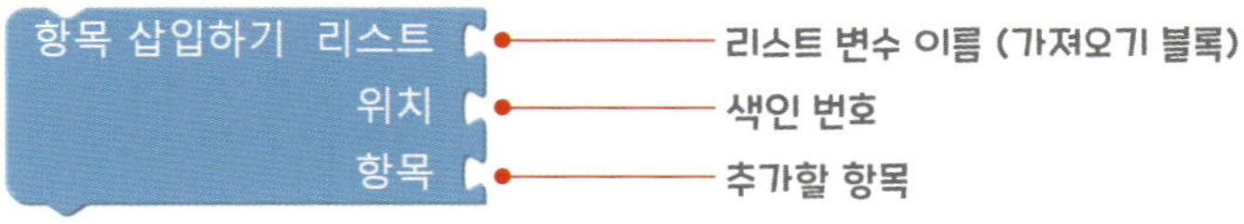

그림 7-9 **색인 번호를 사용하여 항목 추가하기 블록**

예를 들어 [그림 7-8]에서 만든 'name' 리스트의 세 번째 위치에 항목을 추가하려면 [그림 7-10]과 같이 하면 됩니다.

그림 7-10 **세 번째 위치에 항목 추가하기**

앱 인벤터의 리스트에서 색인 번호는 1부터 시작하므로 추가한 항목은 세 번째 위치에 삽입됩니다. 리스트를 레이블로 출력해 결과를 확인해 봅니다.

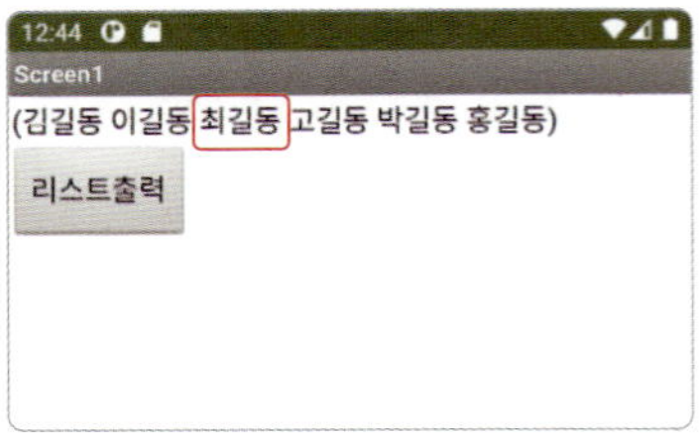

그림 7-11 **리스트 출력**

색인 번호 없이 항목 추가하기

리스트에 항목을 추가할 때 색인 번호로 위치를 지정하지 않으면 리스트의 가장 마지막에 추가됩니다. 이때 사용하는 블록은 [그림 7-12]와 같이 위치가 없는 블록입니다.

그림 7-12 **위치가 없는 항목 추가하기 블록**

[그림 7-12]의 블록이 [공통 블록] 밑에 [리스트]를 클릭하여 확인할 때는 '항목'으로 표시되는데, 블록을 [뷰어]로 끌어오면 'item'으로 바뀝니다.

동적 리스트 만들기

리스트는 [그림 7-8]과 같이 미리 항목을 정의할 수도 있지만, 빈 리스트를 만들고 자료를 추가할 수도 있습니다. 리스트의 항목이 앱을 실행하는 과정에서 동적으로 추가되므로 이를 '**동적 리스트**'라고 합니다.

동적 리스트를 사용한 간단한 예제로 방명록을 만들어 보겠습니다. 방명록 앱은 빈 리스트를 만든 후, 텍스트박스에 이름을 입력하고 버튼을 클릭하면 리스트에 이름이 추가 되어 '방문자' 레이블로 출력합니다.

(a) 블록 결합

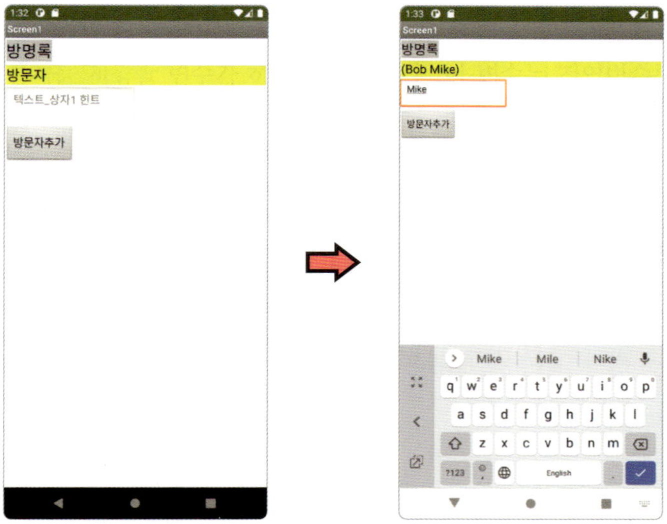

(b) 에뮬레이터 실행 화면

그림 7-13 동적 리스트를 이용한 예제 만들기

리스트의 항목 삭제하기

리스트에서 항목을 삭제할 때는 삭제할 위치를 색인 번호로 지정하면 됩니다. 예를 들어 [그림 7-10]에서 세 번째에 추가한 항목을 삭제하려면 [그림 7-14]와 같이 결합하면 됩니다.

그림 7-14 리스트에서 항목 삭제하기

4 리스트 사용하기

리스트의 항목을 사용할 때는 색인 번호를 이용하여 선택하면 됩니다. 예를 들어 [그림 7-8]에서 두 번째의 항목을 사용하려면 [그림 7-15]와 같이 결합하면 됩니다.

그림 7-15 리스트에서 항목 사용하기

반복문과 함께 사용하기

리스트는 반복문과 함께 사용하는 경우가 많습니다. 반복문에서 색인 번호를 하나씩 증가시키면서 출력하거나 다른 작업을 할 수 있습니다. 예를 들어 [그림 7-8]의 리스트를 차례로 레이블에 출력하려면 다음과 같이 반복문을 만들면 됩니다.

그림 7-16 **반복문을 사용하여 리스트의 항목 출력하기**

[그림 7-8]은 리스트의 길이가 5이므로 [그림 7-16]과 같이 반복문을 만들 때 5회 반복하도록 할 수 있지만, 리스트의 항목이 추가되거나 삭제될 수도 있으므로 리스트의 길이를 읽어서 비교하도록 하는 것이 더 좋을 수 있습니다.

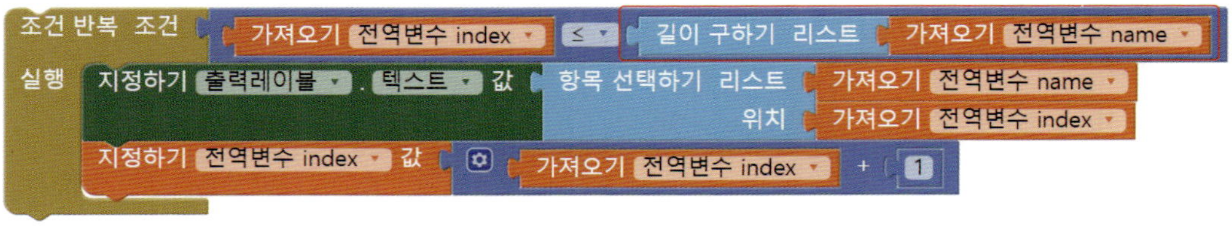

그림 7-17 **리스트의 길이를 읽어서 반복문 만들기**

리스트 반복문 블록 사용하기

6장에서 반복문을 공부할 때 반복문의 종류 중 다루지 않은 블록이 있는데, 반복문과 리스트를 함께 사용할 수 있는 [각각 반복 '항목' 리스트 – 실행] 블록입니다.

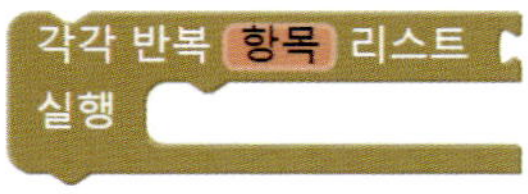

그림 7-18 **리스트 반복문 블록**

[그림 7-16]과 [그림 7-17]의 경우 반복문에서 색인 번호를 사용하여 리스트의 항목을 읽어오지만, [그림 7-18]의 리스트 반복문은 리스트의 각 항목을 차례로 '항목'에 지정된 변수에 저장하여 전달합니다. [그림 7-17]의 반복문을 리스트 반복문을 사용하여 다시 코딩하면 [그림 7-19]와 같습니다.

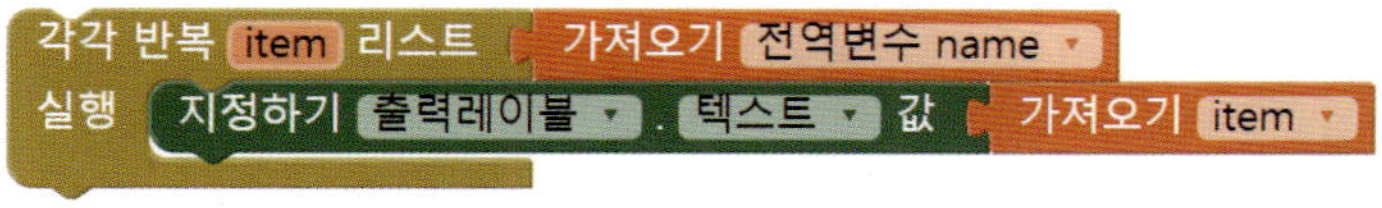

그림 7-19 **리스트 반복문 블록을 사용하여 리스트 항목을 출력하기**

[그림 7-19]를 [그림 7-17]과 비교해보면 코딩이 간결해졌습니다. 필요에 따라 적당한 반복문을 사용합니다.

하나 더 알기 **리스트의 길이 초과 오류**

반복문을 사용하여 리스트 항목을 이용할 때 리스트의 길이를 초과하여 접근하면 [그림 7-20]과 같은 오류가 발생합니다. 이를 방지하기 위해 리스트 항목의 개수를 정확히 알고 사용해야 합니다. 예를 들어 [그림 7-16]의 반복문에서 5가 아니라 6을 지정하여 실행하면 [그림 7-20]과 같은 오류 메시지가 출력됩니다.

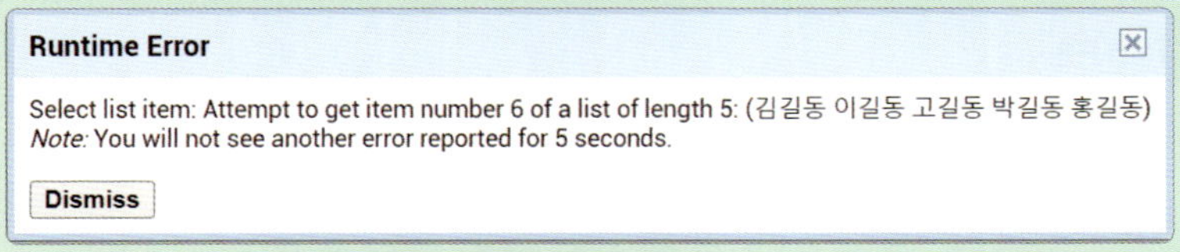

그림 7-20 **리스트 항목의 개수를 초과했을 때 발생하는 오류 메시지**

5 중첩 리스트 만들기

지금까지 살펴본 리스트는 1차원이라고 할 수 있습니다. 그런데 리스트의 항목에 특정 값이 아니라 다시 리스트가 올 수도 있는데, 이를 '중첩 리스트'라고 합니다. 예를 들어 [그림 7-21]과 같은 중첩 리스트를 만들 수 있습니다.

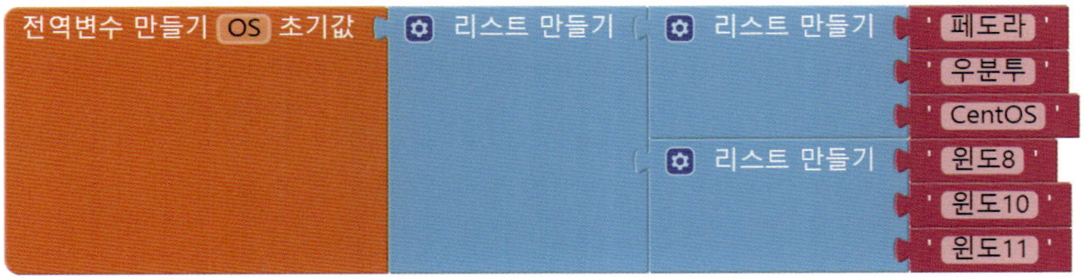

그림 7-21 **중첩 리스트의 예**

중첩 리스트를 출력하면 어떻게 출력될까요? [그림 7-21]에서 리스트의 첫 번째 항목을 출력하면 [그림 7-22]와 같습니다.

(a) 결합 블록

(b) 에뮬레이터 실행 화면

그림 7-22 **중첩 리스트의 첫 번째 항목 출력**

6 리스트 관련 컴포넌트

'목록선택버튼' 컴포넌트

앱 인벤터는 리스트와 관련이 있는 컴포넌트로 '목록선택버튼' 컴포넌트를 제공합니다. '목록선택버튼' 컴포넌트를 [뷰어] 영역으로 드래그하면 버튼과 같은 모양이 생성됩니다.

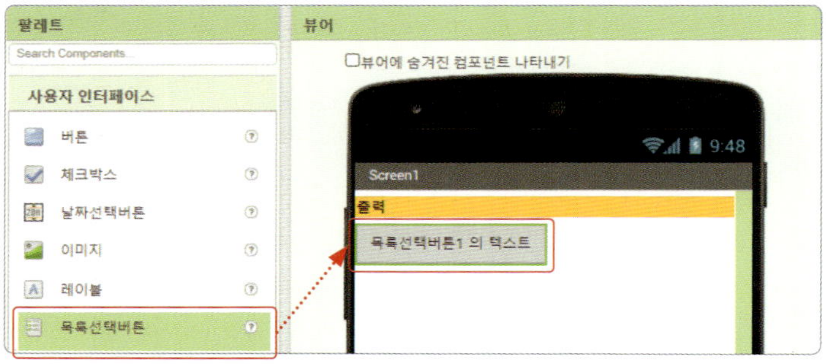

그림 7-23 **목록선택버튼 컴포넌트**

'목록선택버튼' 컴포넌트를 클릭하면 스크린이 바뀌면서 여러 항목으로 구성된 목록을 출력하고 사용자가 선택할 수 있도록 합니다. 항목은 쉼표로 구분하여 지정하거나 리스트를 지정할 수 있습니다. '목록선택버튼' 컴포넌트를 사용하기 위해 꼭 알아야 할 블록은 [표 7-1]과 같습니다.

표 7-1 **'목록선택버튼' 컴포넌트 블록**

블록	기능
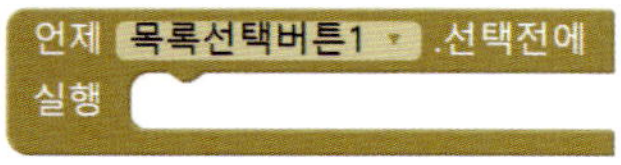	목록선택버튼을 클릭하면 실행하는 블록으로 출력할 목록을 준비한다.

블록	설명
언제 목록선택버튼1 .선택후에 실행	목록에서 항목을 선택하면 실행하는 블록으로 선택된 항목과 색인 번호를 저장한다.
지정하기 목록선택버튼1 . 요소 값	리스트를 받아 출력할 목록을 만든다.
지정하기 목록선택버튼1 . 요소문자열 값	쉼표로 구분된 문자열을 받아 출력할 목록을 만든다.
목록선택버튼1 . 선택된항목 목록선택버튼1 . 선택된항목번호	선택한 항목과 색인 번호가 저장되는 블록이다.

[그림 7-8]의 리스트로 목록을 만들고 이 중에서 선택한 이름과 색인 번호를 출력하는 예는 [그림 7-24]와 같습니다. [그림 7-24]에서는 목록에 출력할 요소를 리스트로 지정하여 항목을 만들고, 항목을 선택하면 해당 항목의 내용과 색인 번호를 각각 레이블로 출력합니다.

(a) 결합 블록

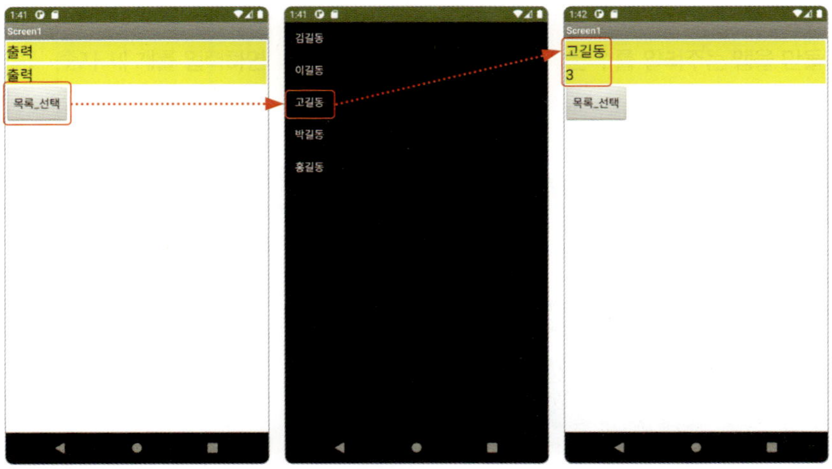

(b) 에뮬레이터 실행 화면

그림 7-24 목록선택버튼 사용 예

목록에 출력할 항목을 문자열로 만들 경우 [그림 7-25]와 같이 항목을 쉼표(,)로 구분하여 문자열로 지정합니다.

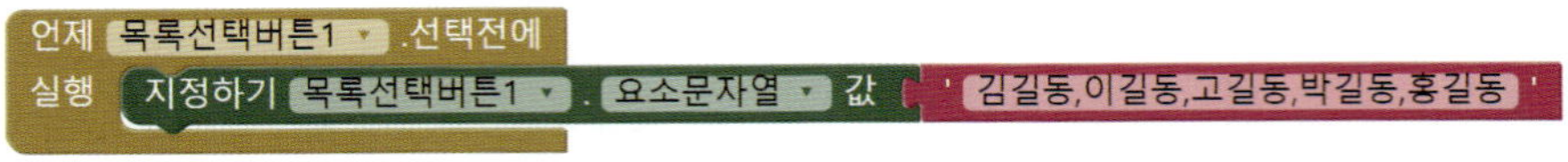

그림 7-25 문자열로 목록 만들기

목록뷰 컴포넌트

'목록뷰' 컴포넌트는 화면에 목록을 만들 때 사용합니다. 예를 들어, 화면에 '다음, 네이버, 구글'을 목록으로 출력하려면 [팔레트]-[사용자 인터페이스]에서 '목록뷰' 컴포넌트를 드래그하고, [속성] 영역에서 [요소 문자열] 항목에 '다음, 네이버, 구글'을 입력합니다.

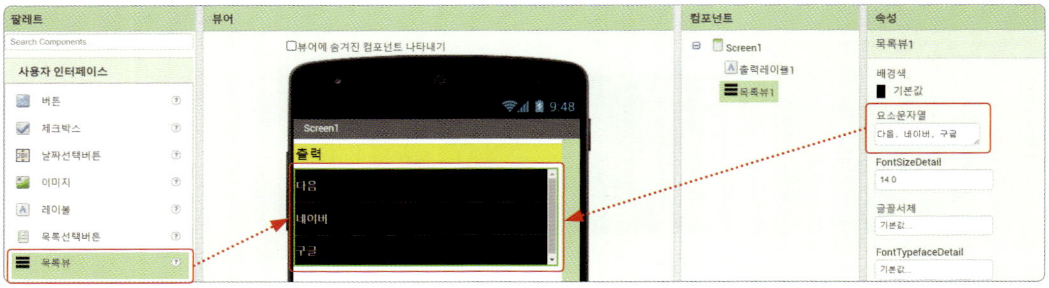

그림 7-26 목록뷰 컴포넌트 사용하기

'목록뷰' 컴포넌트도 '목록선택버튼' 컴포넌트처럼 목록에서 항목을 선택한 다음 동작을 코딩할 수 있는 블록을 제공합니다. 목록에서 선택한 항목을 '출력레이블1'로 출력하려면 [그림 7-27]과 같이 코딩하면 됩니다.

(a) 결합 블록

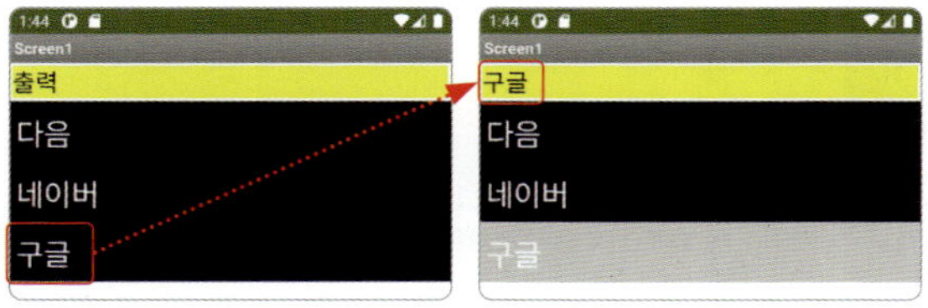

(b) 에뮬레이터 실행 화면

그림 7-27 목록뷰에서 항목 선택하기

Section 03

리스트 활용 앱 만들기 : 퀴즈 앱

리스트를 활용하여 퀴즈 앱을 만들어 보겠습니다. 여러 가지 퀴즈가 있겠지만, 여기서는 간단하게 국가의 수도를 맞추는 퀴즈 앱을 만듭니다. 퀴즈 앱은 [그림 7-28]과 같이 제목, 레이블, 텍스트박스, 버튼으로 구성되어 있습니다.

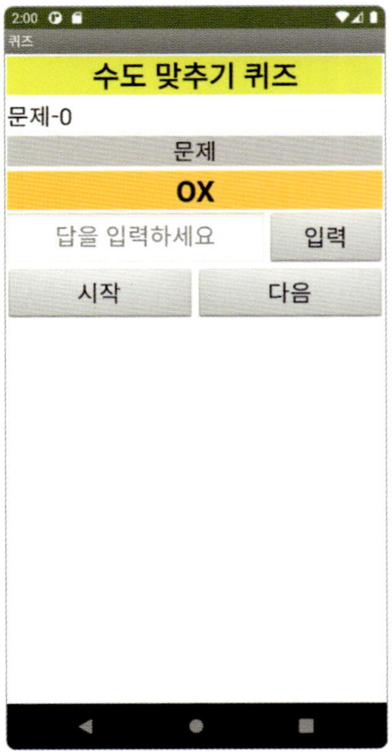

그림 7-28 **퀴즈 앱**

1 기초 지식 이해

퀴즈 앱에서는 리스트와 반복문에 대한 이해가 필수적입니다. 나머지는 '레이블' 컴포넌트, '텍스트박스' 컴포넌트, '버튼' 컴포넌트를 활용하는 방법인데, 이미 앞 장에서 충분히 다루었으므로 익숙할 것입니다.

한 가지 알아둘 것은 알림창을 사용하는 방법입니다. 퀴즈 앱에서 문제 풀이가 끝나면 정답 개수가 몇 개인지 알림창으로 출력할 때 사용해야 합니다. 알림창을 사용하려면 [팔레트]–[사용자 인터페이스]에서 '알림' 컴포넌트를 드래그해야 합니다.

'알림' 컴포넌트는 [뷰어] 영역의 화면에서 보이지 않는 컴포넌트입니다.

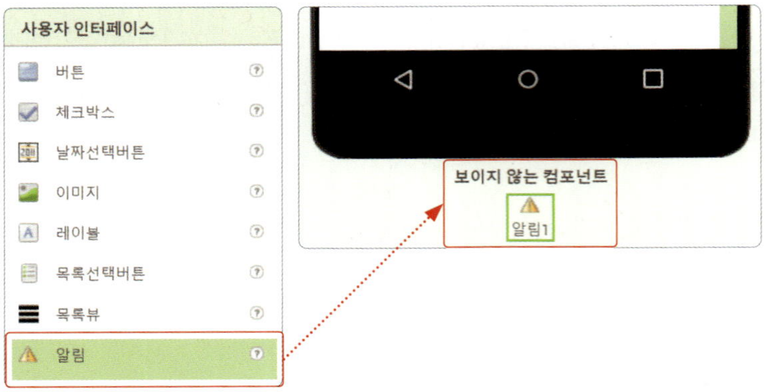

그림 7-29 **'알림' 컴포넌트**

'알림' 컴포넌트가 제공하는 블록들은 [표 7-2]와 같습니다. 알림창은 용도에 따라 다양한 종류를 제공하고 있는데, 여기서는 메시지창을 사용할 것입니다.

표 7-2 **'알림' 컴포넌트가 제공하는 창의 종류**

블록	창의 모습	용도
호출 알림1 .메시지창보이기 / 메시지 / 제목 / 버튼텍스트		**메시지창 :** 메시지를 화면에 표시하며, 사용자가 버튼을 누르면 사라진다.
호출 알림1 .경고창보이기 / 알림		**경고창 :** 알림에 지정한 메시지만 간단하게 출력된다. 짧은 시간이 지나면 자동으로 사라진다.
호출 알림1 .텍스트입력창보이기 / 메시지 / 제목 / 취소가능여부 참	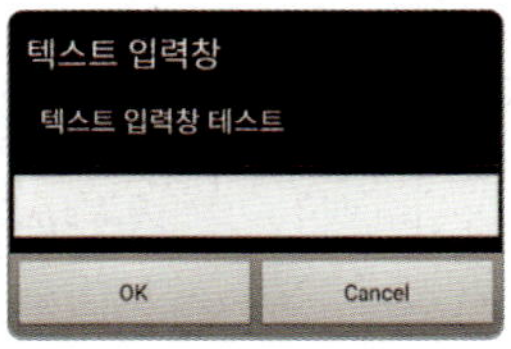	**텍스트 입력창 :** 사용자가 메시지에 대한 응답을 입력하도록 한다.

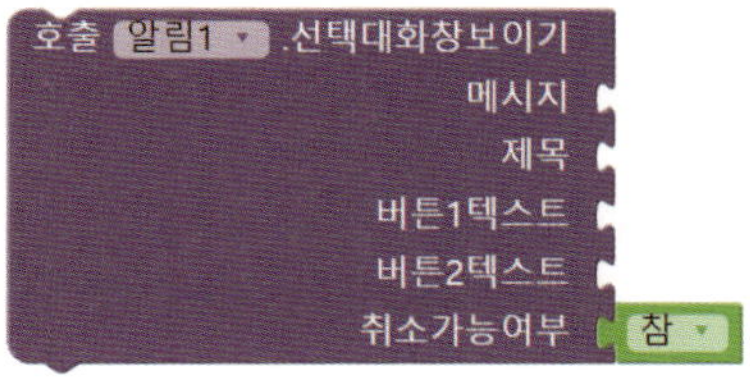	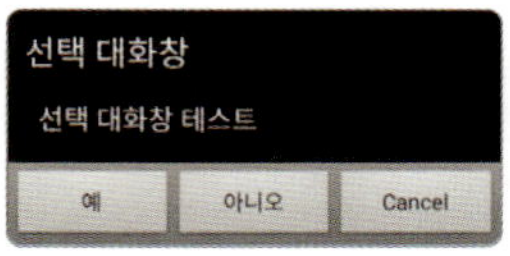	**선택 대화창 :** 메시지와 함께 사용자가 선택할 수 있는 버튼이 있다.
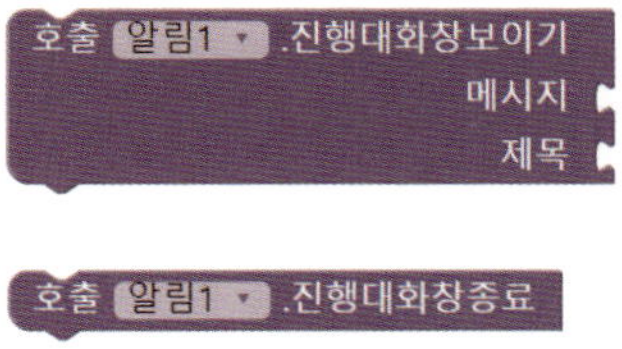		**진행 대화창 :** 처리가 진행 중임을 나타낼 때 사용한다. 대화창을 종료하기 위한 코드를 미리 만들어두지 않으면 무한 반복할 수 있으므로 주의해야 한다.
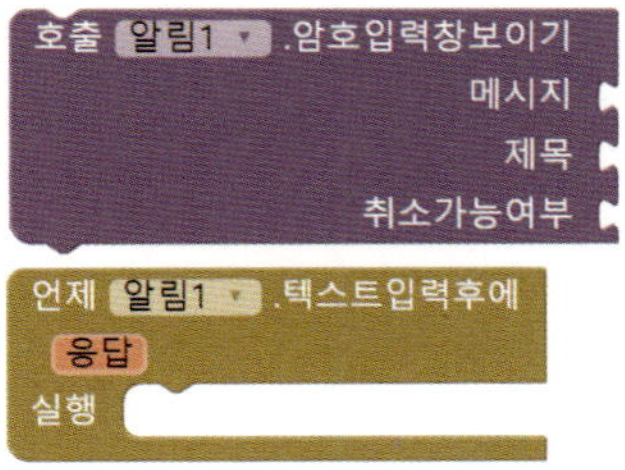	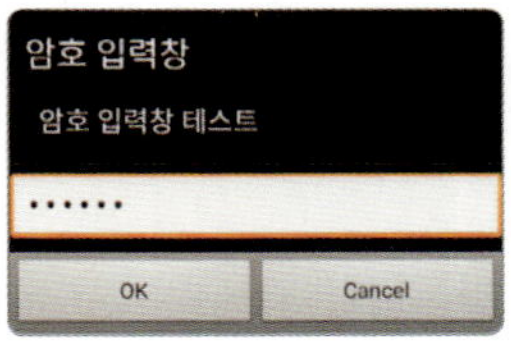	**암호 입력창 :** 사용자가 암호를 입력할 수 있는 대화상자를 표시한다. 입력한 암호는 •으로 표시되고 보이지 않는다. 암호를 입력하고 버튼을 클릭하면 "텍스트입력후에" 이벤트가 발생하여 여기서 암호 확인 등의 코딩을 할 수 있다.

2 문제 이해

퀴즈 앱은 문제를 하나씩 출력하고, 사용자가 답을 입력하면 정답인지 아닌지 여부를 알려주고 다음 문제로 넘어갑니다. 그리고 퀴즈가 끝나면 정답 개수를 출력합니다. 기본적인 동작 흐름은 다음과 같습니다.

❶ 퀴즈 문제를 출력합니다.
❷ 사용자가 답을 입력하고 '입력' 버튼을 누르면 정답인지 아닌지 확인하고 출력합니다.
❸ 사용자가 답을 맞췄으면 정답 횟수를 1 증가시킵니다.
❹ '다음' 버튼을 클릭하면 ❶~❸의 과정을 반복합니다.
❺ 퀴즈가 끝나면 정답의 개수를 메시지창으로 출력합니다.

퀴즈 앱은 문제 5개와 정답 5개로 구성된 리스트 두 개를 사용합니다. 문제를 더 만들어 추가하는 것은 스스로 해볼 수 있을 것입니다.

그림 7-30 퀴즈 앱 문제 이해

> TIP
> 퀴즈 앱은 앱 인벤터가 제공하는 컴포넌트만으로 구현이 가능합니다. 이미지나 사운드를 이용하여 더 꾸밀 수도 있지만, 그것은 나중에 연습문제에서 다룰 예정입니다. 퀴즈 앱에 사용할 문제가 준비됐다면 이제 시작해 봅니다.

3 화면 설계

퀴즈 앱의 화면을 설계해 보겠습니다. 전체 구성은 [그림 7-28]과 같으며, 퀴즈 앱을 디자인하는 데 필요한 컴포넌트는 [표 7-3]에 정리하였습니다.

표 7-3 퀴즈 앱 디자인에 필요한 컴포넌트

컴포넌트	위치	역할
레이블1	[팔레트]–[사용자 인터페이스]	제목 출력
레이블2		문제 번호 출력
레이블3		문제 출력
레이블4		○, × 출력
수평배치1	[팔레트]–[레이아웃]	텍스트박스와 버튼을 수평으로 배치
텍스트박스1	[팔레트]–[사용자 인터페이스]	답을 입력받기
버튼1		'입력' 버튼
수평배치2	[팔레트]–[레이아웃]	버튼을 수평으로 배치
버튼2	[팔레트]–[사용자 인터페이스]	'시작' 버튼
버튼3		'다음' 버튼
알림1		퀴즈를 마치면 정답 개수를 출력

01 새 프로젝트 시작하기 새 프로젝트를 만들고 프로젝트의 이름을 'Quiz01'로 합니다. 그리고 에뮬레이터를 동작시킵니다. 'Screen1'의 제목을 '퀴즈'로 바꿉니다.

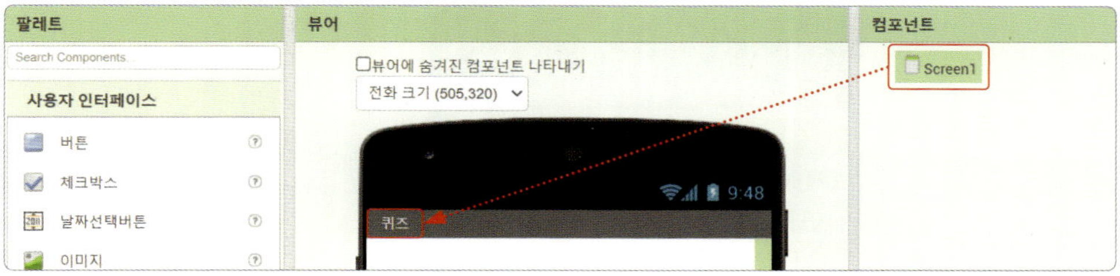

02 레이블 컴포넌트 4개를 배치하고 수정하기 '레이블' 컴포넌트 4개를 [뷰어] 영역으로 드래그하고, [표 7-4]를 참고하여 속성을 수정합니다.

표 7-4 레이블의 속성을 수정하기

이름	이름 수정	속성	속성 수정
레이블1	제목레이블	배경색	노랑
		글꼴굵게	활성화
		글꼴크기	25
		너비	부모 요소에 맞추기
		텍스트	수도 맞추기 퀴즈
		텍스트정렬	가운데:1
레이블2	번호레이블	글꼴크기	20
		너비	부모 요소에 맞추기
		텍스트	문제–1
레이블3	문제레이블	배경색	밝은 회색
		글꼴굵게	활성화
		글꼴크기	20
		너비	부모 요소에 맞추기
		텍스트	문제
		텍스트정렬	가운데:1
레이블4	○×레이블	배경색	주황
		글꼴굵게	활성화
		글꼴크기	20
		너비	부모 요소에 맞추기
		텍스트	○×
		텍스트정렬	가운데:1

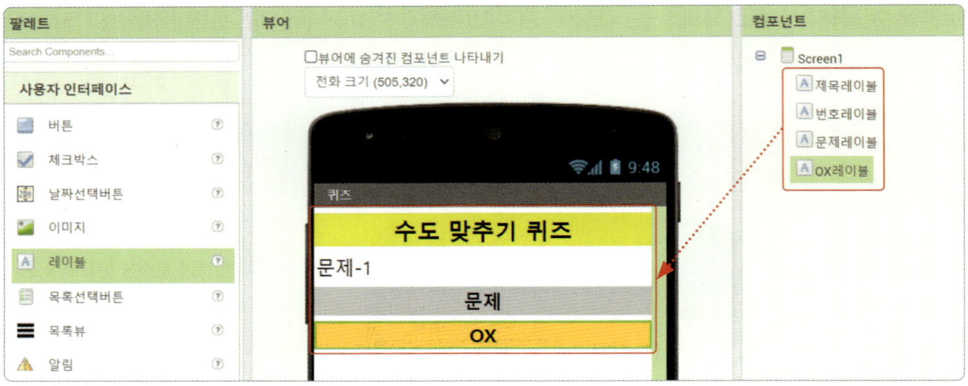

03 텍스트박스와 버튼 컴포넌트 배치하고 수정하기 텍스트박스와 버튼을 수평으로 배치해야 하므로 [팔레트]–[레이아웃]에서 '수평배치' 컴포넌트를 [뷰어] 영역에 먼저 배치하고, 그 안에 [팔레트]–[사용자 인터페이스]에 있는 '텍스트박스' 컴포넌트와 '버튼' 컴포넌트를 배치하고 이름과 속성을 [표 7–5]를 참고하여 수정합니다.

표 7–5 '수평배치'와 '텍스트박스'와 '버튼' 컴포넌트의 속성 수정하기

이름	이름 수정	속성	속성 수정
수평배치1	수평배치1	너비	부모 요소에 맞추기
텍스트박스1	입력상자	글꼴크기	20
		너비/높이	부모 요소에 맞추기
		힌트	답을 입력하세요
		텍스트정렬	가운데:1
버튼1	입력버튼	글꼴크기	20
		너비	100픽셀
		텍스트	입력

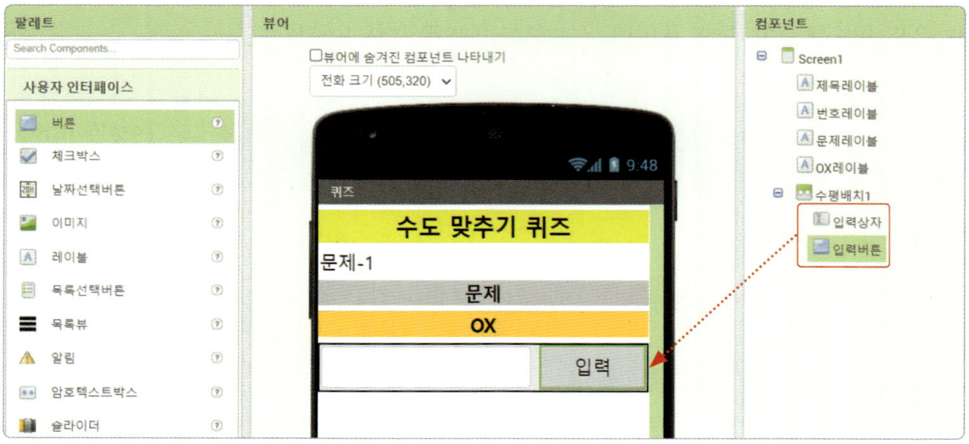

04 버튼 컴포넌트 2개 배치하고 수정하기 버튼 두 개를 수평으로 배치해야 하므로 [팔레트]–[레이아웃]에서 '수평배치' 컴포넌트를 [뷰어] 영역에 먼저 배치한 후, 그 안에 [팔레트]–[사용자 인터페이스]에 있는 '버튼' 컴포넌트 두 개를 배치하고 이름과 속성을 [표 7–6]을 참고하여 수정합니다.

표 7-6 **'버튼' 컴포넌트 2개의 속성 수정하기**

이름	이름 수정	속성	속성 수정
수평배치2	수평배치2	너비	부모 요소에 맞추기
버튼1	시작버튼	글꼴크기	20
		너비	부모 요소에 맞추기
		텍스트	시작
버튼2	다음버튼	글꼴크기	20
		너비	부모 요소에 맞추기
		텍스트	다음

05 알림 컴포넌트 배치하기 메시지창을 만들 때 사용할 '알림' 컴포넌트를 [뷰어] 영역에 드래그합니다. '알림' 컴포넌트는 보이지 않는 컴포넌트이므로 뷰어의 하단에 표시됩니다.

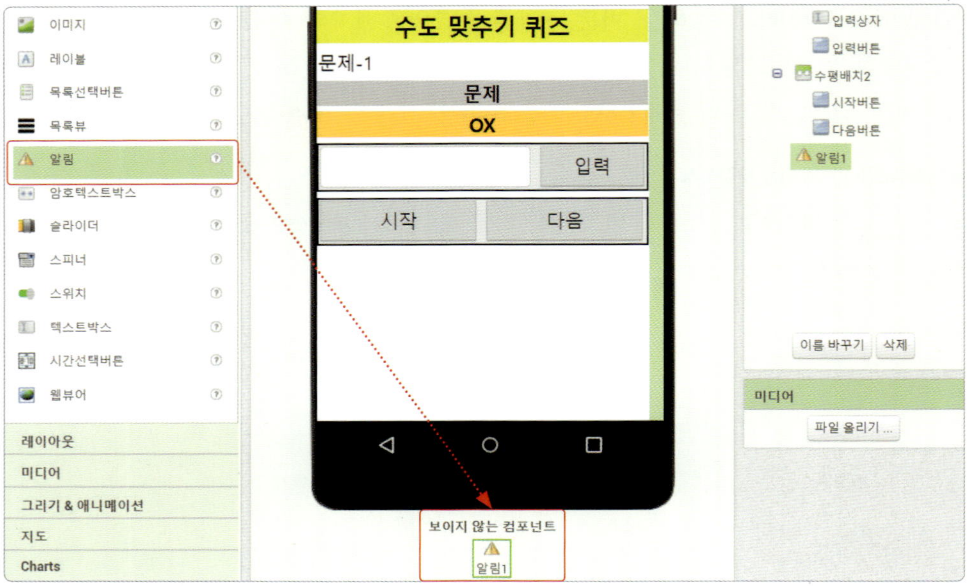

06 에뮬레이터에서 퀴즈 앱 확인하기 화면 설계가 완료되었습니다. 완성된 화면을 에뮬레이터에서 [그림 7-28]과 비교하며 확인해 봅니다.

4 코딩

블록 편집 화면으로 전환하여 코딩해 보겠습니다. 리스트와 정답인지 비교하기 위한 조건문, 버튼 클릭 이벤트 처리를 사용하는 것이 핵심입니다. 필요에 따라 함수를 사용할 수도 있습니다.

리스트 만들고 변수 선언하기

01 리스트 만들기 리스트는 문제 리스트와 정답 리스트 두 개를 만들어야 합니다. 여기서 사용한 문제는 예시이므로 본인이 원하는 문제로 수정해도 됩니다.

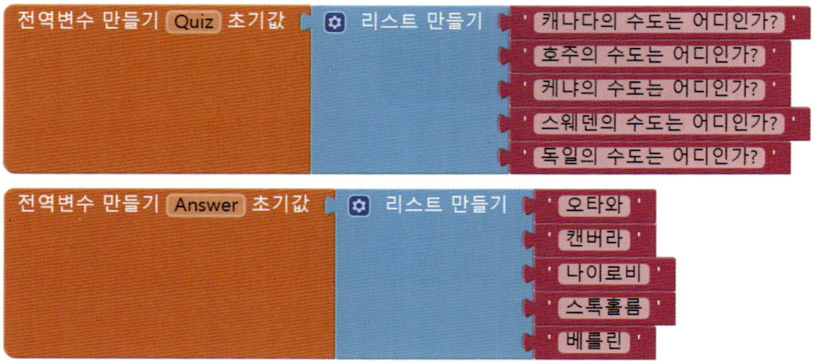

02 변수 선언하기 변수는 문제 번호와 정답을 맞춘 개수를 저장할 변수가 필요합니다. 문제 번호를 저장하는 변수(index)는 1로 초기화하고, 정답을 맞춘 개수를 저장할 변수(O_count)는 0으로 초기화합니다.

'시작' 버튼의 클릭 이벤트 코딩하기

03 변수 초기화하기 '시작' 버튼을 클릭하면 index와 O_count 변수를 초기화하고 시작합니다. 앱이 실행된 적이 있다면 어떤 값을 가지고 있을지 모르기 때문입니다.

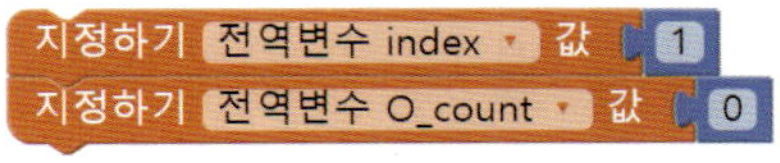

04 '번호레이블' 수정하기 '번호레이블'을 '문제-'라는 글자와 현재 문제 번호를 합친 것으로 수정합니다. '현재 문제 번호'는 index 변수에 저장되어 있으므로 이것을 가져오면 됩니다.

하나 더 알기 √ 합치기 블록

텍스트와 텍스트를 연결하여 조립할 때는 [공통 블록] 밑에 [텍스트]에서 [합치기] 블록을 사용합니다.

그림 7-31 합치기 블록 사용하기

05 문제 출력하기 '문제 레이블'에 문제를 출력합니다. 출력할 문제는 Quiz 리스트에 있습니다. [항목 선택하기 ...] 블록을 사용하고, index 변수의 값에 저장된 위치의 문제를 출력합니다.

'입력' 버튼의 클릭 이벤트 코딩하기

'입력' 버튼의 클릭 이벤트를 처리해 보겠습니다. '입력' 버튼을 클릭하면 텍스트박스에 입력한 텍스트를 읽어서 정답과 비교해야 합니다.

06 지역변수에 정답 저장하기 정답은 Answer 리스트에 저장되어 있습니다. index 변수가 지정하는 위치의 항목과 사용자가 입력한 텍스트를 비교합니다. 이때, 리스트에 저장된 항목을 지역변수 right_Ans에 저장하여 사용합니다.

07 텍스트 비교하기 사용자가 입력한 텍스트와 정답 텍스트가 같은지를 비교하는 것이기 때문에 [공통 블록] 밑에 [텍스트]에 있는 [텍스트 비교하기] 블록을 사용합니다.

08 텍스트 비교하여 레이블에 출력하기 사용자가 입력한 텍스트가 정답이면 'OX레이블'에 'O'를 출력하고, 오답이면 'X'를 출력합니다. 정답일 경우 O_count 변수의 값을 1 증가시킵니다.

09 '입력' 버튼 클릭 시 동작 코딩하기 '입력' 버튼을 클릭했을 때 처리할 동작을 모두 결합하면 다음과 같습니다.

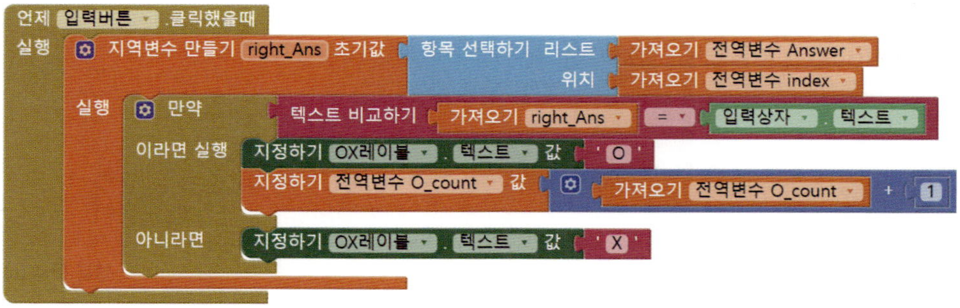

'다음' 버튼의 클릭 이벤트 코딩하기

'다음' 버튼의 클릭 이벤트를 처리해 보겠습니다. '다음' 버튼은 처리할 것이 여러 가지가 있습니다.

10 'OX레이블'과 '입력상자' 초기화하기 우선 'OX레이블'과 '입력상자'를 초기화합니다.

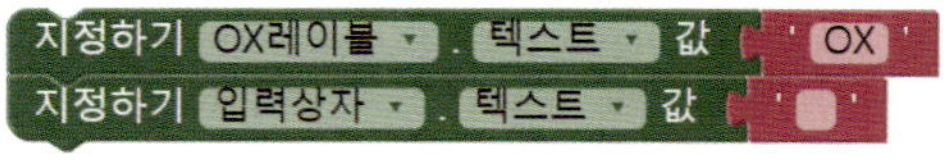

11 남은 문제가 있는지 비교하기 남은 문제가 있는지 확인합니다. 남은 문제가 있는지는 현재 문제 번호를 저장하고 있는 index 변수의 값과 Quiz 리스트의 길이를 조건문으로 비교하여 판단합니다.

12 남은 문제 출력하기 문제가 아직 남아 있다면 index 변수의 값을 1 증가시키고, 문제를 출력합니다.

13 QuizDisplay 함수 만들고 적용하기 그런데 **12**와 **05**의 일부 코드가 동일합니다. 이렇게 동일한 코드가 여러 곳에서 사용되면 이 부분을 잘라서 함수로 만드는 것이 좋습니다. 이 코드를 QuizDisplay라는 함수로 만들고 **05**와 **12**의 코드를 수정합니다.

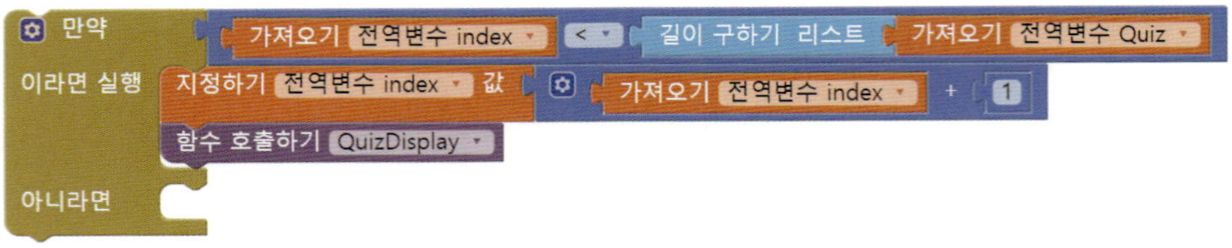

14 정답 개수를 출력하는 메시지창 코딩하기 문제가 더 이상 없으면 현재까지 맞춘 정답 개수를 메시지창으로 띄웁니다.

15 '번호레이블'과 '문제레이블' 초기화하기 더 이상 문제가 없으므로 '번호레이블'과 '문제레이블'도 초기화합니다.

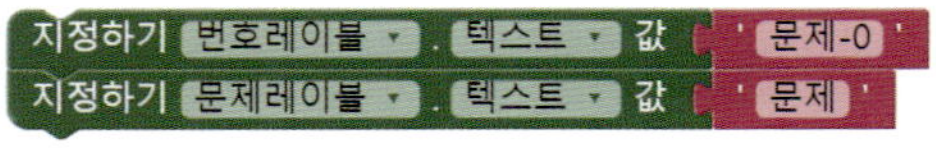

16 '다음' 버튼 클릭 시 동작 코딩하기 '다음' 버튼의 클릭 이벤트를 처리하는 코드 전체를 조립하면 다음과 같습니다.

전체 코드 확인하기

리스트를 활용해서 만든 퀴즈 앱 전체 코드는 다음과 같습니다.

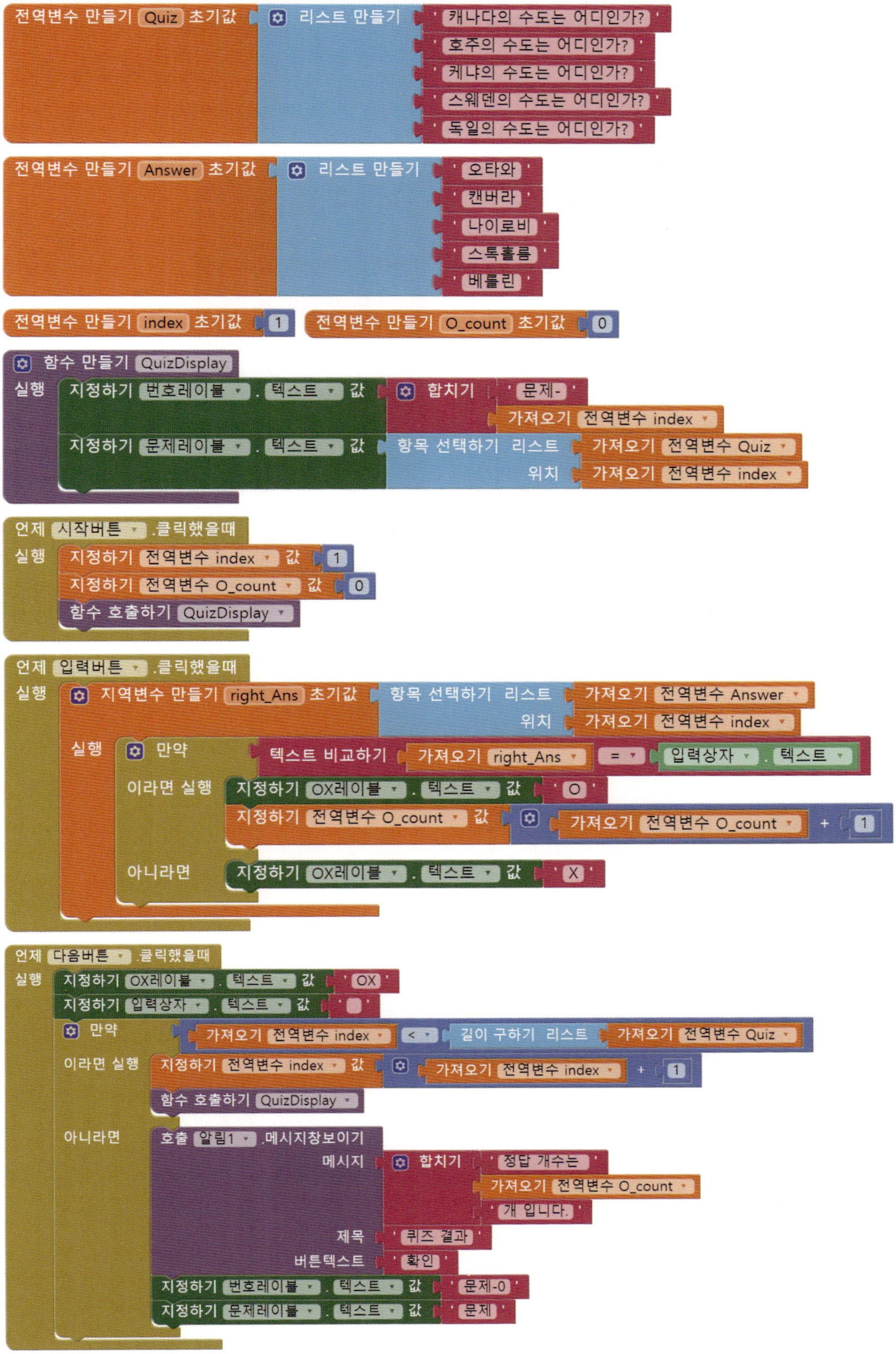
전역변수 만들기 Quiz 초기값 리스트 만들기
캐나다의 수도는 어디인가?
호주의 수도는 어디인가?
케냐의 수도는 어디인가?
스웨덴의 수도는 어디인가?
독일의 수도는 어디인가?
전역변수 만들기 Answer 초기값 리스트 만들기
오타와
캔버라
나이로비
스톡홀름
베를린
전역변수 만들기 index 초기값 1
전역변수 만들기 O_count 초기값 0
함수 만들기 QuizDisplay
실행 지정하기 번호레이블 . 텍스트 값 합치기 문제-
가져오기 전역변수 index
지정하기 문제레이블 . 텍스트 값 항목 선택하기 리스트 가져오기 전역변수 Quiz
위치 가져오기 전역변수 index
언제 시작버튼 .클릭했을때
실행 지정하기 전역변수 index 값 1
지정하기 전역변수 O_count 값 0
함수 호출하기 QuizDisplay
언제 입력버튼 .클릭했을때
실행 지역변수 만들기 right_Ans 초기값 항목 선택하기 리스트 가져오기 전역변수 Answer
위치 가져오기 전역변수 index
실행 만약 텍스트 비교하기 가져오기 right_Ans = 입력상자 . 텍스트
이라면 실행 지정하기 OX레이블 . 텍스트 값 O
지정하기 전역변수 O_count 값 가져오기 전역변수 O_count + 1
아니라면 지정하기 OX레이블 . 텍스트 값 X
언제 다음버튼 .클릭했을때
실행 지정하기 OX레이블 . 텍스트 값 OX
지정하기 입력상자 . 텍스트 값
만약 가져오기 전역변수 index < 길이 구하기 리스트 가져오기 전역변수 Quiz
이라면 실행 지정하기 전역변수 index 값 가져오기 전역변수 index + 1
함수 호출하기 QuizDisplay
아니라면 호출 알림1 .메시지창보이기
메시지 합치기 정답 개수는
가져오기 전역변수 O_count
개 입니다.
제목 퀴즈 결과
버튼텍스트 확인
지정하기 번호레이블 . 텍스트 값 문제-0
지정하기 문제레이블 . 텍스트 값 문제

5 앱 테스트

에뮬레이터에서 앱을 테스트해 봅니다. 에뮬레이터에서 한글을 입력할 수 있게 설정해야 합니다.

[실행 결과]

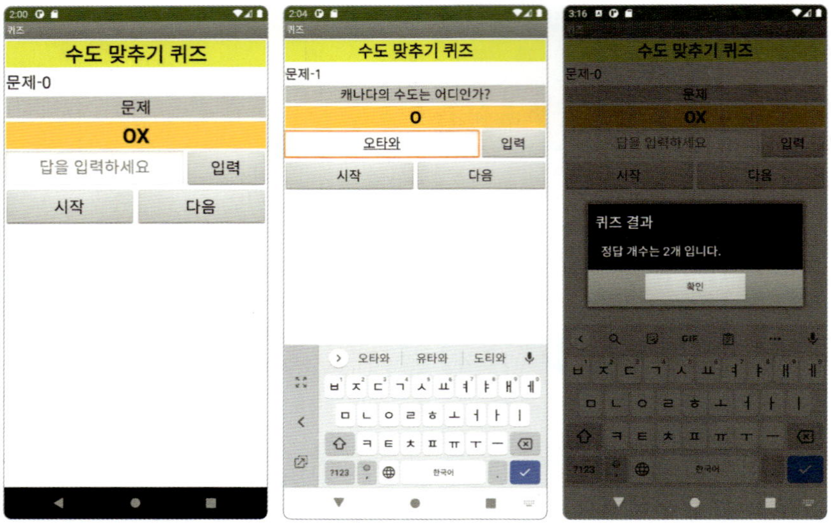

그림 7-32 퀴즈 앱 테스트 화면

하나 더 알기 ✓ 에뮬레이터에서 한글 입력하기

에뮬레이터에서 한글 입력은 어떻게 할까요? 에뮬레이터의 구버전에서는 한글 키보드 앱을 별도로 설치해야만 했습니다. 하지만 현재 에뮬레이터는 한글 기능을 가지고 있어 이를 사용할 수 있도록 설정하면 됩니다.

❶ 에뮬레이터의 초기 화면으로 갑니다.

에뮬레이터의 가운데 홈버튼(●)을 누르면 초기 화면으로 되돌아 갑니다.

그림 7-33 에뮬레이터 초기 화면

❷ 에뮬레이터 화면 상단에서 아래 방향으로 드래그합니다. 팝업 화면의 아래쪽에 있는 설정(톱니바퀴 모양 아이콘)을 선택한 뒤 [System] 메뉴를 선택합니다.

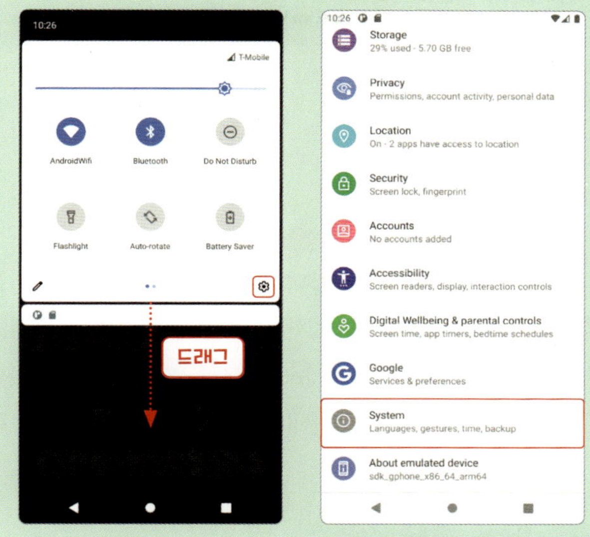

(a) 설정 클릭하기 (b) System 메뉴 선택

그림 7-34 **설정 화면 선택하기**

❸ [System] 메뉴에서 [Languages & Input]의 [Languages] 항목으로 들어가 [Add a language] 항목을 선택합니다.

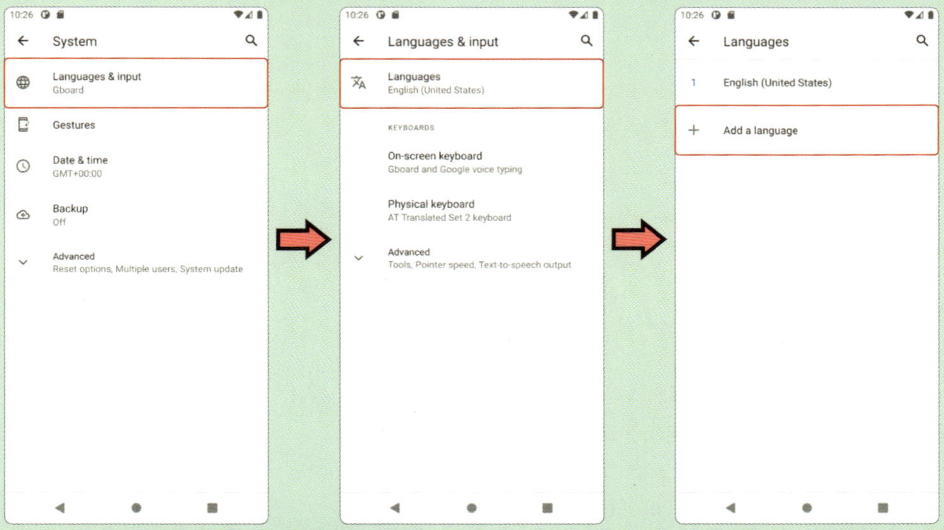

그림 7-35 **[Languages & Input] 항목 선택하기**

❹ kor을 검색하면 '한국어'가 검색됩니다. 여기서 '한국어'를 선택한 후 '대한민국'을 선택합니다. 선택이 완료되었다면, 한국어 키보드가 나오는지 확인해 봅니다.

그림 7-36 **한국어 선택 후 키보드 확인하기**

요약

01 배열은 변수 하나에 자료를 여러 개 저장할 수 있도록 합니다.

02 배열에 저장된 여러 자료들을 구분하기 위해 색인 번호를 사용합니다.

03 앱 인벤터에서는 배열과 같은 기능을 리스트로 제공합니다.

04 리스트는 순서가 있는 자료의 모음으로 배열보다 자료 목록에 특정 자료를 삽입하거나 삭제하는 것이 편리하고, 자료를 순서대로 관리하기가 쉽습니다.

05 리스트와 관련된 블록은 리스트 만들기, 항목 추가와 삭제, 교체 등 항목을 조정하는 블록이 있고, 리스트의 길이를 구하거나 리스트를 복사하는 등의 블록 등도 제공하고 있습니다.

06 리스트를 만들기 위해서는 변수를 먼저 선언하고, [리스트 만들기] 블록을 연결해야 합니다.

07 리스트는 빈 리스트를 만들거나 미리 정의한 일정한 크기의 리스트를 만들 수 있습니다.

08 빈 리스트를 만들고 자료를 추가하거나 삭제하는 것을 '동적 리스트'라고 합니다.

09 리스트는 반복문과 함께 사용하면 편리하며, [각각 반복 리스트]라는 리스트 전용 반복문 블록도 있습니다.

10 리스트의 항목에 다시 리스트가 올 수 있는데 이를 '중첩 리스트'라고 합니다.

11 앱 인벤터의 '목록선택버튼' 컴포넌트는 리스트와 관련이 있는 컴포넌트입니다. '목록선택버튼' 컴포넌트를 클릭하면 스크린이 바뀌면서 여러 항목으로 구성된 목록을 출력하고 사용자가 선택할 수 있도록 합니다.

12 '목록뷰' 컴포넌트는 화면에 목록을 만들 때 사용합니다.

연습문제

01 배열과 리스트에 관한 설명으로 옳지 않은 것은 무엇인가요?

① 배열은 변수를 선언할 때 정해진 기호(대괄호, [ ])를 사용한다.

② 배열과 리스트 모두 복수의 자료를 변수명 하나로 관리한다.

③ 배열에는 자료형 구분 없이 저장이 가능한데, 이는 모든 프로그래밍 언어에 적용이 된다.

④ 리스트에서 중간의 자료를 삭제할 경우, 해당 공간을 제외한 나머지 순서대로 연결하여 사용한다.

⑤ 배열에 저장된 자료들은 '색인 번호'를 통해 구분한다.

※ 다음은 앱 인벤터의 [공통 블록]–[리스트]에서 제공하는 블록들입니다. 이 보기를 활용해 **02**번~**04**번에 답하세요.

ⓐ 

ⓑ 

ⓒ 

ⓓ 

02 리스트에 색인 번호 없이 항목을 추가할 때 사용하는 블록으로 알맞은 것을 고르세요.

① ⓐ블록

② ⓑ블록

③ ⓒ블록

④ ⓓ블록

03 리스트에서 특정 위치의 값을 가져오는 블록으로 알맞은 것을 고르세요.

① ⓐ블록

② ⓑ블록

③ ⓒ블록

④ ⓓ블록

04 ⓓ블록에 지정하는 블록 종류로 옳지 않은 것은 무엇인가요?

① [변수]블록

② [텍스트]블록

③ [함수]블록

④ [수학]블록

05 '퀴즈 앱'을 변형하여 퀴즈를 맞추면 ○를, 틀리면 ×를 레이블에 출력하도록 하고, 여기에 사운드를 추가합니다. 퀴즈를 맞추면 ○와 함께 딩동소리가 나고, 틀리면 ×와 함께 땡소리가 나도록 수정합니다.

[힌트]

- 소리가 두 종류이므로 [팔레트]–[미디어]에서 '소리' 컴포넌트 두 개를 [뷰어] 영역에 드래그합니다.
- 땡소리는 bells.mp3 파일을, 딩동 소리는 doorbell.mp3 파일을 사용합니다.

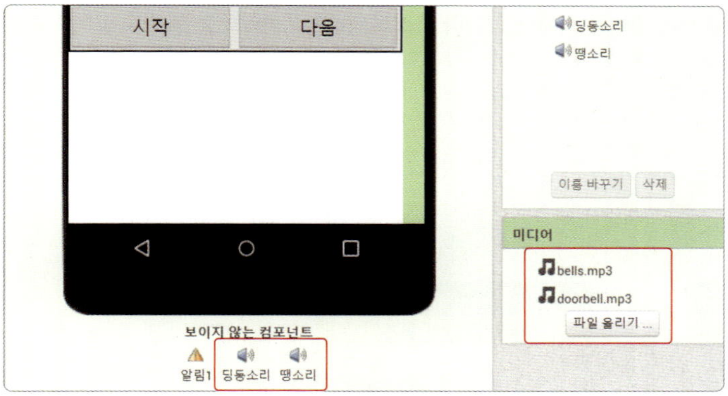

그림 7-37 '소리' 컴포넌트 추가와 사운드 파일 올리기

06 현재 '퀴즈 앱'은 다섯 문제로 고정되어 있습니다. 여기에 사용자가 문제를 추가할 수 있는 기능을 만들어 봅니다.

[힌트]

- '문제 만들기'라는 제목과 '국가'와 '수도'를 입력하는 텍스트박스와 '문제 만들기' 버튼으로 구성합니다.
- '문제 만들기' 버튼을 클릭하면 Quiz 리스트와 Answer 리스트에 입력한 항목을 추가합니다.

[실행 결과]

07 '퀴즈 앱'은 사용자가 답을 텍스트로 입력해야 합니다. 이와 다르게 객관식으로 예제를 보여주고 답을 고를 수 있도록 수정해 봅니다.

[힌트]

- '목록뷰' 컴포넌트와 중첩 리스트를 사용합니다.

[실행 결과]

08 심화 리스트를 사용하는 다른 앱을 만들어 보겠습니다. 요구하는 기능은 다음과 같습니다.

[조건]

1. **프로젝트명 :** PassOrNot
2. **앱의 제목 :** 암호 확인
3. **앱의 기능 :**
   - 두 자리 숫자 10개를 리스트로 만듭니다.
   - 난수로 생성한 임의의 위치에 해당하는 숫자를 사용자가 입력하도록 합니다.
   - 사용자가 입력한 숫자가 리스트의 숫자와 맞으면 'PASS', 틀리면 'FAIL'을 출력합니다.

[실행 결과]

09 숫자를 임의의 개수만큼 입력받아 합계와 평균을 구하는 앱을 만들어 봅니다.

[힌트]

- 입력받은 숫자는 리스트에 저장합니다.
- [실행 결과]에서 리스트보기는 입력한 숫자를 확인하고, 합계와 평균이 맞는지 확인하기 위한 것입니다. 앱을 테스트하고 잘 동작하면 리스트보기 버튼과 레이블은 삭제해도 됩니다.

[실행 결과]

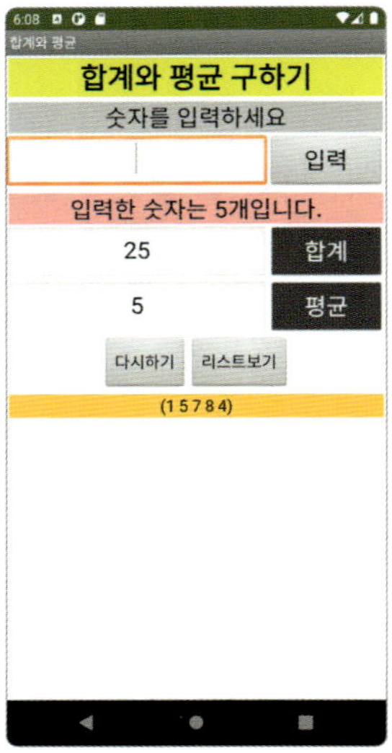

10 지금까지는 리스트에 값을 추가하는 기능만 있었습니다. 이제 리스트에 값을 추가하거나 삭제가 가능하도록 코딩해 봅시다.

[힌트]

- 입력할 숫자와 위치를 지정하고 입력버튼을 클릭하면 리스트에 추가합니다.
- 삭제할 숫자의 위치를 지정하고 삭제버튼을 클릭하면 리스트에서 삭제합니다.
- 리스트의 전체 목록을 보여줍니다.

[실행 결과]

(a) 리스트에 숫자 추가하기(두 번째 위치에 3을 추가)

(b) 리스트에서 숫자 삭제하기(두 번째 위치의 3을 삭제)

· PART · 03

앱 인벤터 기본 예제 실습

CONTENTS

CHAPTER 08

그림판 앱 만들기

학습목표

- 캔버스 컴포넌트의 사용법을 이해합니다.
- 카메라와 연결하고 파일 저장하는 방법을 이해합니다.
- 매개변수가 있는 이벤트 처리기를 사용합니다.

Preview

지금까지 앱 제작을 위해 반드시 알아야 할 기본 문법을 이해하고 간단한 앱을 제작해 보았습니다. 8장부터는 앞에서 익힌 앱 인벤터의 기본 개념을 다양하게 활용하는 앱을 만들어 볼 것입니다.

이번 장에서는 그림판 앱을 만듭니다. 화면을 터치하여 자유롭게 그림을 그리는 앱으로 색상을 선택할 수도 있고, 카메라로 찍은 사진 위에 그림을 그려 꾸밀 수도 있습니다. 그림을 그리는 바탕은 캔버스 컴포넌트를 사용하며 색상 컴포넌트에 있는 기본 색상뿐만 아니라 RGB값을 지정하여 원하는 색상을 만들 수도 있습니다. 코딩 과정에서는 이벤트 처리 블록을 이용해 화면을 터치하거나 드래그 할 때 수행하는 동작을 구현해 볼 것입니다. 이 장에서 제시하는 내용 외에 본인의 아이디어를 추가하여 멋진 그림판 앱을 만들어 보기 바랍니다.

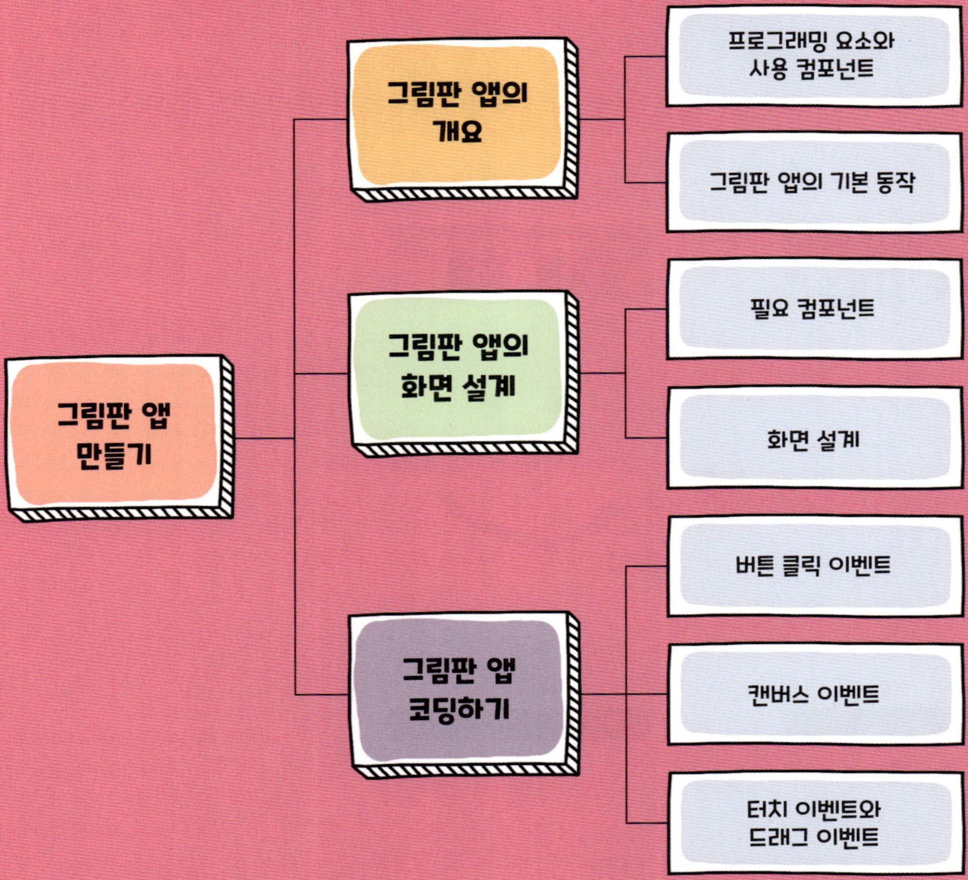

Section 01

그림판 앱 알아보기

지금까지 2부 '앱 인벤터 프로그래밍 기초'에서는 프로그래밍의 기초 이론을 배우고 이를 기반으로 간단한 앱을 만들어 보았습니다. 이제 3부 '앱 인벤터 기본 예제 실습'에서는 앞에서 배운 내용을 종합한 앱을 개발해 보도록 하겠습니다. 이번 장에서는 간단한 그림판 앱을 만들어 보겠습니다.

1 그림판 앱의 개요

그림판 앱은 [그림 8-1]과 같이 원하는 색상을 선택하여 화면을 터치하거나 드래그하는 방식으로 그림을 그리는 앱입니다.

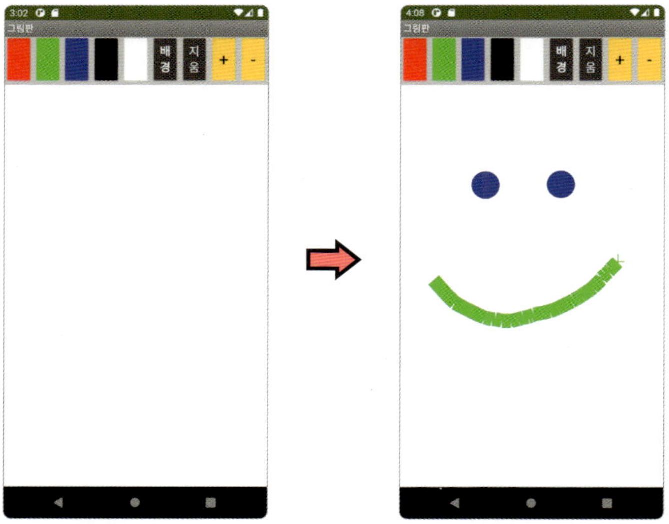

그림 8-1 그림판 앱

그림판 앱에서 제공하는 선택 사항

그림판 앱 화면 상단에는 다음과 같은 몇 가지 선택 사항을 제공하고 있습니다.

- **색상 선택** 그림을 그릴 때 사용할 색상을 선택합니다. 현재는 빨강, 초록, 파랑, 검정, 흰색을 선택할 수 있습니다.
- **배경색 채우기** 캔버스의 배경을 선택된 선의 색상으로 채웁니다.
- **화면 지우기** 캔버스에 그려진 내용을 모두 지웁니다.
- **더하기(+)와 빼기(−)** 캔버스에서 그림을 그릴 때, 사용하는 선의 두께를 3픽셀씩 증가하거나 감소시킵니다. 선의 최소 두께는 1픽셀로 설정합니다.

그림판 앱에서 제공하는 기능

그림판 앱에서 제공하는 기능은 다음과 같습니다.

- **원 그리기** 캔버스를 터치하면 현재 선의 두께를 반지름으로 하는 원이 그려집니다. 원은 내부 면적이 채워진 상태로 그려집니다.
- **선 그리기** 캔버스에서 드래그하면 선이 그려집니다. 에뮬레이터에서는 마우스를 드래그하고, 스마트폰에서는 손가락으로 드래그합니다.

2 기초 지식 이해

그림판 앱은 터치와 드래그로 그림을 그리는 단순한 앱이기 때문에 그래픽과 관련된 복잡한 이론을 알 필요가 없습니다. 앱 인벤터의 캔버스 컴포넌트에서 제공하는 블록으로 필요한 기능을 충분히 구현할 수 있습니다.

사용하는 프로그래밍 요소

그림판 앱에서 사용하는 프로그래밍 요소는 전역변수, 조건문, 관계 연산자, 산술 연산자입니다.

- **전역변수** 현재 선 두께 정보를 저장합니다.
- **조건문** 빼기(−) 버튼을 클릭하여 선의 두께를 감소시킬 때, 1픽셀보다 작으면 선의 두께를 1픽셀로 고정합니다.
- **관계 연산자** 조건문에서 값을 비교합니다.
- **산술 연산자** 선 두께를 증가시키거나 감소시킬 때 사용합니다.

사용하는 컴포넌트

[그림 8-1]에서 보는 것처럼 그림판 앱은 상단에 메뉴를 9개의 버튼으로 구성하고, 하단에는 캔버스 컴포넌트를 사용합니다. 각 컴포넌트에서 처리해야 할 이벤트를 [표 8-1]에 정리하였습니다.

표 8-1 **컴포넌트에서 처리해야 할 이벤트**

컴포넌트		이벤트 블록(예)	처리 내용
버튼	색상 버튼	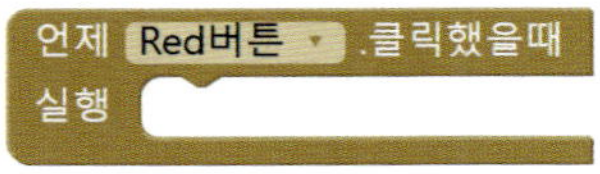	페인트 색상 선택
	배경 버튼		캔버스의 배경색 채우기
	지움 버튼		캔버스의 그림 지우기
	더하기 버튼		선의 두께 3픽셀씩 증가
	빼기 버튼		선의 두께 3픽셀씩 감소
캔버스			캔버스를 터치하여 원 그리기
			캔버스에서 드래그하여 선 그리기

3 문제 이해

그림판 앱은 터치와 드래그로 간단한 그림을 그리는 앱입니다. 앱은 상단에 메뉴를 배치하고, 하단에 캔버스를 배치합니다. 코딩에 필요한 기본적인 동작 흐름은 다음과 같습니다.

❶ 캔버스를 터치하여 원을 그립니다. 선 두께 값을 반지름으로 하고, 원의 내부는 색으로 채웁니다.
❷ 캔버스를 드래그하면 선이 그려집니다.
❸ 캔버스의 기본 페인트 색상은 디자이너 화면에서 정한 기본값을 사용합니다.
❹ 색상 버튼을 클릭하면 페인트 색상이 해당 버튼의 색상으로 변경됩니다.
❺ '배경' 버튼을 클릭하면 페인트 색상으로 캔버스의 배경색이 변경됩니다.
❻ '지움' 버튼을 클릭하면 캔버스에 그린 선이나 원을 모두 지웁니다.
❼ 선 두께의 기본값은 1픽셀입니다.
❽ 더하기(+) 버튼을 클릭하면 선의 두께가 3픽셀씩 증가합니다.
❾ 빼기(−) 버튼을 클릭하면 선의 두께가 3픽셀씩 감소합니다. 만약, 선의 두께가 1픽셀보다 작으면 1픽셀로 고정시킵니다.

그림 8-2 그림판 앱의 기본 동작

그림판 앱은 앱 인벤터가 제공하는 컴포넌트만으로 구현이 가능하므로 별도로 준비할 리소스는 없습니다. 다음 절에서는 그림판 앱의 화면 설계와 코딩 과정을 설명하겠습니다.

Section

02 그림판 앱 화면 설계하기

1 화면 설계에 필요한 컴포넌트

그림판 앱의 전체 구성은 [그림 8-1]과 같습니다. 그림판 앱을 설계하는 데 필요한 컴포넌트는 [표 8-2]에 정리하였습니다.

표 8-2 그림판 앱의 화면 설계에 필요한 컴포넌트

컴포넌트	위치	역할
수평배치1	[팔레트]-[레이아웃]	버튼 9개를 수평으로 배치한다.
버튼1~9	[팔레트]-[사용자 인터페이스]	색상 버튼 5개, 배경 버튼, 지움 버튼, 더하기 버튼, 빼기 버튼을 배치한다.
캔버스1	[팔레트]-[그리기 & 애니메이션]	그림을 그리는 바탕이 된다.

2 화면 설계

다음과 같은 순서로 그림판 앱의 화면을 설계해 봅니다.

01 새 프로젝트 시작하기 새 프로젝트를 만들고 프로젝트의 이름을 'MyPaint01'로 합니다. 그리고 에뮬레이터를 동작시킵니다. Screen1의 제목을 '그림판'으로 바꿉니다.

02 버튼 컴포넌트 9개 배치하고 수정하기 버튼 9개를 수평으로 배치해야 하므로 '수평배치' 컴포넌트를 [뷰어] 영역으로 드래그하고, [속성] 영역에서 [높이] 항목은 '60픽셀', [너비] 항목은 '부모 요소에 맞추기'로 설정한 뒤 [배경색]을 밝은 회색으로 지정합니다. 그리고 '수평배치' 컴포넌트 안에 '버튼' 컴포넌트 9개를 배치하고 이름과 속성은 [표 8-3]을 참고하여 수정합니다.

'수평배치' 컴포넌트에 '버튼' 컴포넌트를 여러 개 넣고 나중에 설정하려면 어려울 수 있으므로, 버튼을 하나씩 드래그하여 설정하는 것이 좋습니다.

표 8-3 버튼 컴포넌트 9개의 속성 수정하기

컴포넌트	이름 수정	속성	속성 수정
버튼1~버튼9	해당 없음	높이	부모 요소에 맞추기
		너비	부모 요소에 맞추기
버튼1	Red버튼	배경색	빨강
		텍스트	
버튼2	Green버튼	배경색	초록
		텍스트	
버튼3	Blue버튼	배경색	파랑
		텍스트	
버튼4	Black버튼	배경색	검정
		텍스트	
버튼5	White버튼	배경색	흰색
		텍스트	
버튼6	배경버튼	배경색	어두운 회색
		텍스트	배경
		텍스트색상	흰색
버튼7	지움버튼	배경색	어두운 회색
		텍스트	지움
		텍스트색상	흰색
버튼8	더하기버튼	배경색	주황
		글꼴크기	20
		텍스트	+
버튼9	빼기버튼	배경색	주황
		글꼴크기	20
		텍스트	–

03 캔버스 컴포넌트 배치하고 수정하기 [팔레트]-[그리기 & 애니메이션]에서 '캔버스' 컴포넌트를 [뷰어] 영역에 드래그하고, [높이]와 [너비] 속성을 '부모 요소에 맞추기'로 설정합니다.

04 에뮬레이터에서 그림판 앱 확인하기 화면 설계가 완료되었습니다. 에뮬레이터에 연결하여 [그림 8-1]과 비교해 봅니다.

Section 03
그림판 앱 코딩하기

블록 편집 화면에서 그림판 앱을 코딩해 봅니다. '버튼' 컴포넌트와 '캔버스' 컴포넌트로 구분하여 코딩을 합니다. 전체적으로 코딩 자체는 복잡하지 않으므로 순서대로 따라하면 쉽게 그림판 앱을 완성할 수 있습니다.

1 버튼 클릭 이벤트 처리

01 선 두께를 저장할 변수 선언하기 먼저 선 두께를 저장할 변수를 선언하고 초기값으로 1을 설정합니다.

선 두께가 1픽셀이라는 뜻입니다.

02 페인트 색상에 대한 속성 값 지정하기 색상 버튼의 클릭 이벤트를 만들어 보겠습니다. 캔버스 컴포넌트에서 색상을 결정하는 것은 '페인트색상' 속성입니다.

03 색상 블록 결합하기 [공통 블록]에 있는 [색상] 블록을 [지정하기 '캔버스1'.'페인트색상' 값] 블록 끝에 결합합니다. 예를 들어, 'Red버튼'을 클릭할 경우 다음 그림과 같이 빨강 블록을 페인트 색상으로 설정하는 것입니다. 나머지 색상 버튼들도 'Red버튼'과 같은 방식으로 코딩합니다.

나머지 색상도 버튼을 클릭한 다음 해당 버튼이 지정하는 색상을 '페인트색상' 속성 값으로 설정하면 됩니다.

하나 더 알기 ✓ **색상 블록**

[공통 블록] 밑에 [색상] 블록들이 있습니다. 검정, 흰색, 빨강, 분홍, 주황, 노랑, 초록, 청록, 파랑, 자홍, 연회색, 회색, 진회색 등 13개 색상을 블록으로 제공하고, 나머지 색상은 RGB값을 리스트로 설정하여 만들 수 있도록 하고 있습니다.

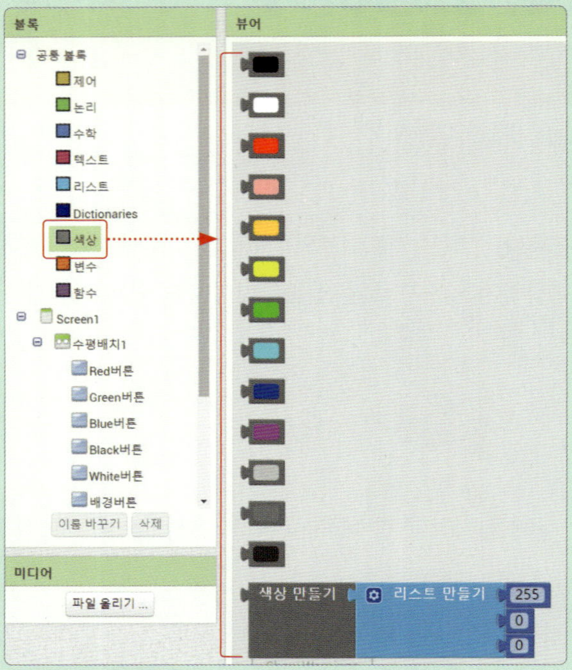

그림 8-3 **색상 블록**

04 '배경버튼'의 클릭 이벤트 코딩하기 '배경버튼'의 클릭 이벤트를 만들어 보겠습니다. '배경버튼'을 클릭하면 캔버스의 배경색을 페인트 색상으로 바꾸는 것입니다. 이것은 캔버스의 '배경색' 속성에 값을 지정하면 됩니다.

05 '지움버튼'의 클릭 이벤트 코딩하기 '캔버스1' 컴포넌트는 지우기 블록인 [호출 '캔버스1'.지우기] 블록을 제공합니다. '지움버튼'의 클릭 이벤트 처리기에서는 이 블록을 호출하면 됩니다.

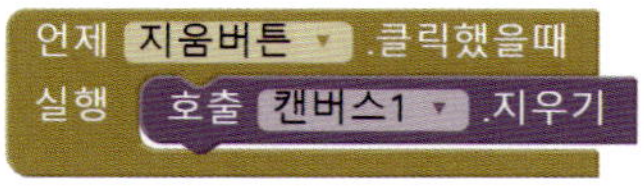

06 '더하기버튼'의 클릭 이벤트 코딩하기 '더하기버튼'을 클릭하면 캔버스의 선 두께를 3픽셀 증가시킵니다. 앞에서 정의한 'lineSize' 변수의 값을 증가시키고, 이를 다시 캔버스의 선 두께 속성에 설정합니다.

07 조건문을 사용하여 선 두께 값을 비교하기 '빼기버튼'의 클릭 이벤트를 코딩합니다. '더하기버튼'과 반대로 '빼기버튼'을 클릭하면 캔버스의 선 두께를 3픽셀 감소시킵니다. 다만 두께의 값이 0이거나 마이너스 값이 될 수 없으므로, 조건문을 사용하여 빼기의 결과가 1픽셀보다 작을 경우에는 선 두께의 값을 1픽셀로 설정해야 합니다.

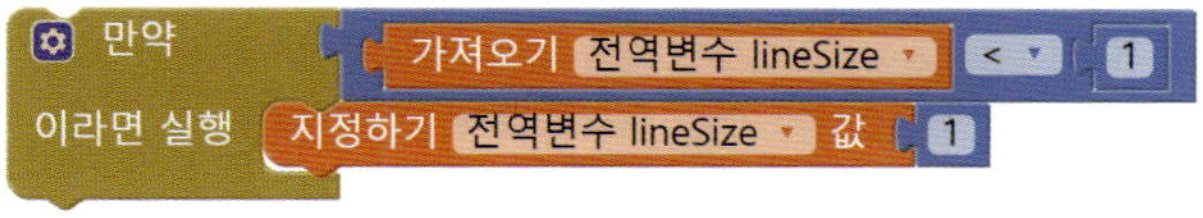

08 '빼기버튼'의 클릭 이벤트 코딩하기 조건문을 반영하여 '빼기버튼'의 클릭 이벤트 처리기를 완성합니다.

2 캔버스 이벤트 처리

이제 캔버스의 이벤트 처리기를 코딩할 차례입니다. 그림판 앱에서 사용할 이벤트는 터치와 드래그 이벤트입니다. 먼저 터치 이벤트와 드래그 이벤트 블록을 살펴보겠습니다.

터치 이벤트와 드래그 이벤트 블록

터치 이벤트와 드래그 이벤트는 앞서 코딩한 버튼 클릭 이벤트 블록과 달리 x, y 등 매개변수가 있습니다. 이 매개변수들은 이벤트가 발생했을 때 앱 인벤터에서 해당 블록으로 전달하는 정보입니다. 이 정보를 이용하여 그림을 그리거나 애니메이션을 만들 수 있습니다.

예를 들어, 터치 이벤트의 경우 캔버스에서 터치한 위치의 x, y 좌표를 전달하고, 이미지 스프라이트를 터치한 경우 어느 스프라이트인지 알려줍니다.

이미지 스프라이트는 캔버스에서 사용하는 작은 이미지 조각으로 10장에서 다룰 것입니다.

드래그 이벤트 블록의 경우도 마찬가지로 드래그가 시작한 위치(시작X, 시작Y), 드래그의 조금 전 위치(이전X, 이전Y), 현재 위치(현재X, 현재Y), 그리고 스프라이트를 사용한다면 스프라이트에 대한 정보까지 제공합니다. 매개변수로 전달되는 정보를 이용하여 코딩해 보겠습니다.

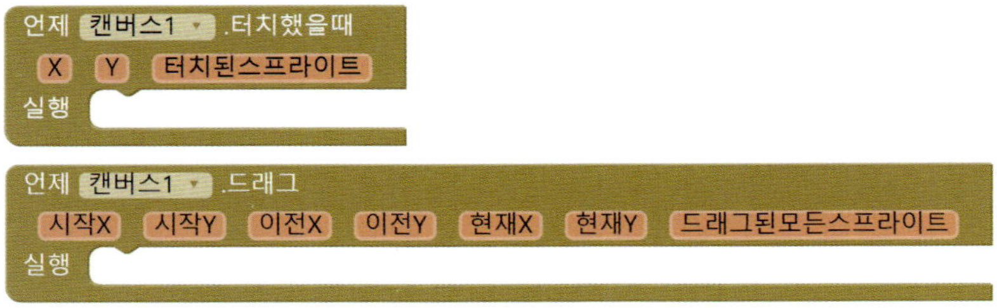

그림 8-4 **캔버스의 터치 이벤트와 드래그 이벤트 블록**

캔버스 이벤트 처리기 코딩하기

09 원그리기 블록 확인하기 그림판 앱에서 캔버스를 터치하면 원이 그려져야 합니다. '캔버스' 컴포넌트는 원그리기 블록인 [호출 '캔버스1'.원그리기 ...] 블록을 제공합니다. 원그리기 블록은 원의 중심 좌표와 반지름이 필요하며, 원을 그린 다음 원의 내부를 채울 것인지 비울 것인지를 지정해야 합니다.

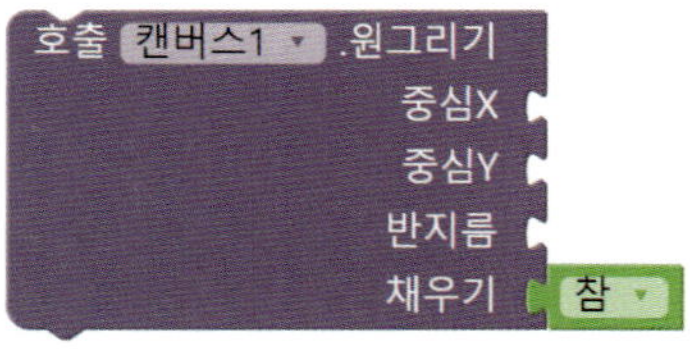

원그리기 블록은 6장에서 반복문을 사용하여 '방울방울 앱'을 만들 때 이미 사용해 본 적이 있습니다.

10 터치 이벤트 처리기 코딩하기 그림판 앱에서 필요한 원의 중심 좌표는 터치 이벤트 블록이 전달받은 매개변수 중에서 x, y 좌표를 사용하면 됩니다. 매개변수에 마우스를 올리면 가져오기 블록을 사용할 수 있습니다. '반지름'은 선 두께 정보를 가지고 있는 'lineSize' 변수를 지정합니다. 채우기는 기본값이 '참'으로, 내부가 채워진 원을 그리게 됩니다. 이렇게 블록을 조립하여 코딩하면 다음과 같습니다.

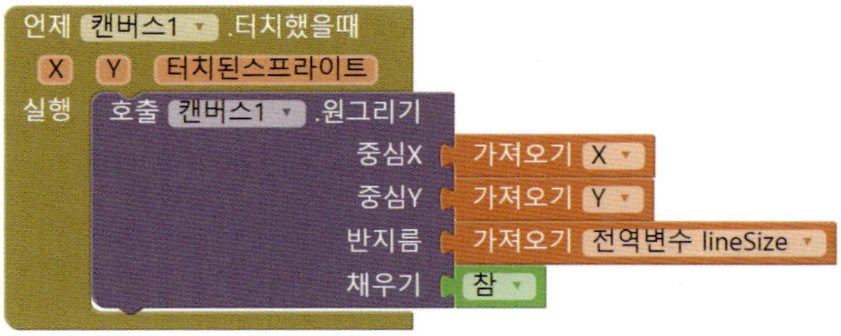

11 선그리기 블록 확인하기 마지막으로 드래그 이벤트 처리기를 코딩하는데, 앱의 캔버스에서 드래그하면 선이 그려져야 합니다. '캔버스' 컴포넌트는 선그리기 블록인 [호출 '캔버스1'.선그리기 ...] 블록을 제공합니다.

선그리기 블록은 205쪽 6장의 [연습문제]에서 반복문을 사용하여 '방울방울 앱'을 만들 때 이미 사용해 본 적이 있습니다.

12 드래그 이벤트 처리기 코딩하기 선그리기 블록은 선의 시작과 끝 좌표가 필요합니다. 이 좌표는 드래그 이벤트 블록의 이전 좌표와 현재 좌표를 사용합니다.

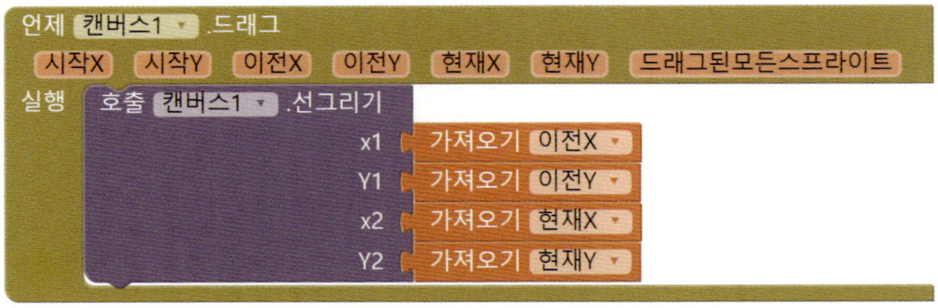

3 전체 코드 확인

이것으로 그림판 앱의 코딩이 완료되었습니다. 전체 코드를 확인해 보세요.

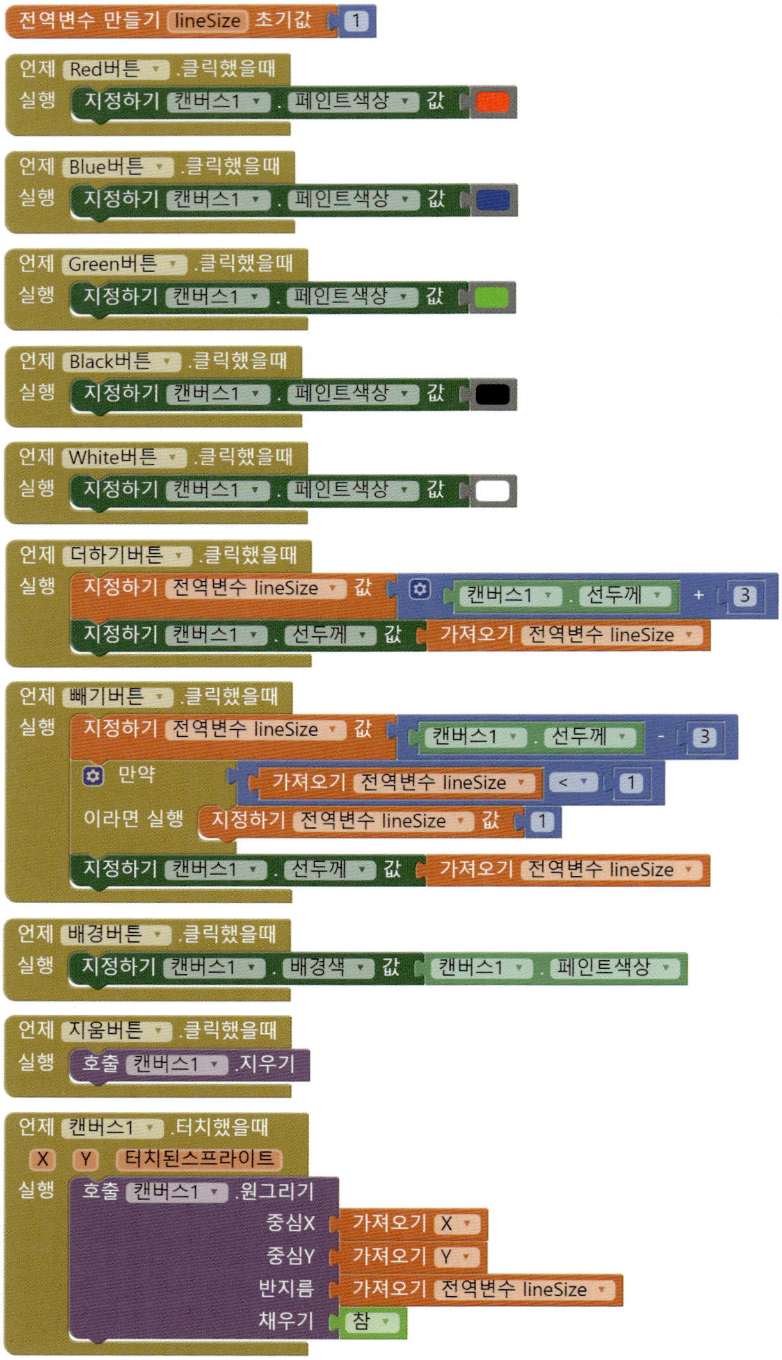

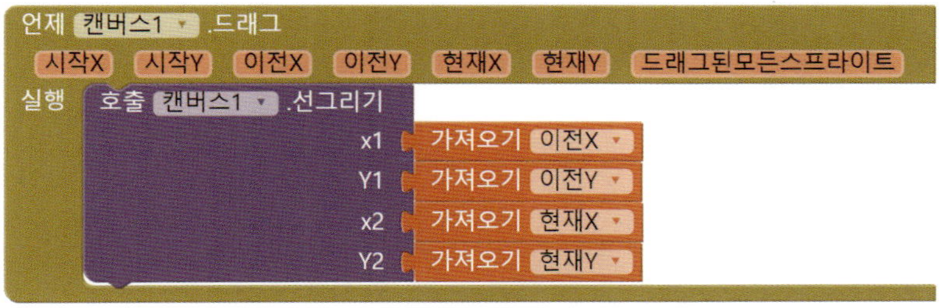

4 앱 테스트

에뮬레이터로 그림판 앱을 테스트해 보겠습니다. 여기에서 테스트하는 것 외에 자유롭게 여러 가지 그림을 그리면서 테스트해 보기를 권장합니다.

터치하여 원 그리기

빨간색을 선택하고 화면을 터치해 보면 원의 반지름이 1픽셀이므로 잘 보이지 않습니다. 화면 상단에 있는 더하기(+) 버튼을 클릭하여 선 두께를 증가시키고, 다시 터치해 봅니다.

[실행 결과]

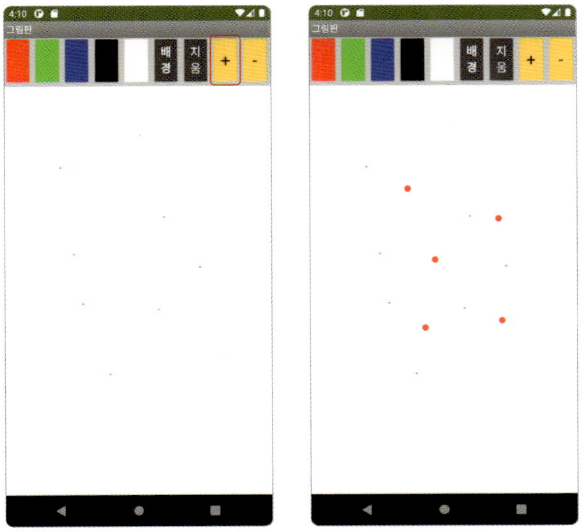

(a) 반지름이 1픽셀인 경우 (b) 더하기(+) 버튼을 한 번 클릭한 경우

그림 8-5 **터치하여 원 그리기**

드래그 기능 테스트하기

이번에는 파란색을 선택하여 드래그 기능을 테스트해 보겠습니다. 자유롭게 드래그해 보세요.

[실행 결과]

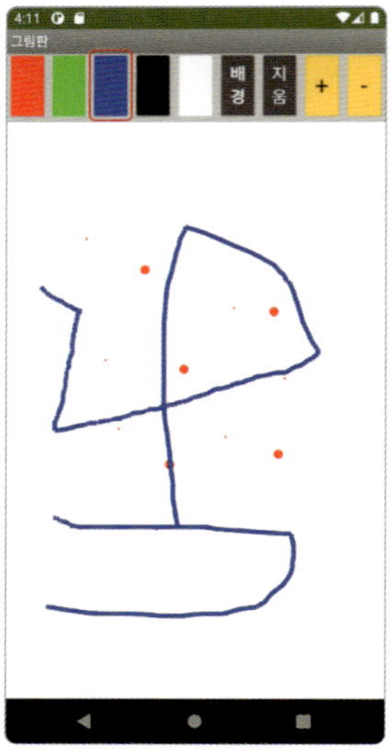

그림 8-6 **드래그 기능 테스트하기**

지우기 기능 테스트하기

'지움' 버튼을 클릭하여 그림을 모두 지웁니다.

[실행 결과]

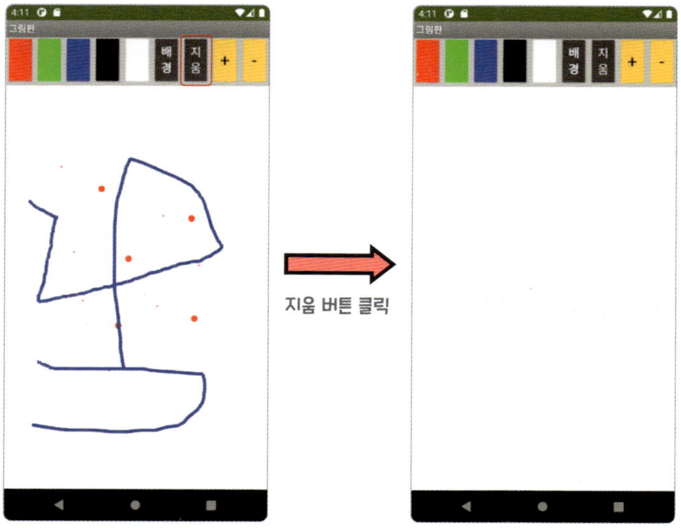

그림 8-7 **지우기 기능 테스트하기**

배경색 바꾸기 기능 테스트하기

배경색을 바꾸어 보겠습니다. 초록색을 선택하고 '배경' 버튼을 클릭해 봅니다.

[실행 결과]

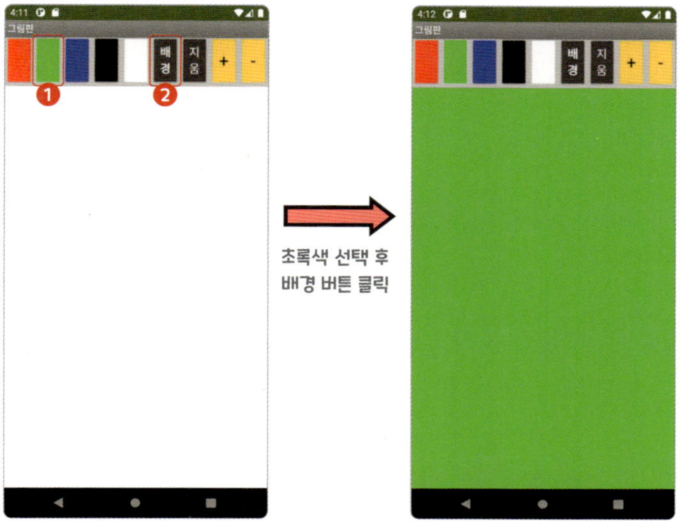

그림 8-8 **배경색 바꾸기 기능 테스트하기**

그림판으로 자유롭게 그리기

마지막으로 자유롭게 선의 굵기와 색상을 바꿔가며 그려봅니다.

[실행 결과]

그림 8-9 **그림판으로 자유롭게 그리기**

요약

01 캔버스 컴포넌트를 이용하여 원이나 선 그리기를 구현할 수 있습니다.

02 캔버스에서 원이나 선을 그릴 때, 선의 굵기는 '선 두께' 속성에서 설정합니다.

03 캔버스에서 원이나 선의 색상은 '페인트 색상' 속성으로 설정합니다.

04 캔버스 컴포넌트는 캔버스에서 터치나 드래그로 처리할 수 있는 이벤트 처리기를 제공합니다.

05 터치 이벤트 처리기는 캔버스에서 터치한 위치의 x, y 좌표와 이미지 스프라이트 정보를 매개변수로 전달합니다.

06 드래그 이벤트 처리기는 시작, 이전, 현재 위치의 x, y 좌표와 드래그된 스프라이트 정보를 매개변수로 전달합니다.

07 색상과 관련된 코딩 블록은 [공통 블록] 밑에 [색상]에서 제공합니다.

08 색상은 빨강, 검정 등 13개 색상 블록과 RGB값을 리스트로 설정하여 색상을 만드는 색상 만들기 블록을 제공합니다.

09 사진을 찍으려면 [팔레트]-[미디어]에 있는 '카메라' 컴포넌트를 사용합니다.

10 '슬라이더' 컴포넌트는 섬네일의 위치 변경 이벤트를 처리하는 블록을 제공합니다.

연습문제

01 다음은 [공통 블록]의 [색상]블록이 제공하는 블록입니다. 해당 블록에 대한 설명으로 옳지 않은 것을 고르세요.

① 리스트를 이용해 사용자가 원하는 색을 만들 수 있다.

② 리스트 항목은 설정 버튼을 통해 추가할 수 있다.

③ 색상의 범위값은 0 ~ 255까지 지정할 수 있다.

④ CMYK값의 범위를 지정하며 색을 만든다.

02 그림판 앱의 기본 동작은 터치와 드래그로 선을 그리는 것입니다. 이 동작을 실현하기 위해서 사용하는 블록은 무엇인가요?

① [제어] 블록　　② [함수] 블록　　③ [변수] 블록　　④ 캔버스 블록

03 다음은 그림판 앱을 제작하면서 사용한 블록의 일부입니다. 블록을 통해 알 수 있는 사실로 옳지 않은 것은 무엇인가요?

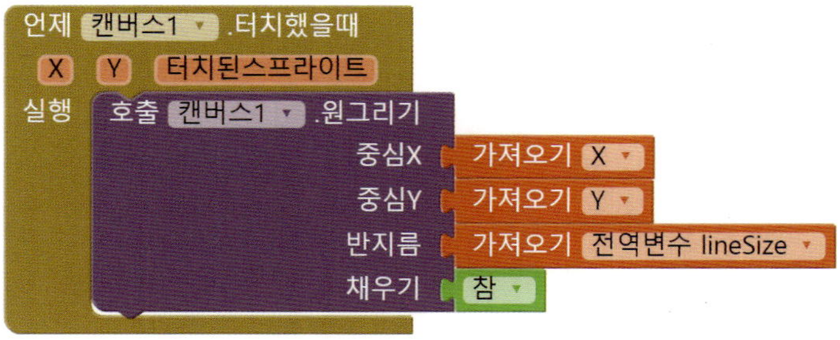

① 터치 이벤트 블록이 전달받은 매개변수는 총 3개이다.

② 해당 블록을 실행했을 때 그려지는 원의 내부 면적은 비워져 있다.

③ 해당 블록을 실행했을 때 그려지는 원의 선 두께 정보는 전역변수 'lineSize'에 저장되어 있다.

④ 터치 이벤트가 실행되면 캔버스1에서 터치한 위치의 X, Y좌표 정보가 매개변수로 전달된다.

04 '그림판 앱'에서 선택한 색상이 무엇인지 정확히 알 수 있도록 레이블을 하나 추가해 봅니다.

[힌트]

- 색상 버튼들과 배경 버튼 사이에 레이블 하나를 추가합니다.
- 색상 버튼의 클릭 이벤트를 처리할 때, 버튼의 색상으로 레이블 색상을 지정합니다.

[실행 결과]

하나 더 알기 ✓ 페인트 색상 설정 함수 호출하기

04번 문제를 잘 구현했나요? 그런데 뭔가 코드가 중복되는 것이 눈에 거슬리지 않나요? 이를 해결하기 위해 색상 버튼을 클릭했을 때 수행하는 코드를 함수로 만들고, 색상 버튼 클릭 이벤트 처리기에서는 함수를 호출하도록 코딩해 봅니다.

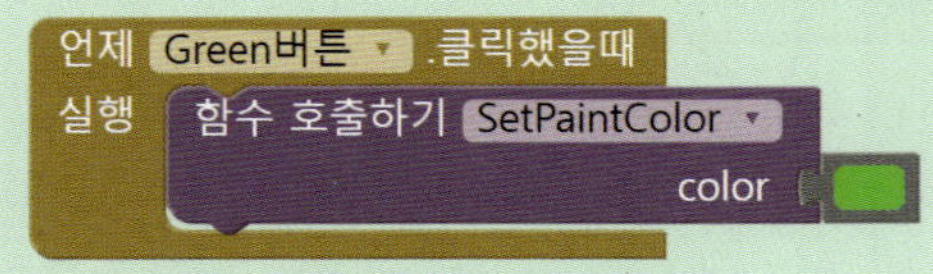

[그림 8-10]처럼 색상 블록도 인자로 보낼 수 있습니다.

그림 8-10 페인트 색상 설정 함수 호출하기

05 **04번에서 변형한 '그림판 앱'에 사진 기능을 추가합니다. 사진 이미지를 캔버스 배경에 넣고 그 위에 그림 그리는 기능을 코딩해 봅니다.**

[힌트]

- 새로운 기능을 몇 가지 추가하려고 하는데 현재 상단의 메뉴에는 더 이상 자리가 없습니다. 메뉴를 넣을 수 있도록 '수평배치' 컴포넌트를 추가하고, [높이]를 60픽셀로 설정하고, [너비]는 '부모 요소에 맞추기'로 지정합니다.
- '버튼' 컴포넌트를 추가합니다. '사진버튼'이라고 이름을 바꾸고, 텍스트는 '사진'이라고 설정합니다.

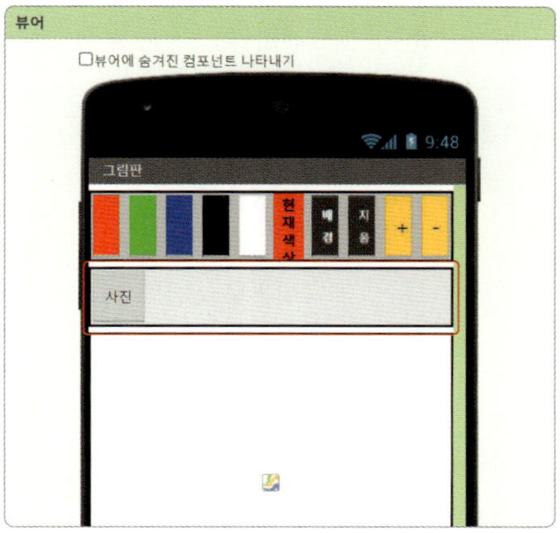

그림 8-11 **'수평배치' 컴포넌트와 '버튼' 컴포넌트 추가하기**

- [팔레트]-[미디어]에 있는 '카메라' 컴포넌트를 [뷰어] 영역으로 드래그합니다. '카메라' 컴포넌트가 제공하는 블록은 [표 8-4]와 같습니다. 이 블록을 이용해서 코딩합니다.

표 8-4 **카메라 컴포넌트의 코딩 블록**

블록	기능
호출 카메라1 .사진찍기	사진을 찍는다.
언제 카메라1 .사진찍은후에 이미지 실행	카메라가 사진을 찍으면 호출된다. 매개변수 '이미지'에 카메라로 찍은 사진이 전달된다.

'카메라' 컴포넌트는 보이지 않는 컴포넌트입니다.

[실행 결과]

> 사진을 찍은 다음에 캔버스의 배경 이미지로 해당 사진을 지정하면 됩니다. 에뮬레이터에서는 카메라 기능을 테스트할 수 없으므로 스마트폰에서 테스트해야 합니다.

06 **05번에서 변형한 '그림판 앱'에 원을 그리는 기능을 추가합니다. 메뉴에 원, 선 버튼을 추가하여 원 버튼을 클릭하면 원을 그리고, 선 버튼을 클릭하면 선을 그릴 수 있도록 코딩합니다.**

[힌트]

- 현재 선택한 그리기 항목이 무엇인지 저장하기 위해 변수를 하나 추가합니다.
- 캔버스의 드래그 클릭 이벤트 처리기를 수정합니다. 조건문을 사용하여 변수가 선인지 원인지에 따라 각각 선 그리기, 원 그리기를 호출합니다.
- 원 그리기는 좌표 계산이 필요합니다. [그림 8-12]의 좌표를 참조하여 원 그리기 블록의 중심 X, 중심 Y, 반지름을 계산합니다. 구현된 모습은 [실행 결과] (a) 를 참고합니다.

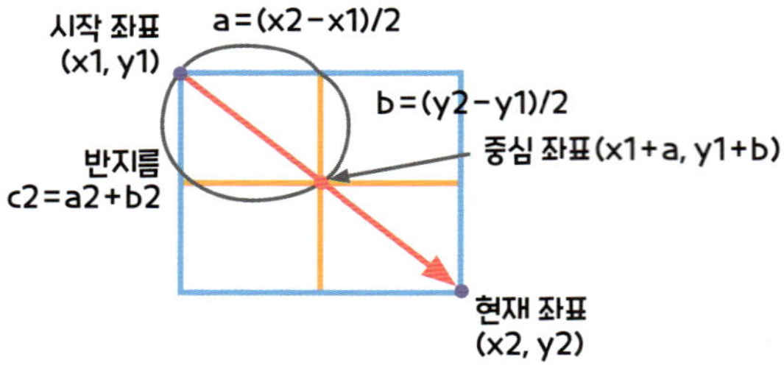

그림 8-12 **원을 그리기 위한 좌표 계산하기**

[실행 결과]

(a) 원 그리기　　(b) 선 그리기

하나 더 알기 ✓ **원 그리기**

원 그리기를 좀 더 살펴보겠습니다. **06**번의 [실행 결과](a)에서는 내부가 채워진 원을 그렸습니다. 이것은 '원그리기' 블록에서 '채우기' 항목을 '참'으로 설정했기 때문입니다. 이 항목을 '거짓'으로 한 다음에 원을 그리면 [그림 8-13]과 같은 현상이 나타납니다.

그림 8-13 **'채우기' 항목이 '거짓'인 경우 원 그리기**

이것은 드래그하면서 원을 그리기 때문입니다. 이런 현상을 방지하려면 캔버스 '터치다운'과 '터치업' 이벤트 처리를 해야 합니다.

(a) 터치다운 블록 (b) 터치업 블록

그림 8-14 캔버스 컴포넌트의 터치다운과 터치업 블록

터치다운과 터치업 블록은 해당 이벤트가 발생한 좌표만 제공합니다. 따라서 터치업을 했을 때 원을 그리려면, 터치다운한 좌표를 별도로 변수에 저장하고 있다가 활용해야 합니다.

그림 8-15 터치다운 블록과 터치업 블록을 이용한 원 그리기

07 **06**번에서 만든 앱에 사각형 그리는 기능을 추가합니다. 메뉴에 네모 버튼을 추가하여 네모 버튼을 클릭하면 사각형을 그리도록 코딩합니다.

[힌트]

- 캔버스는 원 그리기처럼 사각형 그리기 기능을 제공하지 않습니다. 입력받은 숫자는 리스트에 저장합니다.
- 대신에 캔버스에는 도형그리기 블록이 있습니다. 도형그리기 블록은 도형의 꼭지점 좌표를 리스트로 지정해야합니다.

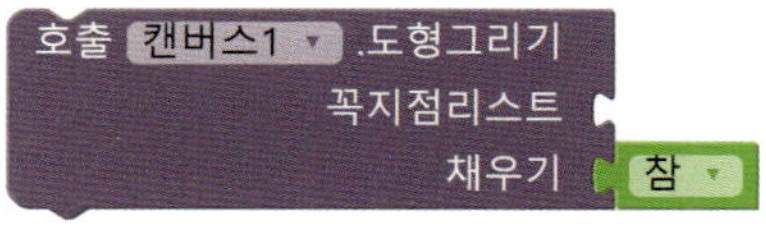

그림 8-16 **도형그리기 블록**

- 꼭지점 좌표의 리스트는 중첩 리스트입니다. 예를 들어 사각형을 그리기 위한 좌표는 ((x1, y1),(x1, y2),(x2, y2),(x2, y1))과 같은 형태의 중첩 리스트로 만들어야 합니다.
- 사각형 그리기도 그냥 드래그 하면서 그리면 다음의 [실행 결과](a)와 같은 형태로 나옵니다. **06**번의 〈하나 더 알기〉에서 한 것처럼 터치다운과 터치업 블록을 사용하면 [실행 결과](b)와 같이 나옵니다. 두 가지 경우 모두 코딩하여 확인해 봅니다.

[실행 결과]

(a) 드래그로 사각형 그리기

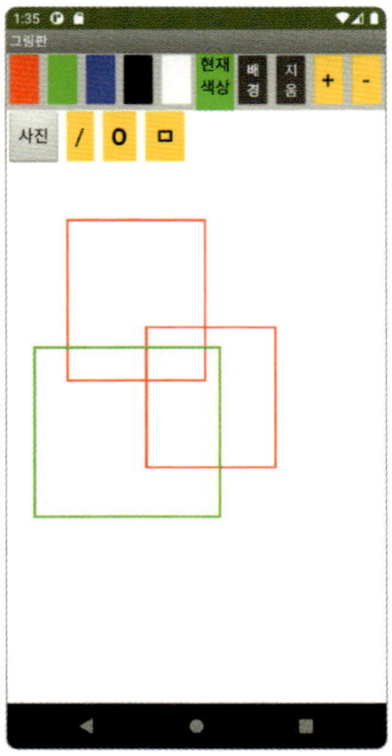

(b) 터치다운/터치업 블록 이용하기

08 **07**번에서 만든 앱에 삼각형을 그리는 기능을 추가합니다. 메뉴에 세모 버튼을 추가하여 세모 버튼을 클릭하면 삼각형을 그리도록 코딩합니다.

[힌트]

- 삼각형의 좌표는 다음과 같이 지정합니다.

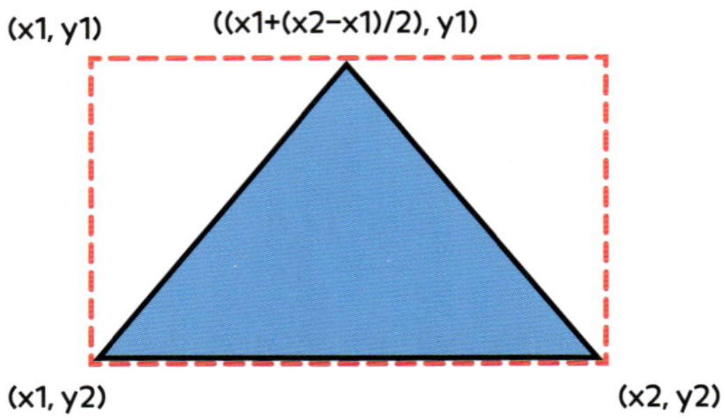

그림 8-17 **삼각형의 좌표**

[실행 결과]

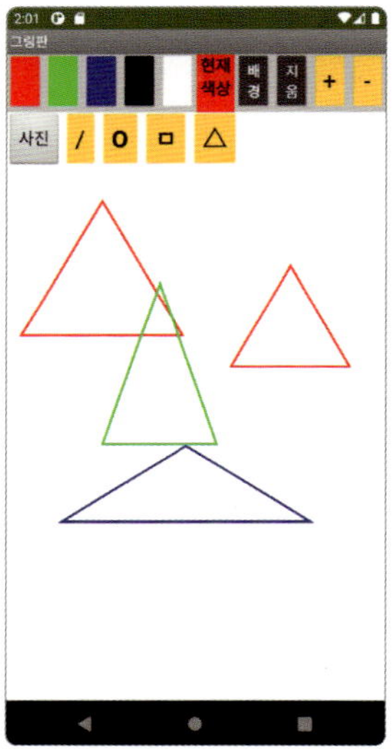

09 '그림판 앱'에서 이용할 수 있는 색상은 다섯 가지인데, 좀 더 다양한 색을 이용할 수 있도록 코딩해 봅니다.

[힌트]

- [색상 만들기] 블록에는 RGB 값을 지정하여 색상을 만들 수 있는 블록을 제공합니다. [색상 만들기] 블록은 RGB 값을 0~255 사이의 값으로 설정하여 색상을 만들 수 있습니다. 0~255 사이의 값은 '슬라이더' 컴포넌트를 활용합니다. RGB 세 가지 값을 만들어야 하므로 슬라이더 3개를 더 추가합니다. '슬라이더' 컴포넌트의 속성 중 [왼쪽 색], [오른쪽 색], [너비], [최댓값(255)], [최솟값(0)]을 수정합니다.

그림 8-18 색상 만들기 블록

- '슬라이더' 컴포넌트는 섬네일의 위치 변경 이벤트 처리하는 블록을 제공합니다. 슬라이더의 값을 읽어 캔버스의 페인트 색상 값을 변경하면 됩니다.

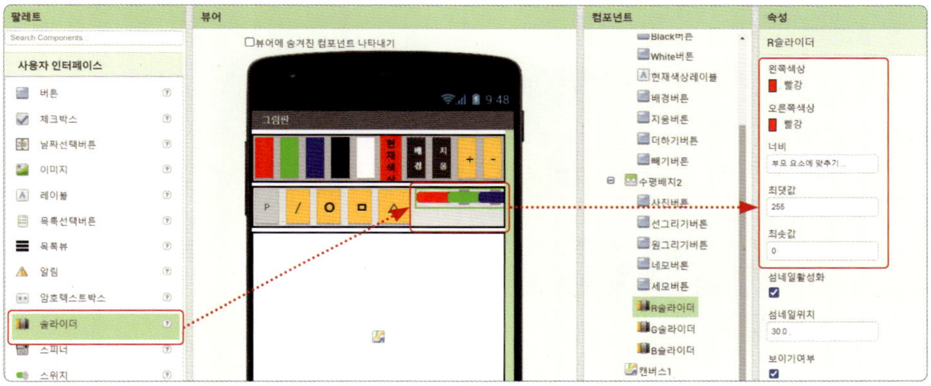

그림 8-19 슬라이더 컴포넌트 추가하기

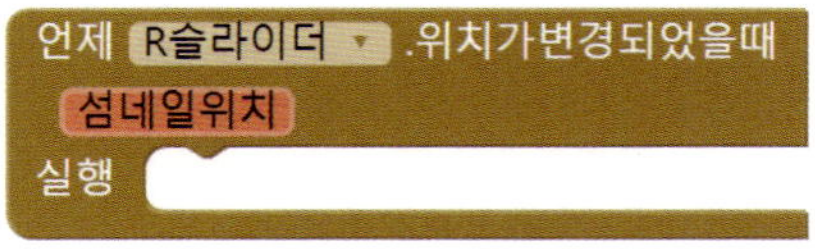

그림 8-20 슬라이더의 위치 변경 이벤트 처리 블록

- RGB 값을 각각 저장하기 위한 변수를 선언하고, 슬라이더의 값이 바뀌면 변수의 값을 수정한 뒤 페인트 색상 값을 바꾸도록 합니다.

[실행 결과]

하나 더 알기 **캔버스의 내용 저장하기와 저장 경로 확인하기**

캔버스의 내용을 저장하고 싶다면 '저장' 버튼을 만든 후, '저장' 버튼을 클릭했을 때 [그림 8-21]과 같은 블록을 실행시킵니다. 파일 이름은 텍스트 블록으로 만듭니다. [결과값 무시하고 실행하기] 블록은 [제어]에 있고, [호출 '캔버스 1'.다른이름으로저장하기] 블록은 '캔버스1'에 있습니다.

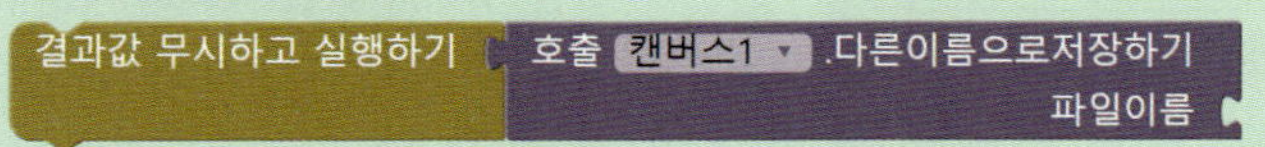

그림 8-21 **캔버스 내용 저장 블록**

파일이 저장되는지 확인하려면 스마트폰으로 확인해야 합니다. 안드로이드폰의 경우 파일이 저장되는 경로는 다음과 같습니다.

[내장메모리/Android/data/appinventor.ai_아이디.파일명/files/000.png]

파일 경로를 앱에서 직접 확인하려면 [그림 8-22]와 같이 레이블을 하나 추가한 후 경로를 출력하면 됩니다.

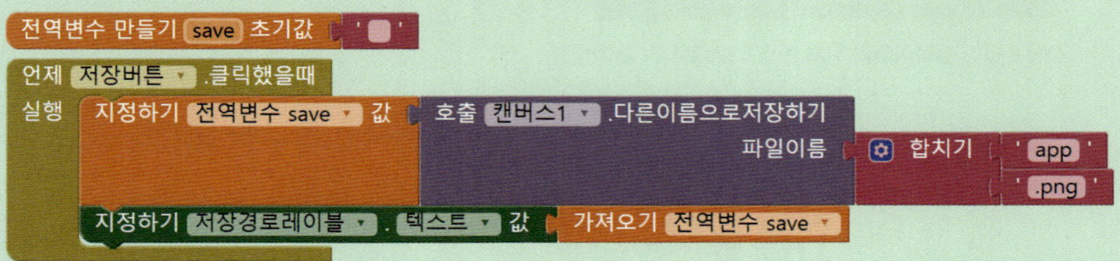

그림 8-22 **파일 저장 경로 확인 블록**

그림 8-23 파일 경로 확인 예시

[그림 8-23]은 에뮬레이터로 테스트한 화면입니다. 스마트폰을 이용해 앱에서 직접 테스트하면 경로는 달라질 것입니다.

CHAPTER 09

가위바위보 게임 앱 만들기

학습목표

- 난수를 사용하는 방법을 알아봅니다.
- 이미지 컴포넌트 사용 방법을 알아봅니다.
- 결과값이 있는 함수를 만들어 봅니다.
- 중첩 조건문을 사용하여 앱을 만들어 봅니다.

Preview

이번 장에서는 우리가 평소에도 자주 하는 가위바위보를 앱으로 만들어 볼 것입니다. 물론, 가위바위보를 사람과 하는 것이 아니라 앱과 사용자가 하는 것입니다. 앱과 사용자는 동시에 가위, 바위, 보를 냅니다. 사용자는 화면에서 직접 항목을 선택하고, 앱은 난수를 만들어 가위, 바위, 보를 선택합니다. 앱과 사용자의 승패를 판정하기 위해 조건문을 사용하여 앱과 사용자가 선택한 가위, 바위, 보 항목을 비교하겠습니다. 조금 더 나아가 연습문제에서는 가위, 바위, 보 게임을 응용해 승패 규칙을 다르게 적용하는 묵찌빠 게임을 만들어 볼 것입니다. 이 과정으로 프로그래밍 요소에 대한 이해도 깊어지고 우리가 흔히 하던 놀이를 게임으로 만들어 보는 재미를 느낄 수 있을 것입니다.

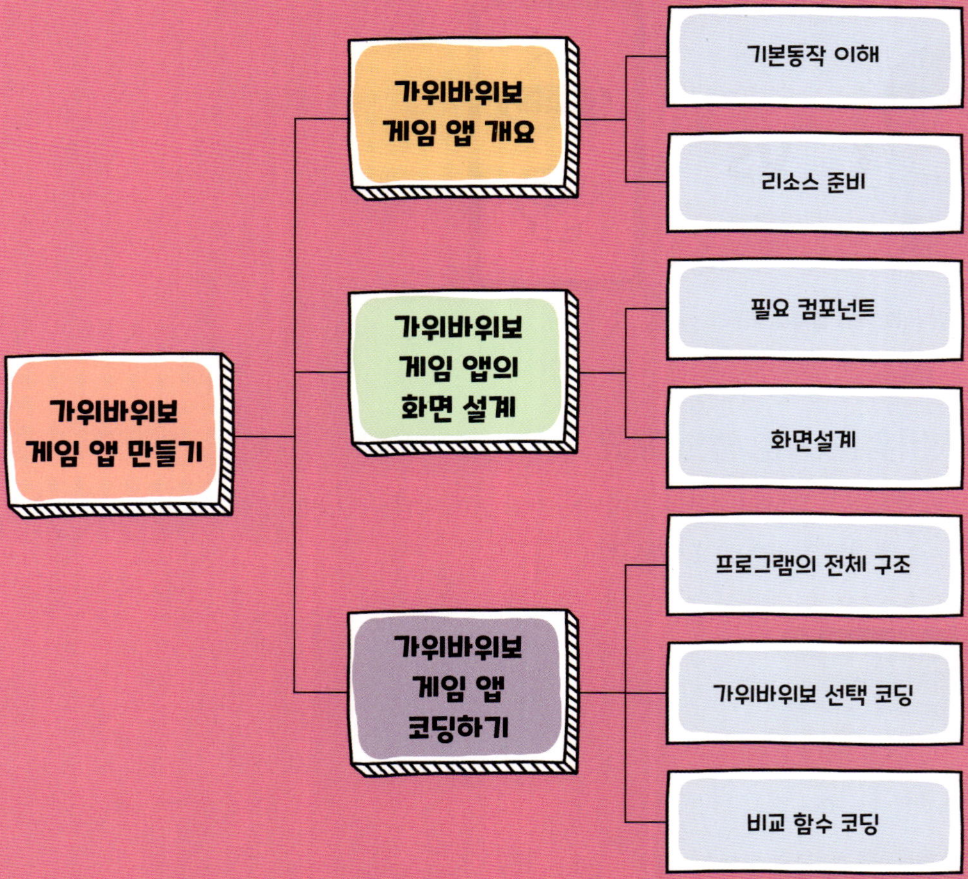

Section 01

가위바위보 게임 앱 알아보기

이번 장에서는 모두가 알고 있는 가위바위보 게임 앱을 만들어 보겠습니다. 여기서 만드는 가위바위보 게임은 '사람 대 사람'이 아닌 '사람 대 앱'이 승부를 겨루는 게임입니다.

그림 9-1 가위바위보 게임 앱의 실행 구조

1 가위바위보 게임 앱의 개요

가위바위보 게임 앱은 [그림 9-2]와 같이 사용자와 앱이 각각 가위, 바위, 보 중 하나를 내어 승부를 가리고, 승패 전적을 점수로 표시합니다.

그림 9-2 가위바위보 게임 앱

가위바위보 게임에서 제공하는 기능은 다음과 같습니다.

- **가위, 바위, 보 표시** 사용자가 가위, 바위, 보 중 하나를 선택하면 해당 이미지가 '나' 쪽에 표시됩니다. 그리고 앱은 난수를 생성하여 가위, 바위, 보 중 하나를 선택하고, 해당 이미지를 '앱' 쪽에 표시합니다.
- **ROUND 표시** 현재 몇 번째 대결인지를 숫자로 알려줍니다.
- **점수 표시** 사용자(나)와 앱의 대결 점수를 누적 점수로 표시합니다.
- **승패 메시지 표시** 사용자(나)와 앱 중 누가 이겼는지를 메시지로 출력합니다.
- **다시하기** 점수를 0으로 초기화하고 다시 대결합니다.

2 기초 지식 이해

가위바위보와 같은 게임을 만들기 위해서는 게임 규칙이 명확해야 합니다. 가위바위보 게임은 규칙이 명확하기 때문에 추가 설명은 생략하겠습니다.

사용하는 프로그래밍 요소

가위바위보 게임에서 사용하는 프로그래밍 요소는 전역변수, 조건문, 관계 연산자, 함수입니다.

- **전역변수** 현재 라운드 숫자, 점수, 난수를 저장합니다.
- **조건문** 앱과 사용자가 선택한 가위, 바위, 보를 비교하여 승패를 판단합니다.
- **관계 연산자** 조건문에서 값을 비교합니다.
- **함수** 앱이 가위, 바위, 보를 선택하는 코드와 승패를 결정하는 코드를 함수로 구현합니다.

사용하는 컴포넌트

[그림 9-2]에서 보는 것처럼 가위바위보 게임 앱은 레이블, 버튼, 수평배치 컴포넌트와 버튼 클릭 이벤트를 사용합니다. 가위, 바위, 보를 표시하기 위해 이미지 컴포넌트를 사용하며, 버튼은 텍스트가 아닌 이미지를 사용합니다.

3 문제 이해

가위바위보 게임은 사용자와 앱이 승부를 겨루는 게임입니다. 상단에 제목이 표시되고 가위, 바위, 보 중 선택한 결과가 이미지로 보여집니다. 중간에는 점수와 승패가 표시되며, 하단에는 사용자가 가위, 바위, 보를 선택할 수 있도록 버튼을 배치합니다. 코딩에 필요한 기본적인 동작 흐름을 알아보겠습니다.

❶ 게임을 시작하면 아직 가위, 바위, 보를 선택하지 않았으므로 상단에는 비어있는 이미지가 표시되고, 라운드와 점수는 0으로 초기화됩니다.
❷ 사용자가 하단의 가위, 바위, 보 중 하나를 클릭하면 상단의 사용자 레이블에 선택한 이미지가 나타납니다.
❸ 1에서 3사이의 난수를 발생시켜 앱이 가위, 바위, 보를 선택하도록 하고, 해당 이미지를 상단의 앱 레이블에 표시합니다.
❹ 라운드를 1 증가시킵니다.
❺ 사용자의 선택과 앱의 선택을 비교하여 승패를 결정합니다.
❻ 결정된 승패에 따라 점수를 증가시키고, 승패 메시지를 출력합니다.
❼ '다시하기' 버튼을 클릭하면, ❶번으로 돌아가 이미지와 점수, 메시지를 초기화합니다.

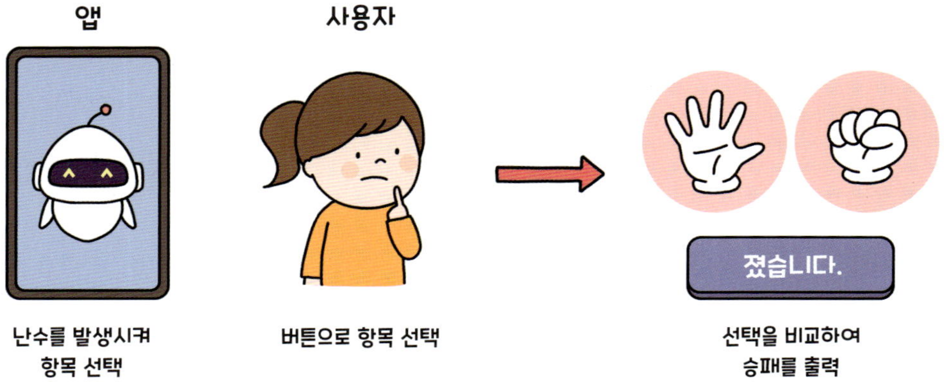

그림 9-3 가위바위보 게임 문제 이해

4 리소스 준비

가위바위보 게임은 가위, 바위, 보 이미지와 비어있는 레이블을 표시하기 위한 이미지가 필요합니다. 가위, 바위, 보 이미지는 직접 만들거나 인터넷에서 검색하여 사용하고, 비어있는 이미지는 직접 만들어서 사용합니다. 이미지의 크기는 60×60픽셀 정도를 추천합니다. 만약, 적당한 이미지를 구하지 못했다면 텍스트를 사용해도 됩니다.

예제 소스에서 이미지 파일을 따로 제공합니다.

그림 9-4 가위, 바위, 보 이미지와 빈 이미지

Section 02

가위바위보 게임 앱 화면 설계하기

1 화면 설계에 필요한 컴포넌트

가위바위보 게임 앱의 전체 구성은 [그림 9-2]와 같습니다. 가위바위보 게임 앱을 설계하는 데 필요한 컴포넌트는 [표 9-1]에 정리하였습니다.

표 9-1 가위바위보 게임 설계에 필요한 컴포넌트

컴포넌트	위치	역할
수평배치 3개	[팔레트]-[레이아웃]	레이블과 이미지를 수평으로 세 줄 배치한다.
레이블 10개	[팔레트]-[사용자 인터페이스]	게임 제목, 라운드, 점수, 승패 메시지 등을 표시하기 위해 총 10개의 레이블을 사용한다.
수평배치 1개	[팔레트]-[레이아웃]	버튼을 수평으로 배치한다.
버튼 4개	[팔레트]-[사용자 인터페이스]	가위, 바위, 보, 다시하기 버튼에 사용한다.

2 화면 설계

다음과 같은 순서로 그림판 앱의 화면을 설계해 봅니다.

01 새 프로젝트 시작하기 새 프로젝트를 만들고 프로젝트의 이름을 'srpGame01'로 합니다. 그리고 에뮬레이터를 동작시킵니다. 'Screen1' 제목을 '가위바위보'로 바꿉니다.

02 이미지 파일 4개 올리기 [미디어] 영역에서 [파일 올리기] 버튼을 클릭하여 4개의 이미지 파일(가위, 바위, 보, 빈 이미지)을 불러옵니다.

TIP

예제 소스에 있는 이미지 파일인 scissors.jpg, rock.jpg, paper.jpg, blank.png를 사용합니다.

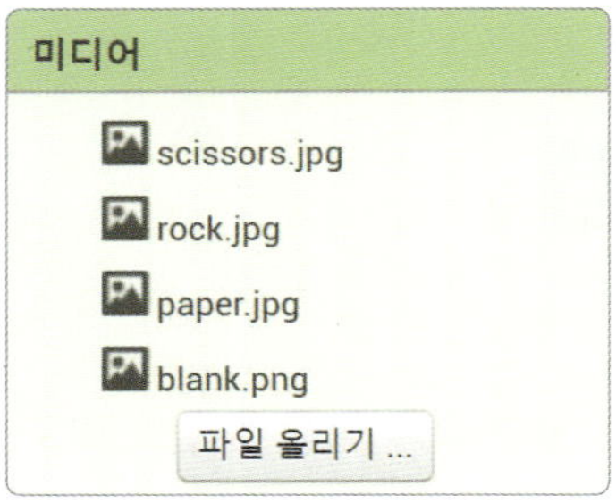

03 제목용 레이블 컴포넌트 배치하고 수정하기 제목을 위한 '레이블' 컴포넌트를 [뷰어] 영역으로 드래그하고, [표 9-2]를 참고하여 이름과 속성을 수정합니다.

표 9-2 제목용 레이블 컴포넌트의 속성 수정하기

컴포넌트	이름 수정	속성	속성 수정
레이블1	제목레이블	배경색	주황
		글꼴굵게	활성화
		글꼴크기	30
		너비	부모 요소에 맞추기
		텍스트	가위바위보
		텍스트정렬	가운데:1

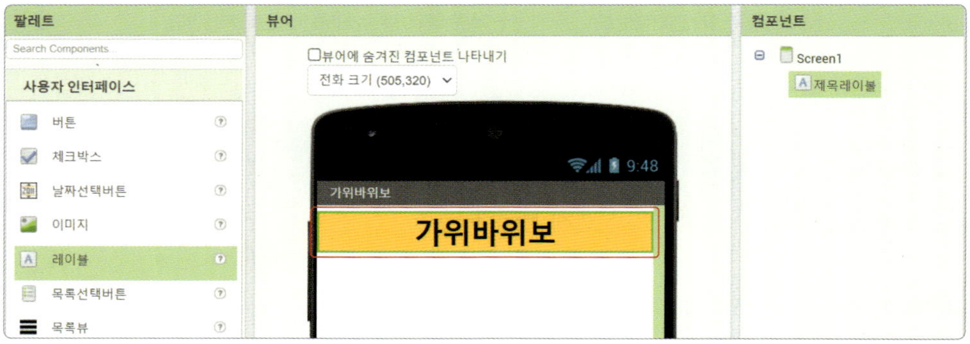

04 수평배치 컴포넌트 3개 배치하고 수정하기 '수평배치' 컴포넌트 3개를 [뷰어] 영역으로 드래그하고, [너비] 속성을 모두 '부모 요소에 맞추기'로 설정합니다.

05 레이블 컴포넌트 3개 배치하고 수정하기 첫 번째 '수평배치' 컴포넌트 안으로 '레이블' 컴포넌트 3개를 드래그하고, [표 9-3]을 참고하여 이름과 속성을 수정합니다.

표 9-3 레이블 컴포넌트 3개의 속성 수정하기

컴포넌트	이름 수정	속성	속성 수정
레이블1	앱레이블	배경색	밝은 회색
		글꼴굵게	활성화
		글꼴크기	20
		너비	부모 요소에 맞추기
		텍스트	앱
		텍스트정렬	가운데:1
레이블2	라운드레이블	배경색	밝은 회색
		글꼴굵게	활성화
		글꼴크기	20
		너비	부모 요소에 맞추기
		텍스트	ROUND
		텍스트정렬	가운데:1
레이블3	나레이블	배경색	밝은 회색
		글꼴굵게	활성화
		글꼴크기	20
		너비	부모 요소에 맞추기
		텍스트	나
		텍스트정렬	가운데:1

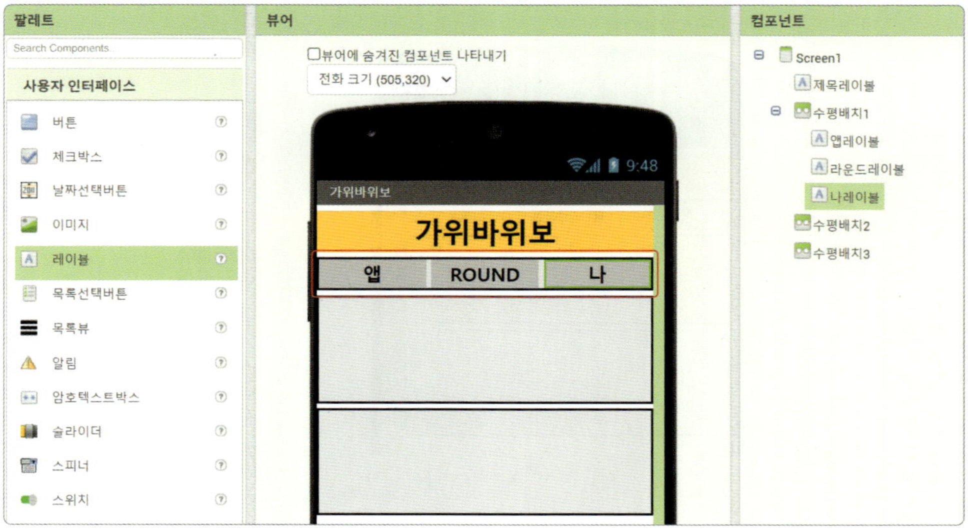

06 이미지 컴포넌트와 레이블 컴포넌트 배치하고 수정하기 두 번째 '수평배치' 컴포넌트 안으로 '이미지' 컴포넌트 2개와 '레이블' 컴포넌트 1개를 드래그하고, [표 9-4]를 참고하여 이름과 속성을 수정합니다.

표 9-4 이미지 컴포넌트 2개와 레이블 컴포넌트의 속성 수정하기

컴포넌트	이름 수정	속성	속성 수정
이미지1	앱선택	높이	80픽셀
		너비	부모 요소에 맞추기
		사진	blank.png
레이블1	라운드숫자레이블	배경색	없음
		글꼴굵게	활성화
		글꼴크기	25
		높이	80픽셀
		너비	부모 요소에 맞추기
		텍스트	0
		텍스트정렬	가운데:1
이미지2	나선택	높이	80픽셀
		너비	부모 요소에 맞추기
		사진	blank.png

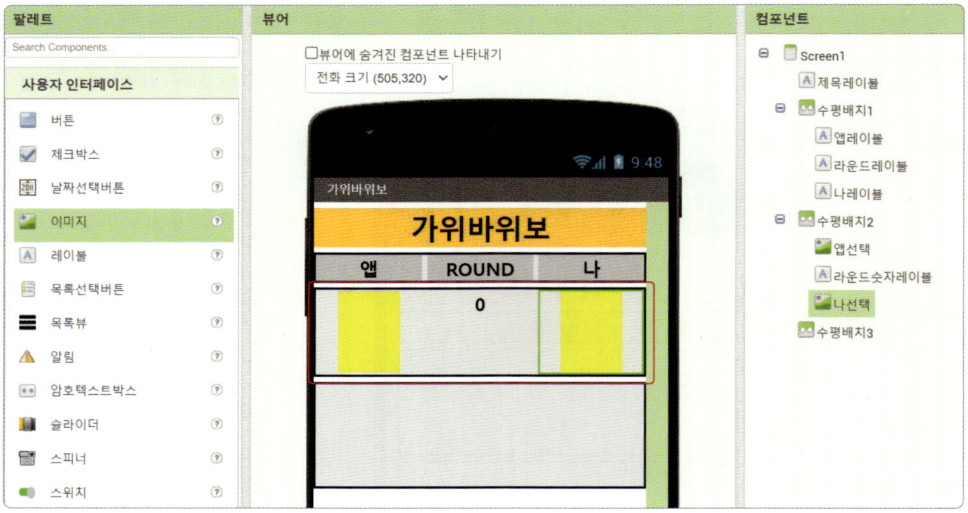

07 점수용 레이블 컴포넌트 배치하고 수정하기 세 번째 '수평배치' 컴포넌트 안으로 '레이블' 컴포넌트 3개를 드래그하고, [표 9-5]를 참고하여 이름과 속성을 수정합니다.

표 9-5 레이블 컴포넌트 3개의 속성 수정하기

컴포넌트	이름 수정	속성	속성 수정
레이블1	앱점수	배경색	없음
		글꼴굵게	활성화
		글꼴크기	30
		높이	60픽셀
		너비	부모 요소에 맞추기
		텍스트	0
		텍스트정렬	가운데:1
레이블2	점수레이블	배경색	없음
		글꼴굵게	활성화
		글꼴크기	20
		높이	60픽셀
		너비	부모 요소에 맞추기
		텍스트	점수
		텍스트정렬	가운데:1
레이블3	나점수	배경색	없음
		글꼴굵게	활성화
		글꼴크기	30
		높이	60픽셀
		너비	부모 요소에 맞추기
		텍스트	0
		텍스트정렬	가운데:1

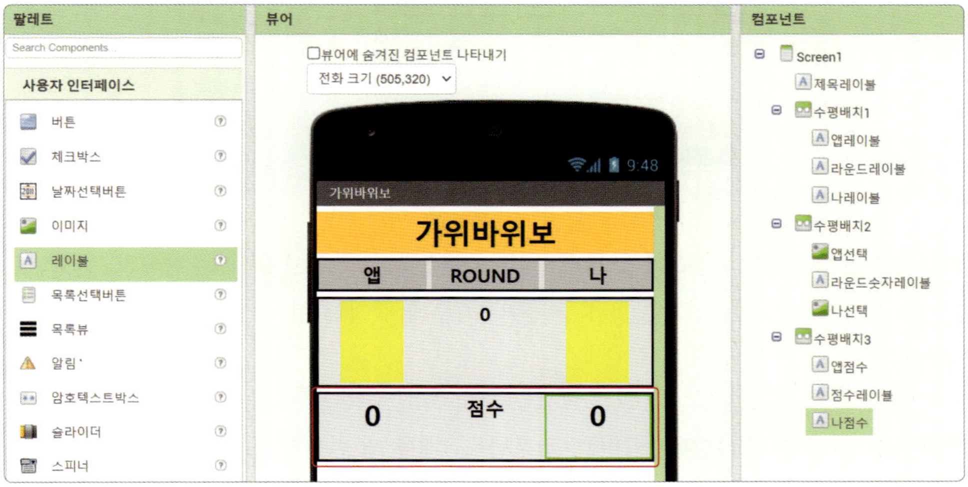

08 메시지용 레이블 컴포넌트 배치하고 수정하기 승패 메시지 표시를 위한 '레이블' 컴포넌트와 안내 메시지를 위한 '레이블' 컴포넌트를 [뷰어] 영역으로 드래그하고, [표 9-6]을 참고하여 이름과 속성을 수정합니다.

표 9-6 메시지용 레이블 컴포넌트 2개의 속성 수정하기

컴포넌트	이름 수정	속성	속성 수정
레이블1	승패레이블	배경색	분홍
		글꼴굵게	활성화
		글꼴크기	25
		너비	부모 요소에 맞추기
		텍스트	승패
		텍스트정렬	가운데:1
레이블2	안내레이블	배경색	어두운 회색
		너비	부모 요소에 맞추기
		텍스트	가위, 바위, 보를 선택하세요.
		텍스트정렬	가운데:1
		텍스트색상	흰색

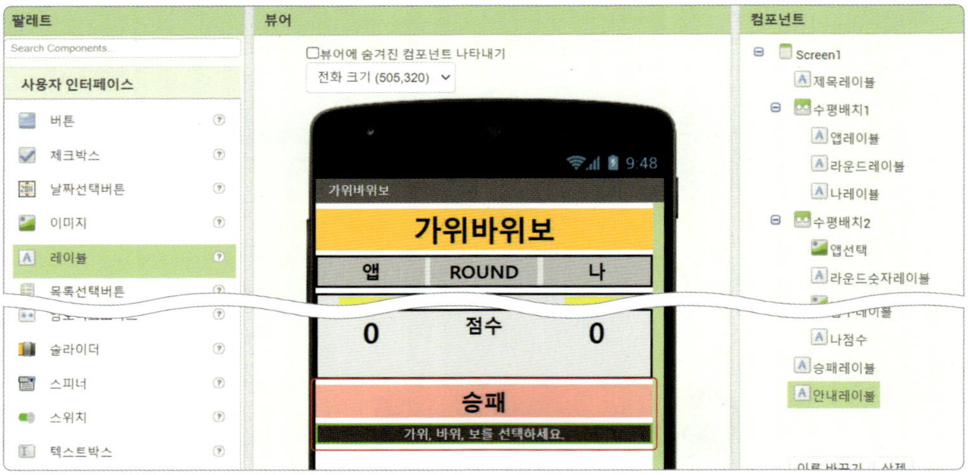

09 수평배치 컴포넌트 배치하고 수정하기 가위, 바위, 보 버튼을 설치하기 위해 '수평배치' 컴포넌트를 [뷰어] 영역으로 드래그하고, [수평정렬] 속성은 '가운데:3', [너비] 속성은 '부모 요소에 맞추기'로 설정합니다.

10 버튼 컴포넌트 4개 배치하고 수정하기 '버튼' 컴포넌트 4개를 네 번째 '수평배치' 컴포넌트 안으로 드래그하고, [표 9-7]을 참고하여 이름과 속성을 수정합니다.

표 9-7 **버튼 컴포넌트 4개의 속성 수정하기**

컴포넌트	이름 수정	속성	속성 수정
버튼1	가위버튼	높이	80픽셀
		너비	부모 요소에 맞추기
		이미지	scissors.jpg
		텍스트	
버튼2	바위버튼	높이	80픽셀
		너비	부모 요소에 맞추기
		이미지	rock.jpg
		텍스트	
버튼3	보버튼	높이	80픽셀
		너비	부모 요소에 맞추기
		이미지	paper.jpg
		텍스트	
버튼4	다시하기버튼	높이	80픽셀
		너비	부모 요소에 맞추기
		텍스트	다시하기

11 에뮬레이터에서 가위바위보 게임 앱 확인하기 화면 설계가 완료되었습니다. 에뮬레이터에 연결하여 [그림 9-1]과 비교해 봅니다.

Section 03

가위바위보 게임 앱 코딩하기

블록 편집 화면에서 가위바위보 게임 앱을 코딩해 봅니다. 전체적인 구조를 먼저 살펴본 다음 가위, 바위, 보를 선택하는 부분과 선택에 따른 승패를 판단하는 부분으로 구분하여 코딩합니다. 승패를 판단하는 부분은 조건문이 약간 복잡하므로 주의해서 블록을 결합해야 합니다. 순서대로 따라 하면 쉽게 가위바위보 게임 앱을 완성할 수 있을 것입니다.

1 프로그램의 전체 구조

가위바위보 게임을 처리하기 위해 함수를 두 개 만들어 [그림 9-5]와 같은 흐름으로 구현할 것입니다.

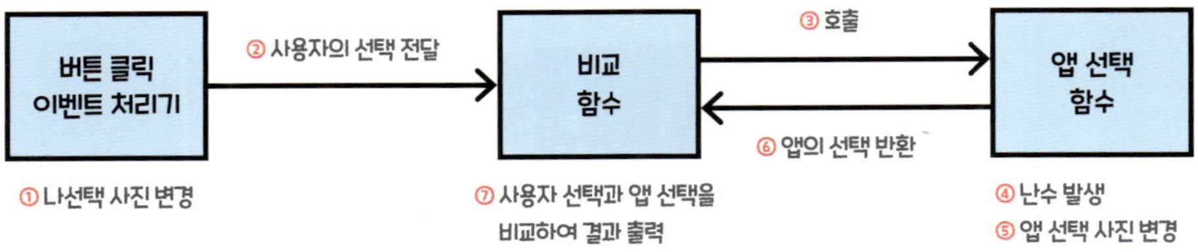

그림 9-5 가위바위보 게임의 처리 흐름도

- 사용자가 버튼(가위, 바위, 보)을 클릭하면 '나선택' 사진이 변경되고, 비교 함수를 호출합니다. 이때, 사용자가 선택한 정보를 매개변수로 전달합니다.
- 비교 함수는 앱 선택 함수를 호출하고, 앱이 선택한 정보를 돌려받아 사용자 선택과 앱 선택을 비교하여 승패를 판단하고 결과를 출력합니다.
- 앱 선택 함수는 난수를 발생하여 가위, 바위, 보를 결정하고, '앱 선택' 사진을 변경한 뒤 비교 함수로 선택 값을 돌려줍니다.

2 사용자의 가위, 바위, 보 선택 코딩

01 '나선택' 사진 바꾸기 먼저 사용자가 가위, 바위, 보를 선택하는 기능에 대해 코딩해 보겠습니다. 사용자가 가위, 바위, 보 버튼 중 하나를 클릭하면 먼저 '나선택' 사진이 바뀝니다. 예를 들어, 가위 버튼을 클릭할 경우 '나선택' 사진이 가위 사진으로 바뀌는 것입니다.

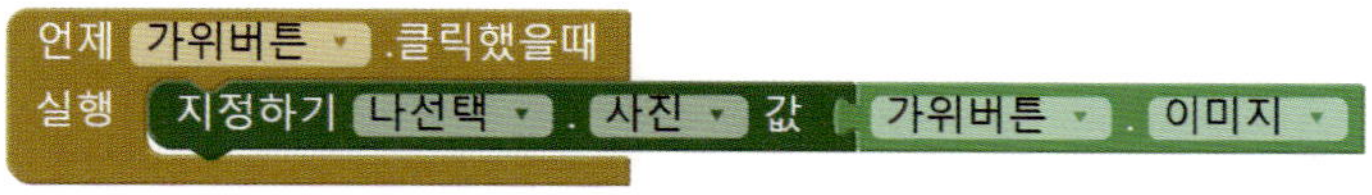

[그림 9-6]과 같이 에뮬레이터에서 '나선택' 사진이 가위로 바뀌었다면 제대로 처리된 것입니다.

그림 9-6 **나선택 사진이 바뀐 모습**

02 바위 버튼과 보 버튼 코딩하기 바위 버튼과 보 버튼도 가위 버튼의 클릭 이벤트처럼 코딩합니다.

3 앱의 가위, 바위, 보 선택 코딩

앱도 가위, 바위, 보를 선택해야 합니다. 이 부분은 함수로 만들어야 하는데, [그림 9-5]에서 설명한 것처럼 반환값이 있는 함수로 만들어야 합니다. 반환값이 있는 함수 블록의 사용은 다소 복잡하므로 잘 따라와야 합니다.

03 결과가 있는 함수 블록 드래그하기 [공통 블록] 밑에 [함수]에서 [함수 만들기 'procedure' – 결과값 반환] 블록을 [뷰어] 영역으로 드래그하고 함수 이름을 '앱선택'으로 변경합니다.

04 지역변수 선언하기 결과값을 돌려주기 위해서 [공통 블록] 밑에 [변수]에 있는 지역변수 블록인 [지역변수 만들기 '이름' 초기값] 블록을 드래그하여 결합하고, 변수 이름을 'choice'로 변경합니다.

05 난수 생성하기 난수를 생성하여 앱이 가위, 바위, 보를 선택하도록 합니다. 난수는 1부터 3사이의 값을 생성하여 'choice' 변수에 저장합니다. 1은 가위, 2는 바위, 3은 보로 처리할 것입니다.

06 '실행 후-결과값 반환' 블록 결합하기 이제 생성된 난수에 따라 '앱선택' 사진을 바꾸고 돌려줄 결과값을 저장하겠습니다. 이를 위해 [제어]에 있는 [실행 후 – 결과값 반환] 블록을 [뷰어] 영역으로 드래그하여 결합합니다. 'choice' 변수 값을 결과값으로 가져오도록 합니다.

07 난수에 따라 '앱선택' 사진 바꾸기 이제 실행 부분을 코딩하겠습니다. 여기는 난수값에 따라 '앱선택'의 사진을 바꾸고, 돌려줄 결과값을 저장하도록 조건문 블록을 사용합니다.

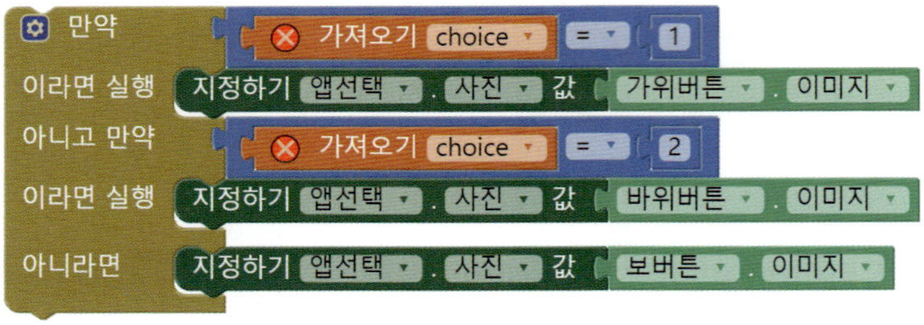

08 가위, 바위, 보 텍스트 지정하기 비교 함수에서 가위, 바위, 보를 비교하기 위해 숫자(1~3)로 해도 되지만, 사용자가 이해하기 쉽게 텍스트(가위, 바위, 보)를 사용합니다. 따라서 난수에 따라 'choice'의 값을 텍스트로 바꿉니다.

09 '앱선택' 함수의 전체 코드 확인하기 이제 조건문을 조립하면 '앱선택' 함수가 완성됩니다. 조금 복잡해 보이나요? 앞에서부터 다시 천천히 되짚어 코드를 확인해 보면 어렵지 않을 것입니다.

4 비교 함수 코딩

이제 비교 함수를 만들어 보겠습니다. 앱이 선택한 것은 '앱선택' 함수가 돌려줄 것입니다. 그럼 사용자가 선택한 것은 어떻게 가져올까요? 전역변수를 사용할 수도 있지만 비교 함수의 매개변수로 돌려받도록 코딩해 보겠습니다.

10 라운드와 점수를 저장하기 위한 변수 선언하기 먼저 라운드 번호와 점수를 저장할 전역변수를 선언하고 0으로 초기화합니다.

11 '비교' 함수 블록을 드래그하여 매개변수 선언하기 [공통 블록] 밑에 [함수]에서 [함수 만들기 '함수' – 실행] 블록을 [뷰어] 영역으로 드래그합니다. 함수명은 '비교'로 변경하고, 매개변수를 하나 추가한 후 변수명을 'user'로 설정합니다. user 변수에 사용자가 선택한 값이 전달될 것입니다.

12 라운드 번호 증가하기 라운드 번호를 1 증가하고, '라운드숫자레이블'로 출력합니다.

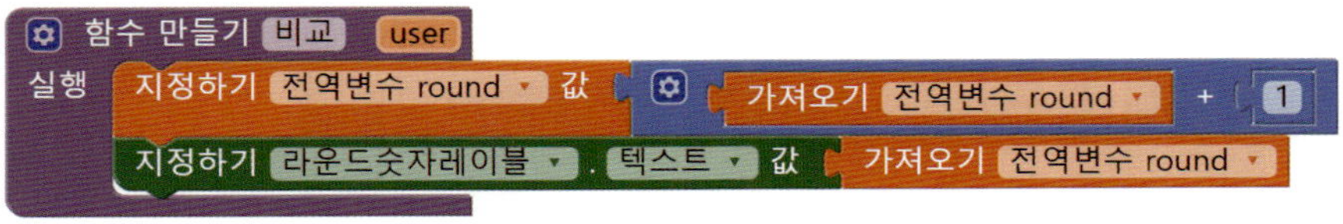

13 지역변수를 드래그하여 변수 이름 변경하기 이제 비교 함수가 해야 할 작업은 '앱선택' 함수를 호출하고 결과값을 돌려받는 것입니다. 결과값은 지역변수에 저장해야 하므로 [공통 블록] 밑에 [변수]에서 지역변수 초기화 블록인 [지역변수 만들기 '이름' 초기값 – 실행] 블록을 드래그하여 결합한 후, 변수 이름은 'app'으로 설정합니다.

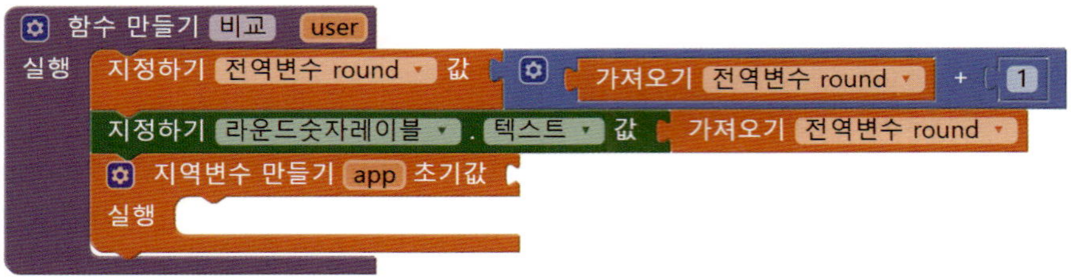

14 '앱선택' 함수 호출하기 지역변수 app의 값은 '앱선택' 함수가 반환하는 값이므로 [공통 블록]밑에 [함수]에서 '앱선택' 호출 블록인 [call '앱선택'] 블록을 드래그하여 지역변수 app 값에 결합합니다.

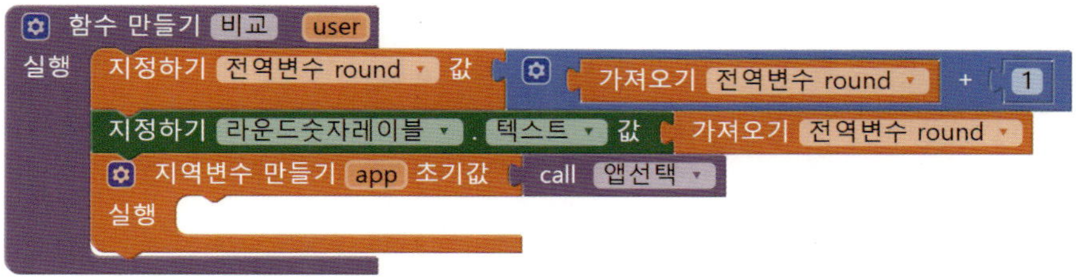

15 텍스트 비교하기 블록 사용하기 이제 사용자 선택(변수 user)과 앱 선택(변수 app)을 모두 확보하였습니다. 조건문으로 이 두 변수를 비교하여 승패를 결정하면 됩니다. 먼저 user나 app 변수에 저장된 값은 모두 텍스트이므로 조건문 블록 중에서 [공통 블록] 밑에 [텍스트]에 있는 [텍스트 비교하기] 블록을 사용합니다.

16 비긴 경우 처리하기 우선 두 값이 같은 경우 '비겼습니다' 메시지를 출력합니다.

17 사용자가 가위인 경우 처리하기 **16**의 조건문 아래에 [만약 -이라면 실행] 블록을 추가합니다. 사용자가 가위이고 앱이 바위이면 '졌습니다'를, 앱이 보이면 '이겼습니다'를 출력합니다. 이를 코딩하기 위해서는 중첩 조건문을 사용하며, 비교 결과에 따라 점수를 수정합니다.

하나 더 알기 **다른 방식으로 코딩하기**

17의 조건문을 16의 조건문 설정에서 [아니고 ... 만약] 블록을 추가하여 코딩해도 됩니다. 사용자가 바위나 보인 경우도 같은 방식으로 코딩하여 추가합니다. 조건문은 17이나 [그림 9-7]과 다르게 여러 가지 형태가 나올 수 있으므로 좀 더 효율적인 방법에 대해 각자 고민하기 바랍니다.

그림 9-7 **비김 조건문과 연결하여 코딩하는 경우**

18 점수 출력하기 끝으로 '비교' 함수는 점수를 출력해야 합니다. 함수의 마지막 부분에 다음과 같이 점수를 설정하는 코드를 추가합니다.

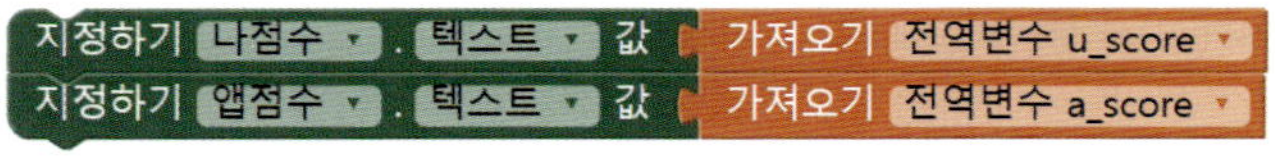

19 비교 함수의 전체 코드 살펴보기 비교 함수의 코드를 전체적으로 살펴보면 다음과 같습니다.

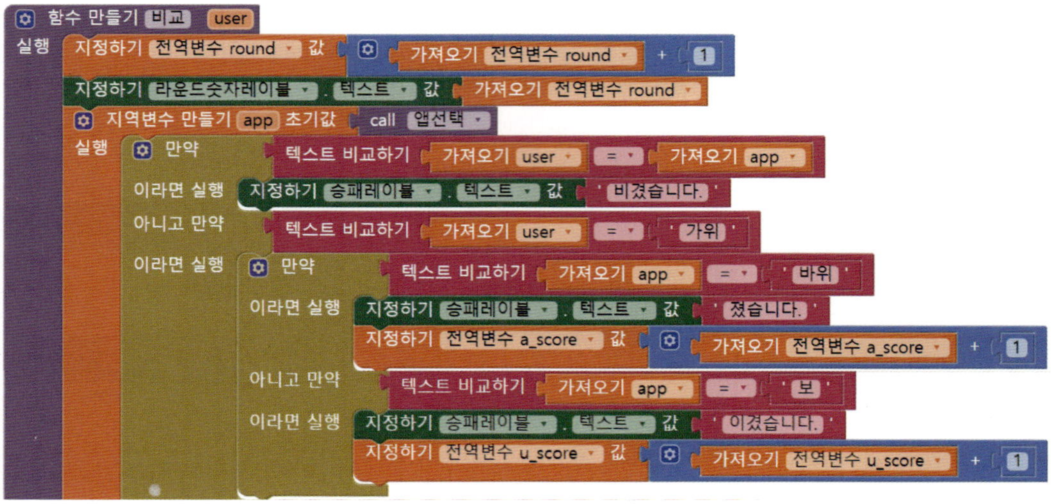

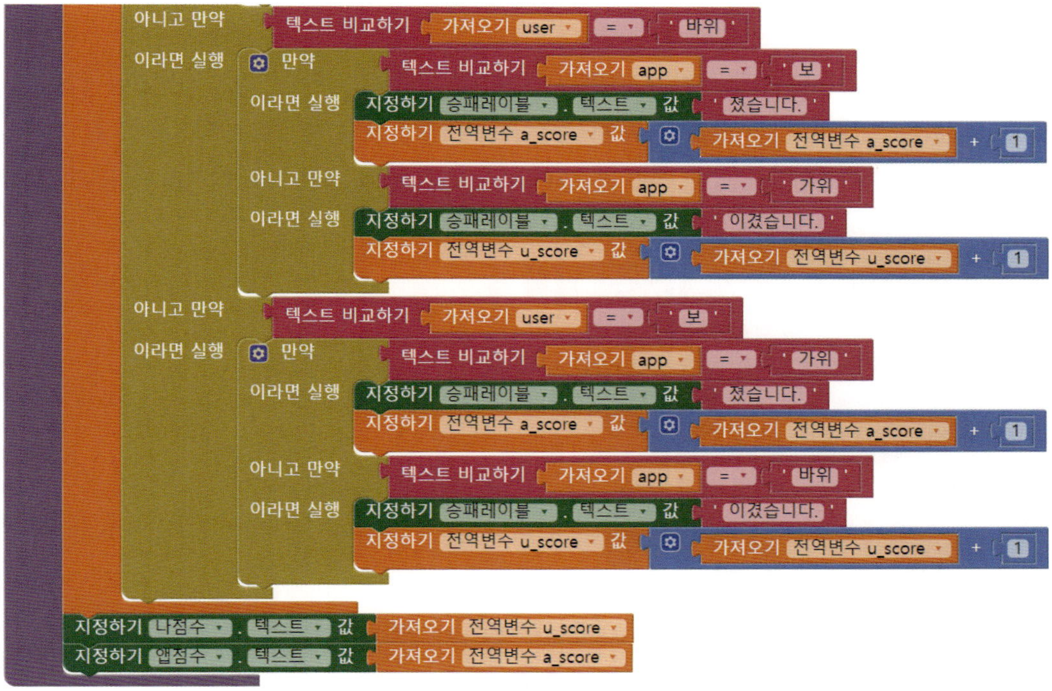

5 비교 함수 호출

20 가위 버튼의 클릭 이벤트 처리기 수정하기 비교 함수는 사용자가 가위, 바위, 보 버튼을 클릭 했을 때 호출되어야 합니다. [공통 블록] 밑에 [함수]에서 '비교' 함수 호출 블록인 [함수 호출하기 '비교' – user] 블록을 드래그하여 가위, 바위, 보 버튼의 클릭 이벤트에 추가합니다. 이때, 사용자가 선택한 것이 무엇인지 인자로 지정해야 합니다. 예를 들어, 가위 버튼을 클릭했다면 다음과 같이 가위 버튼의 클릭 이벤트 처리가 되어야 합니다.

21 바위, 보 버튼의 클릭 이벤트 처리기 수정하기 바위 버튼과 보 버튼의 클릭 이벤트 처리기도 **20**과 같이 수정합니다.

6 다시하기 버튼 코딩

22 '다시하기' 버튼의 클릭 이벤트 처리기 코딩하기 '다시하기' 버튼을 클릭할 경우 라운드와 점수를 0으로 초기화하고, 메시지 레이블을 '승패'로 수정합니다. 또한, '앱선택', '나선택' 사진도 빈 이미지 사진으로 바꿉니다. 라운드 변수와 점수 변수의 값을 0으로 초기화하는 것도 잊으면 안 됩니다.

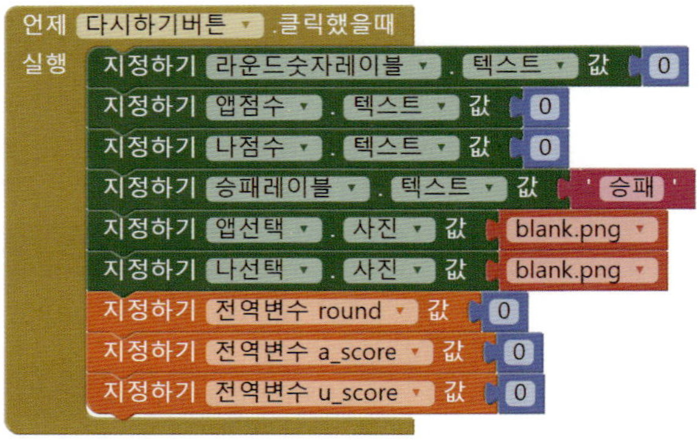

7 전체 코드 확인

이것으로 가위바위보 게임 앱의 코딩이 완료되었습니다. 전체 코드를 확인해 봅니다.

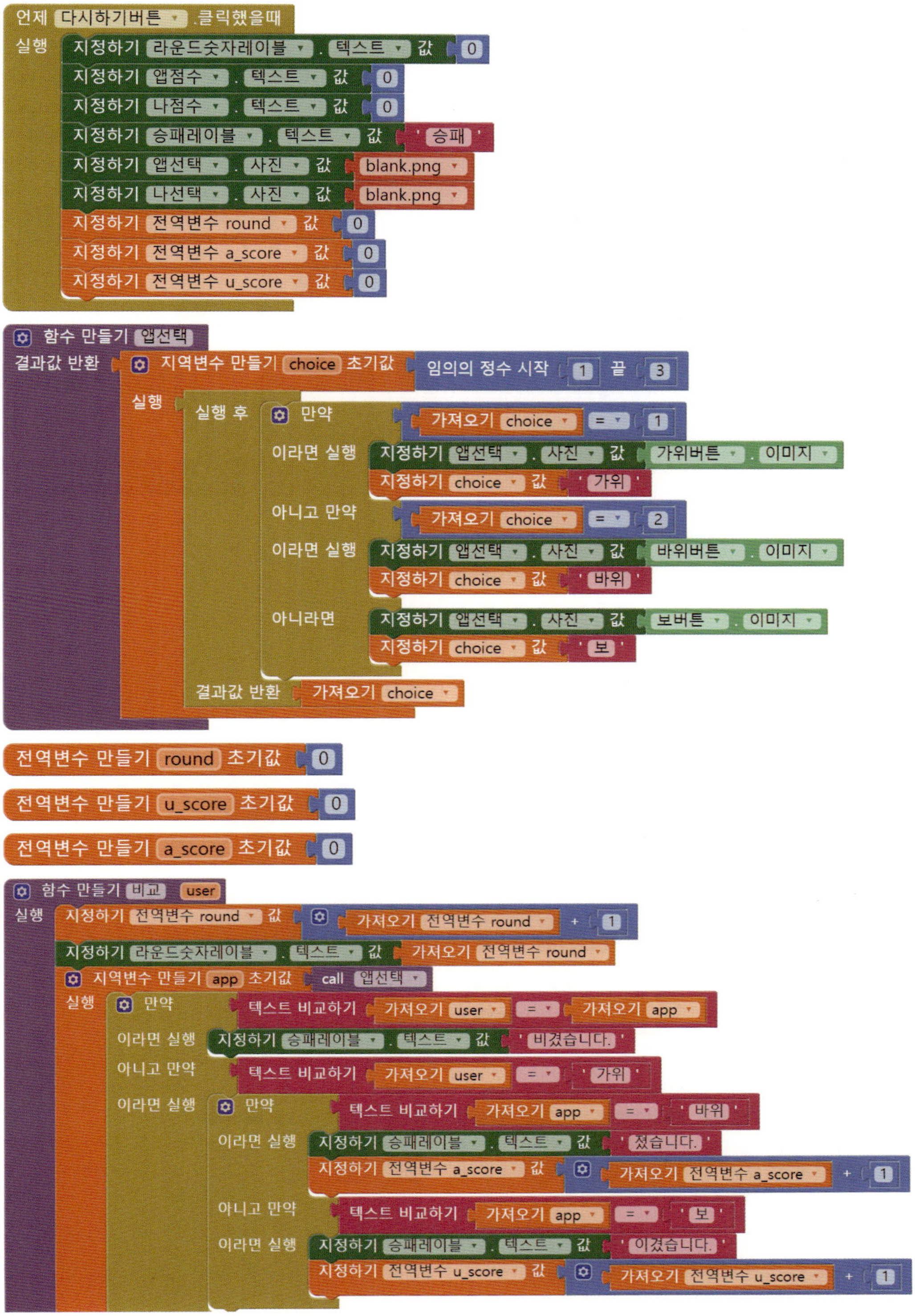
언제 다시하기버튼 .클릭했을때
실행 지정하기 라운드숫자레이블 . 텍스트 값 0
지정하기 앱점수 . 텍스트 값 0
지정하기 나점수 . 텍스트 값 0
지정하기 승패레이블 . 텍스트 값 ' 승패 '
지정하기 앱선택 . 사진 값 blank.png
지정하기 나선택 . 사진 값 blank.png
지정하기 전역변수 round 값 0
지정하기 전역변수 a_score 값 0
지정하기 전역변수 u_score 값 0
함수 만들기 앱선택
결과값 반환 지역변수 만들기 choice 초기값 임의의 정수 시작 1 끝 3
실행
실행 후 만약 가져오기 choice = 1
이라면 실행 지정하기 앱선택 . 사진 값 가위버튼 . 이미지
지정하기 choice 값 ' 가위 '
아니고 만약 가져오기 choice = 2
이라면 실행 지정하기 앱선택 . 사진 값 바위버튼 . 이미지
지정하기 choice 값 ' 바위 '
아니라면 지정하기 앱선택 . 사진 값 보버튼 . 이미지
지정하기 choice 값 ' 보 '
결과값 반환 가져오기 choice
전역변수 만들기 round 초기값 0
전역변수 만들기 u_score 초기값 0
전역변수 만들기 a_score 초기값 0
함수 만들기 비교 user
실행 지정하기 전역변수 round 값 가져오기 전역변수 round + 1
지정하기 라운드숫자레이블 . 텍스트 값 가져오기 전역변수 round
지역변수 만들기 app 초기값 call 앱선택
실행 만약 텍스트 비교하기 가져오기 user = 가져오기 app
이라면 실행 지정하기 승패레이블 . 텍스트 값 ' 비겼습니다. '
아니고 만약 텍스트 비교하기 가져오기 user = ' 가위 '
이라면 실행 만약 텍스트 비교하기 가져오기 app = ' 바위 '
이라면 실행 지정하기 승패레이블 . 텍스트 값 ' 졌습니다. '
지정하기 전역변수 a_score 값 가져오기 전역변수 a_score + 1
아니고 만약 텍스트 비교하기 가져오기 app = ' 보 '
이라면 실행 지정하기 승패레이블 . 텍스트 값 ' 이겼습니다. '
지정하기 전역변수 u_score 값 가져오기 전역변수 u_score + 1

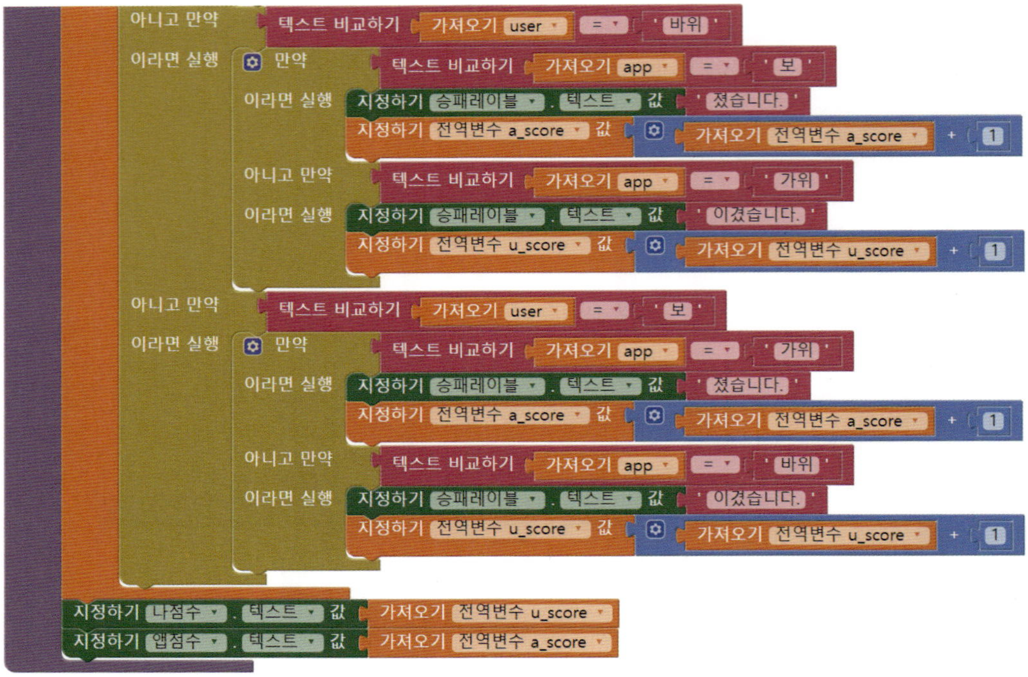

8 앱 테스트

에뮬레이터로 가위바위보 게임 앱을 테스트해 봅니다. 자유롭게 가위, 바위, 보를 선택하며 테스트합니다. 점수와 승패 메시지가 정확하게 출력되는지 확인합니다.

[실행 결과]

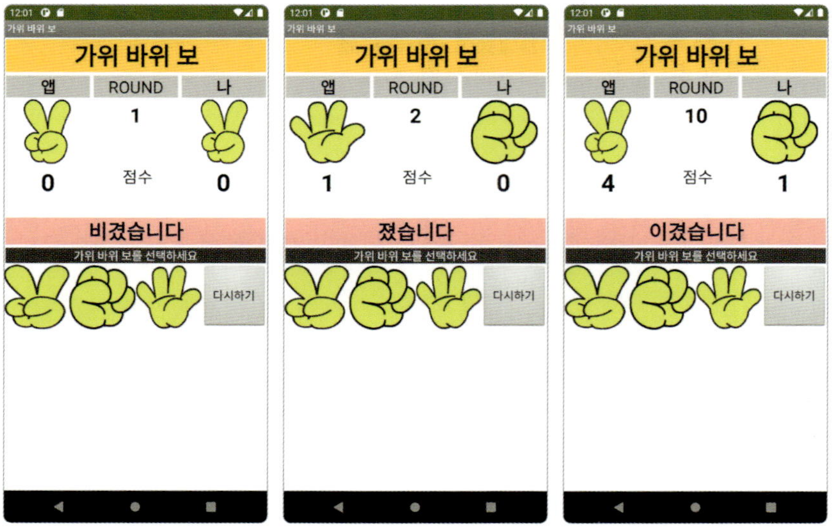

그림 9-8 가위바위보 게임 테스트 화면

요약

01 함수를 호출할 때 값을 전달하기 위해 매개변수를 사용합니다.

02 레이블 컴포넌트에는 텍스트뿐만 아니라 [사진] 속성을 사용하여 이미지를 출력할 수 있습니다.

03 결과값을 돌려주는 함수는 [실행 후 – 결과값 반환] 블록을 사용합니다.

04 결과값이 있는 함수에서는 [지역변수 만들기–초기값–실행] 블록을 사용하여 코딩하고 결과값을 지역변수에 저장합니다.

05 임의의 정수를 생성하기 위해서는 [임의의 정수 시작] 블록을 사용합니다.

06 텍스트를 비교할 때는 [공통 블록] 밑에 [텍스트]에 있는 [텍스트 비교하기] 블록을 사용합니다.

07 중첩 조건문은 조건문 안에서 다시 조건문을 사용합니다.

연습문제

01 본문에서 '가위바위보 게임 앱'을 제작하기 위해 사용된 프로그래밍 요소로 옳지 않은 것은 무엇인가요?

① 전역변수 ② 함수 ③ 조건문 ④ 논리 연산자 ⑤ 관계 연산자

02 다음은 '가위바위보 게임 앱'을 제작하며 사용한 블록의 일부입니다. 지역변수로 선언된 [지정하기 'choice' 값] 블록에 오류가 생긴 이유로 가장 적절한 것은 무엇인가요?

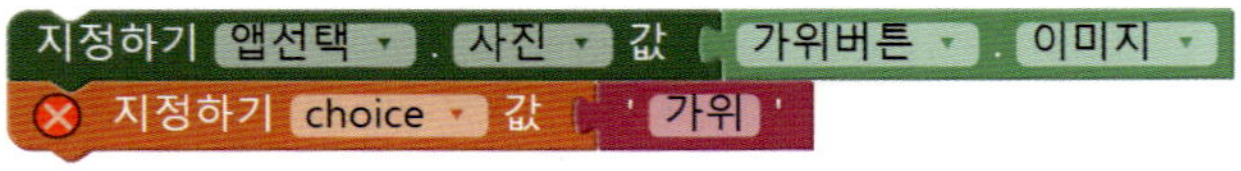

① [지정하기 'choice' 값]의 드롭다운 항목을 유효한 항목으로 지정하지 않았기 때문이다.

② 지역변수 'choice'의 초기값을 0으로 설정하지 않았기 때문이다.

③ 지역변수 'choice'를 선언한 블록 내부에 아직 결합되지 않았기 때문이다.

④ 지역변수 'choice'에는 문자열을 지정할 수 없기 때문이다.

03 '가위바위보 게임 앱'에 승패가 결정되면 소리가 나도록 수정해 보세요. 사용자가 이기면 딩동댕 소리, 앱이 이기면 땡 소리가 나도록 합니다.

[힌트]

- [팔레트]–[미디어]에서 '소리' 컴포넌트를 추가하고, 사운드 파일을 업로드한 후 코딩합니다.

04 03번에서 변형한 '가위바위보 게임 앱'에 소리가 나도록 코드를 추가하려고 보니 같은 코드를 여러 곳에 넣어야 합니다. 비교 함수를 좀 더 간단하게 정리할 수 있는 방법을 생각하여 수정해 봅니다. 297쪽 실습 19에 있는 비교 함수 코드를 잘 살펴보세요.

[힌트]

- 여러 가지 방법이 있지만, 함수에 지역변수를 하나 추가해서 수정해 봅니다. 이렇게 하면 소리 재생 블록을 한 번씩만 넣는 것으로 해결할 수 있습니다.

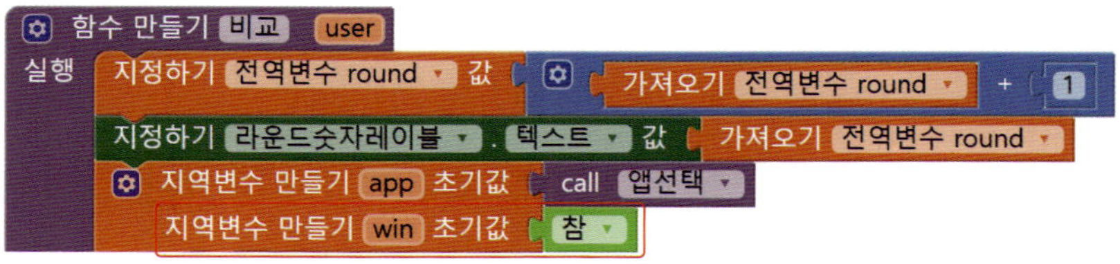

그림 9-9 비교 함수에 지역변수 하나 추가하기

하나 더 알기 **텍스트를 변수에 저장하여 사용하기**

04번에서 코드를 수정했다면 한 가지 더 수정해 봅니다. 가위바위보 앱 게임의 전체 코드를 보면 텍스트들이 있습니다. 대표적으로 '가위', '바위', '보'가 여러 곳에서 텍스트로 사용되었습니다. 이때, 가장 큰 문제는 이것을 수정할 경우입니다. 만약 '바위'를 '주먹'으로 바꾼다고 하면, 이를 일괄적으로 바꿀 수 있는 방법은 무엇일까요?
위와 같은 경우, 코드의 여러 곳을 확인하여 '바위'를 찾아 '주먹'으로 수정해야 합니다. 이것은 좋은 프로그램이라고 할 수 없습니다. 좋은 프로그램의 관점은 이렇게 동일한 텍스트가 여러 곳에 나올 경우 이를 변수에 선언해 놓고 사용하는 것이 좋습니다. 변수를 선언했다면 '바위'를 '주먹'으로 바꿀 때 변수의 선언 부분만 수정하면 됩니다.

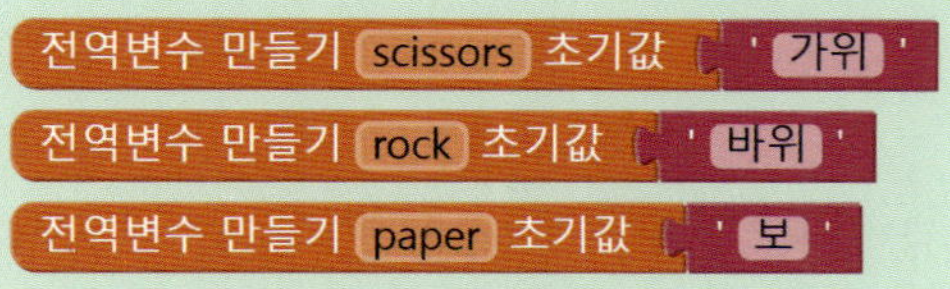

그림 9-10 **텍스트를 변수로 선언하기**

05 현재 '가위바위보 게임 앱'은 끝없이 진행됩니다. 이것을 5라운드가 끝나면 최종 승패를 결정하여 다음의 [실행 결과]와 같이 결과를 메시지창으로 띄우도록 수정해 봅니다.

[실행 결과]

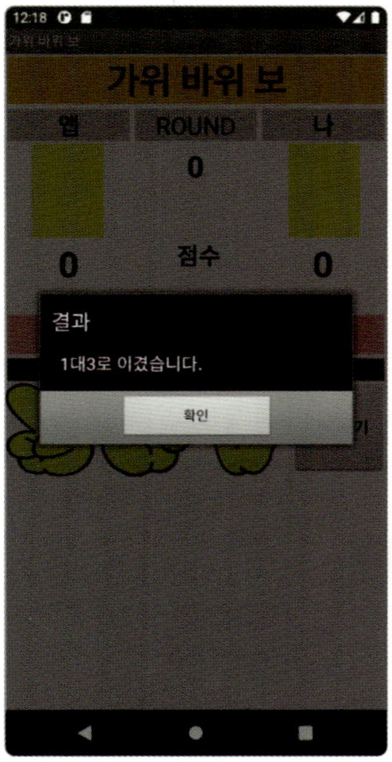

06 심화 가위바위보 게임과 비슷한 종류의 게임이 묵찌빠 게임입니다. 묵찌빠는 승패를 결정하는 규칙이 다르므로 코딩을 수정해야 합니다. 다음과 같이 적용할 조건을 지켜서 코딩해 봅니다.

[조건]

- 가위바위보 게임으로 시작하여 앱이 이기면 계속 가위바위보 게임을 합니다.
- 사용자가 이기면 묵찌빠 게임으로 전환됩니다. 즉, 공격은 사용자만 할 수 있습니다.
- 묵찌빠 상태에서 사용자가 가위, 바위, 보 중 하나를 선택하고 앱은 난수를 생성하여 선택합니다.
- 앱이 방어에 성공하면 앱의 점수가 올라갑니다.
- 앱이 방어에 실패하면 사용자의 점수가 올라갑니다.
- 묵찌빠 게임이 시작되고 5라운드가 끝나면 최종 승패를 결정합니다.

[힌트]

- 지금이 가위바위보 상태인지 묵찌빠 상태인지 알려주는 변수가 필요합니다.
- 기존 비교 함수에서는 사용자가 이겼을 때 상태를 묵찌빠로 설정합니다.
- 묵찌빠 상태일 때 비교를 수행하는 함수를 만듭니다.

[실행 결과]

(a) 게임 시작 화면

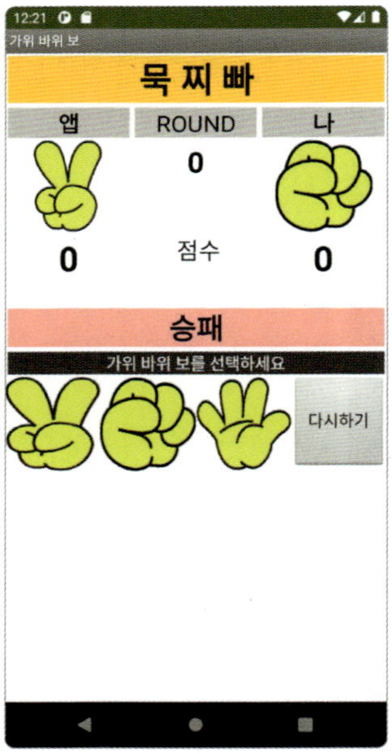

(b) 사용자가 이기면 묵찌빠로 전환

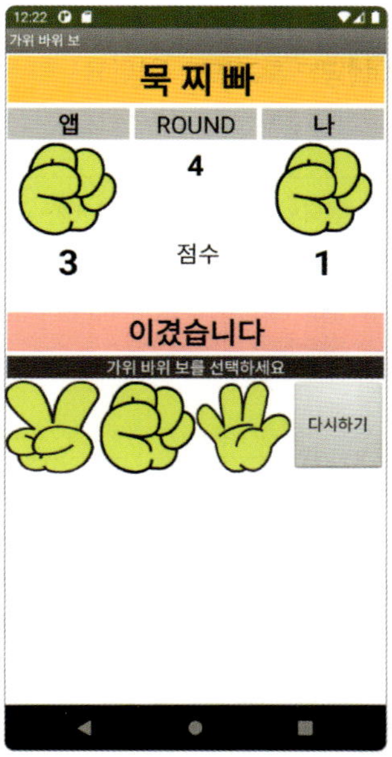

(c) 묵찌빠에서 같으면 승리

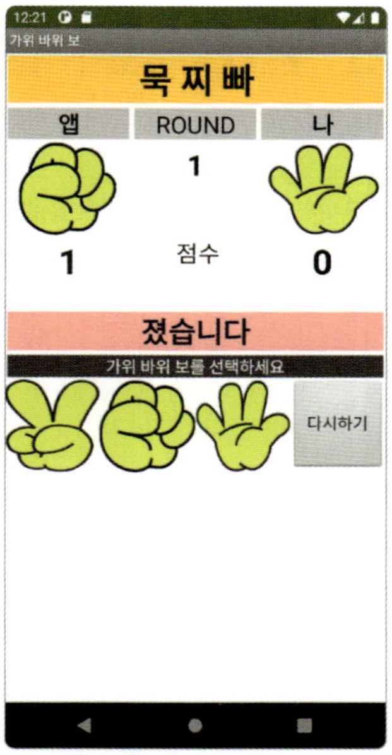

(d) 묵찌빠에서 다르면 패배

07 **심화** 난수를 활용하는 다른 게임으로 통아저씨 게임을 만들어 봅니다. 기본 조건은 다음과 같습니다.

[조건]

- 기본 화면은 다음의 [실행 결과]와 같이 통아저씨 이미지와 버튼 9개로 구성합니다.
- '시작' 버튼을 클릭하면 1~9 사이의 난수를 생성합니다. 발생한 숫자가 함정 번호입니다.
- 사용자가 숫자 버튼을 클릭하면 해당 버튼은 비활성화됩니다.
- 사용자가 클릭한 버튼의 번호가 함정 번호와 같으면, 통아저씨가 올라온 이미지로 교체합니다.
- '다시하기' 버튼을 클릭하면 초기 상태로 돌아갑니다.
- 이미지 파일은 tong1.jpg, tong2.jpg을 사용합니다.
- 사운드를 추가해 봅니다.

[실행 결과]

(a) 게임 시작 화면

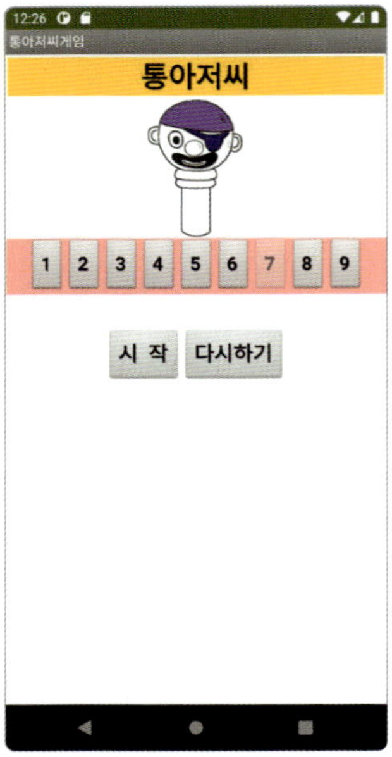

(b) 함정에 빠진 화면

08 **주사위 놀이를 만들어 봅니다. 주사위를 굴려 나오는 숫자만큼 이동하는 게임입니다. 다음의 [힌트]를 참고하여 앱을 제작해 봅니다.**

[힌트]

- 레이블로 게임 제목을 만듭니다.
- [레이아웃] 컴포넌트에서 '표형식배치'를 드래그하고, 열과 행을 5로 합니다.
- 표형식의 각 셀에 버튼을 배치합니다. 표에 버튼을 잘 배치하는 것이 쉽지 않습니다. 에뮬레이터로 배치 화면을 확인하면서 버튼의 높이와 너비를 조정합니다. 이 책에서는 높이 15%, 너비 20%로 했습니다.
- 버튼 중에 실제로 클릭할 수 있는 버튼은 시작 버튼(S)과 주사위 버튼입니다. 나머지 버튼은 비활성화합니다.
- 주사위 버튼을 누르면 현재 위치에서 주사위 숫자만큼 더해서 이동합니다. 현재 위치는 안쪽 버튼의 화살표가 알려줍니다.
- 시작 버튼을 누르면 주사위는 1을 표시하고, 방향 키는 시작 버튼을 가리키도록 초기화합니다. 방향 키의 초기 위치 값은 0입니다.
- 주사위는 1,2,3,4,5,−1로 구성합니다. 난수로 발생시키고 6이 나오면 −1을 적용합니다. −1은 윷놀이의 백도처럼 뒤로 한 칸 이동합니다. 주사위의 −1은 빨간색으로 표시하여 1과 구분합니다.
- 완주가 끝나면 '완주하였습니다.'라는 메시지창이 뜨도록 코딩합니다.

[실행 결과]

(a) 시작 화면(방향키가 S를 가리킴)

(b) 주사위가 5이므로 앞으로 5칸 이동

(c) 주사위 -1은 뒤로 1칸 이동

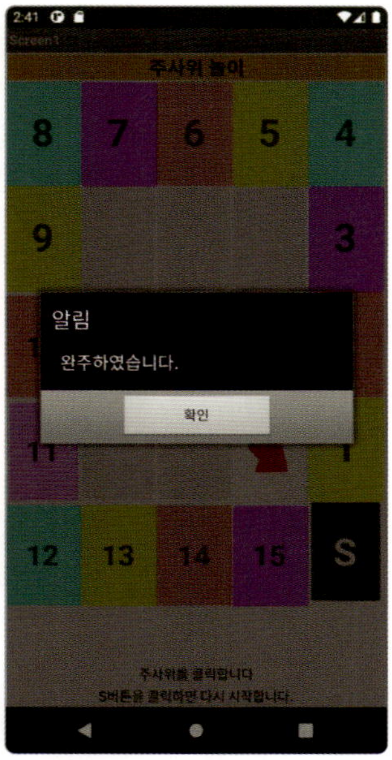

(d) 완주 메시지창

CHAPTER 10

로봇 잡기 게임 앱 만들기

학습목표

- 캔버스의 터치 이벤트 처리에 대해 알아봅니다.
- 이미지스프라이트 사용 방법을 알아봅니다.
- 메시지창에 대한 사용 방법을 알아봅니다.
- 캔버스에서 터치와 드래그를 이용하는 앱을 만들어 봅니다.

Preview

이제 앱 인벤터로 앱이나 게임을 만드는 과정이 어떤지 감이 좀 잡히나요? 이런 배움이 조금씩 쌓이다 보면 어느새 코딩에 능숙해져 있을 겁니다.

10장에서는 로봇 잡기 게임을 만들어 볼 것입니다. 본문에서는 무작위로 움직이는 로봇을 터치하여 잡는 게임을 만들고, 연습문제에서 이를 변형한 게임들을 만들어 보겠습니다. 로봇 잡기 게임을 만들기 위해 이미지스프라이트를 사용하는 방법과 터치 이벤트 처리 방법에 대한 이해가 필요하며, 로봇의 이동 시간을 조절하기 위해 시계 컴포넌트를 사용할 것입니다. 본문의 설명을 하나씩 따라 하면 쉽게 게임을 완성할 수 있습니다. 본문과 연습문제에서 제시하는 게임에 자신의 아이디어를 추가하여 플레이해보면 코딩을 하는 재미와 실력이 쑥쑥 늘어날 것입니다.

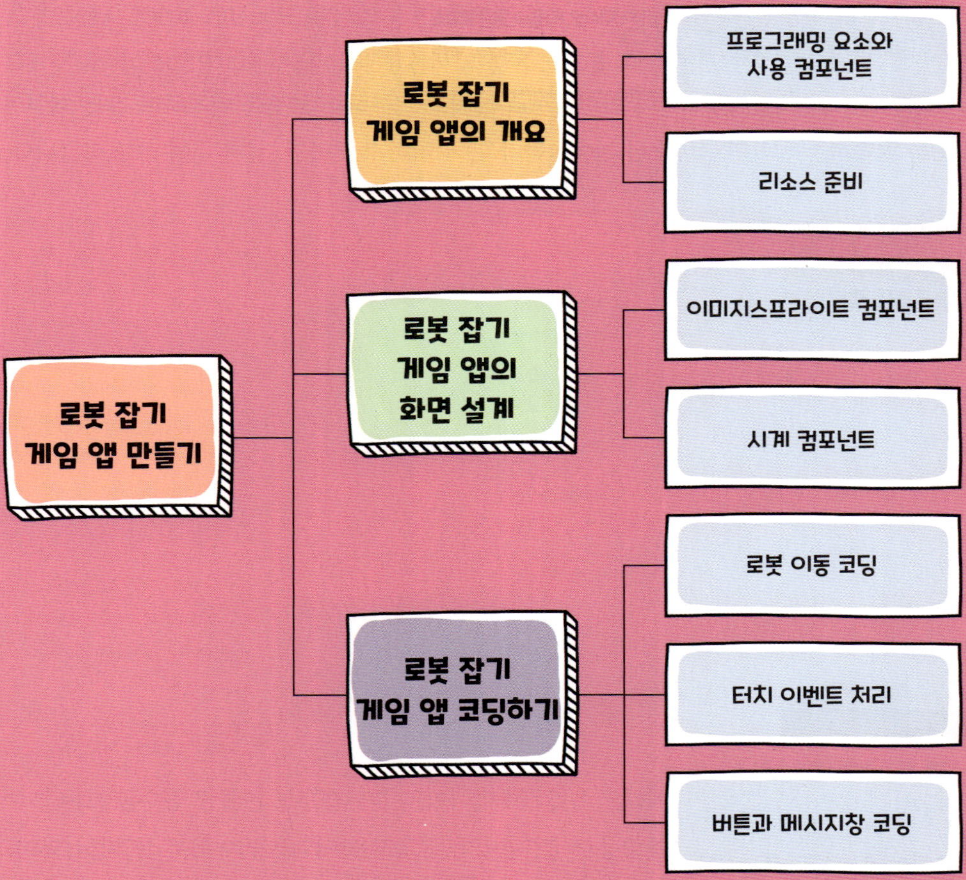

Section 01 로봇 잡기 게임 앱 알아보기

동네 오락실에 가면 꼭 있는 오락기 중 하나가 두더지 잡기 게임입니다. 무작위로 튀어 나오는 두더지를 망치로 때려잡는 게임으로, 누구나 쉽게 할 수 있습니다. 이번 장에서는 두더지 대신 로봇을 잡는 게임을 만들어 보겠습니다.

1 로봇 잡기 게임 앱의 개요

로봇 잡기 게임은 [그림 10-1]과 같이 화면에서 무작위로 이동하는 로봇을 터치하여 잡는 게임입니다. 로봇을 정확히 터치하면 '성공' 점수가 올라가고, 터치하지 못하면 '실패' 점수가 올라갑니다.

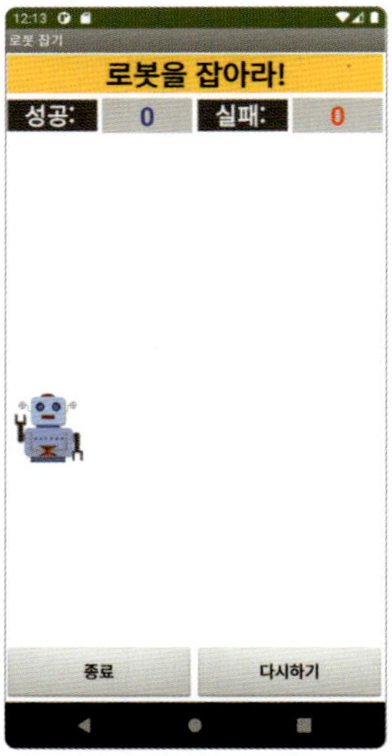

그림 10-1 로봇 잡기 게임 앱의 화면

로봇 잡기 게임에서 제공하는 기능은 다음과 같습니다.

- **로봇 이동** 로봇이 임의의 위치로 자동 이동합니다.

- **타이머 기능** 로봇이 이동하는 시간 간격을 조절합니다.
- **터치 판단** 사용자가 로봇을 터치했는지 아닌지 판단합니다.
- **점수 표시** 성공 점수와 실패 점수를 표시합니다.
- **다시하기** 점수를 0으로 초기화하고 다시 시작합니다.

2 기초 지식 이해

로봇 잡기 게임에서 사용하는 프로그래밍 요소와 컴포넌트에 대해 알아보겠습니다.

사용하는 프로그래밍 요소

로봇 잡기 게임에서 사용할 프로그래밍 요소는 난수 발생과 조건문이 있으며, 나머지는 모두 컴포넌트의 이벤트 처리를 사용합니다.

- **난수** 로봇이 이동할 임의의 위치를 생성합니다.
- **조건문** 사용자가 로봇을 터치했는지 아닌지 판단합니다.

사용하는 컴포넌트

로봇 잡기 게임에서 사용하는 핵심 컴포넌트는 '캔버스' 컴포넌트와 '이미지스프라이트' 컴포넌트입니다. '이미지스프라이트' 컴포넌트는 '캔버스' 컴포넌트에 배치할 수 있는 이미지이며, 터치나 드래그에 의해 반응이나 이동이 가능합니다. 이외에 점수를 기록하기 위한 '레이블' 컴포넌트와 '버튼' 컴포넌트, '시계' 컴포넌트, '알림' 컴포넌트가 사용됩니다. 이벤트 처리가 필요한 컴포넌트를 [표 10-1]에 정리하였습니다.

표 10-1 **컴포넌트에서 처리할 이벤트**

컴포넌트	이벤트 블록(예)	처리할 내용
캔버스	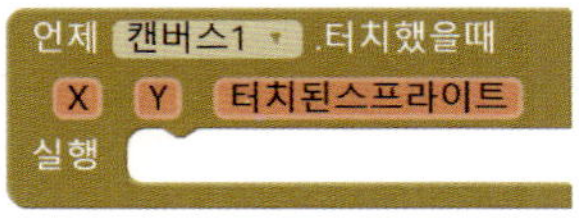	캔버스를 터치하면 발생하고, 터치한 것이 로봇인지 아닌지 판단하여 점수를 계산한다.
이미지스프라이트		로봇을 터치할 경우 실행할 동작을 지정한다.
시계	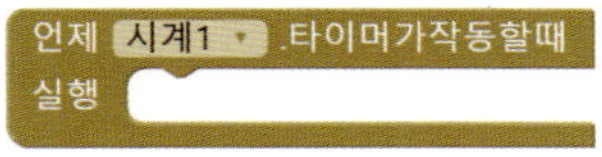	로봇을 이동시키기 위한 동작에 일정 시간 간격을 지정한다.

3 문제 이해

로봇 잡기 게임은 캔버스를 터치하여 로봇을 잡는 방식으로 진행됩니다. 로봇 잡기 게임 앱 상단에 제목과 점수, 중간에 로봇이 이동할 수 있는 공간인 캔버스, 하단에 종료와 다시하기 버튼을 배치합니다. 코딩에 필요한 기본적인 동작 흐름을 알아보겠습니다.

1. 게임을 시작하면 로봇이 일정 시간 간격으로 캔버스를 이동하고, 점수는 0으로 초기화되어 있습니다.
2. 사용자가 로봇을 잡기 위해 캔버스를 터치하는데, 로봇을 터치하면 성공 점수를 1 증가시키고, 실패하면 실패 점수를 1 증가시킵니다.
3. '종료' 버튼을 클릭하면 시계를 정지시켜 게임을 종료하고, 사용자가 최종 몇 번 성공하였는지를 메시지창으로 알려줍니다.
4. '다시하기' 버튼을 클릭하면 점수를 0으로 초기화하고, 시계를 다시 활성화시켜 로봇 이동을 시작합니다.

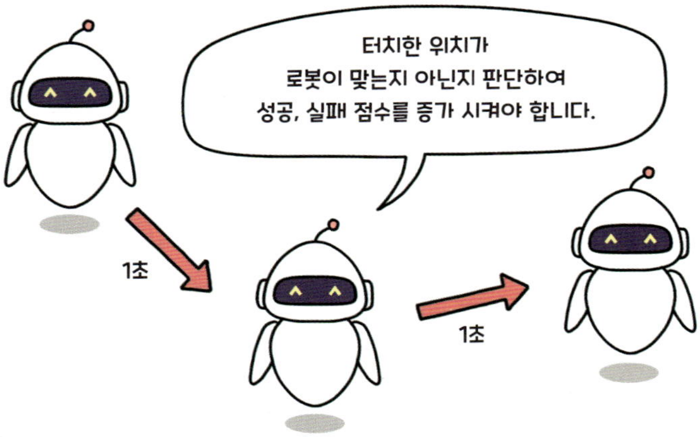

그림 10-2 **로봇 잡기 앱의 문제 이해**

4 리소스 준비

로봇 잡기 게임이므로 당연히 로봇 이미지가 필요합니다. 이미지가 너무 크면 쉽게 터치되므로 대략 60×60픽셀 정도를 추천합니다. 반드시 로봇이 아니더라도 적당한 이미지를 사용하면 됩니다.

그림 10-3 **로봇 이미지**

예제 소스에서 이미지 파일(robot1.png)을 따로 제공합니다.
이 책에서 사용할 로봇 이미지는 [그림 10-3]과 같습니다.

Section 02

로봇 잡기 게임 앱 화면 설계하기

1 화면 설계에 필요한 컴포넌트

로봇 잡기 게임 앱의 전체 구성은 [그림 10-1]과 같습니다. 로봇 잡기 게임 앱을 설계하는 데 필요한 컴포넌트는 [표 10-2]에 정리하였습니다.

표 10-2 로봇 게임 설계에 필요한 컴포넌트

컴포넌트	위치	역할
수평배치	[팔레트]-[레이아웃]	레이블을 수평으로 배치한다.
레이블	[팔레트]-[사용자 인터페이스]	게임 제목, 점수 제목, 성공 점수, 실패 점수를 표시한다.
캔버스	[팔레트]-[그리기 & 애니메이션]	이미지스프라이트를 보여주는 바탕이 된다.
이미지스프라이트		로봇 이미지를 제공한다.
시계	[팔레트]-[센서]	일정 시간 간격으로 로봇을 이동시킨다.
알림	[팔레트]-[사용자 인터페이스]	메시지창을 생성한다.
버튼		버튼 종료와 다시하기 기능에 사용한다.

2 화면 설계

다음과 같은 순서로 로봇 잡기 게임 앱의 화면을 설계해 봅니다.

01 새 프로젝트 시작하기 새 프로젝트를 만들고 프로젝트의 이름을 'robot01'로 합니다. 그리고 에뮬레이터를 동작시킵니다. 'Screen1'의 제목을 '로봇 잡기'로 바꿉니다.

02 이미지 파일과 사운드 파일 불러오기 [미디어] 영역에서 [파일 올리기] 버튼을 클릭하여 이미지 파일(robot1.png)과 사운드 파일(beeps16.mp3)을 불러옵니다.

03 제목용 레이블 컴포넌트 배치하고 수정하기 제목을 위한 '레이블' 컴포넌트를 [뷰어] 영역으로 드래그하고 [표 10-3]을 참고하여 이름과 속성을 수정합니다.

표 10-3 제목용 레이블 컴포넌트의 속성 수정하기

컴포넌트	이름 수정	속성	속성 수정
레이블1	제목레이블	배경색	주황
		글꼴굵게	활성화
		글꼴크기	25
		너비	부모 요소에 맞추기
		텍스트	로봇을 잡아라!
		텍스트정렬	가운데:1

04 레이블 컴포넌트 4개 배치하고 수정하기 '수평배치' 컴포넌트 1개를 [뷰어] 영역으로 드래그하고, '수평배치' 컴포넌트 안에 '레이블' 컴포넌트 4개를 드래그한 후, [표 10-4]를 참고하여 이름과 속성을 수정합니다.

표 10-4 수평배치 컴포넌트와 레이블 컴포넌트의 속성 수정하기

컴포넌트	이름 수정	속성	속성 수정
수평배치1	레이블배치	수평정렬	가운데:3
		수직정렬	가운데:2
		너비	부모 요소에 맞추기

레이블1	성공레이블	배경색	어두운 회색
		글꼴굵게	활성화
		글꼴크기	20
		너비	부모 요소에 맞추기
		텍스트	성공:
		텍스트정렬	가운데:1
		텍스트색상	흰색
레이블2	성공점수	배경색	밝은 회색
		글꼴굵게	활성화
		글꼴크기	22
		너비	부모 요소에 맞추기
		텍스트	0
		텍스트정렬	가운데:1
		텍스트색상	파랑
레이블3	실패레이블	배경색	어두운 회색
		글꼴굵게	활성화
		글꼴크기	20
		너비	부모 요소에 맞추기
		텍스트	실패:
		텍스트정렬	가운데:1
		텍스트색상	흰색
레이블4	실패점수	배경색	밝은 회색
		글꼴굵게	활성화
		글꼴크기	22
		너비	부모 요소에 맞추기
		텍스트	0
		텍스트정렬	가운데:1
		텍스트색상	빨강

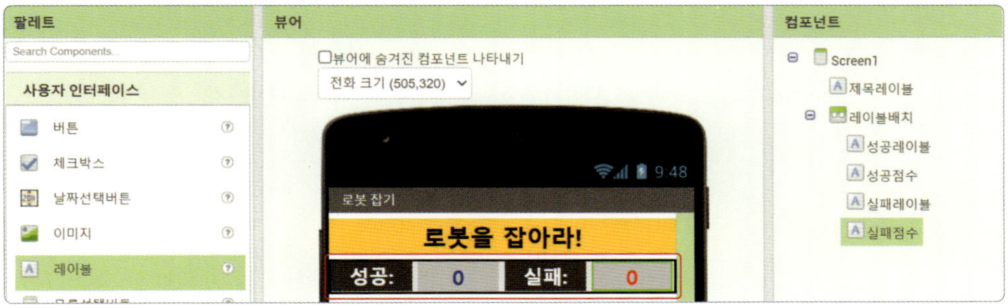

05 캔버스 컴포넌트를 배치하고 수정하기 '캔버스' 컴포넌트를 [뷰어] 영역에 드래그하고, 속성 중 [높이]와 [너비]는 '부모 요소에 맞추기'로 설정합니다.

06 이미지스프라이트 컴포넌트를 배치하고 수정하기 '이미지스프라이트' 컴포넌트를 [뷰어] 영역에 드래그하고, 이름은 '로봇', 속성 중 [높이]와 [너비]는 '60픽셀', 사진은 'robot1.png'로 설정합니다.

07 버튼 컴포넌트 2개를 배치하고 수정하기 '수평배치' 컴포넌트 1개를 [뷰어] 영역으로 드래그합니다. 다시 '수평배치' 컴포넌트 안에 '버튼' 컴포넌트 2개를 드래그하고, [표 10-5]를 참고하여 이름과 속성을 수정합니다.

표 10-5 버튼 컴포넌트 설정

컴포넌트	이름 수정	속성	속성 수정
수평배치1	버튼배치	수평정렬	가운데:3
		수직정렬	위:1
		너비	부모 요소에 맞추기
버튼1	종료버튼	글꼴굵게	활성화
		너비	부모 요소에 맞추기
		텍스트	종료
버튼2	다시하기버튼	글꼴굵게	활성화
		너비	부모 요소에 맞추기
		텍스트	다시하기

08 알림, 시계, 소리 컴포넌트 배치하고 수정하기 '알림' 컴포넌트와 '시계' 컴포넌트, '소리' 컴포넌트를 [뷰어] 영역으로 드래그합니다. '시계' 컴포넌트의 [타이머간격] 속성을 '1000'으로 수정하고, '소리' 컴포넌트의 [소스]를 사운드 파일(beeps16.mp3)로 설정합니다.

[타이머간격] 속성을 '1000'으로 수정하였습니다. 이는 1초 간격으로 타이머 이벤트가 발생한다는 뜻으로, 결국 로봇이 1초 간격으로 임의의 위치로 이동한다는 것입니다. 이후 로봇_이동 코딩 실습을 통해 '시계' 컴포넌트가 어떻게 작동하는지 확인해 봅니다.

09 에뮬레이터에서 로봇 잡기 게임 앱 확인하기 화면 설계가 완료되었습니다. 에뮬레이터에 연결하여 [그림 10-1]과 비교해 봅니다.

Section 03

로봇 잡기 게임 앱 코딩하기

블록 편집 화면에서 로봇 잡기 게임 앱을 코딩해 봅니다. 프로그램은 크게 로봇을 이동시키는 부분과 로봇을 터치하는 부분으로 나누어서 코딩합니다.

1 로봇 이동

로봇을 이동하는 부분을 먼저 코딩해 보겠습니다. 로봇이 이동하는 경우는 두 가지입니다.

그림 10-4 로봇이 이동하는 두 가지 경우

이렇게 같은 동작을 두 군데에서 수행해야 한다면 이 동작은 함수로 만드는 것이 좋습니다. 로봇 이동 함수를 만들고, 앞의 두 경우일 때 이 함수를 호출하도록 코딩해 봅니다.

로봇을 이동시키는 함수 만들기

01 함수 블록을 드래그하여 이름 바꾸기 함수 블록인 [함수 만들기 '함수' – 실행] 블록을 [뷰어] 영역으로 드래그하여, 함수명을 '로봇_이동'으로 바꿉니다.

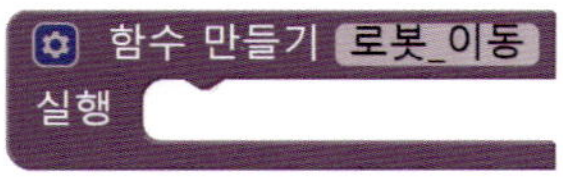

02 이미지스프라이트를 '좌표로 이동하기' 블록 사용하기 '이미지스프라이트' 컴포넌트는 지정한 좌표로 이동할 수 있는 블록을 제공합니다. [블록] 밑에 '캔버스1'–'로봇'에서 [호출 '로봇'.좌표로이동하기 -X - Y] 블록을 **01**의 함수 블록과 결합합니다.

03 난수 생성하기 난수를 생성하는 블록을 코딩하고, 함수 블록과 결합하면 '로봇_이동' 함수가 완성됩니다.

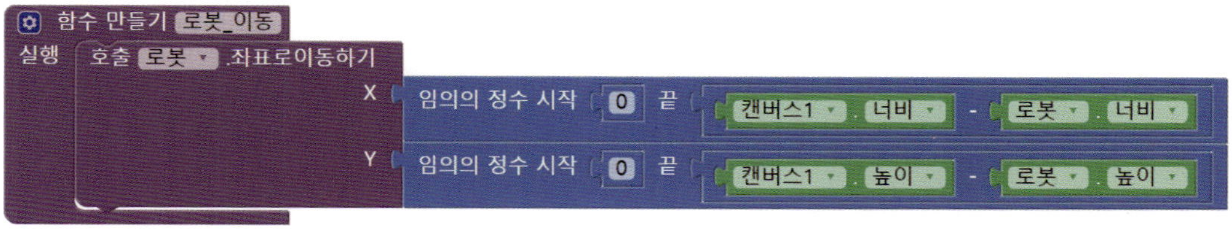

하나 더 알기 **난수 생성의 범위 지정**

x, y 좌표는 임의의 위치를 지정해야 하므로 난수를 생성하여 지정합니다. 난수의 범위는 0부터 캔버스의 높이와 너비에서 이미지스프라이트의 높이와 너비를 뺀 값을 지정해야 합니다.

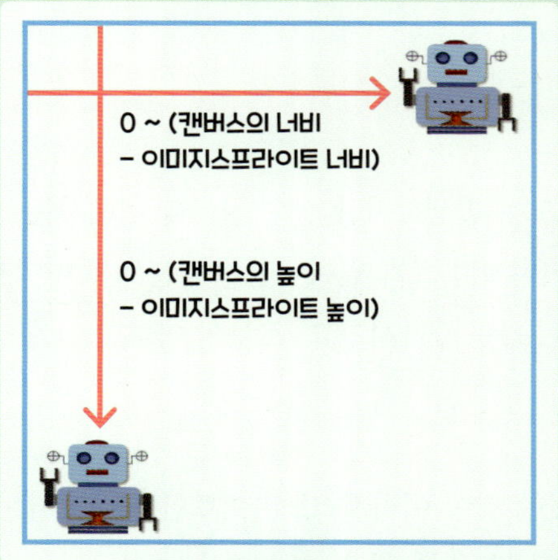

그림 10-5 난수 생성의 범위 지정

'로봇_이동' 함수 호출하기

'로봇_이동' 함수는 로봇 잡기 게임을 시작했을 때와 일정 시간이 지났을 때 호출해야 합니다.

04 게임을 시작할 때 '로봇_이동' 함수 호출하기 로봇 잡기 게임을 시작할 때는 'Screen1'의 초기화 블록을 사용합니다. 이 블록에서 '로봇_이동' 함수를 호출하면 게임이 시작할 때마다 로봇이 임의의 위치에 나타납니다.

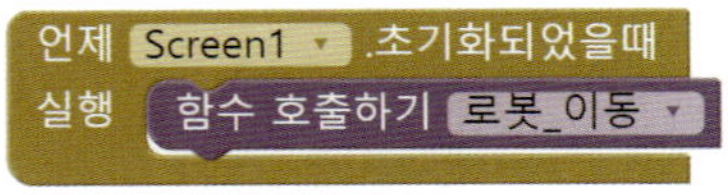

05 타이머 이벤트에서 '로봇_이동' 함수 호출하기 일정 시간이 지났을 때 '로봇_이동' 함수를 호출하려면 '시계' 컴포넌트의 타이머 블록을 사용합니다. 이 블록은 [타이머 간격] 속성에서 지정한 간격에 따라 자동으로 실행됩니다.

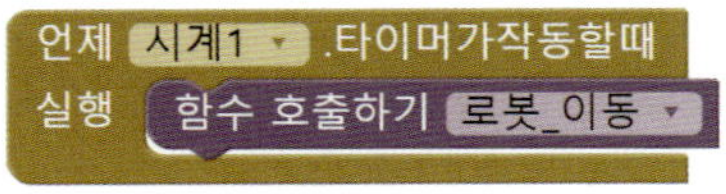

05와 같이 블록을 조립하면 에뮬레이터에서 로봇이 임의의 위치로 이동하기 시작합니다. 이동이 잘 되는지 확인해 봅니다.

2 터치 이벤트 처리

터치 이벤트는 캔버스와 로봇 이미지스프라이트에서 모두 발생하지만 점수 처리를 위해서는 캔버스의 터치 이벤트에서 처리해야 합니다. 캔버스에서 터치 이벤트가 일어나면 조건문에서 이미지스프라이트를 터치한 것인지 판단하여 로봇이면 성공 점수를 1 증가시키고, 로봇이 아니면 실패 점수를 1 증가시킵니다.

06 터치된 스프라이트 매개변수 설정하기 사용자가 터치한 것이 이미지스프라이트인지 아닌지는 터치 블록에서 매개변수로 제공하는 '터치된스프라이트'로 판단합니다.

07 조건문으로 터치된 스프라이트가 참인지 판단하기 '터치된스프라이트' 매개변수는 캔버스에서 이미지스프라이트를 터치했다면 '참', 이미지스프라이트가 아니라면 '거짓'을 가집니다. 현재는 로봇 잡기 게임에서 이미지스프라이트가 로봇 하나이므로 '터치된스프라이트'는 로봇밖에 없습니다. 따라서 '터치된스프라이트'가 참이라면 로봇을 터치한 것입니다. 이를 염두에 두고 조건문을 사용하여 코딩해 봅니다.

08 캔버스 터치 이벤트 처리하기 점수는 레이블의 값을 읽어서 1씩 증가시키면 됩니다. 조건문이 참인지 거짓인지에 따라 성공 점수나 실패 점수의 값을 수정합니다.

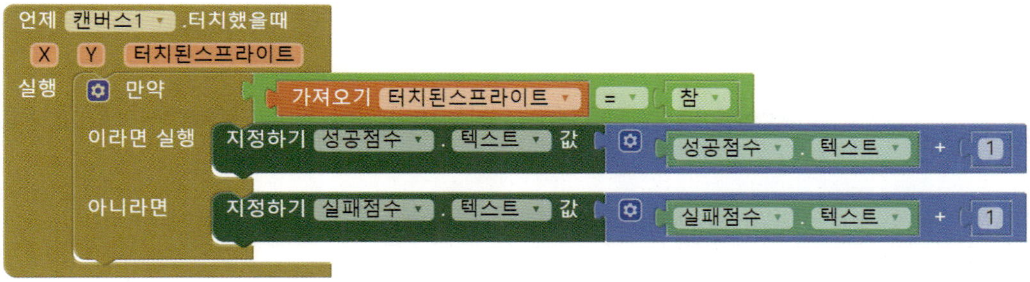

09 소리 재생 블록 추가하기 로봇을 터치했을 때, 소리가 나도록 소리 재생 블록인 [호출 '소리1'.재생하기] 블록을 캔버스 터치 이벤트에 추가합니다.

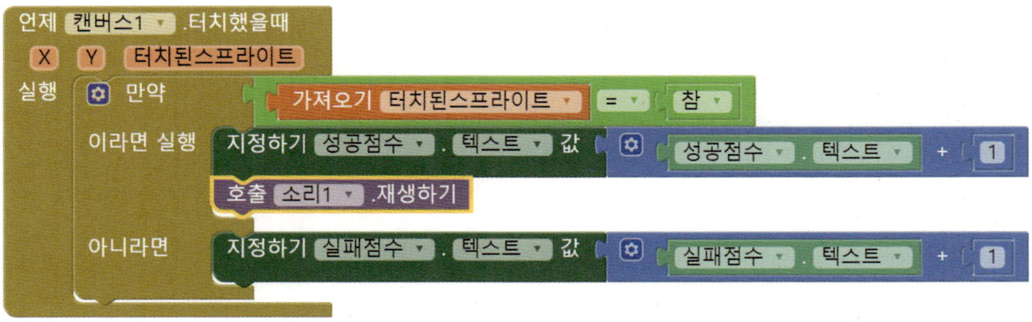

3 버튼과 메시지창 코딩

이제 버튼과 메시지창만 코딩하면 됩니다. 버튼에서 코딩할 것은 종료 버튼과 다시하기 버튼의 클릭 이벤트입니다.

종료 버튼의 클릭 이벤트 코딩하기

종료 버튼을 클릭하면 로봇이 이동을 멈추고, 현재 점수가 메시지창에 나타나야 합니다.

10 로봇의 이동 멈추기 먼저 로봇의 이동을 멈추어 보겠습니다. 로봇은 타이머 이벤트에 의해 '로봇_이동' 함수를 호출하여 이동합니다. 로봇의 이동을 멈추기 위해 '종료' 버튼을 클릭하면 시계의 '타이머활성화여부' 속성을 '거짓'으로 설정하면 됩니다.

11 '메시지창보이기' 블록 코딩하기 메시지창은 '알림' 컴포넌트의 '메시지창보이기' 블록을 이용하여 다음과 같이 코딩합니다.

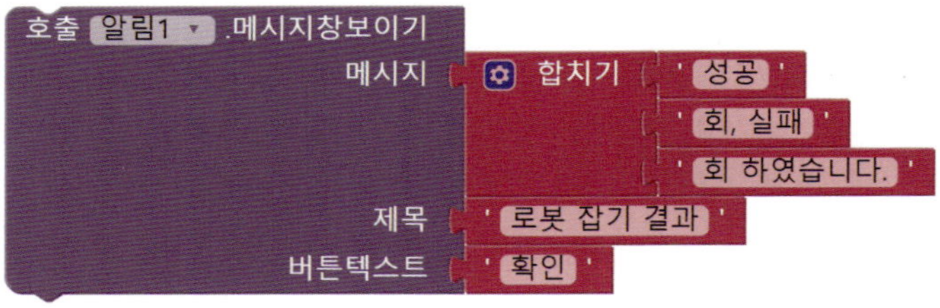

12 '종료' 버튼 클릭 이벤트 처리기 메시지는 [합치기] 블록을 이용하여 '성공점수'와 '실패점수' 레이블의 텍스트를 결합하여 만듭니다.

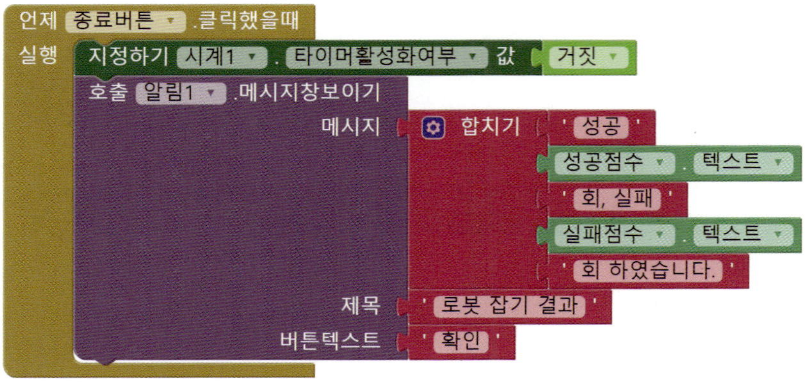

'다시하기' 버튼의 클릭 이벤트 코딩하기

'다시하기' 버튼을 클릭하면 점수가 모두 0으로 초기화되고, 로봇이 다시 이동을 시작하도록 코딩합니다.

13 점수 초기화하기 점수를 초기화하기 위해 '성공점수'와 '실패점수' 레이블의 텍스트를 0으로 설정합니다.

14 로봇 다시 이동시키기 로봇을 다시 이동시키려면 '종료' 버튼의 클릭 이벤트 처리기에서 '타이머활성화여부'를 '거짓'으로 설정했던 것을 다시 '참'으로 설정합니다.

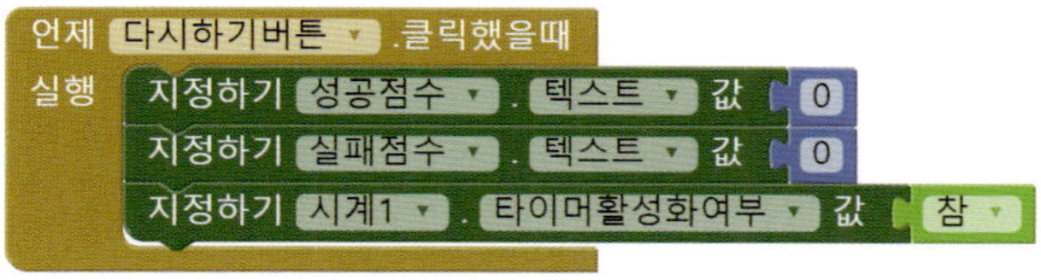

4 전체 코드 확인

이것으로 로봇 잡기 게임 앱의 코딩이 완료되었습니다. 전체 코드를 확인해 봅니다.

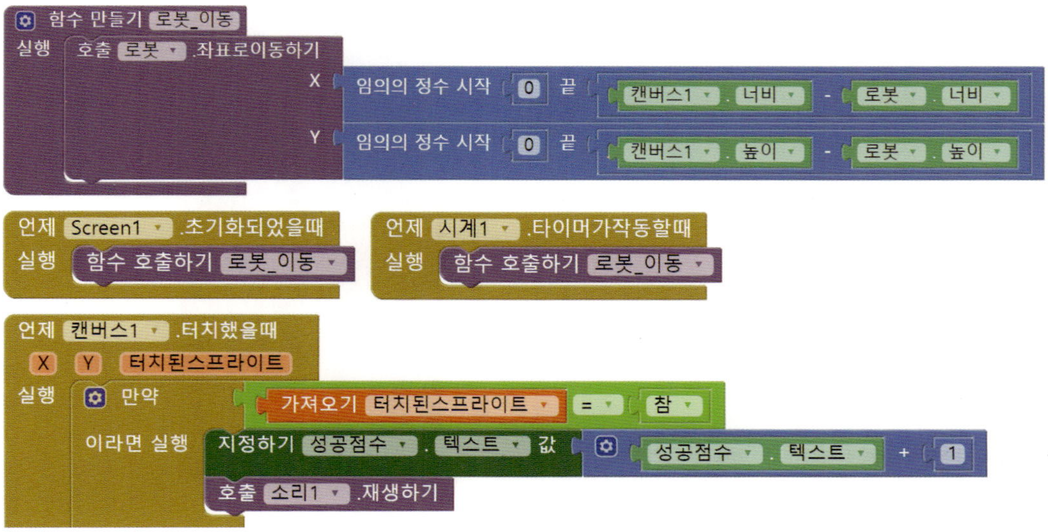

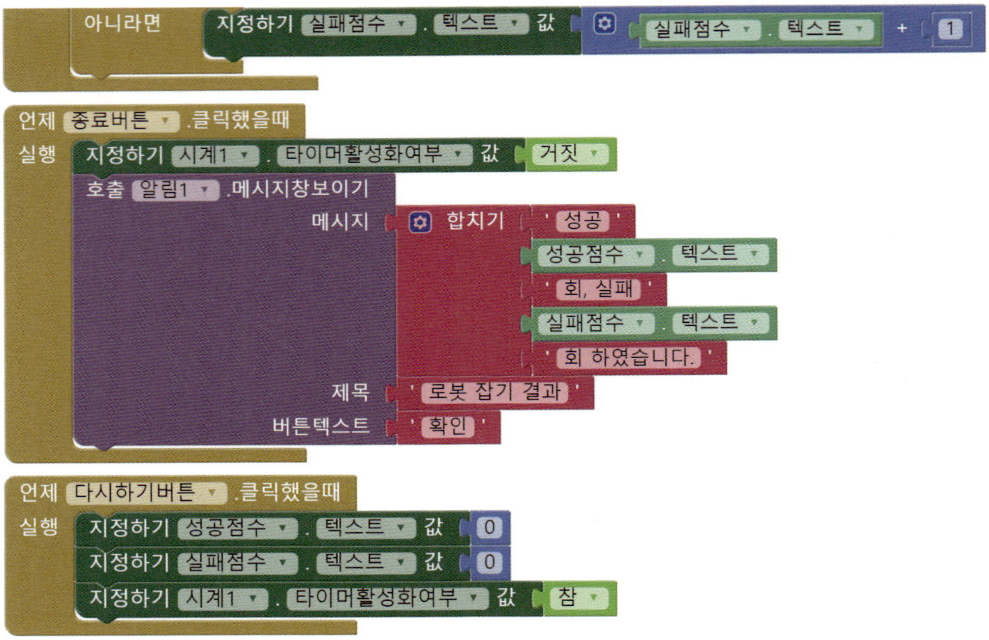

5 앱 테스트

에뮬레이터로 로봇 잡기 게임 앱을 테스트해 봅니다. 게임을 진행하다 '종료' 버튼을 클릭하면 메시지창이 정확하게 뜨는지 확인합니다. '다시하기' 버튼의 동작도 확인해 봅니다.

[실행 결과]

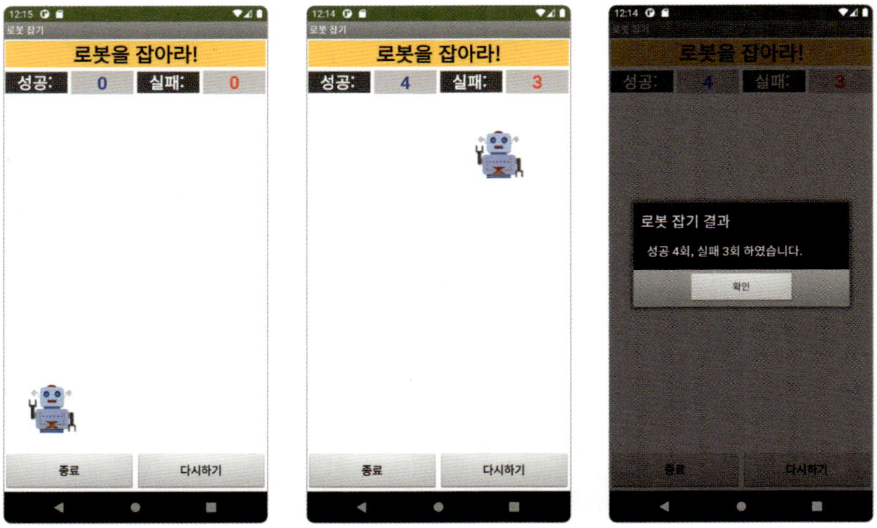

(a) 게임 초기 화면 (b) 게임 진행 화면 (c) 게임 종료 화면

그림 10-6 **로봇 잡기 게임 테스트하기**

요약

01 '이미지스프라이트' 컴포넌트는 '캔버스' 컴포넌트에 배치할 수 있는 이미지입니다.

02 이미지스프라이트는 터치나 드래그에 의해 반응하거나 이동이 가능합니다.

03 캔버스를 터치하면 터치 이벤트가 발생되고, 이벤트가 발생한 위치와 터치된 스프라이트 정보를 제공합니다.

04 이미지스프라이트를 터치하면 터치 이벤트가 발생합니다.

05 '알림' 컴포넌트를 사용하여 메시지창을 생성할 수 있습니다.

06 '시계' 컴포넌트를 사용하여 일정한 시간 간격으로 이미지스프라이트를 이동시킬 수 있습니다.

07 좌표를 지정하여 이미지스프라이트를 이동시키려면 [호출 – 좌표로 이동하기] 블록을 사용합니다.

08 텍스트를 결합하려면 [텍스트]에 있는 [합치기] 블록을 사용합니다.

09 이미지스프라이트가 다른 이미지스프라이트와 충돌하면 충돌 이벤트가 발생합니다.

연습문제

01 본문에서 사용자가 이미지스프라이트를 터치했는지 아닌지 판단하기 위해 사용한 프로그래밍 요소로 옳지 않은 것은 무엇인가요?

① 조건문 ② 관계 연산자 ③ 논리 연산자 ④ 함수

02 이미지스프라이트 컴포넌트에 관한 설명으로 옳은 것을 모두 고르세요.

① 이미지스프트라이트는 [팔레트]−[사용자 인터페이스]−[이미지]에서 찾을 수 있다.

② 이미지스프라이트는 '캔버스' 컴포넌트에 배치가 가능하다.

③ 터치와 드래그에 반응하며 캔버스 위에서 이동이 가능하다.

④ 이미지스프라이트는 캔버스 하나당 한 개의 스프라이트만 배치가 가능하다.

03 다음 중 이미지스프라이트로 발생할 수 있는 이벤트로 알맞지 않은 것은 무엇인가요?

① 거북이 이미지를 터치하면, 거북이가 일정 거리만큼 앞으로 이동한다.

② 우주선 이미지를 좌우로 드래그하여 날아오는 장애물을 피할 수 있다.

③ 5초가 지날 때 마다 꽃 이미지가 한 개씩 자동 복제된다.

④ 두 개 이상의 공 이미지가 충돌하면, 공 이미지가 화면 끝 모서리로 날아간다.

04 다음의 블록들에 대한 설명으로 옳지 않은 것을 고르세요.

① ⓐ 이미지스프라이트1을 터치했을 때 발생하는 이벤트 동작을 만들 수 있다.

② ⓑ 텍스트를 결합할 때 사용하는 블록으로, [텍스트] 블록만 합치기가 가능하다.

③ ⓒ 알림 컴포넌트를 사용하여 메시지창을 생성하는 블록이다.

④ ⓓ 시계 컴포넌트를 이용하여 사용자가 원하는 시간 간격 설정이 가능하다.

05 '로봇 잡기 게임 앱'을 변형합니다. 현재 로봇이 자동으로 이동하는 시간 간격은 1초로 고정되어 있는데, 이 시간 간격을 사용자가 선택할 수 있도록 수정해 봅니다. 이를 위해 '슬라이더' 컴포넌트를 사용하여 시간 간격을 조정하는 슬라이더를 추가합니다.

[조건]

- 슬라이더의 숫자가 작을수록 로봇의 움직임이 빨라지도록 합니다.
- 슬라이더를 움직이면 현재 섬네일 값으로 '시계' 컴포넌트의 타이머 간격을 설정합니다.

[실행 결과]

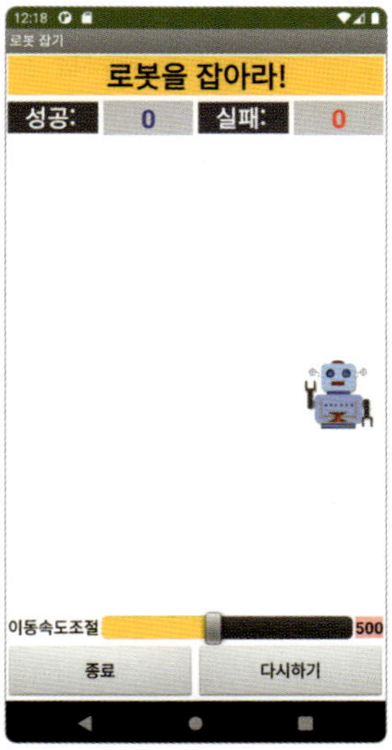

06 **05**번에서 변형한 '로봇 잡기 게임 앱'에 로봇을 하나 더 추가합니다. 두 로봇 모두 같은 속도로 이동하고, 둘 중 하나를 터치하면 성공 점수가 올라가도록 설정합니다.

[실행 결과]

07 **06**번에서 변형한 '로봇 잡기 게임 앱'에서 추가한 로봇은 기존 로봇과 같습니다. 이번에는 기존의 로봇을 다른 색 로봇으로 변경하여 파란 로봇을 터치하면 성공 점수가 1 증가하고, 빨간 로봇을 터치하면 2씩 증가하도록 수정합니다.

[조건]

- 빨간 로봇이 파란 로봇보다 두 배 빠르게 움직이도록 설정합니다.
- 로봇의 크기는 50×50픽셀 정도로 줄입니다.
- 빨간 로봇 이미지는 'robot2.png'를 사용합니다.

[실행 결과]

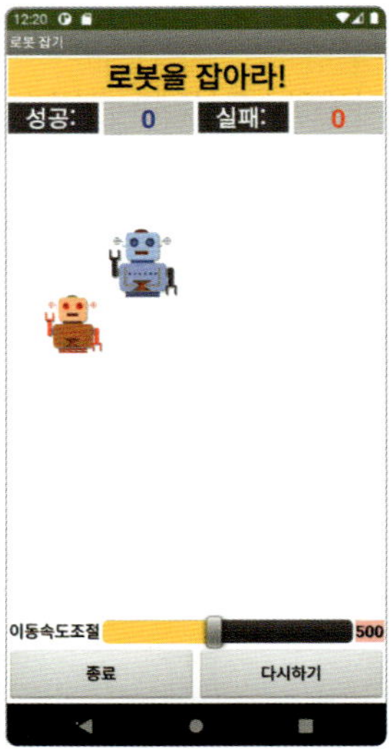

08 심화 이번에는 새로운 '로봇 추적 게임 앱'을 만들어 보겠습니다. 빨간 로봇이 파란 로봇을 추적하는 게임이며, 파란 로봇은 빨간 로봇을 피해 도망가야 합니다. 로봇 추적 게임은 로봇 잡기 게임 코드를 수정하여 만듭니다.

[조건]

- 파란 로봇은 상하좌우로 이동할 수 있습니다.
- 빨간 로봇은 파란 로봇 방향으로 이동합니다.
- 두 로봇의 이동 속도를 적절하게 조절합니다.
- 두 로봇이 충돌하면 파란 로봇은 사라지고 게임이 끝납니다.
- '다시하기' 버튼을 클릭하면 파란 로봇이 다시 나타나 추적이 시작됩니다.

[힌트]

1. 점수 레이블을 모두 없애고, 캔버스 터치 이벤트 처리기도 삭제합니다.
2. 하단의 슬라이더 대신에 전, 후, 좌, 우 버튼 네 개를 배치합니다.
3. 파란 로봇은 상하좌우 버튼을 조작하여 수동으로 움직입니다.
4. 빨간 로봇은 파란 로봇의 방향을 따라 자동으로 움직입니다.
5. 두 로봇이 충돌하면 파란 로봇은 [보이기] 속성을 '거짓'으로 설정하여 사라지게 하고, '시계' 컴포넌트의 [타이머] 속성을 비활성화하여 빨간 로봇을 정지시킵니다.
6. '다시하기' 버튼을 클릭하면 파란 로봇은 [보이기] 속성을 '참'으로 설정하여 다시 나타나게 하고, '시계' 컴포넌트의 타이머 속성을 활성화하여 빨간 로봇이 움직이도록 합니다.

7. 너무 쉽게 잡히지 않도록 두 로봇의 속도를 적절히 조정합니다.

표 10-6 로봇 잡기 게임의 코딩에 필요한 블록

블록	위치	역할
지정하기 로봇1 . 방향 값	로봇 (이미지 스프라이트)	로봇의 이동 방향을 설정한다. • 직선 이동 : 좌(180도), 우(0도), 위(90도), 아래(270도) • 방향 각도 : 역탄젠트
지정하기 로봇1 . 속도 값		로봇의 이동 속도를 설정한다.
임의의 분수	수학	0~1사이의 난수를 발생시킨다. • 속도 조절용으로 사용된다.(예 난수×10)
atan2 y x		역탄젠트로 이동 방향을 설정한다. ([그림 10-7] 〈하나 더 알기〉 참조)
언제 로봇2 .충돌했을때 다른 실행	로봇 (이미지 스프라이트)	로봇이 다른 로봇과 충돌하는 이벤트가 발생했을 때 수행할 동작을 지정한다.

[실행 결과]

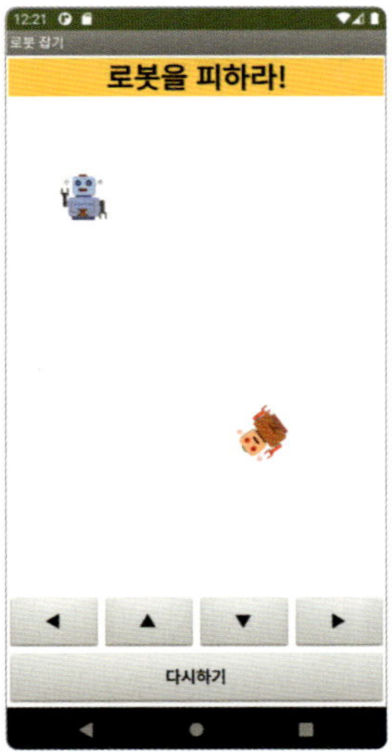

하나 더 알기 ✓ 역탄젠트로 이동 방향 결정하기

빨간 로봇이 A에서 B 지점으로 이동하기 위해서는 이동 방향을 결정해야 합니다. 이때, 사용할 수 있는 것이 역탄젠트 함수입니다. A에서 B 지점을 빗변으로 하여 직각삼각형을 그린 뒤 '대변(b) ÷ 밑변(a)'을 하면 방향각을 알아낼 수 있습니다. b를 계산할 때 'y1 – y2'가 된 것은 캔버스의 좌표계에서 보면 y1이 큰 값이기 때문입니다. 앱 인벤터는 역탄젠트를 계산할 수 있는 [atan2 – y – x] 블록을 제공하므로 이를 이용하여 방향각을 계산할 수 있습니다.

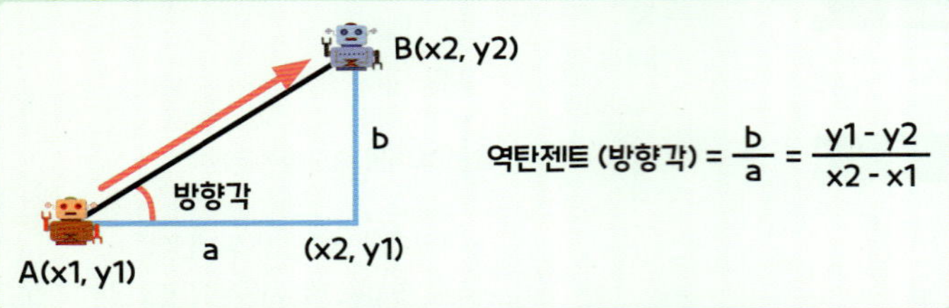

그림 10-7 이동 방향을 계산하기 위한 역탄젠트 함수

09 **08**번에서 만든 게임에 추적 로봇을 하나 더 추가하여 만들어봅니다. 새로 추가한 추적 로봇의 이동 속도는 기존 추적 로봇보다 조금 느리게 설정합니다.

[힌트]

- 이번에는 역탄젠트를 이용하지 않고 이미지 스프라이트에서 제공하는 '스프라이트바라보기' 블록을 이용해봅니다.

표 10-7 로봇 잡기 게임의 코딩에 필요한 블록

블록	위치	역할
호출 로봇2 .스프라이트바라보기 대상	로봇 (이미지스프라이트)	대상으로 지정한 이미지로 방향을 설정한다.

[실행 결과]

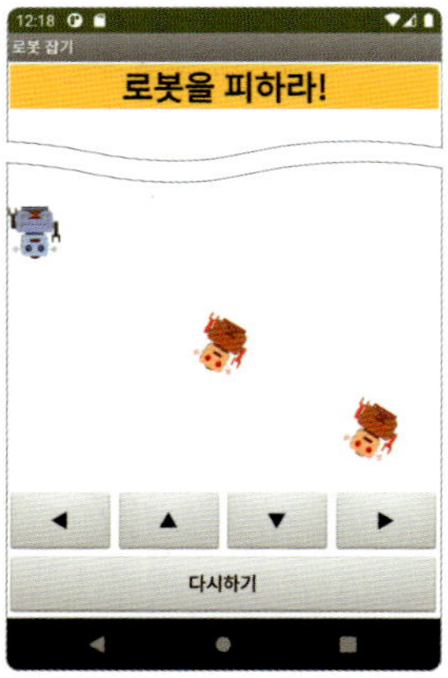

10 **08**번과 **09**번에서는 빨간 로봇이 파란 로봇을 추적하는 게임이었습니다. 이번에는 반대로 파란 로봇이 빨간 로봇을 쫓아가서 잡는 게임을 만들어 봅니다.

[힌트]

- 게임의 제목을 '로봇을 잡아라!'로 수정합니다.
- 빨간 로봇은 임의의 위치로 자유롭게 이동하고 이동 방향도 임의로 결정하도록 합니다.
- 로봇의 이동 속도는 '시간간격' 블록과 '속도' 블록을 조합하여 사용합니다. 시간 블록에 지정하는 값은 밀리초입니다. 예를 들어 시간 간격이 50이고, 속도가 5면 이미지 스프라이트가 50밀리초마다 5픽셀씩 이동한다는 의미입니다.

표 10-8 로봇 잡기 게임의 코딩에 필요한 블록

블록	위치	역할
지정하기 로봇1 ▾ . 시간간격 ▾ 값	로봇 (이미지스프라이트)	밀리초 단위로 시간 간격을 설정한다.

[실행 결과]

CHAPTER 11

공놀이 게임 앱 만들기

01 공놀이 게임 앱 알아보기
02 공놀이 게임 앱 화면 설계하기
03 공놀이 게임 앱 코딩하기
요약
연습문제

학습목표

- 공 컴포넌트를 움직이게 하는 방법을 이해합니다.
- 이미지스프라이트를 이동시키는 방법을 배웁니다.
- 이미지스프라이트의 충돌 처리 방법을 배웁니다.

Preview

기본 예제 실습에서 앱 인벤터의 다양한 블록들을 활용해 보았습니다. 코딩을 배우는 가장 좋은 길은 여러 가지 문제를 어떻게 구현할 수 있을지 계속 시도해 보는 것입니다. 이번 장에서는 [팔레트]-[그리기 & 애니메이션]의 컴포넌트들을 이용해 공놀이 게임 앱을 만들어 봅니다.

공을 움직이고, 공이 모서리에 닿았을 때 튕겨나가거나, 막대와 충돌했을 때 동작을 처리하는 코딩이 필요합니다. 이때 좌표와 방향이 중요하기 때문에 앱 인벤터에서 방향 각도는 어떻게 지정하는지를 잘 이해해야 합니다.

연습문제에서는 본문에서 다룬 공놀이 게임 앱을 응용하여 벽돌 깨기, 풍선 터트리기, UFO 잡기 앱을 만들어 봅니다. 조금 어려워졌다고 생각할 수도 있지만, 여러 가지 블록을 어떻게 활용하면 좋을지 고민하며 코딩하다 보면 프로그래밍 실력이 쑥쑥 늘어날 것입니다.

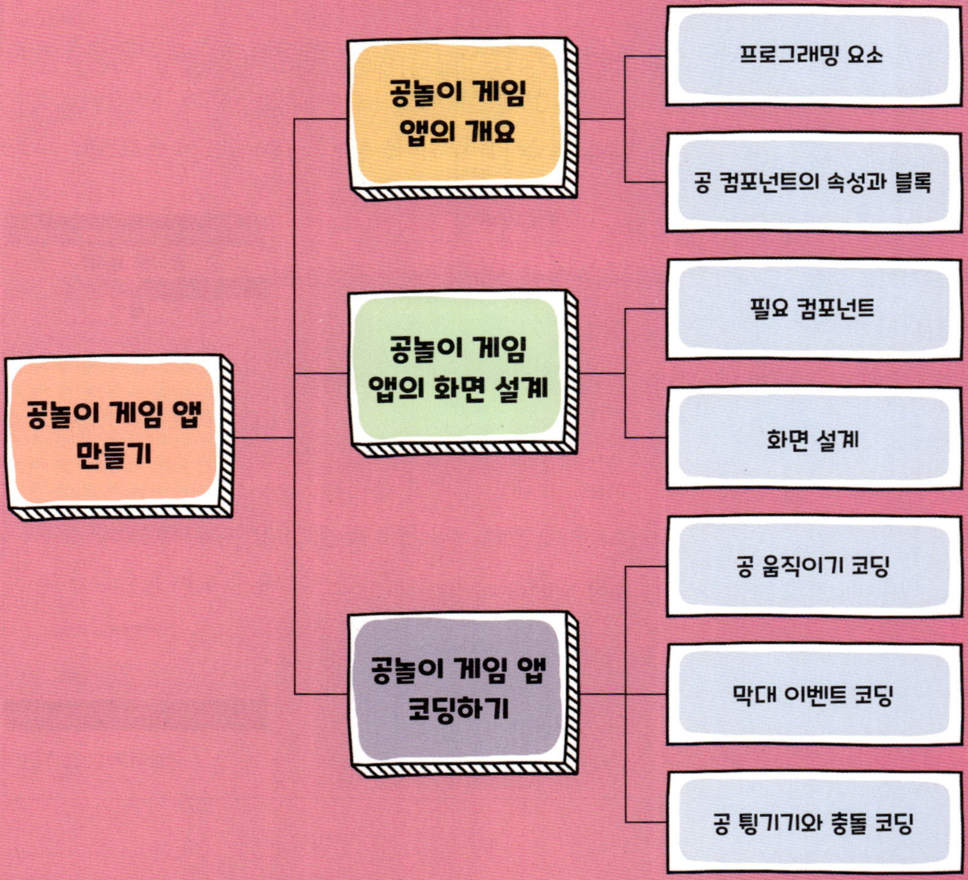

Section 01

공놀이 게임 앱 알아보기

어린 시절에는 공만 있으면 어디서든 재미있게 놀 수 있었고, 여러 게임을 즐길 수 있었습니다. 그런데 앱에서도 공을 가지고 놀 수 있습니다. 이 장에서는 앱에서 공을 가지고 노는 공놀이 게임 앱을 만들어 보겠습니다.

1 공놀이 게임 앱의 개요

공놀이 게임 앱은 [그림 11-1]과 같이 화면에서 날아다니는 공을 아래쪽에 있는 막대를 움직여 바닥에 떨어지지 않도록 튕겨내는 방식으로 진행합니다. 막대로 공을 쳐내면 점수가 올라갑니다.

공놀이 게임 앱에서 제공하는 기능은 다음과 같습니다.

- **공 애니메이션** 공은 정해진 속도와 방향을 알고 자동으로 움직입니다.
- **이미지스프라이트 이동** 드래그 기능을 이용하여 이미지스프라이트를 이동합니다.
- **충돌 체크** 공과 막대(이미지스프라이트)의 충돌을 체크하여 처리합니다.
- **점수 표시** 바닥으로 떨어지는 공을 막대로 쳐내면 점수가 올라갑니다.
- **시작하기** 점수를 0으로 초기화하고, 공이 위에서 아래로 내려오도록 합니다.
- **종료하기** 공의 움직임을 멈춥니다.

그림 11-1 공놀이 게임 앱 화면

2 기초 지식 이해

공놀이 게임 앱에서는 '공' 컴포넌트의 사용법과 이미지스프라이트의 충돌 처리에 관한 내용을 알고 있어야 합니다. 공놀이 게임 앱에서 사용하는 프로그래밍 요소와 컴포넌트를 살펴보겠습니다.

사용하는 프로그래밍 요소

공놀이 게임 앱에서 사용할 프로그래밍 요소는 난수 생성, 조건문, 함수입니다. 나머지는 모두 공 컴포넌트와 이미지스프라이트 컴포넌트의 이벤트 처리로 가능합니다.

- **난수 생성** 공이 이동할 방향을 결정하기 위해 난수를 생성합니다.
- **조건문** 막대(이미지스프라이트)와 충돌한 것이 공인지 판단하고, 점수를 계산합니다.
- **함수** 공을 출발시키는 기능을 함수로 만들어 사용합니다.

사용하는 컴포넌트

공놀이 게임 앱에서는 공 컴포넌트가 새로 등장합니다. 공 컴포넌트는 캔버스 컴포넌트에 배치하는 공 모양의 이미지로, 이미지스프라이트 컴포넌트의 특별한 형태라고 보면 됩니다. 공과 이미지스프라이트에서 제공하는 속성이나 코딩 블록도 매우 유사합니다. 공 컴포넌트의 주요 속성과 코딩 블록은 [표 11-1]과 같습니다.

하나 더 알기 **방향과 모서리 지정**

공이나 이미지스프라이트의 방향은 각도로 지정하며, 모서리는 숫자로 지정합니다. [그림 11-2]를 참조합니다.

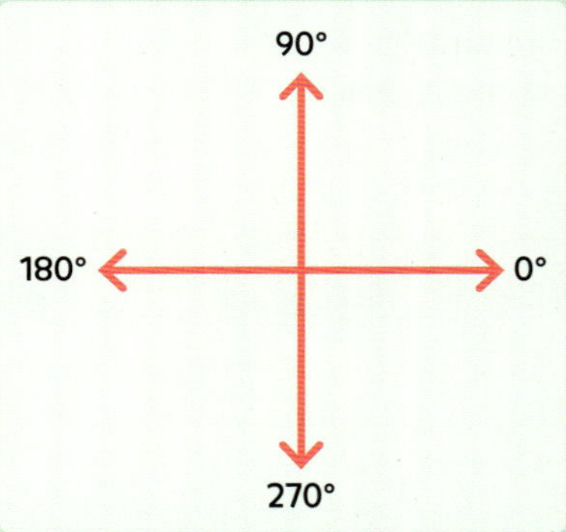

(a) 방향 각도

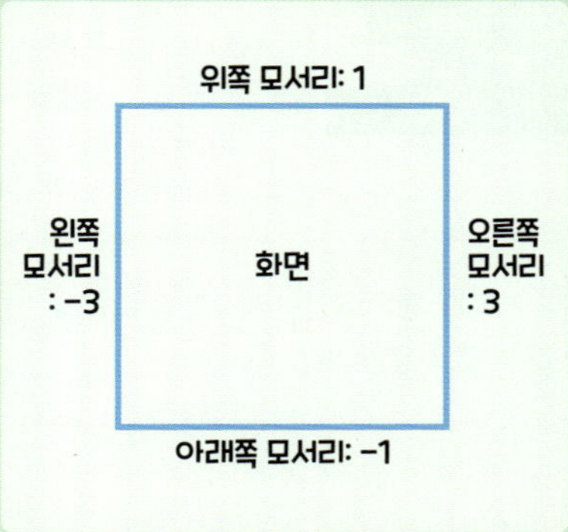

(b) 모서리 번호

그림 11-2 방향과 모서리

표 11-1 공 컴포넌트의 주요 속성과 코딩 블록

속성과 코딩 블록		기능	이미지스프라이트
속성	방향	공의 이동 방향을 각도로 지정한다. 화면의 오른쪽이 0°, 위쪽이 90°이다.	○
속성	시간간격	공의 위치가 수정되는 간격으로 밀리초 단위로 지정한다.	○
속성	페인트색상	공의 색상을 나타낸다.	×
속성	반지름	공의 반지름으로 픽셀 단위로 지정한다.	×
속성	속도	공이 움직이는 속도로 간격 사이를 이동하는 픽셀 수이다.	○
블록	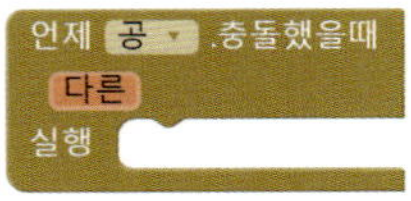	공이 다른 무엇인가와 충돌할 때 발생하는 이벤트이다.	○
블록		공을 드래그할 때 발생하는 이벤트이다.	○
블록		공이 화면의 모서리에 닿았을 때, 발생하는 이벤트이다.	○
블록		공이 모서리에 닿았을 때, 튕기기를 처리하는 블록이다.	○
블록		특정 좌표로 공을 이동시키는 블록이다.	○
블록	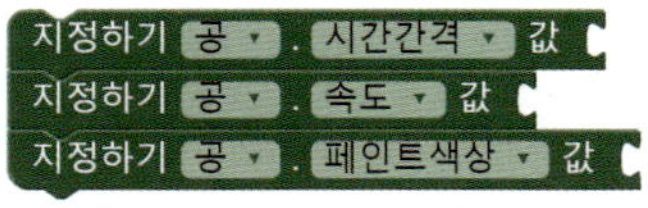	공의 시간간격, 속도, 페인트색상 등 속성을 수정할 때 사용하는 블록이다.	○

이 외에 제목과 점수, 게임의 시작과 종료 등의 기능을 위한 레이블 컴포넌트와 버튼 컴포넌트, 수평배치 컴포넌트를 사용합니다.

3 문제 이해

공놀이 게임은 캔버스의 위쪽에서 출발한 공이 좌우 모서리에 부딪쳐 튕기면서 내려오고, 아래쪽 모서리에 부딪치지 않도록 막대로 쳐내는 방식으로 진행됩니다. 막대로 공을 쳐낼 경우 점수가 올라갑니다. 공놀이 게임 앱의 상단에 제목과 점수, 중간에 공이 이동할 수 있는 공간인 캔버스, 하단에 시작과 종료 버튼을 배치합니다. 코딩에 필요한 기본적인 동작 흐름을 알아보겠습니다.

❶ 게임을 시작하면 공이 위쪽에서 임의의 방향으로 출발하고, 점수는 0으로 초기화됩니다.

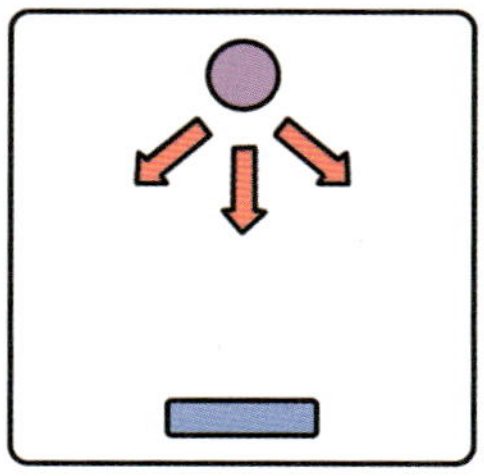

❷ 공이 내려오면서 좌, 우 모서리에 부딪칠 경우 방향을 바꾸면서 내려옵니다.

❸ 공이 아래쪽 모서리에 부딪치면, 바로 위쪽에서 다시 출발합니다.

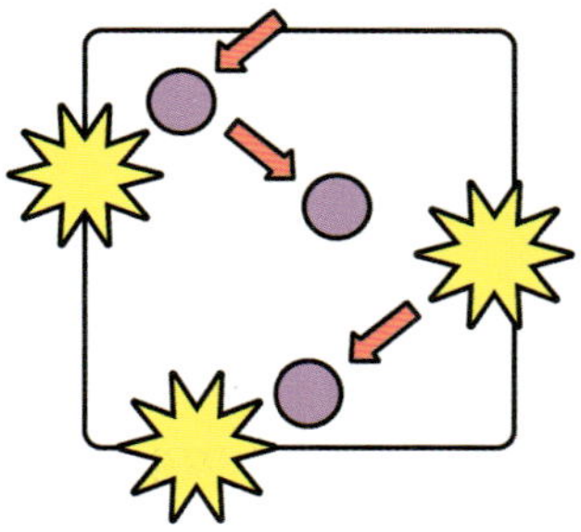

❹ 막대가 공을 쳐내면 방향을 바꾸면서 위로 올라가고, 점수가 1 증가합니다.

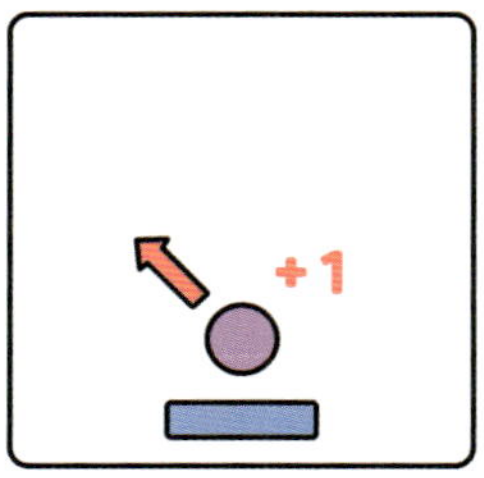

❺ '종료' 버튼을 클릭하면 공은 움직임을 멈춥니다.

❻ '시작' 버튼을 클릭하면 다시 ❶번으로 돌아가서 게임을 시작합니다.

그림 11-3 **공놀이 게임 앱의 문제 이해**

4 리소스 준비

공놀이 게임 앱은 공과 막대만 있으면 만들 수 있습니다. 공은 앱 인벤터가 제공하는 공 컴포넌트를 사용하면 되고, 막대의 경우 별도로 이미지를 만들어 이미지스프라이트 컴포넌트에 지정합니다. 막대는 대략 60×10픽셀의 크기로 만듭니다.

예제 소스에서 이미지 파일(stick.png)을 따로 제공합니다.

그림 11-4 **막대 이미지**

Section 02

공놀이 게임 앱 화면 설계하기

1 화면 설계에 필요한 컴포넌트

공놀이 게임 앱의 전체 구성은 [그림 11-1]과 같습니다. 공놀이 게임 앱을 설계하는 데 필요한 컴포넌트는 [표 11-2]에 정리하였습니다.

표 11-2 공놀이 게임 앱의 화면 설계에 필요한 컴포넌트

컴포넌트	위치	역할
수평배치	[팔레트]-[레이아웃]	레이블을 수평으로 배치한다.
레이블	[팔레트]-[사용자 인터페이스]	게임 제목, 점수 제목, 점수를 표시한다.
캔버스	[팔레트]-[그리기 & 애니메이션]	공과 이미지스프라이트를 보여주는 바탕이 된다.
공		공을 제공한다.
이미지스프라이트		막대 이미지를 제공한다
버튼	[팔레트]-[사용자 인터페이스]	시작과 종료 기능에 사용한다.

2 화면 설계

다음과 같은 순서로 공놀이 게임 앱의 화면을 설계해 봅니다.

01 새 프로젝트 시작하기 새 프로젝트를 만들고 프로젝트의 이름을 'gong01'로 합니다. 그리고 에뮬레이터를 동작시킵니다. 'Screen1'의 제목을 '공놀이'로 바꿉니다.

02 막대 이미지 파일 불러오기 [미디어] 영역에서 [파일 올리기] 버튼을 클릭하여 막대 이미지 파일(stick.png)을 불러옵니다.

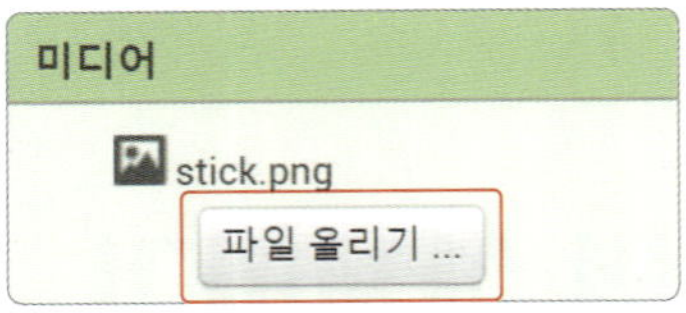

03 제목용 레이블 컴포넌트 배치하고 수정하기 제목을 위한 '레이블' 컴포넌트를 [뷰어] 영역으로 드래그하고 [표 11-3]을 참고하여 이름과 속성을 수정합니다.

표 11-3 제목용 레이블 컴포넌트의 속성 수정하기

컴포넌트	이름 수정	속성	속성 수정
레이블1	제목레이블	배경색	주황
		글꼴굵게	활성화
		글꼴크기	25
		너비	부모 요소에 맞추기
		텍스트	공이랑 놀자!
		텍스트정렬	가운데:1

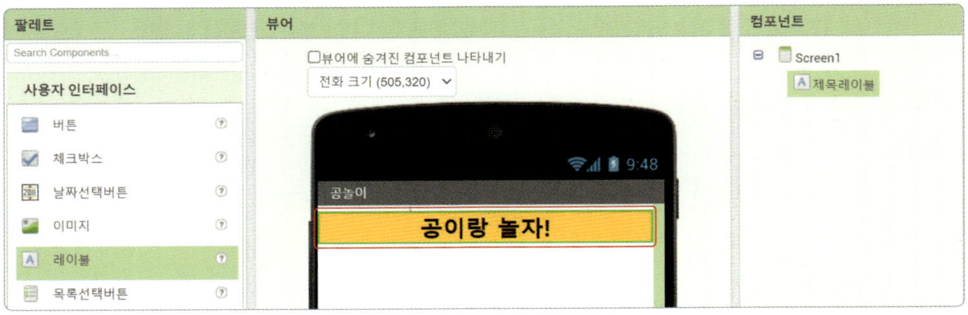

04 수평배치 컴포넌트 배치하고 수정하기 '수평배치' 컴포넌트를 [뷰어] 영역으로 드래그하고, [표 11-4]를 참고하여 이름과 속성을 수정합니다.

표 11-4 수평배치 컴포넌트 설정

컴포넌트	이름 수정	속성	속성 수정
수평배치1	레이블배치	수평정렬	가운데:3
		수직정렬	가운데:2
		너비	부모 요소에 맞추기

05 레이블 컴포넌트 2개 배치하고 수정하기 '레이블배치' 안으로 '레이블' 컴포넌트 2개를 드래그하고, [표 11-5]를 참고하여 이름과 속성을 수정합니다.

표 11-5 레이블 컴포넌트의 속성 설정

컴포넌트	컴포넌트 이름 수정	속성	속성 수정
레이블1	점수레이블	배경색	어두운 회색
		글꼴굵게	활성화
		글꼴크기	20
		너비	부모 요소에 맞추기
		텍스트	점수:
		텍스트정렬	가운데:1
		텍스트색상	흰색
레이블2	점수	배경색	밝은 회색
		글꼴굵게	활성화
		글꼴크기	20
		너비	부모 요소에 맞추기
		텍스트	0
		텍스트정렬	가운데:1

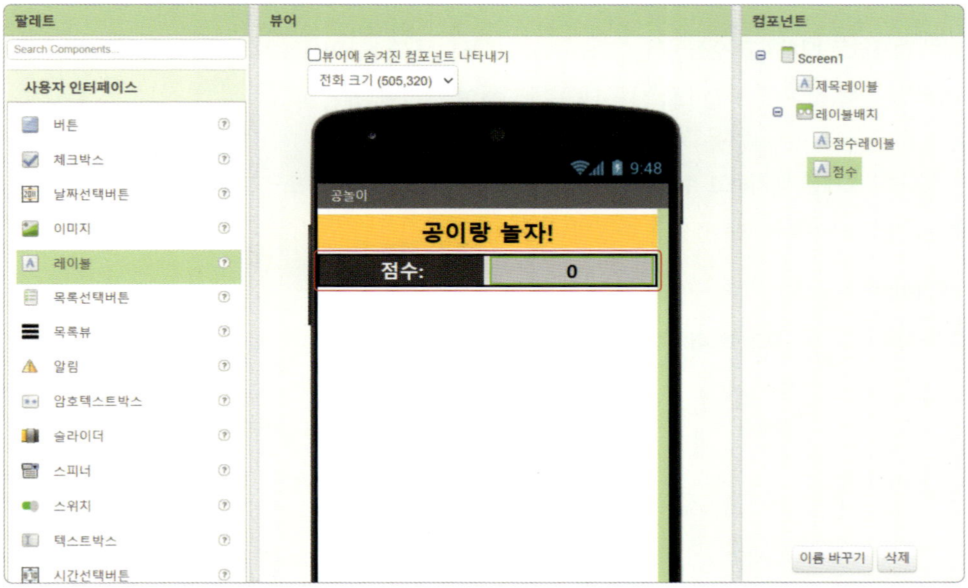

06 캔버스, 이미지스프라이트, 공 컴포넌트를 배치하고 수정하기 '캔버스' 컴포넌트, '이미지스프라이트' 컴포넌트, '공' 컴포넌트를 [뷰어] 영역에 드래그합니다. '캔버스' 컴포넌트의 [높이]와 [너비] 속성은 '부모 요소에 맞추기'로 설정하고, '이미지스프라이트' 컴포넌트의 이름은 '막대', 사진은 'stick.png'로 설정합니다. '공' 컴포넌트의 이름은 '공', 반지름은 '10'으로 설정합니다.

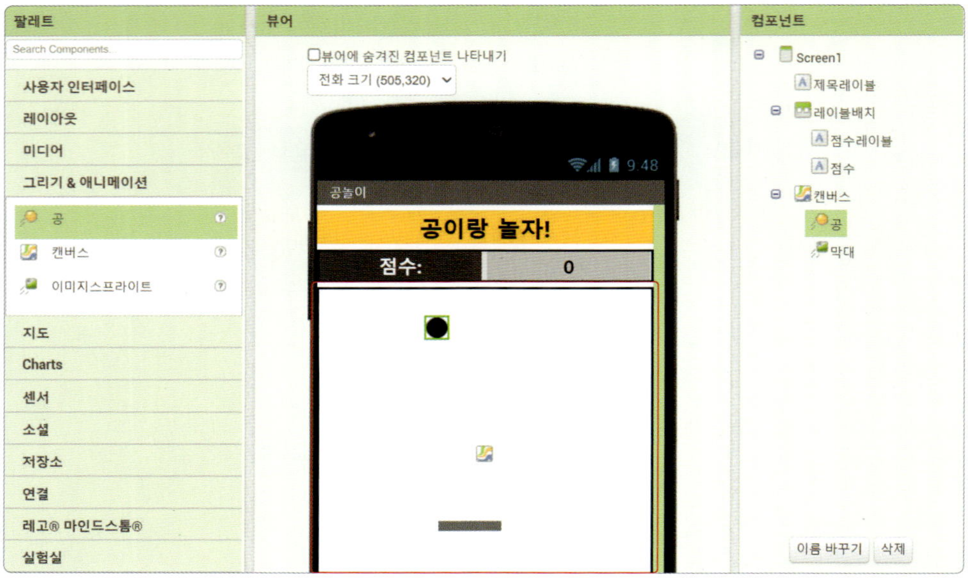

07 수평배치 컴포넌트 배치하고 수정하기 '수평배치' 컴포넌트를 [뷰어] 영역으로 드래그한 후, 이름은 '버튼배치'로 변경하고 속성은 [표 11-4]를 참고하여 수정합니다.

08 버튼 컴포넌트 2개를 배치하고 수정하기 '버튼배치' 안으로 '버튼' 컴포넌트 2개를 드래그한 후, [표 11-6]을 참고하여 이름과 속성을 수정합니다

표 11-6 버튼 컴포넌트 속성 설정

컴포넌트	컴포넌트 이름 수정	속성	속성 수정
버튼1	시작버튼	글꼴굵게	활성화
		너비	부모 요소에 맞추기
		텍스트	시작
버튼2	종료버튼	글꼴굵게	활성화
		너비	부모 요소에 맞추기
		텍스트	종료

09 에뮬레이터에서 공놀이 게임 앱 확인하기 화면 설계가 완료되었습니다. 에뮬레이터에 연결하여 [그림 11−1]과 비교해 봅니다.

Section 03 공놀이 게임 앱 코딩하기

블록 편집 화면에서 공놀이 게임 앱을 코딩해 봅니다. 프로그램은 스크린의 초기 상태와 공을 움직이는 부분, 막대가 공과 충돌하였을 때 처리하는 부분으로 구분하여 코딩합니다.

1 스크린의 초기 상태

01 스크린의 초기 상태 코딩하기 게임이 시작되면 스크린의 초기 상태는 공이 상단의 중앙에 위치하고, 하단의 막대도 중앙에 위치하도록 합니다. 이것은 'Screen1' 컴포넌트의 초기화 블록에서 코딩합니다.

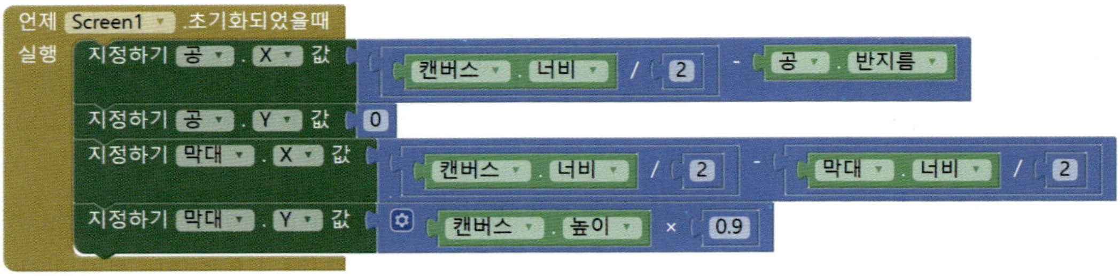

하나 더 알기 **공의 X좌표와 Y좌표**

공의 X좌표는 캔버스의 너비에서 반지름을 뺀 값으로 설정합니다. 막대는 왼쪽 모서리가 X좌표로 설정되므로 화면의 중간에 오게 하려면, 캔버스의 너비와 막대의 너비로 계산합니다. 공의 Y좌표는 0으로 하고, 막대의 Y좌표는 아래쪽 모서리에서 약간 떨어진 상태여야 하므로 캔버스 높이의 90%로 지정하였습니다. 에뮬레이터에서 확인하여 수치를 조정합니다.

2 공 움직이기

이제 공의 움직임을 코딩해 보겠습니다. 공이 움직이기 시작하는 경우는 두 가지입니다.

- 시작 버튼을 클릭했을 때
- 아래쪽 모서리에 닿았을 때

공을 움직이는 함수 만들기

공을 움직이게 하는 경우가 두 가지이므로 이 부분은 함수로 만듭니다.

02 함수 블록을 드래그하고 이름 바꾸기 [공통 블록] 밑에 [함수]에서 [함수 만들기 '함수' – 실행] 블록을 [뷰어] 영역으로 드래그하고, 함수 이름을 '공출발'로 바꿉니다.

03 '공출발' 함수 블록 코딩하기 '공출발' 함수의 코딩은 다음과 같습니다. 그 뒤에 나오는 〈하나 더 알기〉를 참고하여 코딩 원리를 확인합니다.

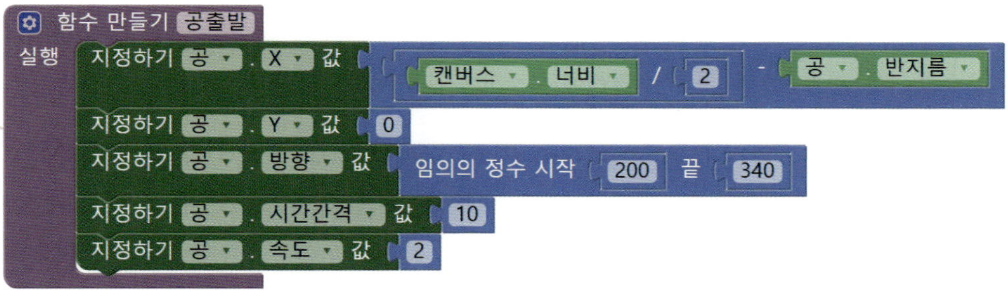

하나 더 알기 **'공출발' 함수 블록**

공을 움직이게 하는 핵심은 방향, 시간 간격, 속도 속성입니다. 이 속성들을 조정하면 공이 움직이는 방향과 속도를 조절할 수 있습니다.

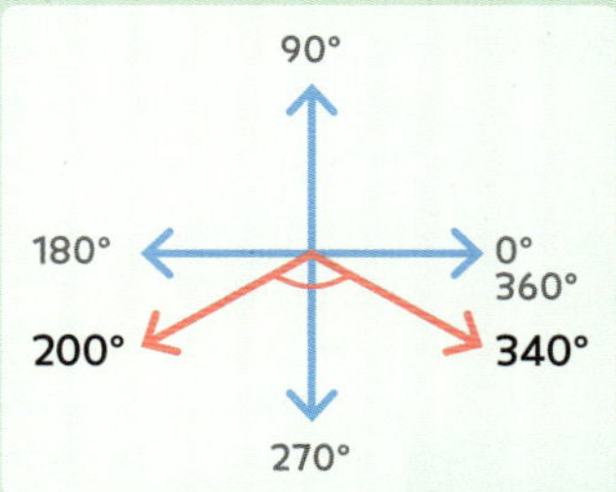

그림 11-5 **공이 움직일 방향의 폭**

- 각도는 [그림 11-5]에서 보는 것처럼 180° 보다는 커야 하고 360° 보다는 작아야 공이 아래쪽으로 향합니다. 여기서는 200°에서 340° 사이로 난수를 생성하여 방향을 설정합니다.
- 시간 간격은 10, 속도는 2로 합니다. 이것은 10밀리초마다 2픽셀씩 공을 움직인다는 의미입니다. 시간 간격의 숫자를 높이면 공이 움직이는 속도가 느려지고, 시간 간격을 작게 하면 빨리 움직입니다.
- 공이 출발할 때 위치를 지정해야 하므로 스크린의 초기 상태 코딩에서 공의 좌표를 복사하여 '공출발' 함수에 삽입합니다.

04 '시작' 버튼 클릭 이벤트 처리기 코딩하기 '시작' 버튼을 클릭하면 '공출발' 함수를 호출하도록 다음과 같이 코딩한 다음 에뮬레이터에서 테스트해 봅니다.

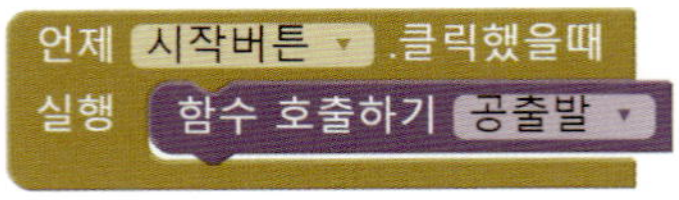

05 모서리에 닿으면 공이 튕기도록 코딩하기 '시작' 버튼을 클릭하여 테스트해 보면 위쪽에서 출발한 공이 왼쪽이나 오른쪽 모서리에 닿으면 튕기지 않고 그냥 벽을 타고 아래로 이동합니다. 이것은 공이 벽에 닿았을 때 튕기도록 코딩을 하지 않았기 때문입니다. [표 11-1]에서 설명한 공이 모서리에 닿았을 때 발생하는 이벤트 블록에서 공이 튕기도록 코딩합니다.

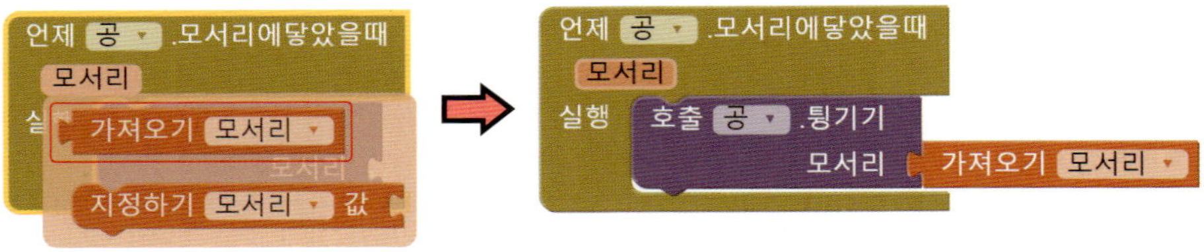

에뮬레이터에서 공이 잘 튕기는지 확인해 봅니다.

3 막대 이벤트 코딩

막대 이동하기

06 막대의 드래그 이벤트 코딩하기 막대는 '이미지스프라이트' 컴포넌트이므로 드래그 이벤트를 사용할 수 있습니다. 드래그 블록에서 [호출 '막대'.좌표로이동하기] 블록을 사용하면 막대가 이동합니다. 막대는 좌우로만 움직이면 되므로, Y좌표는 초기에 설정한 캔버스 높이의 90% 위치를 그대로 사용하고, X좌표는 '현재X' 좌표를 지정합니다.

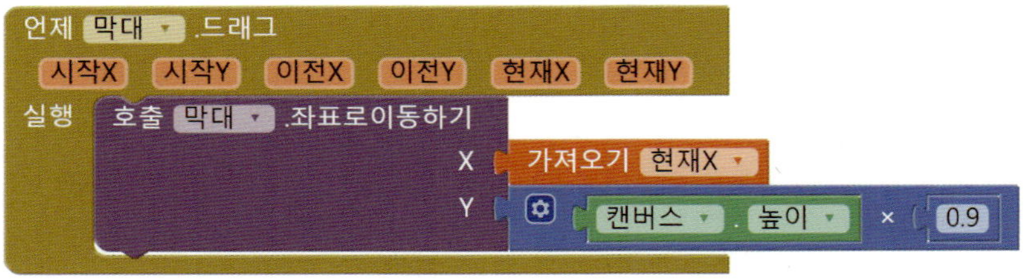

막대로 공 쳐내기

에뮬레이터를 확인하면 공이 이동하면서 막대를 만나도 그냥 통과해서 아래쪽 모서리에 튕겨서 올라가고 있을 것입니다. 이제 막대로 공을 쳐내는 기능을 코딩해 보겠습니다. 이것은 막대가 다른 무엇인가와 충돌하는 이벤트를 처리하면 됩니다.

07 충돌 이벤트 처리 코딩하기 먼저 충돌한 무엇인가가 공인지 아닌지 확인하고, 공이면 튕기기 블록인 [호출 '공'.튕기기 -모서리] 블록으로 쳐내기 기능을 만들 수 있습니다. 튕기기 블록에서는 튕겨지는 모서리를 지정해야 하는데 [그림 11-2](b)에서 설명한 것처럼 아래쪽 모서리는 '-1'로 표시합니다.

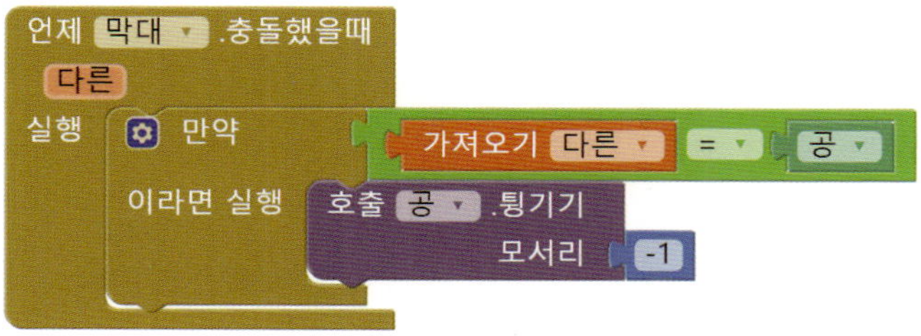

에뮬레이터에서 막대를 움직이면서 아래로 내려오는 공을 튕겨봅니다.

점수 처리

08 점수 수정 코딩하기 점수는 막대가 공을 튕겨낼 때 증가합니다. 따라서 **07**의 결합 블록에서 점수를 수정하는 코드가 추가되어야 합니다.

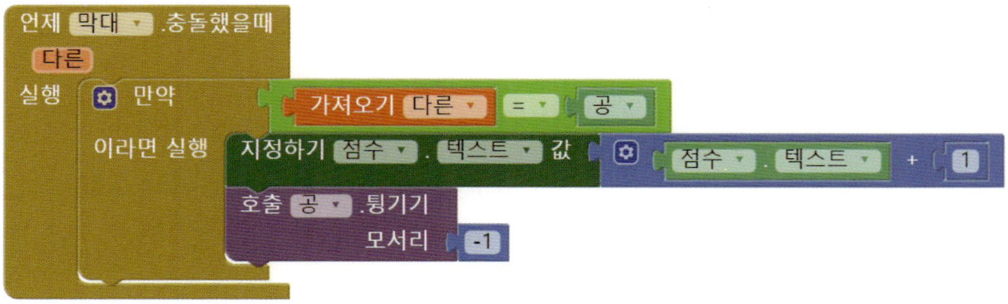

4 공이 아래쪽 모서리에 닿을 때 처리

공이 아래쪽 모서리에 닿으면 어떻게 해야 할까요? 여기서는 공이 아래쪽 모서리에 닿으면 다시 위쪽에서 시작하도록 만들겠습니다. 이때, 출발하는 X좌표를 캔버스 너비의 중앙으로 하지 않고, 난수를 생성하여 임의의 위치에서 출발하도록 하겠습니다. 공의 출발은 '공출발' 함수에서 처리하는데, 다음 두 가지 경우에 발생합니다.

- **시작 버튼 클릭** 공의 X좌표는 캔버스 너비의 중앙에 위치합니다.
- **아래쪽 모서리에 닿았을 경우** 공의 X좌표는 0에서 캔버스 너비 사이 임의의 장소에 위치합니다.

'공출발' 함수 수정하기

09 '공출발' 함수 수정하기 '공출발' 함수에서 두 가지 경우를 구분해야 하므로 '공출발' 함수에 매개변수를 추가하고, 함수 호출에도 인자를 지정합니다. 매개변수의 값이 1이면 '시작' 버튼을 클릭한 경우이고, 아니면 아래쪽 모서리에 닿은 경우로 구분합니다. 조건문을 추가하여 매개변수의 값에 따라 다르게 처리합니다.

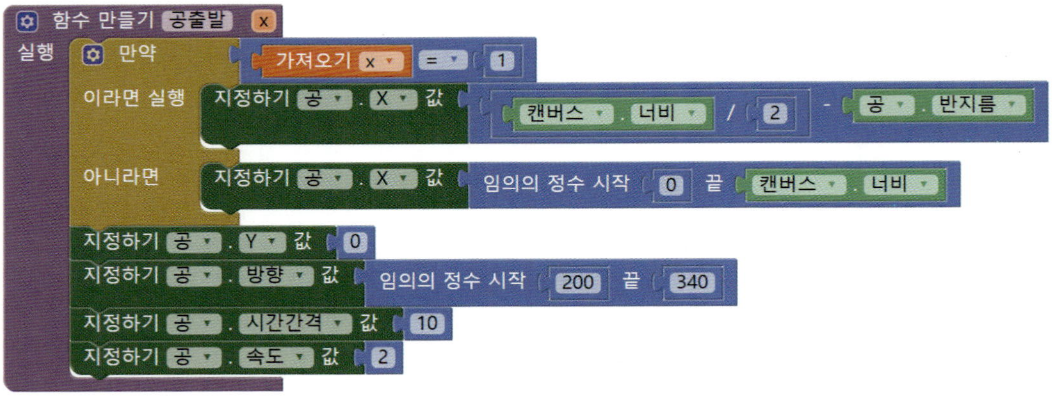

'시작' 버튼 클릭 이벤트 처리기 수정하기

10 '시작' 버튼 클릭 이벤트 처리기 수정하기 '공출발' 함수를 호출하는 경우는 '시작' 버튼을 클릭하는 경우와 공이 아래쪽 모서리에 닿았을 경우입니다. '공출발' 함수가 **09**와 같이 매개변수를 가진 함수로 수정되었으므로 '시작' 버튼이 클릭되어 '공출발' 함수를 호출할 때 인자를 지정한 것으로 바꾸어야 합니다. 또한, '시작' 버튼을 클릭할 때 점수도 0으로 초기화해야 합니다.

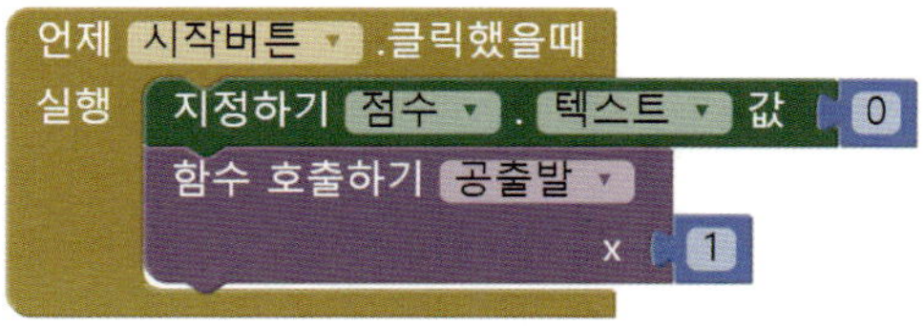

공 튕기기 수정하기

11 공이 모서리에 닿을 경우 처리 수정하기 **05**에서 공이 모서리에 닿으면 무조건 튕기도록 하였습니다. 그런데 공이 아래쪽 모서리에 닿을 때에는 튕기지 않고 다시 위쪽에서 시작해야 하므로 **05**의 코드를 수정해야 합니다.

- 조건문을 추가하여 모서리가 –1(아래쪽)일 경우 '공출발' 함수를 호출합니다. 이때, 인자를 2로 지정합니다.
- 모서리가 –1이 아니라면 현재와 같이 공을 튕깁니다.

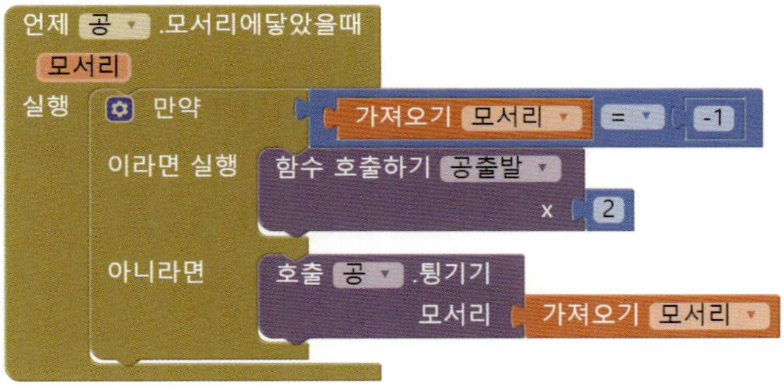

5 '종료' 버튼의 클릭 이벤트 처리

12 '종료' 버튼의 클릭 이벤트 처리기 '종료' 버튼을 클릭하면 공의 속도를 0으로 수정하여 게임을 종료합니다.

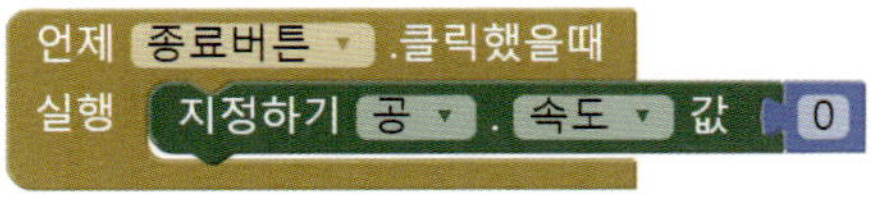

6 전체 코드 확인

이것으로 공놀이 게임 앱의 코딩이 완료되었습니다. 전체 코드를 확인해 봅니다.

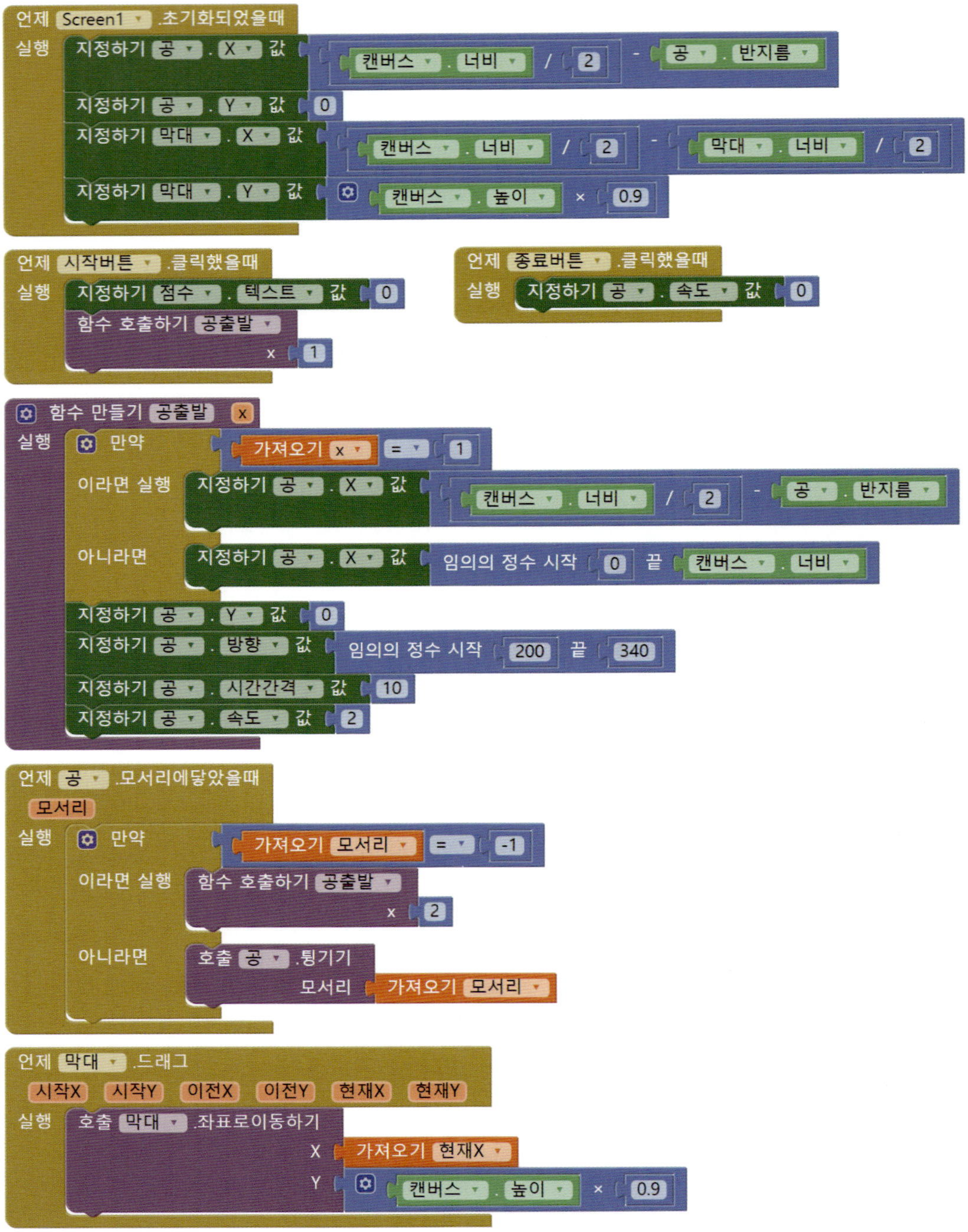

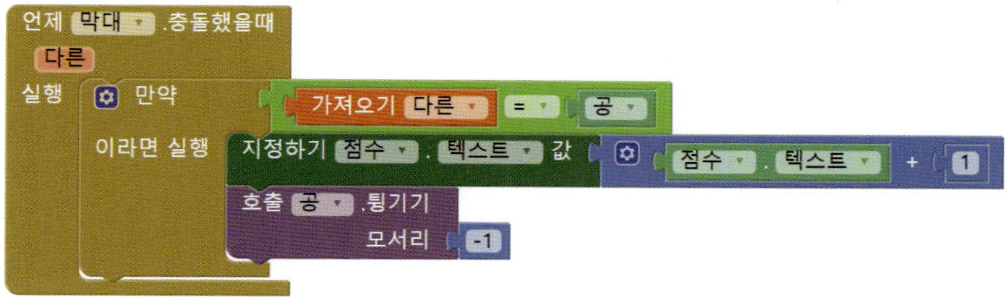

7 앱 테스트

에뮬레이터로 공놀이 게임 앱을 테스트해 봅니다. 게임을 진행하면서 막대로 공을 튕기거나 실패해보기도 합니다. '시작' 버튼을 클릭하는 경우와 공이 아래쪽 모서리에 닿아 다시 출발하는 경우 각각 출발 좌표가 달라지는지도 확인합니다. '종료' 버튼을 클릭하면 게임이 종료되는지도 확인합니다.

[실행 결과]

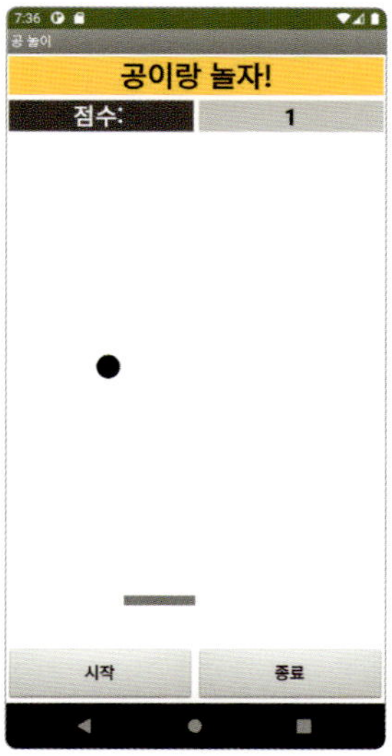

그림 11-6 공놀이 게임 테스트 화면

요약

01 공 컴포넌트는 캔버스 컴포넌트에 배치할 수 있는 공 모양의 이미지입니다.

02 공 컴포넌트와 이미지스프라이트 컴포넌트는 방향과 간격, 속도에 대한 속성은 같지만 페인트 색상과 반지름 속성은 공 컴포넌트만 제공합니다.

03 공과 이미지스프라이트의 이동 방향은 각도로 지정하며, 모서리는 숫자로 지정합니다.

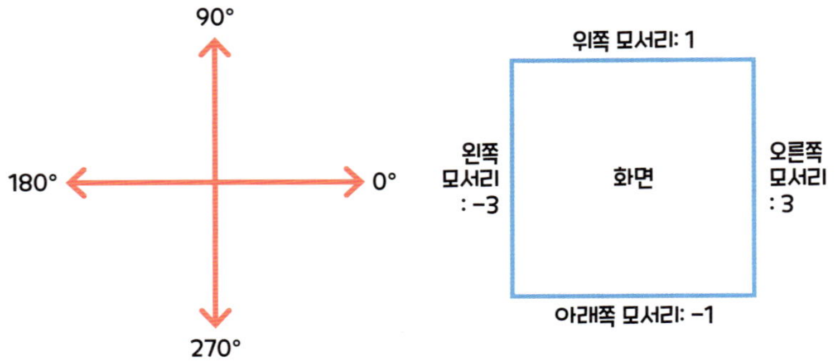

(a) 방향 각도 (b) 모서리 번호

04 공이 모서리에 닿았을 때 튕기려면 [모서리에닿았을때] 이벤트에서 튕기기 블록을 호출해야 합니다.

05 공이 이미지스프라이트에 닿았을 때 충돌로 처리하려면 [언제-충돌했을때] 이벤트에서 튕기기 블록을 호출합니다.

06 공을 정지시키려면 공의 속도를 '0'으로 설정합니다.

연습문제

01 공 컴포넌트에 관한 설명으로 옳지 않은 것을 모두 고르세요.

① 캔버스 컴포넌트에 배치하는 공 모양의 이미지다.

② 사용자가 이미지를 직접 삽입해야 한다.

③ 공의 이동 방향, 속도, 반지름, 색상과 같은 속성을 사용자가 지정할 수 있다.

④ 공 컴포넌트와 이미지스프라이트가 제공하는 기능과 속성은 완전히 같다.

⑤ 드래그, 충돌과 같은 이벤트 블록 사용이 가능하다.

02 다음 중 [언제-충돌했을 때] 이벤트 블록을 응용한 예로 옳지 않은 것은 무엇인가요?

① 노란색 공이 주황색 공과 닿으면, 노란색 공의 크기가 2mm씩 증가한다.

② 막대 이미지스프라이트 두 개와 공 컴포넌트를 사용하여, 탁구 게임을 만들어 본다.

③ 임의의 방향으로 움직이던 공이 모서리에 닿으면 이동을 멈춘다.

④ 공이 막대 이미지스프라이트와 닿으면 공의 색이 랜덤으로 변한다.

03 다음은 '공놀이 게임 앱'의 코딩의 일부를 변경한 블록입니다. 다음 블록으로 알 수 있는 사실이 아닌 것은 무엇인가요?

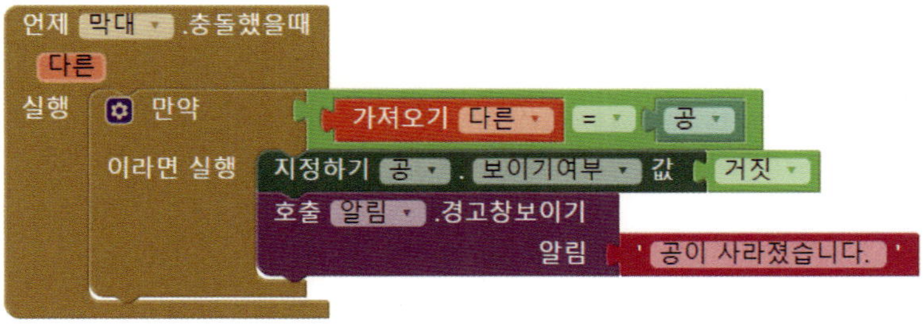

① [팔레트]-[알림] 컴포넌트가 추가되었다.

② 공이 막대 이미지스프라이트와 충돌하면 '공이 사라졌습니다.'는 문구의 경고창이 생성된다.

③ 경고창은 사용자가 '확인' 버튼을 누를 때까지 사라지지 않는다.

④ 막대 이미지스프라이트와 공이 충돌하면, 공 컴포넌트가 사라진다.

04 '공놀이 게임 앱'에 '실패' 점수를 추가하여 공이 아래쪽 모서리에 닿을 때 실패 점수가 1 증가하도록 수정해 봅니다. 실패 점수는 현재 점수 옆에 빨간색 레이블로 표시합니다.

[실행 결과]

05 **04**번에서 수정한 '공놀이 게임 앱'에 실패 점수가 3점 이상이면 간격을 2, 속도를 10으로 수정하여 공의 속도를 빠르게 바꾸어 봅니다. 공의 속도를 다시 느리게 할 방법은 다음과 같습니다.

[힌트]

- 1에서 7사이의 난수를 생성하여 난수가 3일 경우 공의 색을 파란색으로 바꿉니다.
- 파란 공을 막대가 쳐내면 속도를 다시 늦추고 실패 점수도 0으로 수정합니다.
- 이때, 공의 색상도 다시 검정으로 바꿔야 합니다.

[실행 결과]

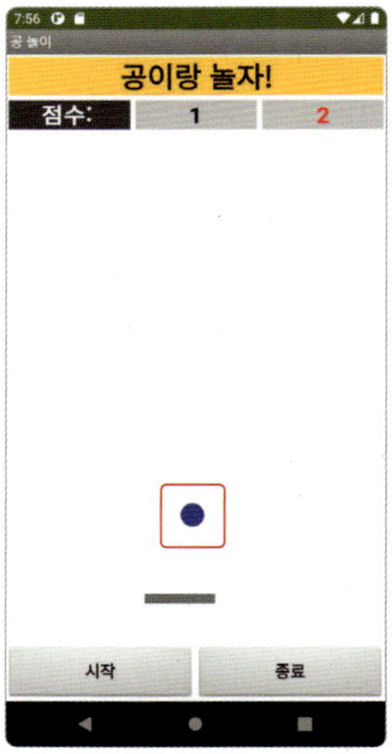

06 **05**번에서 수정한 '공놀이 게임 앱'에 소리가 나도록 만들어 봅니다. 공이 막대에 닿을 때와 아래쪽 모서리에 닿을 때 각각 다른 소리가 나도록 설정합니다.

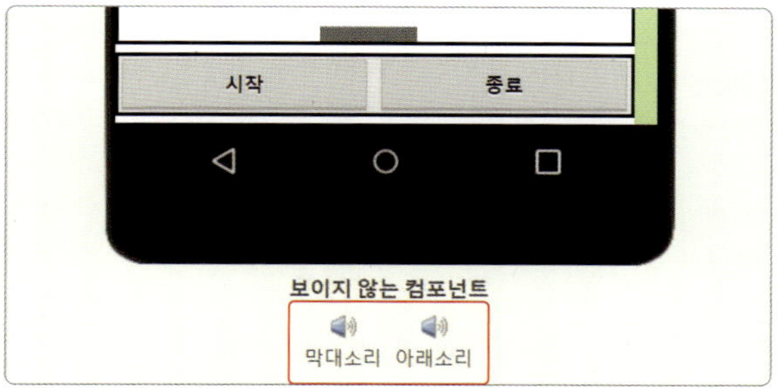

그림 11-7 '소리' 컴포넌트 추가하기

07 심화 '공놀이 게임 앱'을 이용하여 '벽돌깨기 게임 앱'을 만들어 봅니다.

[조건]

- 벽돌은 이미지스프라이트를 만들어 캔버스의 상단에 배치합니다.
- 공이 벽돌과 충돌하면 벽돌은 보이지 않게 됩니다.
- 실패 점수 기능은 삭제합니다.

[실행 결과]

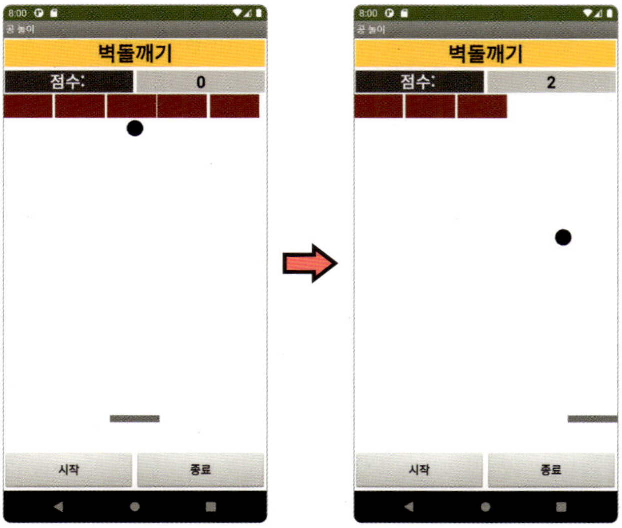

08 심화 '풍선 터트리기 게임 앱'을 만들어 봅니다.

[조건]

- 게임의 제목을 '풍선 터트리기'로 합니다.
- 화면 상단에 다양한 색상과 크기의 풍선을 배치합니다.
- 화면 하단에 풍선을 터트리기 위한 화살촉을 배치합니다.
- 풍선에 화살촉을 던져 풍선을 터트립니다.
- 화살촉은 다시 처음 위치로 돌아와 사용자가 던질 수 있게 합니다.
- '시작' 버튼을 클릭하면 풍선과 화살촉은 처음 위치로 이동합니다.

[실행 결과]

하나 더 알기 플링 블록

화살촉을 던지는 동작은 '이미지스프라이트'의 플링 블록을 사용합니다. 플링 블록은 사용자의 제스처를 인식하여 이미지스프라이트가 이동할 방향과 속도를 결정합니다.

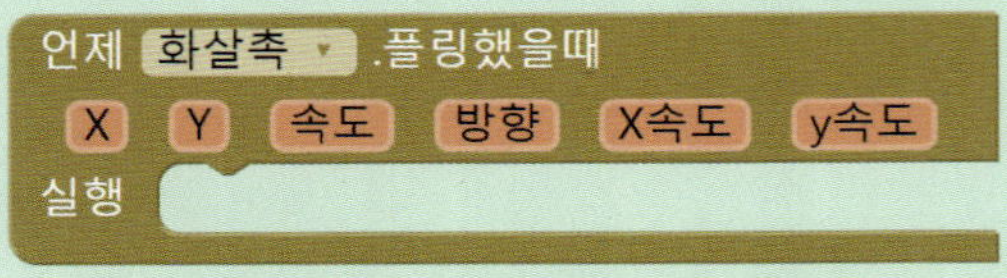

그림 11-8 이미지스프라이트의 플링 블록

09 심화 **08**번을 참고하여 다음의 [실행 결과]와 같은 'UFO를 잡아라 게임 앱'을 만들어 봅니다.

[조건]

- 시작 버튼을 클릭하면 아군기는 가운데로 이동하고 UFO는 상단의 임의의 위치에 나타납니다.
- 종료 버튼을 클릭하면 아군기는 가운데로 이동하고 UFO는 보이지 않습니다.
- 아군기는 화면의 하단에서 좌우로 이동할 수 있습니다.
- UFO는 상단의 임의의 위치에 나타나며 이동은 하지 않습니다.
- 발사 버튼을 클릭하면 총알이 발사됩니다.
- UFO가 총알에 맞으면 사라집니다.
- 총알은 상향 방향으로만 이동하며 상단에 충돌하면 사라집니다.

[조건]

- 총알은 보이지 않다가 발사 버튼을 클릭했을 때 아군기의 가운데 부분으로 위치를 잡아 '보이기여부'를 참으로 합니다.
- 총알의 방향과 시간간격, 속도를 조정하여 상향 방향으로 적절한 속도로 이동하도록 코딩합니다.
- UFO의 Y위치는 1로 고정하고, X위치는 난수로 생성합니다.
- UFO가 총알에 맞고 사라졌다가 다시 나타나는 시간 간격은 [시계]–[타이머가작동할 때] 컴포넌트를 사용해서 조정합니다.

[실행 결과]

· PART ·

04

앱 인벤터 심화 프로젝트

CONTENTS

CHAPTER 12

지도를 이용한 앱 만들기

학습목표

- 액티비티스타터 컴포넌트를 이용하여 구글 지도 앱에 대한 사용법을 알아봅니다.
- 웹뷰어 컴포넌트를 이용하여 지도 앱 만드는 방법을 배웁니다.
- 지도 컴포넌트 사용법을 배웁니다.
- 마커 컴포넌트와 위치센서 컴포넌트를 사용해 봅니다.

Preview

4부 '앱 인벤터 심화 프로젝트'에서는 앱 인벤터가 제공하는 특수 기능인 지도, 데이터베이스, 센서 컴포넌트를 이용한 앱을 만들어 볼 것입니다. 먼저 나만의 지도 앱을 만들어 봅니다. 구글 지도와 같은 지도 앱을 사용해 본 경험이 있을 것입니다. 앱 인벤터로 기존 지도 앱과 유사한 나만의 맞춤형 지도 앱을 만들 수 있습니다.

앱 인벤터에서 지도 앱을 만드는 방법은 세 가지가 있습니다. 액티비티스타터 컴포넌트를 사용하거나 웹뷰어 또는 지도 컴포넌트를 사용하면 됩니다. 각각의 컴포넌트가 제공하는 기능을 활용한 나만의 지도 앱을 만들어 봅시다.

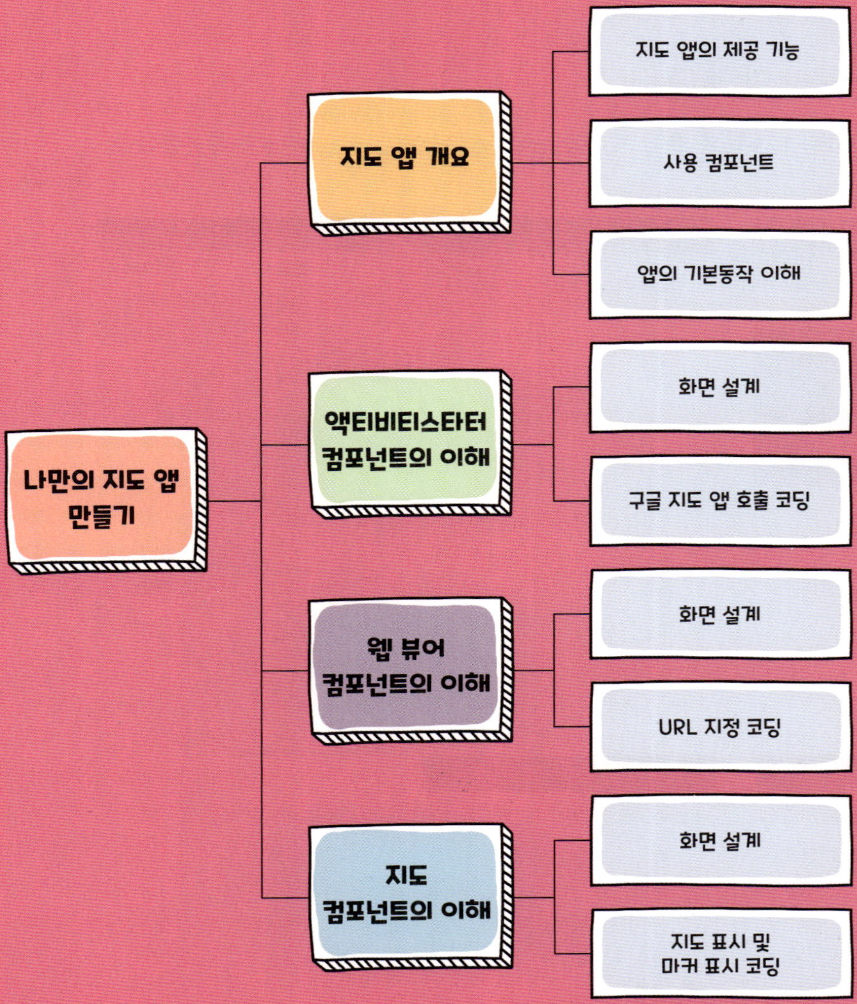

Section 01

나만의 지도 앱 알아보기

지도는 길을 찾거나 목적지 주변을 탐색할 때 필요한 도구입니다. 스마트폰에도 구글 지도나 카카오맵 등 지도 앱이 하나씩은 있습니다. 이번 장에서는 지도를 이용하여 나만의 지도 앱을 만들어 보겠습니다.

1 나만의 지도 앱의 개요

나만의 지도 앱은 [그림 12-1]과 같이 지도를 보여주는 앱으로, 검색 기능을 제공합니다.

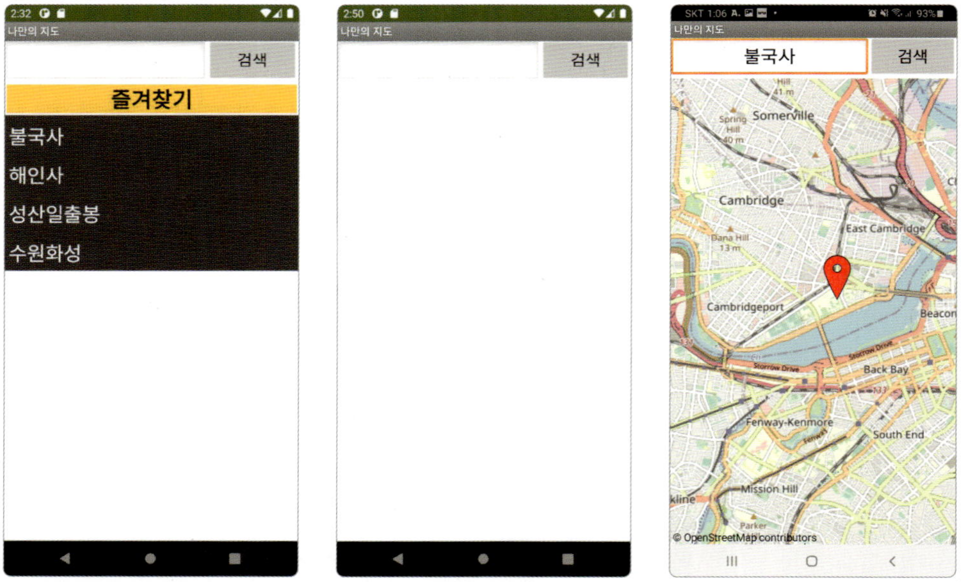

(a) 액티비티스타터를 이용한 지도 앱 (b) 웹뷰어를 이용한 지도 앱 (c) 지도를 이용한 지도 앱

그림 12-1 나만의 지도 앱 화면

나만의 지도 앱에서 제공하는 기능

나만의 지도 앱에서 제공하는 기능은 다음과 같습니다.

- **검색 기능** 찾으려는 위치를 입력하면 해당 지역의 지도를 보여줍니다.
- **목록 기능** 즐겨찾는 위치의 목록을 제공하고, 항목을 선택하면 해당 지역의 지도를 보여줍니다.
- **내 위치 기능** 현재 내가 있는 위치를 지도에서 보여줍니다.

나만의 지도 앱을 만드는 방법

앱 인벤터에서 지도를 활용한 나만의 지도 앱 만드는 방법에는 모두 세 가지가 있습니다.

- **액티비티스타터 컴포넌트** 다른 앱을 동작시키는 기능을 제공합니다. 이를 이용하여 구글 지도 앱을 동작시킵니다.
- **웹뷰어 컴포넌트** 앱에서 웹 사이트를 이용할 수 있도록 합니다. 웹뷰어 컴포넌트를 이용하여 구글 지도를 동작시킵니다.
- **지도 컴포넌트** 지도 기능을 제공하는 별도의 컴포넌트로 새로 추가된 기능입니다. 지도 컴포넌트를 사용해 지도를 불러올 수 있습니다.

2 기초 지식 이해

지도 앱을 만들기 위해 알아야 할 기초 지식으로는 위에서 언급한 '액티비티스타터' 컴포넌트와 '웹뷰어' 컴포넌트, '지도' 컴포넌트에 대한 이해가 필요합니다. 이 컴포넌트들은 각각 뒤에서 자세하게 설명하도록 하겠습니다.

하나 더 알기 **위도와 경도**

지도 앱을 만들기 위해 위도와 경도는 알고 있어야 합니다. 위도는 적도(Equator)를 기준으로 북쪽 또는 남쪽으로 얼마나 떨어져 있는지 나타내는 위치입니다. 경도는 본초자오선(Prime meridian)을 기준으로 동쪽 또는 서쪽으로 얼마나 떨어져 있는지 나타내는 것입니다.

전 세계의 모든 지역은 위도와 경도로 표시할 수 있습니다. 예를 들어, 독도를 위도와 경도로 표시하면 37°14'23.3"N, 131°52'10.4"E가 됩니다. 이는 독도의 위도가 적도를 기준으로 북쪽의 37°14'23.3"이라는 것이고, 경도는 본초자오선을 기준으로 동쪽의 131°52'10.4"라는 것입니다. 이를 다시 소수로 환산하면 37.239805, 131.869555가 됩니다. 특정 위치의 위도와 경도는 구글 지도를 이용하면 금방 확인할 수 있습니다.

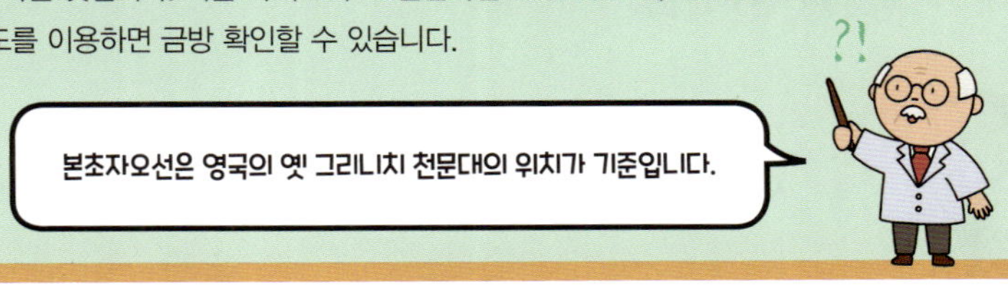

사용하는 프로그래밍 요소

지도 앱은 생각보다 코딩이 간단합니다. 조건문과 각 컴포넌트가 제공하는 블록을 사용하면 쉽게 만들 수 있습니다.

3 문제 이해

지도 앱은 기본적으로 검색하려는 지명을 입력하면 해당 지역을 보여주는 앱입니다. 검색하는 지명은 텍스트로 입력하거나 목록에서 선택할 수 있습니다. 코딩에 필요한 기본적인 동작 흐름을 알아보겠습니다.

1. 앱을 시작하면 텍스트박스와 '검색' 버튼이 상단에 나옵니다.
2. [그림 12-1]에서 보는 것처럼 액티비티스타터를 사용하는 지도 앱에서는 목록 기능도 함께 제공합니다.
3. 액티비티스타터를 사용하면 지도는 다른 화면으로 바뀌어 나타나며, 웹뷰어와 지도를 이용하면 텍스트박스의 아래쪽에 지도가 표시됩니다.
4. [그림 12-1]과 같이 지도 앱은 만드는 방법에 따라 약간씩 다른 형태의 앱이 만들어집니다.

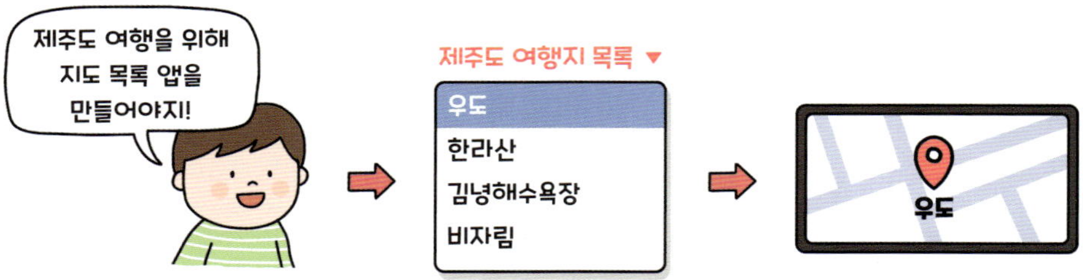

(a) 액티비티스타터 사용의 예

(b) 웹 뷰어와 지도 사용의 예

그림 12-2 나만의 지도 앱 문제 이해

지도 앱은 구글 지도나 오픈스트리트맵 등 다른 리소스를 이용하므로 별도로 준비할 리소스는 없습니다.

Section 02

액티비티스타터를 이용한 지도 앱 만들기

1 액티비티스타터 컴포넌트의 이해

'액티비티스타터' 컴포넌트는 [팔레트]-[연결]에 있으며 보이지 않는 컴포넌트입니다. 액티비티스타터 컴포넌트는 액티비티 시작 함수를 사용하여 구글 지도 앱 같은 다른 액티비티를 실행시킬 수 있습니다.

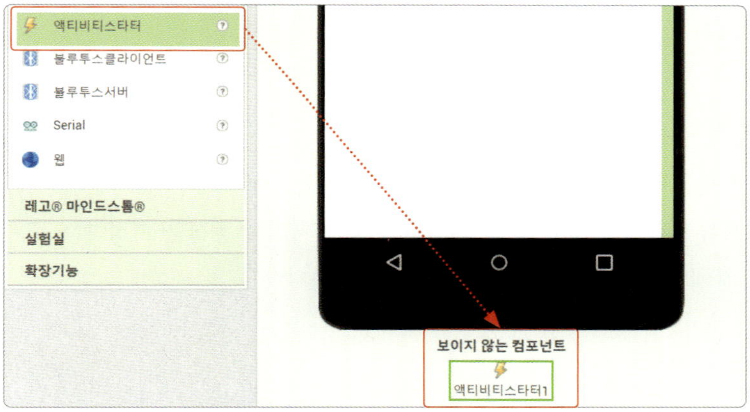

그림 12-3 액티비티스타터 컴포넌트 드래그하기

액티비티스타터 컴포넌트의 속성 설정하기

액티비티스타터 컴포넌트를 사용하여 다른 앱을 동작시키기 위해서는 해당 앱의 소스 코드에서 정보를 찾아 속성으로 설정해야 합니다. 구글 지도 앱을 이용할 경우, [표 12-1]과 같이 액티비티스타터 컴포넌트의 속성을 설정합니다.

표 12-1 액티비티스타터 컴포넌트의 속성 설정하기

속성	설정할 값
동작	android.intent.action.VIEW
액티비티클래스	com.google.android.maps.MapsActivity

속성	설정할 값
액티비티패키지	com.google.android.apps.maps
데이터 URI	특정 위치를 지정하는 것으로, 여기서는 코딩에서 동적으로 지정한다.

디자이너 화면에서 액티비티스타터 컴포넌트를 [뷰어] 영역에 드래그한 후, [표 12-1]에서 데이터 URI를 제외한 3가지 속성을 정확하게 입력합니다.

그림 12-4 **액티비티스타터 컴포넌트의 속성 설정하기**

액티비티스타터 컴포넌트의 코딩 블록

액티비티스타터 컴포넌트는 속성을 설정하거나 값을 읽어오는 블록들, 그리고 액티비티를 실행하는 함수, 액티비티의 취소나 오류 발생 및 액티비티가 실행된 이후에 처리할 동작을 지정하는 블록들을 제공합니다. 이 중 이번 장에서 사용할 블록은 [표 12-2]와 같습니다.

표 12-2 **액티비티스타터 컴포넌트의 코딩 블록**

블록	기능
호출 액티비티스타터1 .액티비티시작하기	액티비티를 실행한다.
지정하기 액티비티스타터1 . 데이터URI 값	액티비티스타터의 데이터 URI속성을 설정한다.

2 화면 설계

액티비티스타터 컴포넌트를 이용한 지도 앱을 만들기 위해 화면을 설계해 봅니다. 전체 화면 구성은 [그림 12-1(a)]와 같으며, 앱을 설계하는 데 필요한 컴포넌트는 [표 12-3]에 정리하였습니다.

표 12-3 **액티비티스타터 컴포넌트를 이용한 지도 앱 설계에 필요한 컴포넌트**

컴포넌트	위치	역할
수평배치	[팔레트]-[레이아웃]	텍스트박스와 버튼을 수평으로 배치한다.
텍스트박스	[팔레트]-[사용자 인터페이스]	검색할 지역을 입력한다.
버튼		확인 기능에 사용한다.
레이블		제목을 표시한다.
목록뷰		즐겨찾는 지역의 목록을 제공한다.

01 새 프로젝트 시작하기 새 프로젝트를 만들고 프로젝트의 이름을 'MyMap01'로 합니다. 그리고 에뮬레이터를 동작시킵니다. 'Screen1'의 제목을 '나만의 지도'로 바꿉니다.

02 액티비티스타터 컴포넌트 배치하고 수정하기 [팔레트]-[연결]에 있는 '액티비티스타터' 컴포넌트를 [뷰어] 영역으로 드래그하고, [표 12-4]를 참고하여 속성을 수정합니다.

표 12-4 **액티비티스타터 컴포넌트의 속성 설정하기**

속성	설정할 값
동작	android.intent.action.VIEW
액티비티클래스	com.google.android.maps.MapsActivity
액티비티패키지	com.google.android.apps.maps

03 수평배치 컴포넌트 배치하고 수정하기 '수평배치' 컴포넌트를 [뷰어] 영역으로 드래그하고, [표 12-5]를 참고하여 이름과 속성을 수정합니다.

표 12-5 **수평배치 컴포넌트의 속성 설정하기**

컴포넌트	컴포넌트 이름 수정	속성	속성 수정
수평배치1	레이블배치	수평정렬	가운데:3
		수직정렬	가운데:2
		너비	부모 요소에 맞추기

04 텍스트박스 컴포넌트와 버튼 컴포넌트 배치하고 수정하기 '레이블배치' 안으로 '텍스트박스' 컴포넌트와 '버튼' 컴포넌트를 드래그하고, [표 12-6]을 참고하여 이름과 속성을 수정합니다.

표 12-6 텍스트박스 컴포넌트와 버튼 컴포넌트의 속성 설정하기

컴포넌트	컴포넌트 이름 수정	속성	속성 수정
텍스트박스1	입력상자	글꼴크기	20
		너비	부모 요소에 맞추기
		힌트	
		텍스트정렬	가운데:1
버튼1	검색버튼	배경색	밝은 회색
		글꼴크기	18
		너비	100픽셀
		텍스트	검색

05 레이블 컴포넌트 배치하고 수정하기 '레이블' 컴포넌트를 [뷰어] 영역으로 드래그하고, [표 12-7]을 참고하여 이름과 속성을 수정합니다.

표 12-7 레이블 컴포넌트의 속성 설정하기

컴포넌트	컴포넌트 이름 수정	속성	속성 수정
레이블1	즐겨찾기레이블	배경색	주황
		글꼴굵게	활성화
		글꼴크기	24
		너비	부모 요소에 맞추기
		텍스트	즐겨찾기
		텍스트정렬	가운데:1

06 목록뷰 컴포넌트 배치하고 수정하기 [팔레트]-[사용자 인터페이스]의 '목록뷰' 컴포넌트를 드래그하고, [표 12-8]을 참고하여 이름과 속성을 수정합니다.

표 12-8 목록 뷰 컴포넌트의 속성 설정하기

컴포넌트	컴포넌트 이름 수정	속성	속성 수정
목록뷰	즐겨찾기목록	배경색	어두운 회색
		요소문자열	불국사, 해인사, 성산일출봉, 수원화성
		너비	부모 요소에 맞추기
		텍스트크기	22

07 지도 앱의 컴포넌트 배치 완료 배치가 완성된 컴포넌트를 확인해 보면 다음과 같습니다.

08 에뮬레이터에서 지도 앱 확인하기 화면 설계가 완료되었습니다. 에뮬레이터에 연결하여 [그림 12-1(a)]와 비교해 봅니다.

3 코딩

블록 편집 화면에서 액티비티스타터를 이용한 지도 앱을 코딩해 봅니다. 프로그램에서는 사용자가 텍스트박스에 지역명을 입력하고 '검색' 버튼을 클릭하거나 즐겨찾기 목록에서 항목을 선택하면 액티비티스타터가 구글 지도 앱을 띄우고 해당 지역을 보여줍니다. 즉, 구글 지도 앱을 동작시켜야 하는 때는 다음의 두 가지 경우입니다.

- 검색 버튼을 클릭할 때
- 목록에서 선택할 때

따라서 이 부분을 먼저 함수로 만들고, 각각의 이벤트에서 호출하도록 합니다.

구글 지도 앱을 호출하는 함수 만들기

구글 지도 앱을 호출하기 위해서는 [표 12-2]에서 설명한 데이터URI 속성에 값을 지정하고, 액티비티스타터를 호출하면 됩니다.

01 함수 블록을 드래그하고 이름 바꾸기 [공통 블록] 밑에 [함수]에서 **[함수 만들기 '함수' – 실행]** 블록을 [뷰어] 영역에 드래그하고, 함수 이름을 '지도앱호출'로 바꿉니다.

02 데이터URI 지정하기 데이터URI의 형식을 다음과 같이 지정합니다.

```
'http://maps.google.com/?q=지역명'
```

이는 고정되어 있는 'http://maps.google.com/?q=' 부분과 사용자가 입력하거나 선택한 '지역명'을 연결한 것입니다. 이것은 [공통 블록] 밑에 [텍스트]에 있는 **[합치기]** 블록을 이용하여 만듭니다.

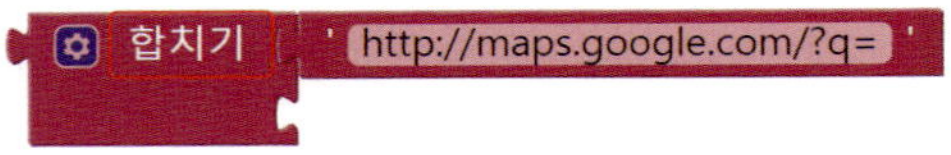

03 함수의 틀 만들기 **02**의 합치기 블록의 나머지 항목은 텍스트박스에서 입력한 값이거나 목록에서 선택한 값이므로 함수의 매개변수로 받아서 지정하면 됩니다. 따라서 함수에 매개변수를 하나 추가하고 변수명을 '지역명'으로 수정합니다.

04 완성된 지도 앱 호출 함수 함수에서는 액티비티스타터의 데이터URI 속성을 **02**의 블록으로 설정하고, 액티비티 시작을 호출하면 됩니다. 완성된 '지도앱호출' 함수는 다음과 같습니다.

함수 호출하기

'지도앱호출' 함수는 텍스트박스에 지역을 입력하고 검색 버튼을 클릭할 때, 또는 목록에서 지역을 선택할 때 호출하면 됩니다.

05 '검색' 버튼의 클릭 이벤트 코딩하기 먼저 '검색' 버튼의 클릭 이벤트를 코딩해 보겠습니다. '지도앱호출' 함수를 호출할 때 텍스트박스의 텍스트를 인자로 지정합니다.

06 목록에서 항목 선택 후 이벤트 코딩하기 목록에서 지역을 선택한 경우는 목록의 '선택된항목' 값을 인자로 지정합니다.

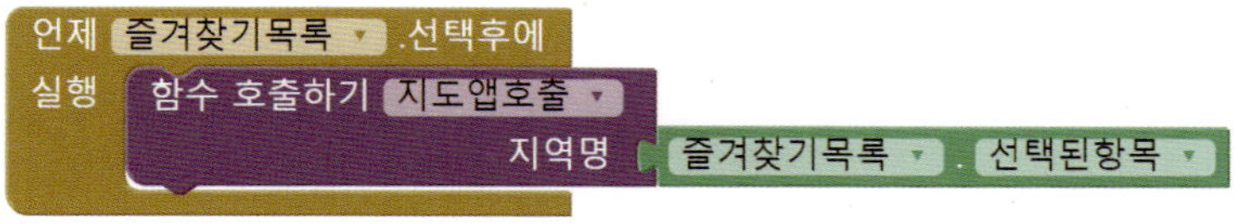

4 전체 코드 확인

이것으로 액티비티스타터를 이용한 지도 앱 코딩이 완료되었습니다. 전체 코드를 확인해 봅니다.

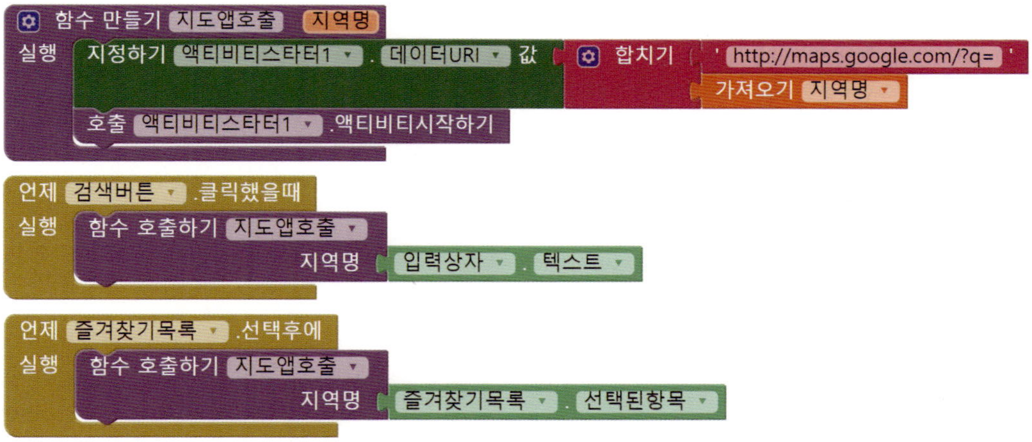

5 앱 테스트

에뮬레이터로 액티비티스타터를 이용한 지도 앱을 테스트해 봅니다.

텍스트박스에서 검색하기

먼저 에뮬레이터의 텍스트박스에 '경복궁'을 입력하고 검색하면 [그림 12-5]와 같이 동작합니다.

[실행 결과]

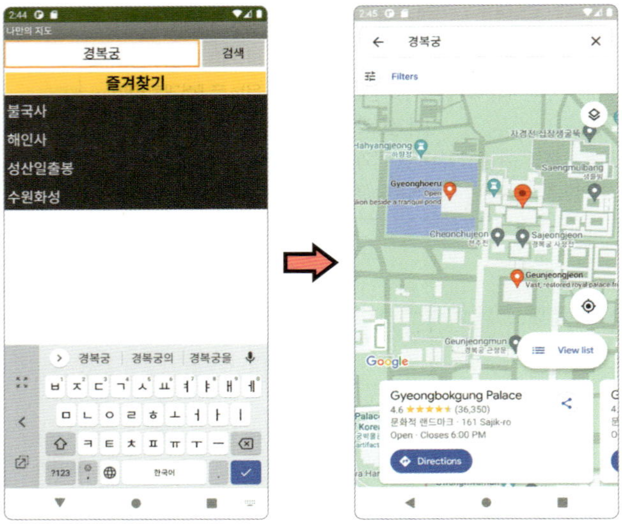

• 지도 검색이 완료될 때까지 시간이 조금 걸리므로 기다려야 합니다.
• 지도 보기가 끝나면 스마트폰의 취소 버튼(◀)을 클릭해야 처음 앱 화면으로 돌아갈 수 있습니다.

그림 12-5 **텍스트 입력으로 '경복궁' 검색하기**

목록에서 항목 검색하기

이제 목록에서 항목을 검색해 보겠습니다. 예를 들어, 성산일출봉을 선택하면 [그림 12-6]과 같이 동작합니다.

[실행 결과]

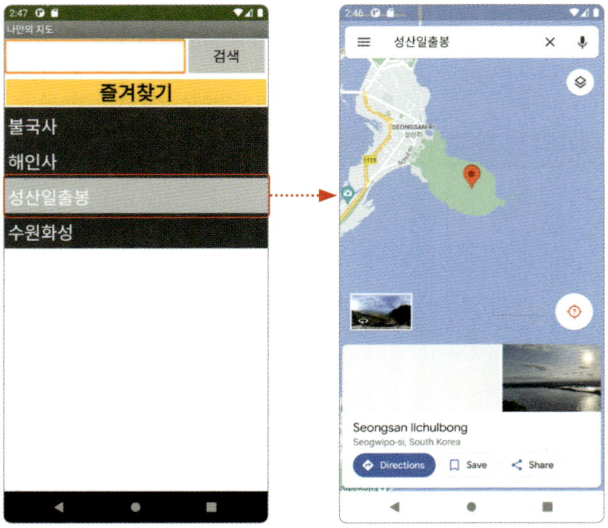

그림 12-6 **목록에서 '성산일출봉' 선택하여 검색하기**

Section 03

웹뷰어를 이용한 지도 앱 만들기

웹뷰어 컴포넌트는 앱에서 웹 페이지를 보여주기 위한 컴포넌트입니다. 웹뷰어를 이용하면 디자이너 화면이나 블록 편집 화면에서 웹으로 접속할 URL을 지정할 수 있습니다. 이 기능을 이용하여 지도 앱을 만들어 보겠습니다.

1 웹뷰어 컴포넌트의 이해

'웹뷰어' 컴포넌트는 [팔레트]-[사용자 인터페이스]에 있으며 앱에서 웹을 보여주는 브라우저 기능을 제공합니다. '웹뷰어' 컴포넌트를 [뷰어] 영역으로 드래그하면 [그림 12-7]과 같이 화면에 지구 모형이 나타납니다. 지구 모형을 포함한 사각 영역이 웹을 보여주는 브라우저 영역입니다.

그림 12-7 웹뷰어 컴포넌트 드래그하기

웹뷰어 컴포넌트의 속성은 액티비티스타터 컴포넌트와 달리 매우 간단합니다. [홈URL] 속성에 웹 주소를 입력하면 웹뷰어로 출력됩니다.

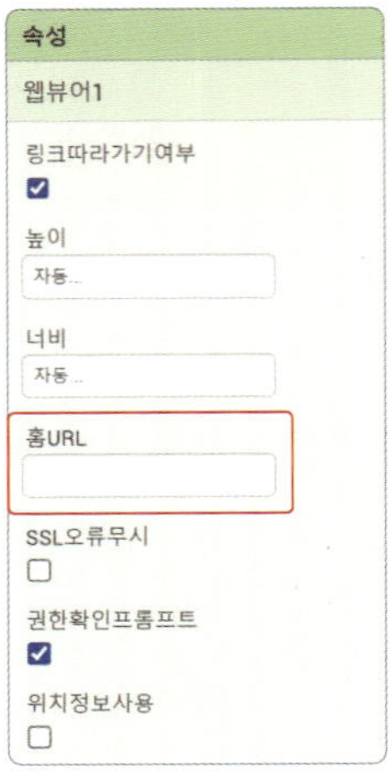

그림 12-8 **웹뷰어 컴포넌트의 속성**

웹뷰어 컴포넌트가 제공하는 블록들은 일반적인 웹 브라우저가 제공하는 기능인 앞으로 가기, 뒤로가기, 홈페이지로 이동, 특정 URL로 이동 등이 있습니다. 이 중에서 지도 앱을 만들기 위해 우리가 사용할 것은 [그림 12-9]에서 보는 'URL로이동하기' 블록입니다.

그림 12-9 **'URL로이동하기' 블록**

2 화면 설계

웹뷰어 컴포넌트를 이용한 지도 앱을 만들기 위해 화면을 설계해 봅니다. 전체 화면 구성은 [그림 12-1(b)]와 같으며, 앱을 설계하는 데 필요한 컴포넌트는 [표 12-9]에 정리하였습니다.

표 12-9 **웹뷰어 컴포넌트를 이용한 지도 앱 설계에 필요한 컴포넌트**

컴포넌트	위치	역할
수평배치	[팔레트]-[레이아웃]	텍스트박스와 버튼을 수평으로 배치한다.
텍스트박스	[팔레트]-[사용자 인터페이스]	검색할 지역을 입력한다.
버튼		확인 기능에 사용한다.
웹뷰어		지도를 표시한다.

01 새 프로젝트 시작하기 새 프로젝트를 만들고 프로젝트의 이름을 'MyMap02'로 합니다. 그리고 에뮬레이터를 동작시킵니다. 'Screen1'의 제목을 '나만의 지도'로 바꿉니다.

02 수평배치 컴포넌트 배치하고 수정하기 '수평배치' 컴포넌트를 [뷰어] 영역으로 드래그하고, [표 12-10]을 참고하여 이름과 속성을 수정합니다.

표 12-10 수평배치 컴포넌트의 속성 설정하기

컴포넌트	컴포넌트 이름 수정	속성	속성 수정
수평배치1	레이블배치	수평정렬	가운데:3
		수직정렬	가운데:2
		너비	부모 요소에 맞추기

03 텍스트박스 컴포넌트와 버튼 컴포넌트 배치하고 수정하기 '레이블배치' 안으로 '텍스트박스' 컴포넌트와 '버튼' 컴포넌트를 드래그하고, [표 12-11]을 참고하여 이름과 속성을 수정합니다.

표 12-11 텍스트박스 컴포넌트와 버튼 컴포넌트의 속성 설정하기

컴포넌트	컴포넌트 이름 수정	속성	속성 수정
텍스트박스1	입력상자	글꼴크기	20
		너비	부모 요소에 맞추기
		힌트	
		텍스트정렬	가운데:1
버튼1	검색버튼	배경색	밝은 회색
		글꼴크기	18
		너비	100픽셀
		텍스트	검색
		텍스트정렬	가운데:1

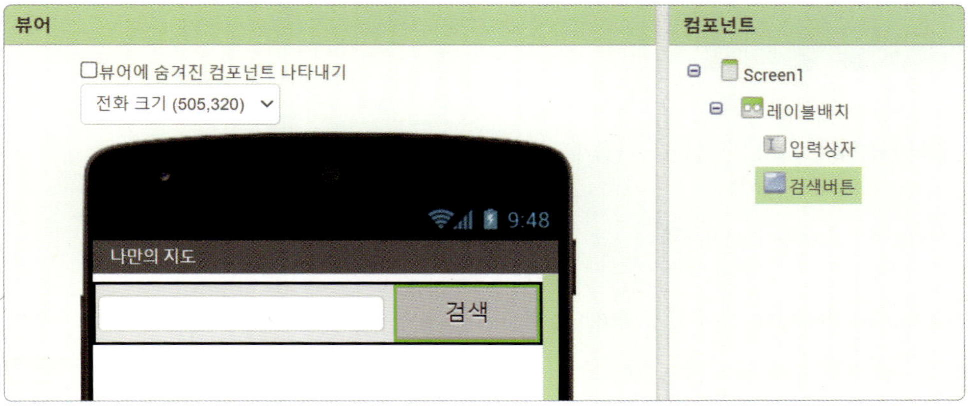

04 웹뷰어 컴포넌트 배치하고 수정하기 '웹뷰어' 컴포넌트를 [뷰어] 영역으로 드래그합니다.

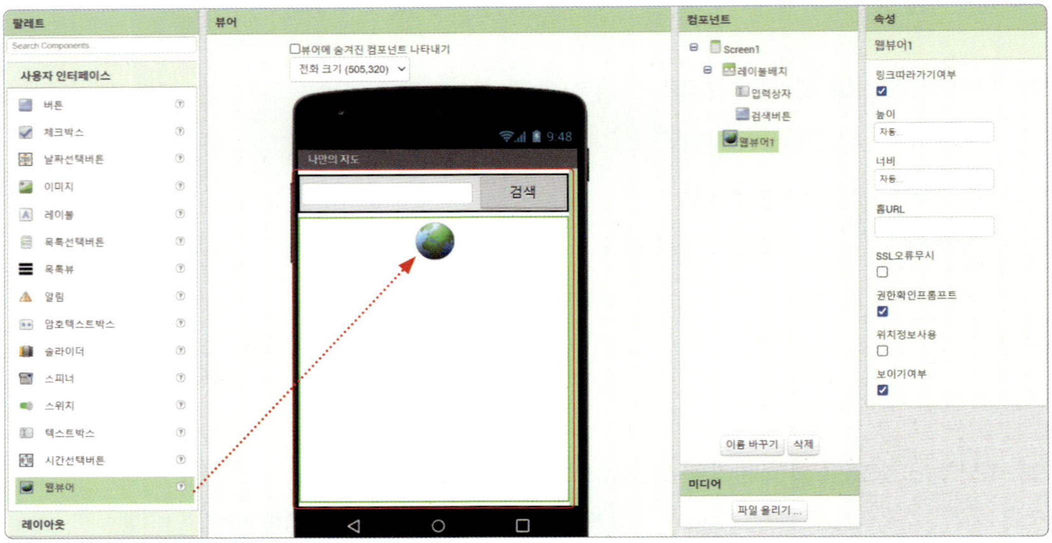

05 에뮬레이터에서 지도 앱 확인하기 화면 설계가 완료되었습니다. 에뮬레이터에 연결하여 [그림 12-1(b)]와 비교해 봅니다.

3 코딩

블록 편집 화면에서 웹뷰어를 이용한 지도 앱을 코딩해 봅니다. 사용자가 텍스트박스에 지역명을 입력하고 '검색' 버튼을 클릭하면, 웹뷰어에서 구글 지도 앱을 띄우고 해당 지역을 보여줍니다.

01 URL 이동 블록을 드래그하고 이름 바꾸기 웹뷰어 컴포넌트에서 구글 지도를 호출하기 위해서는 '웹뷰어1'에 있는 [호출 '웹뷰어1'.URL로이동하기 – url] 블록에 URL을 지정하고 실행해야 합니다.

02 URL 형식 지정하기 URL의 형식을 다음과 같이 지정합니다.

```
'http://maps.google.com/?q=지역명'
```

이는 액티비티스타터에서와 같이 고정되어 있는 'http://maps.google.com/?q=' 부분과 사용자가 입력하거나 선택한 '지역명'을 연결한 것입니다. 이것은 [공통 블록] 밑에 [텍스트]에 있는 [합치기] 블록을 이용하여 만듭니다.

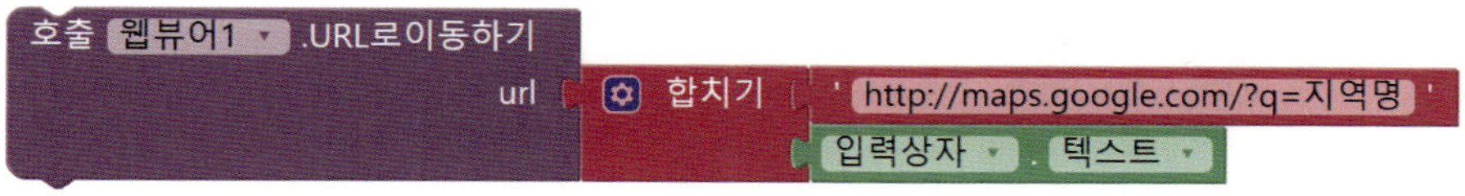

03 검색 버튼 클릭 이벤트 처리기 코딩하기 텍스트박스에 검색하려는 지명을 입력하고 '검색' 버튼을 클릭하면 구글 지도 웹이 동작됩니다. '검색' 버튼에 대한 클릭 이벤트 처리기에서 다음과 같이 'URL로 이동' 블록을 실행하면 됩니다.

4 앱 테스트

에뮬레이터로 웹뷰어를 이용한 지도 앱을 테스트해 봅니다. 그런데 에뮬레이터로 지도 앱을 테스트해 보면 잘 동작하지 않을 수도 있습니다. 에뮬레이터에서 지도가 동작하지 않으면, AI 컴패니언으로 스마트폰과 연결하여 테스트해 봅니다.

[실행 결과]

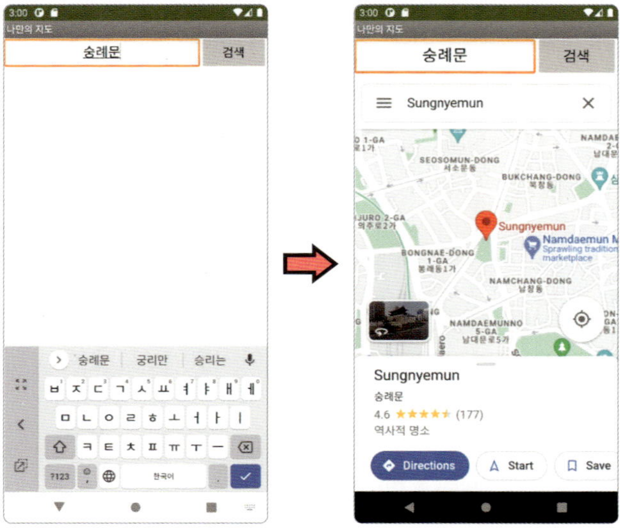

그림 12-10 **스마트폰에서 웹뷰어를 이용한 지도 앱 테스트 화면**

Section 04

지도를 이용한 지도 앱 만들기

지도 컴포넌트는 구글 지도가 아닌 오픈스트리트맵을 사용합니다. 지도 컴포넌트 기능을 이용하여 지도 앱을 만들어 보겠습니다.

하나 더 알기 **오픈스트리트맵**

오픈스트리트맵(OpenStreetMap, OSM)은 2005년 설립된 영국의 비영리기구인 오픈스트리트맵 재단이 운영하는 무료 지도 서비스입니다. 오픈스트리트맵은 오픈 소스 형태로 누구나 참여하여 지도를 편집하고 활용할 수 있습니다. 오픈스트리트맵의 웹 주소는 http://www.openstreetmap.org입니다.

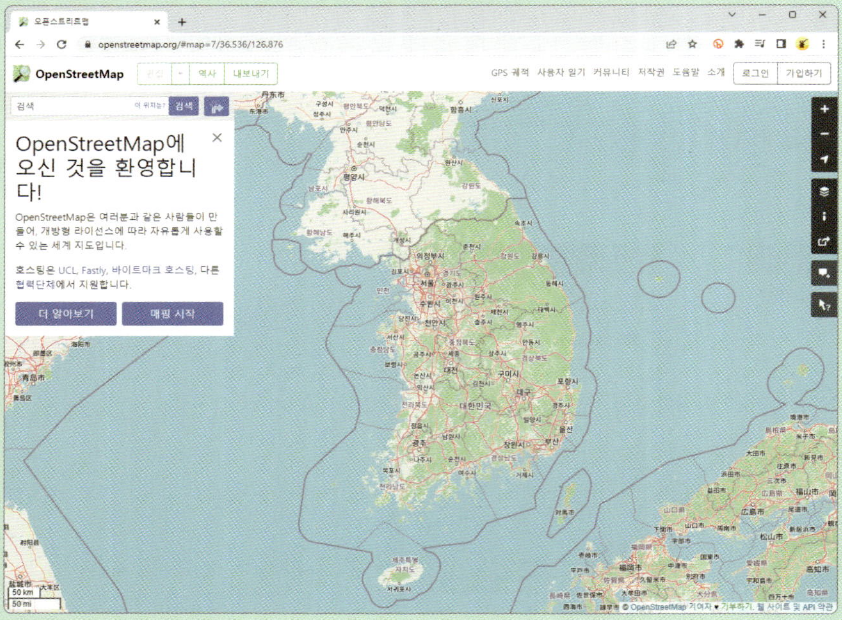

그림 12-11 오픈스트리트맵

1 지도 컴포넌트의 이해

지도 컴포넌트는 [팔레트]-[지도]에 있으며, 지도 컴포넌트 외에 지도 위에 원이나 형상모음, 선연결, 마커, 다각형, 사각형 등을 표시할 수 있는 컴포넌트도 함께 제공하고 있습니다. [그림 12-12]와 같이 지도 컴포넌트를 [뷰어] 영역으로 드래그하면 기본적으로 지도가 표시되며, 다른 컴포넌트들을 지도 위에서 사용할 수 있습니다.

그림 12-12 **지도 팔레트의 지도 컴포넌트**

지도 컴포넌트를 [뷰어] 영역으로 드래그하면 표시되는 지도의 중심은 위도 42.359144, 경도 71.093612로 MIT 대학의 위치입니다.

지도 컴포넌트의 속성과 코딩 블록

지도 컴포넌트는 지도에서 사용할 수 있는 다양한 블록을 제공합니다. 여기서는 간단하게 '지도 검색 기능'과 '마커 표시 기능'만 사용하겠습니다. 지도 컴포넌트와 마커 컴포넌트에서 사용할 속성과 블록은 [표 12-12]와 같습니다.

표 12-12 지도 컴포넌트와 마커 컴포넌트에서 사용할 속성과 블록

컴포넌트	속성과 블록	속성 수정과 역할
지도	너비	부모 요소에 맞추기
	높이	부모 요소에 맞추기
	위치센서	위치센서 지정
		위도와 경도로 지정한 위치의 지도를 표시한다.
	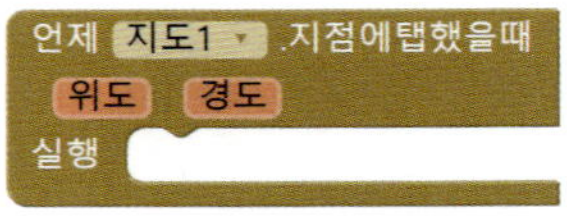	지도를 터치했을 때 실행할 동작을 지정한다.
마커		마커를 위도와 경도로 지정한 위치에 표시한다.

지도 컴포넌트는 위도와 경도를 사용하여 현재 보이는 지도의 위치를 바꿀 수 있습니다. 즉, 지도를 검색하기 위해 지명을 입력하려면 해당 지명의 위도와 경도를 알아야 지도 컴포넌트에서 검색할 수 있습니다. 위도와 경도를 알기 위해서는 '위치센서' 컴포넌트를 사용합니다.

위치센서 컴포넌트 사용하기

'위치센서' 컴포넌트는 [팔레트]-[센서]에 있으며 이 중 '시계' 컴포넌트는 이미 사용해 보았습니다. 이외에 가속도센서, 방향센서, 자이로센서 등 다양한 센서가 있는데, 이는 14장에서 다룹니다.

위치센서는 경도, 위도를 이용하여 주소와 같은 위치 정보를 제공하며 반대로 주소를 위도나 경도로 변화하기도 합니다. 위치센서를 이용하려면 GPS나 무선 네트워크를 통해 위치 정보를 가져올 수 있어야 합니다. 위치센서를 사용하는 앱은 위치 제공 기지국을 찾고 사용하는 데까지 약간의 시간이 걸릴 수도 있습니다.

위치센서를 [뷰어] 영역으로 드래그하면 보이지 않는 컴포넌트에 표시됩니다.

그림 12-13 **위치센서 컴포넌트를 드래그한 화면**

위치센서는 위치나 위도, 경도와 관련된 다양한 블록을 제공하는데 여기서는 주소에서 위도와 경도를 가져오는 블록만 사용합니다.

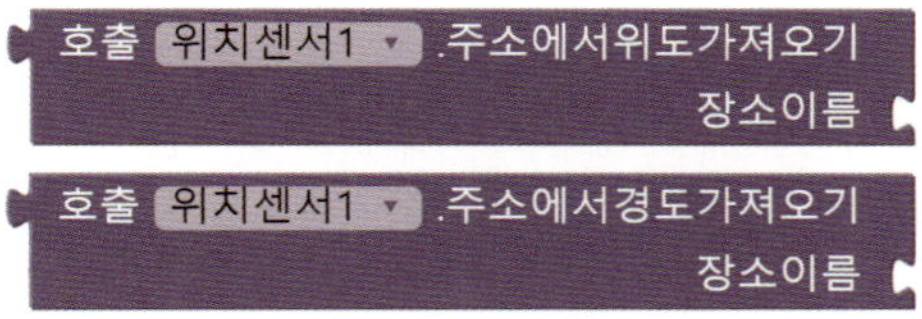

그림 12-14 **주소에서 위도와 경도 정보를 가져오는 코딩 블록**

2 화면 설계

지도 컴포넌트를 이용한 지도 앱을 만들기 위해 화면을 설계해 봅니다. 전체 화면 구성은 [그림 12-1(c)]와 같으며, 앱을 설계하는 데 필요한 컴포넌트는 [표 12-13]에 정리하였습니다.

표 12-13 **지도 컴포넌트를 이용한 지도 앱 설계에 필요한 컴포넌트**

컴포넌트	위치	역할
수평배치	[팔레트]-[레이아웃]	텍스트박스와 버튼을 수평으로 배치한다.
텍스트박스	[팔레트]-[사용자 인터페이스]	검색할 지역을 입력한다.
버튼		확인 기능에 사용한다.
지도	[팔레트]-[지도]	지도를 표시한다.
마커		지도에 마커를 표시한다.
위치센서	[팔레트]-[센서]	위치 정보를 가져온다.

01 새 프로젝트 시작하기 새 프로젝트를 만들고 프로젝트의 이름을 'MyMap03'으로 합니다. 그리고 에뮬레이터를 동작시킵니다. 'Screen1'의 제목을 '나만의 지도'로 바꿉니다.

02 수평배치 컴포넌트 배치하고 수정하기 '수평배치' 컴포넌트를 [뷰어] 영역으로 드래그하고, [표 12-14]를 참고하여 이름과 속성을 수정합니다.

표 12-14 수평배치 컴포넌트의 속성 설정하기

컴포넌트	컴포넌트 이름 수정	속성	속성 수정
수평배치1	레이블배치	수평정렬	가운데:3
		수직정렬	가운데:2
		너비	부모 요소에 맞추기

03 텍스트박스 컴포넌트와 버튼 컴포넌트 배치하고 수정하기 '레이블배치' 안으로 '텍스트박스' 컴포넌트와 '버튼' 컴포넌트를 드래그하고, [표 12-15]를 참고하여 이름과 속성을 수정합니다.

표 12-15 텍스트박스 컴포넌트와 버튼 컴포넌트의 속성 설정하기

컴포넌트	컴포넌트 이름 수정	속성	속성 수정
텍스트박스1	입력상자	글꼴크기	20
		너비	부모 요소에 맞추기
		힌트	
		텍스트정렬	가운데:1
버튼1	검색버튼	배경색	밝은 회색
		글꼴크기	18
		너비	100픽셀
		텍스트	검색
		텍스트정렬	가운데:1

04 위치센서 컴포넌트 배치하기 [팔레트]-[센서]에 있는 '위치센서' 컴포넌트를 [뷰어] 영역으로 드래그합니다.

05 지도 컴포넌트 배치하고 수정하기 [팔레트]-[지도]에 있는 '지도' 컴포넌트를 [뷰어] 영역으로 드래그하고, [높이]와 [너비]를 '부모 요소에 맞추기'로 설정하고, [위치센서]를 '위치센서1'로 설정합니다.

06 마커 컴포넌트 배치하기 [팔레트]-[지도]에 있는 '마커' 컴포넌트를 [뷰어] 영역으로 드래그합니다.

07 지도 앱의 컴포넌트 배치 완료 배치가 완성된 컴포넌트를 확인하면 다음과 같습니다.

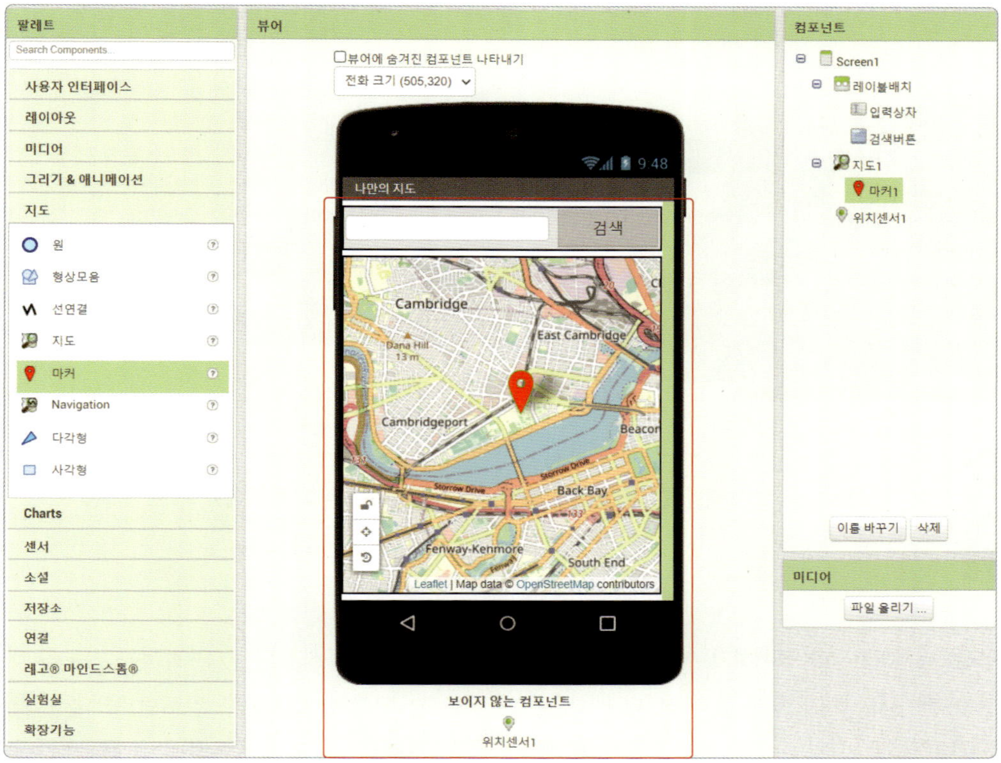

08 에뮬레이터에서 지도 앱 확인하기 화면 설계가 완료되었습니다. 에뮬레이터에 연결하여 [그림 12-1(c)]와 비교해 봅니다.

3 코딩

블록 편집 화면에서 지도 컴포넌트를 이용한 지도 앱을 코딩해 봅니다. 사용자가 텍스트박스에 입력하고 '검색' 버튼을 클릭하면 지도에서 해당 지역을 보여줍니다.

01 팬하기 블록 사용하기 지도 컴포넌트에서 텍스트박스에 입력한 위치의 지도를 표시하기 위해서는 [표 12-12]에서 설명한 '팬하기' 블록을 사용합니다.

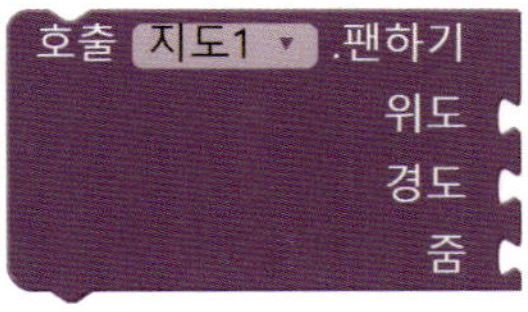

02 검색한 위치의 지도 표시하기 '팬하기' 블록은 표시하려는 지역의 위도와 경도가 필요합니다. 이는 [그림 12-14]와 같이 위치센서가 제공하는 코딩 블록을 사용합니다. '팬하기' 블록의 '줌' 항목은 현재 지도 컴포넌트의 '줌레벨' 값을 지정합니다.

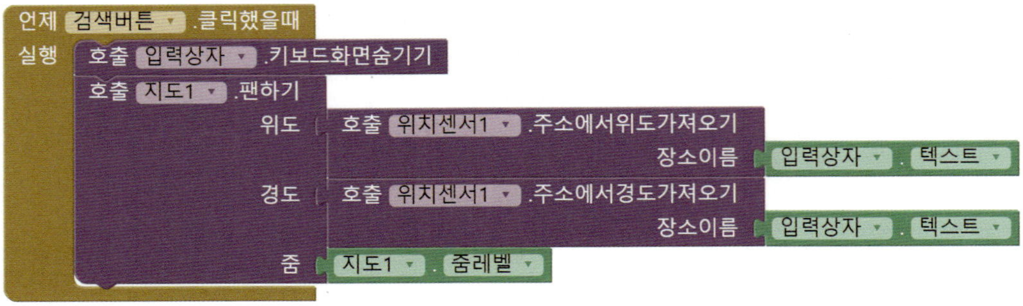

키보드 숨기기 블록인 [호출 '입력상자'.키보드화면숨기기] 블록은 스마트폰에서 텍스트 입력을 위해 표시된 키보드를 다시 숨기는 것입니다.

03 지도를 터치하면 마커 표시하기 마커 컴포넌트는 지도에 위치를 표시합니다. 여기서는 지도를 터치하면 마커가 표시되도록 만들겠습니다. 이것은 [표 12-12]에서 살펴본 지도 컴포넌트의 [언제 - .지점에 탭했을 때] 블록과 마커 컴포넌트의 [호출 - .위치설정하기] 블록으로 코딩합니다. [호출 - .위치 설정하기] 블록에는 마커를 표시할 위도와 경도를 항목으로 지정할 수 있습니다.

4 전체 코드 확인

지도 컴포넌트를 이용한 지도 앱 코딩이 완료되었습니다. 전체 코드를 확인해 봅니다.

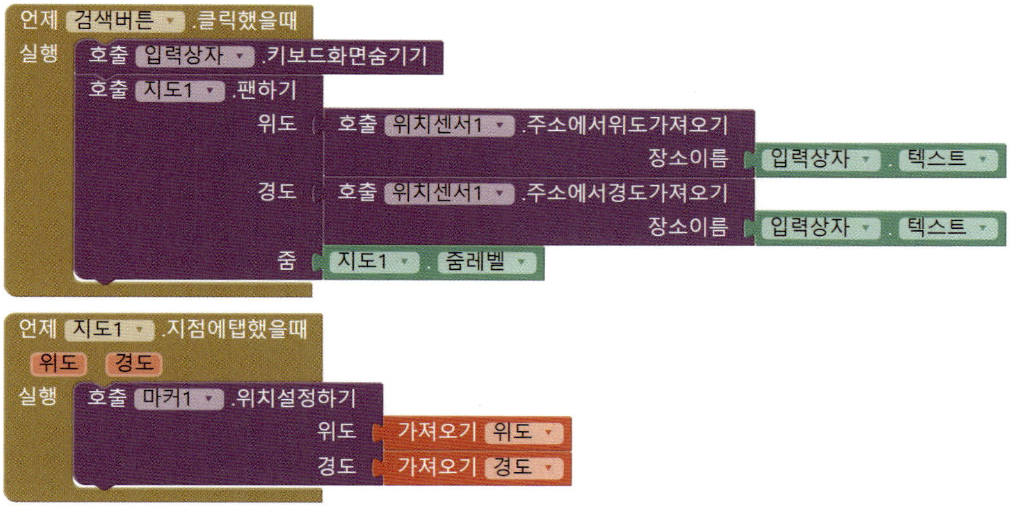

5 앱 테스트

에뮬레이터로 지도를 이용한 지도 앱을 테스트해 봅니다. 에뮬레이터로 지도 앱을 테스트하면 위치센서가 없어 동작하지 않을 수 있습니다. 에뮬레이터에서 제대로 동작하지 않으면 스마트폰에서 테스트합니다.

[실행 결과]

(a) 지도를 이용한 앱 (b) 지명 검색 (c) 마커 표시

그림 12-15 스마트폰에서 지도 컴포넌트를 이용한 지도 앱 테스트 화면

요약

01 액티비티스타터 컴포넌트를 이용하여 다른 앱을 동작시킬 수 있습니다.

02 액티비티스타터 컴포넌트를 이용하여 다른 앱을 동작키려면 '동작', '액티비티클래스', '액티비티패키지' 속성을 설정합니다.

03 구글 지도앱을 호출하기 위해 사용하는 데이터 URI의 형식은 다음과 같습니다.

```
'http://maps.google.com/?q=지역명'
```

04 웹뷰어 컴포넌트는 앱에서 웹 페이지를 보여줍니다.

05 웹뷰어 컴포넌트의 홈 URL 속성에 웹 주소를 지정하면 웹뷰어로 출력됩니다.

06 지도 컴포넌트는 2017년 9월에 추가된 컴포넌트로 구글 지도가 아닌 오픈스트리트맵을 사용합니다.

07 지도 컴포넌트는 [지도] 팔레트에 있으며 지도에 원이나 기능 모음, 선, 마커, 사각형, 다각형 등을 표시할 수 있는 컴포넌트도 함께 제공하고 있습니다.

08 지도 컴포넌트를 [뷰어] 영역으로 드래그하면 기본적으로 지도가 표시됩니다.

09 지도 컴포넌트는 위도와 경도를 사용하여 현재 보이는 지도의 위치를 바꿀 수 있습니다.

10 지도 앱을 만들 때 사용하는 위도와 경도를 알기 위해서는 위치센서를 사용합니다.

연습문제

01 **액티비티스타터 컴포넌트에 관한 설명으로 옳지 않은 것은 무엇인가요?**

① [팔레트]-[연결]에 있으며 보이지 않는 컴포넌트이다.

② 지도 외에 다른 앱을 호출할 수 있는 기능을 제공한다.

③ 지도 위에 원이나 다각형, 사각형을 표시할 수 있는 컴포넌트를 제공한다.

④ 다른 앱을 동작시키기 위해 해당 앱의 소스 코드 정보를 속성에 입력해야 한다.

02 **다음 블록을 제공하는 컴포넌트로 올바른 것을 고르세요.**

① [웹 뷰어] 컴포넌트

② [액티비티스타터] 컴포넌트

③ [위치센서] 컴포넌트

④ [지도] 컴포넌트

03 **[지도] 컴포넌트를 활용하여 현재 보이는 위치를 변경하거나, 검색을 통해 지역을 확인하려고 합니다. 이때 필요한 정보와 사용하는 컴포넌트가 바르게 짝지어진 것은 무엇인가요?**

① 위도와 경도 – [위치센서] 컴포넌트

② 위도와 경도 – [마커] 컴포넌트

③ 지역명 – [위치센서] 컴포넌트

④ 데이터URL – [마커] 컴포넌트

04 **'액티비티스타터를 이용한 지도 앱'에 목적지 찾아가는 길을 표시하는 기능을 추가해 봅니다.**

[힌트]

- 구글 지도에서 출발지와 목적지를 표시하는 검색 기능은 다음과 같습니다.

```
http://maps.google.com/maps?saddr=출발지주소&daddr=목적지주소
```

[실행 결과]

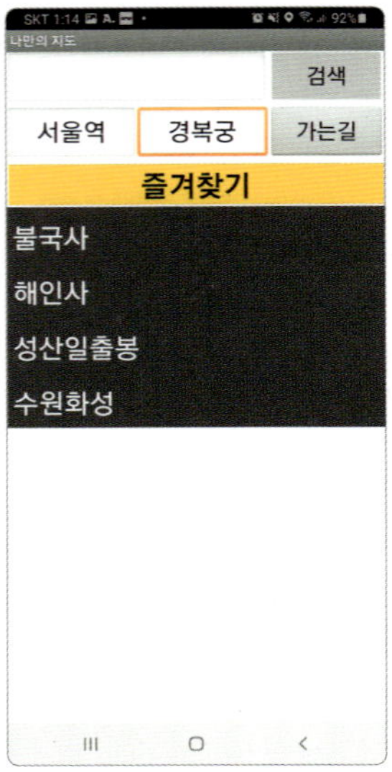

에뮬레이터에서 테스트가 잘 안 되면 스마트폰에서 테스트해 봅니다.

05 '웹뷰어를 이용한 지도 앱'에서 내 위치 표시하는 기능을 추가해 봅니다.

[힌트]

- 내 위치를 확인하기 위해 위치센서를 추가합니다.
- 구글 지도에서 내 위치를 검색하는 기능은 다음과 같습니다.

```
http://maps.google.com/maps?ll=위도,경도
```

[실행 결과]

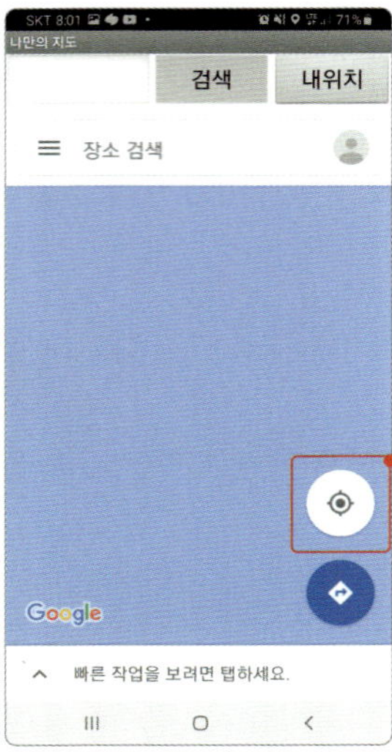

여기를 클릭하면 현재 내 위치 표시

위치센서를 사용해야 하므로 스마트폰에서 테스트합니다.

06 05번에서 변형한 '웹뷰어를 이용한 지도 앱'에서 목록선택버튼 컴포넌트를 사용하여 즐겨찾기 기능을 추가해 봅니다.

[실행 결과]

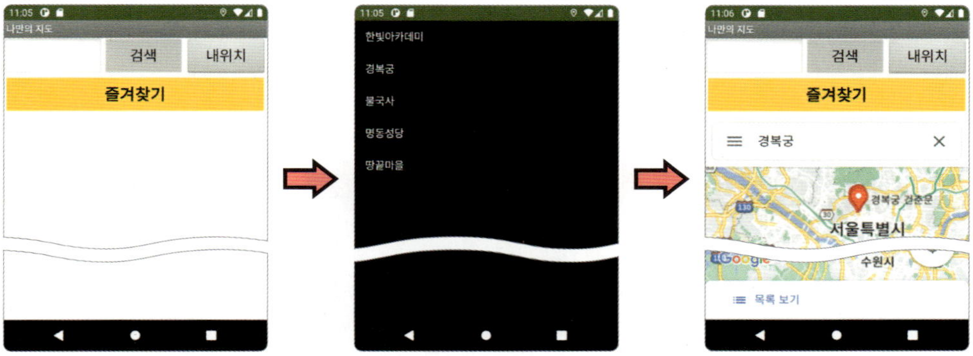

07 '지도 컴포넌트를 이용한 지도 앱'에서 지도를 길게 누르면, 원 컴포넌트가 나타나도록 코딩해 봅니다. 또한, 원 컴포넌트를 클릭하면 다시 사라지게 만듭니다. 원의 반지름은 미터로 입력합니다. 여기서는 500미터로 지정합니다.

[힌트]

- 디자이너 화면에서 [팔레트]–[지도]에 있는 지도 컴포넌트와 원 컴포넌트를 사용합니다.
- 위치센서 컴포넌트를 사용합니다.
- 블록 편집 화면에서 [언제 'Map1'.지점에탭했을때] 블록과 [언제 'Map1'.좌표를길게눌렀을때] 블록을 이용합니다.

[실행 결과]

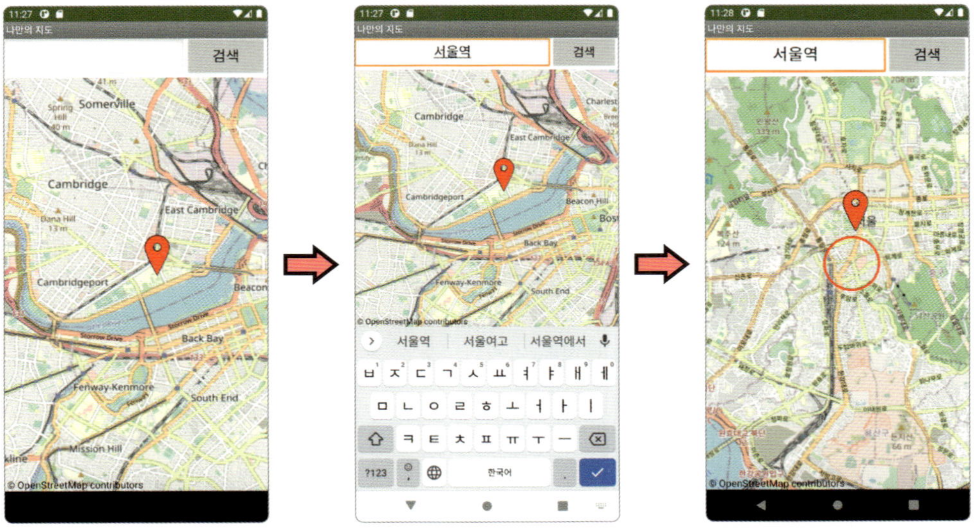

(a) 지도를 이용한 앱 초기 화면 (b) '서울역' 검색 (c) 마커와 원 표시

08 심화 웹뷰어를 이용한 '즐겨찾는 웹 사이트 앱'을 만들어 봅니다.

[힌트]

- 리스트 기능을 사용합니다.
- 웹 사이트 이름 리스트와 웹 사이트 주소 리스트를 별도로 만듭니다.
- 웹 사이트 이름 리스트에서 선택한 항목 번호로 웹 사이트 주소 리스트에서 주소를 찾도록 합니다.

[실행 결과]

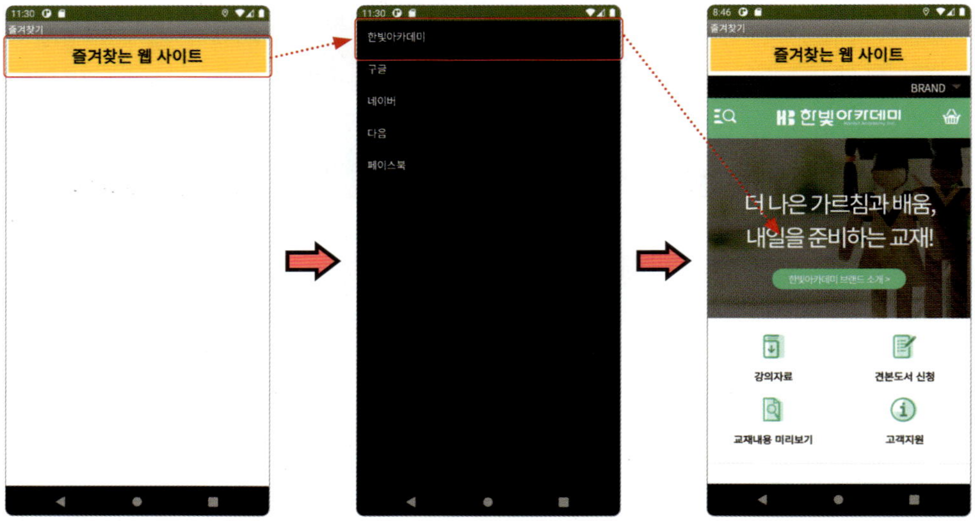

09 본문에서 다룬 액티비티스타터 컴포넌트를 활용하여 즐겨찾는 유튜브 영상 목록을 만들고 목록을 선택하면 영상을 플레이하는 앱을 만들어 봅니다.

[힌트]

- 액티비티스타터 컴포넌트에서 액티비티 클래스와 액티비티패키지의 값을 모두 삭제합니다.
- 데이터URI에 유튜브 영상의 링크를 지정합니다.

[실행 결과]

CHAPTER 13

데이터베이스를 이용한 앱 만들기

학습목표

- 타이니DB를 이용하여 데이터를 저장하고 검색할 수 있습니다.
- 타이니웹DB를 이용하여 데이터를 저장하고 검색할 수 있습니다.
- 클라우드DB를 이용하여 데이터를 저장하고 검색할 수 있습니다.

Preview

우리가 스마트폰이나 PC로 이용하는 다양한 서비스들은 데이터를 체계적으로 관리하기 위해 데이터베이스를 사용합니다. 데이터베이스를 만들고 사용하려면 전문적인 소프트웨어인 데이터베이스 관리 시스템이 필요합니다. 대표적인 예로 오라클, MySQL, MS-SQL 등이 있습니다.

앱 인벤터에서도 데이터베이스를 만들고 이용할 수 있는 기능을 제공합니다. 기본적으로 태그와 값의 형태로 구성된 간단한 구조의 데이터베이스를 만들어 값을 저장하고 검색하는 기능과 삭제하는 기능을 제공합니다. 이번 장에서 데이터베이스를 이용한 앱을 제작해 보며 데이터베이스의 기본 개념과 데이터베이스를 이용한 코딩이 어떤 것인지 이해할 수 있을 것입니다.

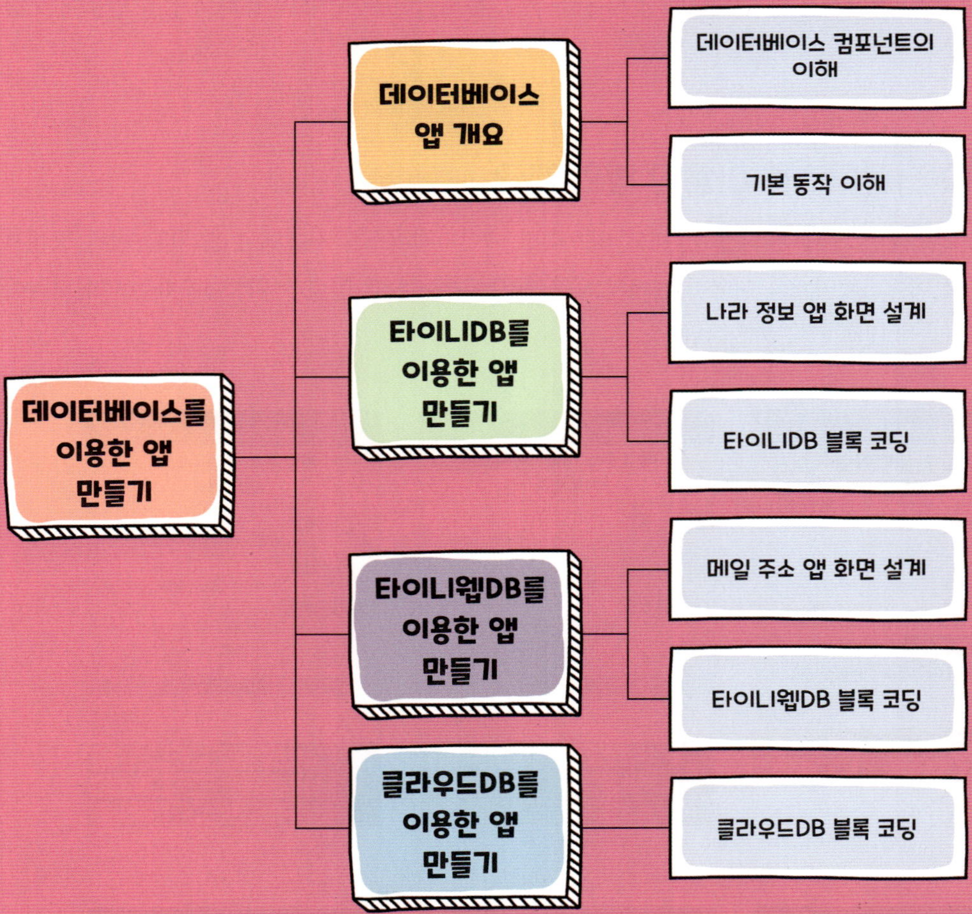

Section 01 데이터베이스를 이용한 앱 알아보기

지금까지 우리는 앱을 만들면서 변수나 리스트에 값을 저장하였습니다. 그러나 앱을 다시 시작하면 이전에 저장한 데이터는 모두 사라집니다. 데이터를 지속적으로 유지하고 있으려면 별도의 기능이 필요한데, 일반적으로 데이터를 관리하는 특별한 소프트웨어를 '**데이터베이스(Database)**'라고 합니다. 이 장에서는 앱 인벤터에서 사용할 수 있는 데이터베이스를 이용하여 앱을 만들어 보겠습니다.

1 데이터베이스를 이용한 앱의 개요

앱을 종료한 후에도 데이터를 저장하고 있으려면 데이터베이스를 사용해야 합니다. 이번 장에서 만들어 볼 데이터베이스를 이용한 앱에서 제공하려는 기능과 앱 인벤터에서 제공하는 데이터베이스 컴포넌트에 대해 알아보겠습니다.

(a) 타이니DB 구축 (b) 타이니웹DB 구축 (c) 클라우드DB 구축

그림 13-1 데이터베이스를 이용한 앱 화면

데이터베이스를 이용한 앱의 기능

데이터베이스를 이용한 앱에서 제공하는 기능은 다음과 같습니다.

- 사용자가 입력한 데이터를 데이터베이스에 저장합니다.
- 데이터를 삭제할 수 있습니다.
- 데이터베이스에 데이터가 몇 개 저장되었는지 알 수 있습니다.

(위 두 항목: 타이니웹DB 컴포넌트 제외)

- 데이터베이스에 저장된 데이터를 검색할 수 있습니다.
- 데이터를 입력하지 않고 저장하거나 검색할 때 오류메시지를 출력합니다.

앱 인벤터에서 제공하는 데이터베이스 컴포넌트

앱 인벤터에서는 기본적으로 데이터베이스 컴포넌트를 제공하고 있습니다. 이 장에서는 타이니DB, 타이니웹DB, 클라우드DB를 이용한 앱을 만들어 보겠습니다.

- **타이니DB** 스마트폰에 데이터베이스를 생성하고 데이터를 저장합니다.
- **타이니웹DB** 온라인에 위치한 데이터베이스에 데이터를 저장합니다.
- **클라우드DB** 새로 추가된 컴포넌트로, 온라인에 위치한 데이터베이스에 데이터를 저장합니다. 아직 실험적이기는 하지만, 향후 변경될 수 있다는 메시지가 뜨지는 않습니다.
- **파이어베이스DB** 아직 실험적인 데이터베이스로, 향후 변경될 수 있으므로 주의하라는 메시지가 뜹니다.

2 기초 지식 이해

데이터베이스를 이용하는 앱이므로 데이터베이스가 무엇인지 알아보겠습니다. 데이터베이스는 데이터를 체계적으로 분류하여 저장하고 검색하는 데이터 관리 기능을 제공합니다.

대부분의 소프트웨어들이 데이터베이스를 사용하고 있는데, 일반적으로 많이 사용하고 있는 데이터베이스 관리 시스템은 오라클, MySQL, MariaDB, NoSQL 등이 있습니다. 물론 앱에서 간단히 데이터를 관리하기 위해 오라클이나 MySQL 같은 본격적인 데이터베이스를 사용할 필요는 없습니다.

앱 인벤터가 제공하는 데이터베이스 컴포넌트의 경우 복잡한 기능은 대부분 앱 인벤터에서 내부적으로 처리하고, 데이터를 저장하고 읽어오는 단순한 기능만 코딩하도록 지원합니다.

앱 인벤터가 제공하는 데이터베이스는 크게 두 종류로 구분할 수 있습니다. 첫째는 데이터를 스마트폰에 저장하는 것이고, 둘째는 스마트폰이 아닌 외부 서버에 저장하는 것입니다. 타이니DB 컴포넌트는 스마트폰에 데이터를 저장하며, 타이니웹DB와 클라우드DB는 외부 서버에 데이터를 저장합니다.

앱 인벤터가 지원하는 데이터베이스 컴포넌트들은 기본적으로 '**태그-값**'이 쌍으로 저장되는 테이블을 데이터베이스로 간주합니다.

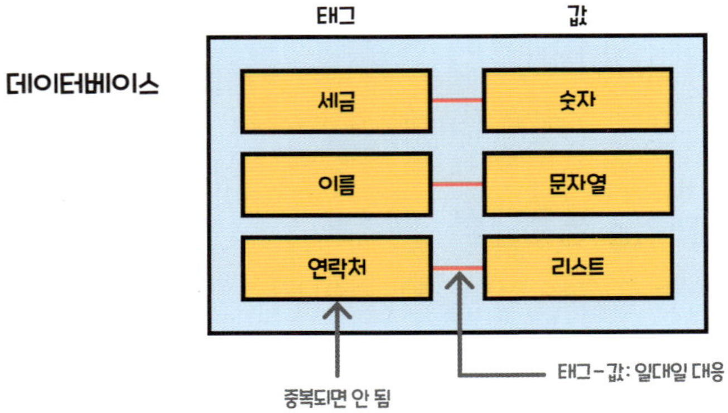

그림 13-2 **앱 인벤터 데이터베이스 컴포넌트의 내부 구조**

태그는 텍스트이며 값은 숫자나 문자열, 리스트 등 다양한 형식이 가능합니다. 태그는 중복을 허용하지 않기 때문에 같은 태그로 여러 개의 값을 저장하면 마지막에 저장한 값만 남아 있게 되므로 주의해야 합니다.

사용하는 프로그래밍 요소

데이터베이스 앱을 만들기 위해서는 변수와 조건문, 반복문, 리스트, 함수 등 지금까지 배운 거의 모든 프로그래밍 요소를 사용해야 합니다.

3 문제 이해

데이터베이스 앱은 크게 데이터를 저장하는 기능과 데이터를 검색하는 기능으로 구분할 수 있습니다. 데이터베이스를 이용한 앱의 코딩에 필요한 기본적인 동작 흐름은 다음과 같습니다.

❶ 데이터베이스의 구조에 따라 데이터를 입력할 수 있는 화면을 구성합니다. 입력 화면은 레이블, 텍스트박스, 버튼으로 구성합니다.
❷ 입력 버튼을 클릭하면 텍스트박스의 내용을 읽어서 데이터베이스에 저장합니다.
❸ 검색 화면은 검색할 텍스트를 입력할 텍스트박스, 버튼, 검색 결과를 표시할 레이블로 구성합니다.
❹ 텍스트박스에 검색할 텍스트를 입력하고, 버튼을 클릭하면 데이터베이스에서 자료를 검색하여 결과를 레이블에 출력합니다.

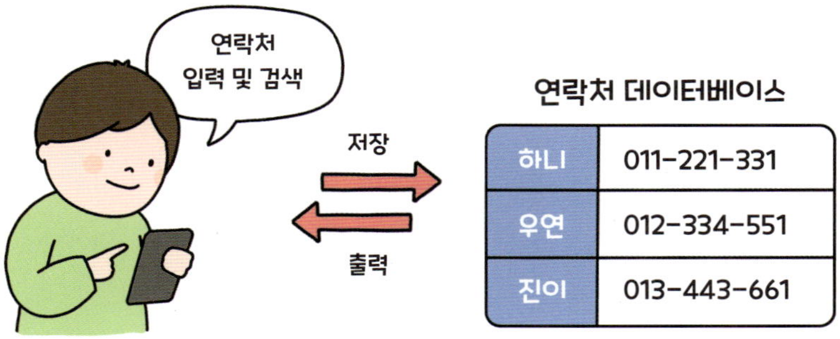

그림 13-3 **데이터베이스 앱의 문제 이해**

기본적으로 앱 인벤터가 제공하는 컴포넌트를 이용할 것이므로 별도로 준비할 리소스는 없습니다.

Section 02

타이니DB를 이용한 앱 만들기

1 타이니DB 컴포넌트의 이해

타이니DB는 앞에서 설명한 것처럼 '태그-값'이 쌍으로 이루어진 데이터베이스로 태그의 중복을 허용하지 않습니다. '타이니DB' 컴포넌트는 [팔레트]-[저장소]에 있으며 [뷰어] 영역으로 드래그하면 보이지 않는 컴포넌트에 배치됩니다.

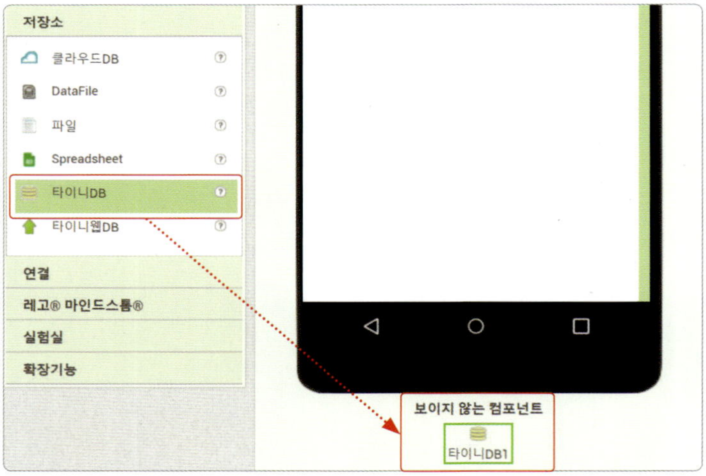

그림 13-4 타이니DB 컴포넌트 드래그하기

타이니DB 컴포넌트의 속성과 코딩 블록

타이니DB 컴포넌트의 경우 이름을 바꿀 수 있으며 '네임스페이스' 외에 다른 속성은 가지고 있지 않습니다.

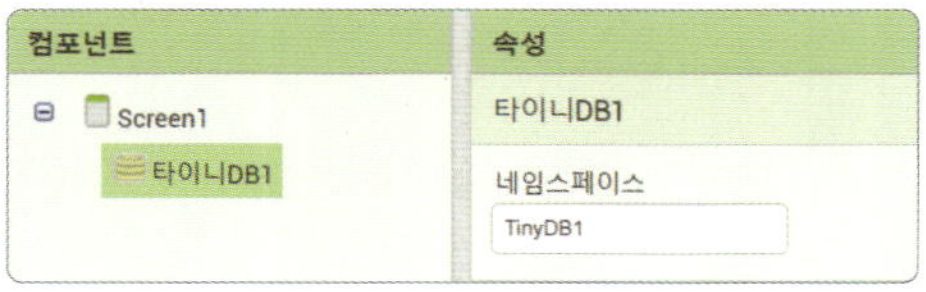

그림 13-5 타이니DB의 속성

타이니DB 컴포넌트의 코딩 블록은 매우 간단합니다. [표 13-1]에서 살펴봅니다.

표 13-1 타이니DB 컴포넌트의 코딩 블록

블록	기능
호출 타이니DB1 .모두지우기	데이터베이스의 내용을 모두 지운다.
호출 타이니DB1 .태그지우기 태그	지정한 태그를 지운다.
호출 타이니DB1 .태그가져오기	데이터베이스에서 태그의 전체 목록을 가져온다.
호출 타이니DB1 .값가져오기 태그 찾는태그가이없을경우 ' '	지정한 태그의 값을 가져온다. 찾는 값이 없을 경우 텍스트로 지정한 값을 반환한다.
호출 타이니DB1 .값저장하기 태그 저장할값	지정한 태그에 값을 저장한다.

타이니DB 사용의 예

타이니DB에 값을 저장한 후 검색해 봅니다. [그림 13-6]과 같이 간단한 화면을 구성하였습니다. 입력은 텍스트박스를 사용하고, 검색 결과는 레이블에 출력합니다. 태그는 코딩 블록에서 '제목'으로 지정하였습니다.

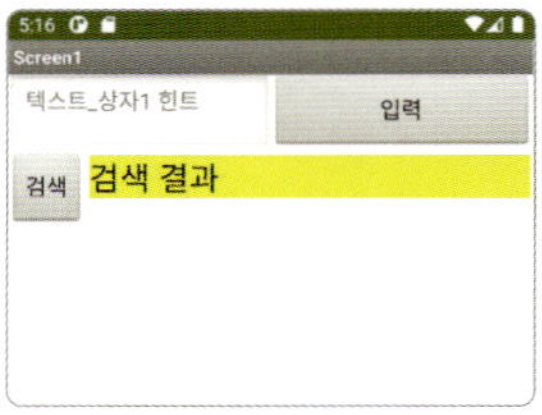

그림 13-6 타이니DB 예제의 초기 화면

❶ 아직 입력을 하지 않아 값이 없을 경우, 검색을 하면 [그림 13-7]과 같이 '값이 없음'으로 출력하도록 코딩합니다.

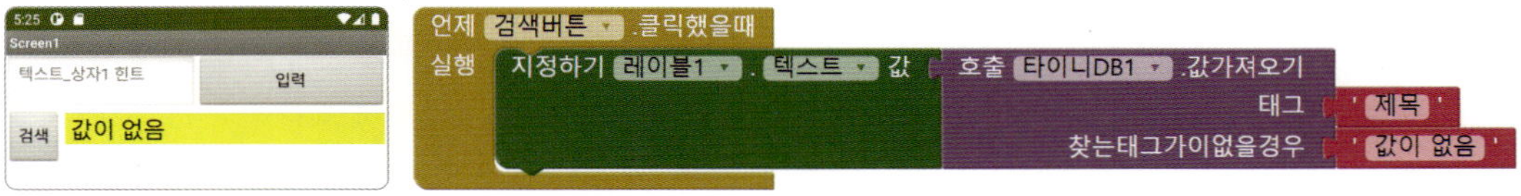

그림 13-7 값이 없는 경우

❷ 값을 입력한 뒤에 검색해 보면 결과가 나옵니다. 입력은 텍스트박스의 내용을 읽어서 태그와 함께 저장합니다.

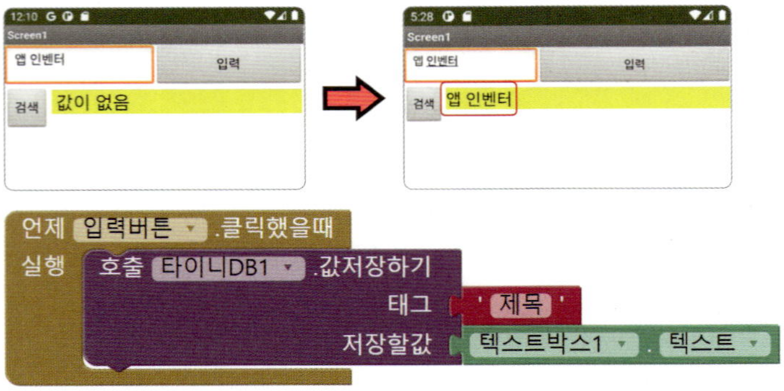

그림 13-8 **값을 입력한 후 검색하기**

2 화면 설계

타이니DB로 퀴즈 앱을 위한 '나라 정보 데이터베이스'를 만들어 보겠습니다. 국가명, 수도, 인구를 데이터베이스에 저장하고 검색하는 기능을 구현합니다. 전체 화면 구성은 [그림 13-1(a)]와 같으며, 앱을 설계하는 데 필요한 컴포넌트는 [표 13-2]에 정리하였습니다.

표 13-2 **나라 정보 데이터베이스 설계에 필요한 컴포넌트**

컴포넌트	위치	역할
수평배치	[팔레트]-[레이아웃]	레이블과 텍스트박스, 버튼을 수평으로 배치한다.
텍스트박스	[팔레트]-[사용자 인터페이스]	데이터 입력과 검색에 사용한다.
버튼		입력, 삭제, 검색 기능에 사용한다.
레이블		제목과 항목명을 표시한다.
타이니DB	[팔레트]-[저장소]	데이터베이스를 관리한다.

01 새 프로젝트 시작하기 새 프로젝트를 만들고 프로젝트의 이름을 'NationDB01'로 합니다. 그리고 에뮬레이터를 동작시킵니다. 'Screen1'의 제목을 '나라 정보 데이터베이스'로 변경합니다.

02 레이블 컴포넌트 배치하고 수정하기 레이블 컴포넌트 2개를 [뷰어] 영역으로 드래그하고, [표 13-3]을 참고하여 이름과 속성을 수정합니다.

표 13-3 레이블 컴포넌트의 속성 수정하기

컴포넌트	컴포넌트 이름 수정	속성	속성 수정
레이블1	즐겨찾기레이블	배경색	주황
		글꼴굵게	활성화
		글꼴크기	24
		너비	부모 요소에 맞추기
		텍스트	나라 정보 데이터베이스
		텍스트정렬	가운데:1
레이블2	입력레이블	배경색	분홍
		글꼴굵게	활성화
		글꼴크기	18
		너비	부모 요소에 맞추기
		텍스트	자료 입력
		텍스트정렬	가운데:1

03 수평배치 컴포넌트 배치하고 수정하기 '수평배치' 컴포넌트 3개를 [뷰어] 영역으로 드래그하고, [표 13-4]를 참고하여 속성을 수정합니다.

표 13-4 수평배치 컴포넌트의 속성 수정하기

컴포넌트	컴포넌트 이름 수정	속성	속성 수정
수평배치1,2,3	수평배치1,2,3	수평정렬	가운데:3
		수직정렬	가운데:2
		배경색	밝은 회색
		너비	부모 요소에 맞추기

04 수평배치, 레이블, 텍스트박스 컴포넌트 배치하고 수정하기 '수평배치1'과 '수평배치2'에 레이블 컴포넌트와 텍스트박스 컴포넌트를 각각 드래그하여 [표 13-5]를 참고하여 이름과 속성을 수정합니다.

표 13-5 **레이블과 텍스트박스 컴포넌트 수정하기**

컴포넌트	컴포넌트 이름 수정	속성	속성 수정
레이블1	나라명레이블	배경색	밝은 회색
		글꼴굵게	활성화
		글꼴크기	20
		너비	100픽셀
		텍스트	나라명
		텍스트정렬	오른쪽:2
텍스트박스1	나라명입력	글꼴	20
		너비	부모 요소에 맞추기
		힌트	
레이블2	수도레이블	배경색	밝은 회색
		글꼴굵게	활성화
		글꼴크기	20
		너비	100픽셀
		텍스트	수도
		텍스트정렬	오른쪽:2
텍스트박스2	수도입력	글꼴	20
		너비	부모 요소에 맞추기
		힌트	

05 버튼 컴포넌트 2개 배치하고 수정하기 '수평배치3'에 '버튼' 컴포넌트 2개를 드래그하고, [표 13-6]을 참고하여 이름과 속성을 수정합니다.

표 13-6 **텍스트박스 컴포넌트와 버튼 컴포넌트의 속성 수정하기**

컴포넌트	컴포넌트 이름 수정	속성	속성 수정
버튼1	입력버튼	글꼴크기	18
		너비	부모 요소에 맞추기
		텍스트	입력
버튼2	삭제버튼	글꼴크기	18
		너비	부모 요소에 맞추기
		텍스트	삭제

06 레이블 컴포넌트 2개 배치하고 수정하기 '수평배치' 컴포넌트를 하나 더 드래그하고, 이 안에 레이블 컴포넌트 2개를 드래그한 후, [표 13-7]을 참고하여 이름과 속성을 수정합니다.

표 13-7 수평배치 컴포넌트와 레이블 컴포넌트의 속성 수정하기

컴포넌트	컴포넌트 이름 수정	속성	속성 수정
수평배치4	수평배치4	수평정렬	가운데:3
		수직정렬	가운데:2
		너비	부모 요소에 맞추기
레이블1	자료개수레이블	배경색	어두운 회색
		글꼴굵게	활성화
		글꼴크기	18
		너비	부모 요소에 맞추기
		텍스트	자료 개수
		텍스트정렬	가운데:1
		텍스트색상	흰색
레이블2	자료개수	배경색	밝은 회색
		글꼴굵게	활성화
		글꼴크기	18
		너비	부모 요소에 맞추기
		텍스트	0
		텍스트정렬	가운데:1

07 레이블 컴포넌트 배치하고 수정하기 '레이블' 컴포넌트 1개를 [뷰어] 영역으로 드래그하고, [표 13-8]을 참고하여 이름과 속성을 수정합니다.

표 13-8 레이블 컴포넌트의 속성 수정하기

컴포넌트	컴포넌트 이름 수정	속성	속성 수정
레이블1	검색레이블	배경색	청록색
		글꼴굵게	활성화
		글꼴크기	18
		너비	부모 요소에 맞추기
		텍스트	자료 검색
		텍스트정렬	가운데:1

08 수평배치, 텍스트박스, 버튼 컴포넌트 배치하고 수정하기 '수평배치' 컴포넌트 1개를 [뷰어] 영역으로 드래그하고, 그 안에 '텍스트박스'와 '버튼' 컴포넌트를 드래그한 후, [표 13-9]를 참고하여 이름과 속성을 수정합니다.

표 13-9 수평배치 컴포넌트와 텍스트 박스, 버튼 컴포넌트의 속성 수정하기

컴포넌트	컴포넌트 이름 수정	속성	속성 수정
수평배치1	수평배치5	수평정렬	가운데:3
		수직정렬	가운데:2
		너비	부모 요소에 맞추기
텍스트박스1	검색텍스트	글꼴크기	20
		너비	부모 요소에 맞추기
		힌트	
버튼1	검색버튼	글꼴크기	18
		너비	100픽셀
		텍스트	검색

09 수평배치 2개, 레이블 4개 배치하고 수정하기 '수평배치' 컴포넌트 2개를 [뷰어] 영역으로 드래그하고, 각 수평배치에 레이블을 2개씩 넣습니다. [표 13-10]을 참고하여 이름과 속성을 수정합니다.

표 13-10 수평배치 컴포넌트와 레이블 컴포넌트의 속성 수정하기

컴포넌트	컴포넌트 이름 수정	속성	속성 수정
수평배치1,2	수평배치6,7	수평정렬	가운데:3
		수직정렬	가운데:2
		너비	부모 요소에 맞추기
레이블1	나라명제목	배경색	어두운 회색
		글꼴굵게	활성화
		글꼴크기	20
		너비	100픽셀
		텍스트	나라명
		텍스트정렬	오른쪽:2
		텍스트색상	흰색

컴포넌트	컴포넌트 이름 수정	속성	속성 수정
레이블2	나라명결과	배경색	노랑
		글꼴굵게	활성화
		글꼴크기	20
		너비	부모 요소에 맞추기
		텍스트	검색 결과
		텍스트정렬	가운데:1
레이블3	수도제목	배경색	어두운 회색
		글꼴굵게	활성화
		글꼴크기	20
		너비	100픽셀
		텍스트	수도
		텍스트정렬	오른쪽:2
		텍스트색상	흰색
레이블4	수도결과	배경색	노랑
		글꼴굵게	활성화
		글꼴크기	20
		너비	부모 요소에 맞추기
		텍스트	검색 결과
		텍스트정렬	가운데:1

10 타이니DB 컴포넌트 배치하고 수정하기 [팔레트]–[저장소]의 '타이니DB' 컴포넌트를 [뷰어] 영역으로 드래그하고, 이름을 '나라타이니DB'로 수정합니다.

11 데이터베이스를 이용한 앱의 컴포넌트 배치 완료하기 배치가 완성된 컴포넌트를 확인해보면 다음과 같습니다.

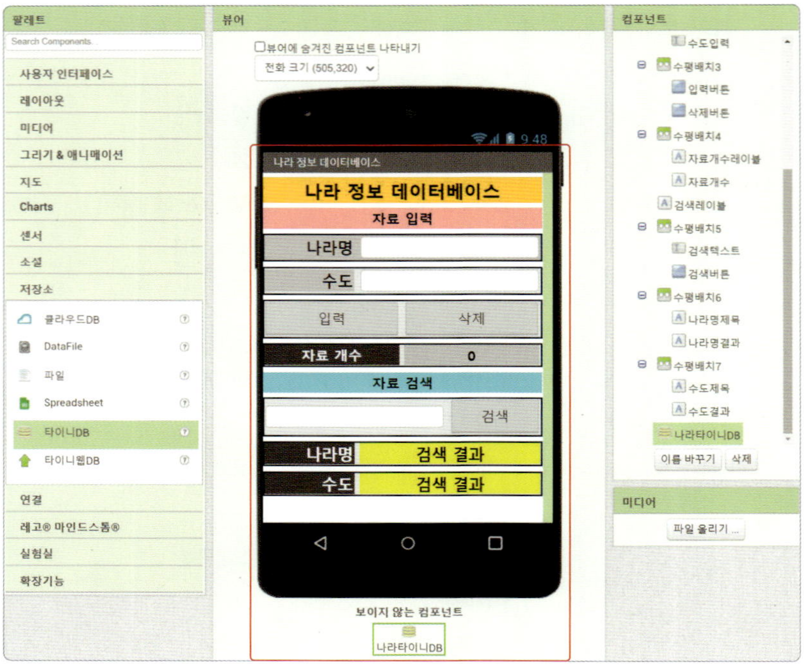

12 에뮬레이터에서 데이터베이스 앱 확인하기 화면 설계가 완료되었습니다. 에뮬레이터에 연결하여 [그림 13-1(a)]와 비교해 봅니다.

3 코딩

블록 편집 화면에서 타이니DB를 이용한 앱을 코딩해 봅니다. 프로그램은 데이터를 입력받아 저장하는 부분, 삭제하는 부분, 검색하는 부분으로 나누어서 살펴보겠습니다.

데이터 저장하기

데이터를 입력받아 저장하는 과정에서 수행할 작업은 다음과 같습니다.

01 DB에 데이터 저장하기 사용자가 나라명과 수도 텍스트박스에 데이터를 입력하고, '입력' 버튼을 클릭하면 입력한 나라명을 태그로 하여 데이터베이스에 저장합니다.

02 오류메시지 처리하기 만약 나라명이나 수도를 입력하지 않고 '입력' 버튼을 클릭할 경우 나라명과 수도를 입력해야 한다는 오류메시지를 출력시킵니다.

- 오류메시지 처리를 위해 디자이너 화면에서 '알림' 컴포넌트를 하나 드래그합니다.
- 나라명과 수도 텍스트가 비어있는지 확인해서 둘 중에 하나라도 비어 있으면 '나라명과 수도를 모두 입력해야 합니다.'라는 오류메시지가 출력되도록 만듭니다.
- 나라명과 수도를 입력한 후에는 데이터를 저장합니다.

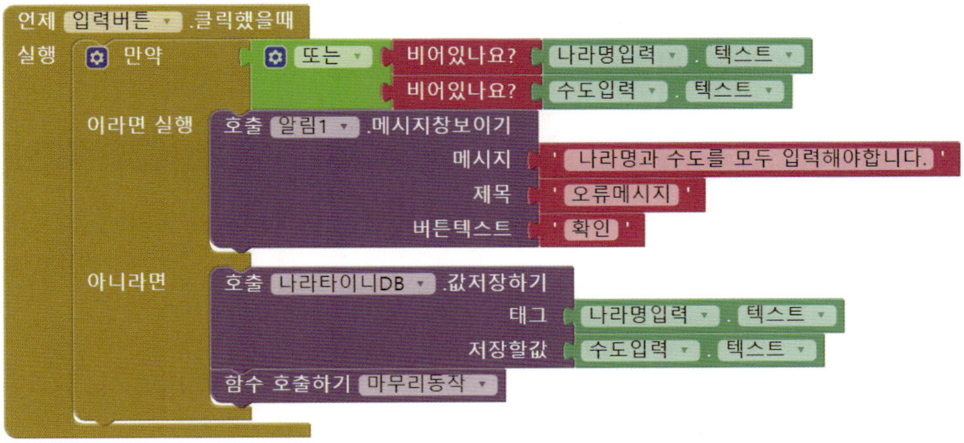

[함수 호출하기-마무리 동작] 블록에 대한 설명은 실습 07번에서 확인할 수 있습니다.

03 텍스트박스 비우기 데이터를 저장하고 난 뒤에는 텍스트박스를 비워야 다음 값을 입력할 수 있으므로 텍스트박스의 내용을 지웁니다.

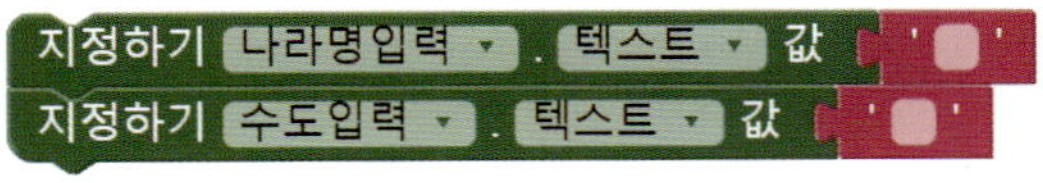

04 저장된 데이터의 개수 계산하기 현재 데이터베이스에 저장한 데이터의 개수를 출력해 보겠습니다. 데이터의 개수는 데이터베이스의 태그 리스트를 가져와 리스트의 길이를 확인하면 됩니다.

05 데이터 입력 기능 구현하기 데이터를 입력하는 기능이 완성된 코드는 다음과 같습니다.

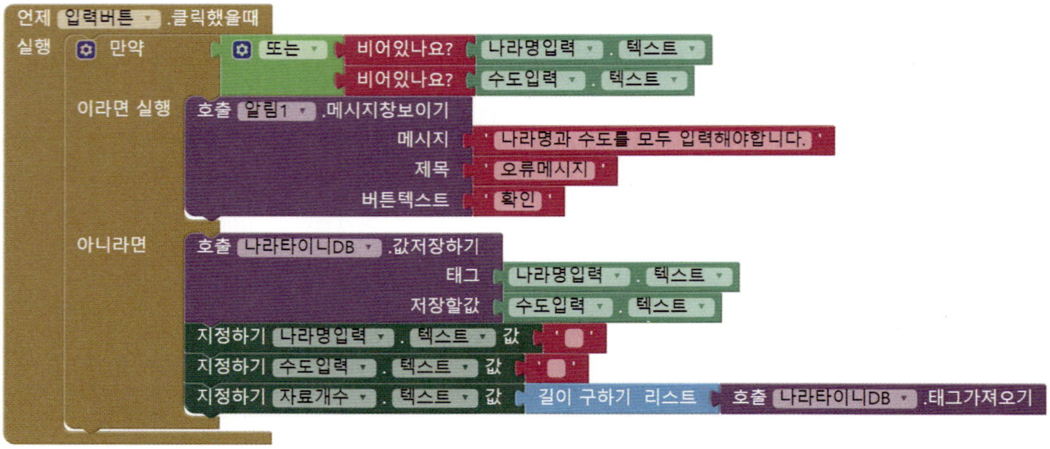

데이터 삭제하기

06 데이터 삭제 기능 구현하기 나라명을 태그로 지정하여 입력하였으므로 데이터를 삭제할 때는 나라명만 입력하면 됩니다. 데이터를 삭제한 다음에는 나라명 텍스트박스를 비우고, 데이터 개수를 수정합니다.

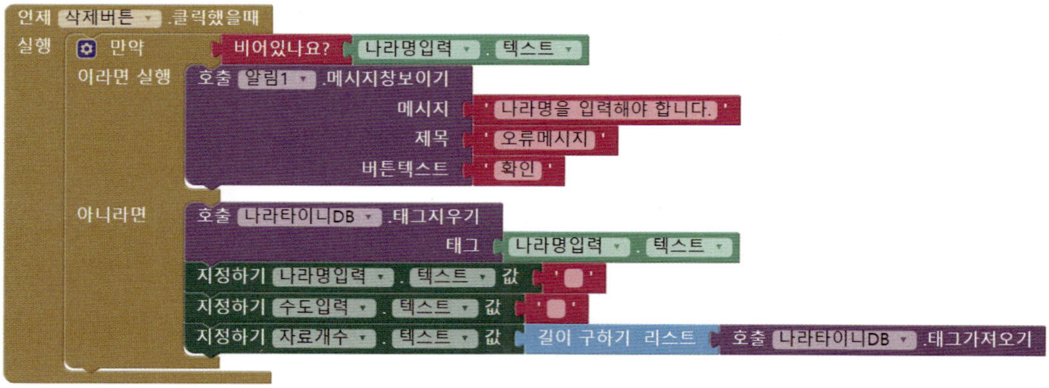

07 중복 코드를 함수로 구현하기 **05**와 **06**의 코드를 비교해 보면 비슷한 구조이고, 같은 코드가 중복되는 것을 알 수 있습니다. 코드가 중복되면 함수로 만들어야 합니다. 다음과 같이 양쪽 코드에서 중복되는 부분을 함수로 만들 수 있습니다.

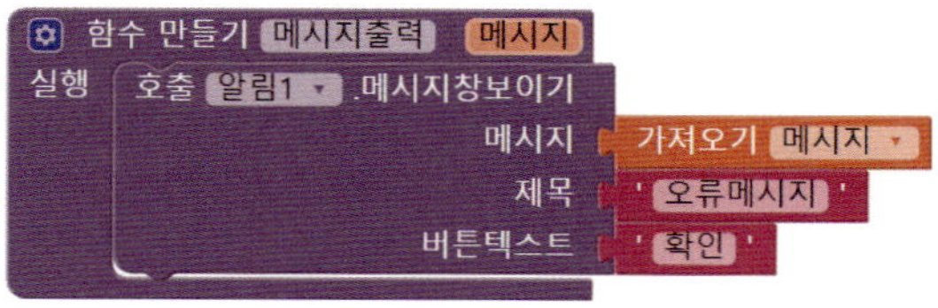

메시지출력 함수는 출력할 메시지를 매개변수로 받아 출력합니다.

검색 기능 구현하기

08 검색 기능 구현하기 검색은 태그로만 할 수 있기 때문에 나라명만 입력하면 됩니다. **07**에서 구현한 함수를 이용하여 나라명을 입력하지 않고 검색할 때 메시지를 출력합니다. 만약 찾는 값이 없을 때 출력할 텍스트도 지정합니다. 그리고 검색 결과는 레이블에 출력합니다.

앱이 시작될 때

09 앱이 시작될 때 자료 개수 수정하기 에뮬레이터를 다시 시작해 본다면 자료 개수의 값이 0으로 나옵니다. 이것은 앱이 시작될 때 데이터 개수를 읽어오지 않았기 때문입니다. 그래서 다음과 같이 앱이 시작될 때 자료 개수를 수정해야 합니다.

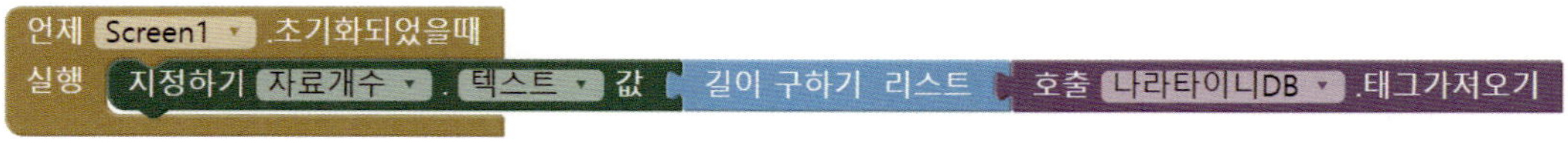

09와 같이 하지 않고 그냥 마무리 함수를 호출해도 상관 없습니다. 이제 에뮬레이터를 다시 실행하여 자료 개수가 제대로 나오는지 확인해 봅니다.

4 전체 코드 확인

이것으로 타이니DB를 이용한 데이터베이스 앱 코딩이 완료되었습니다. 전체 코드를 확인해 봅니다.

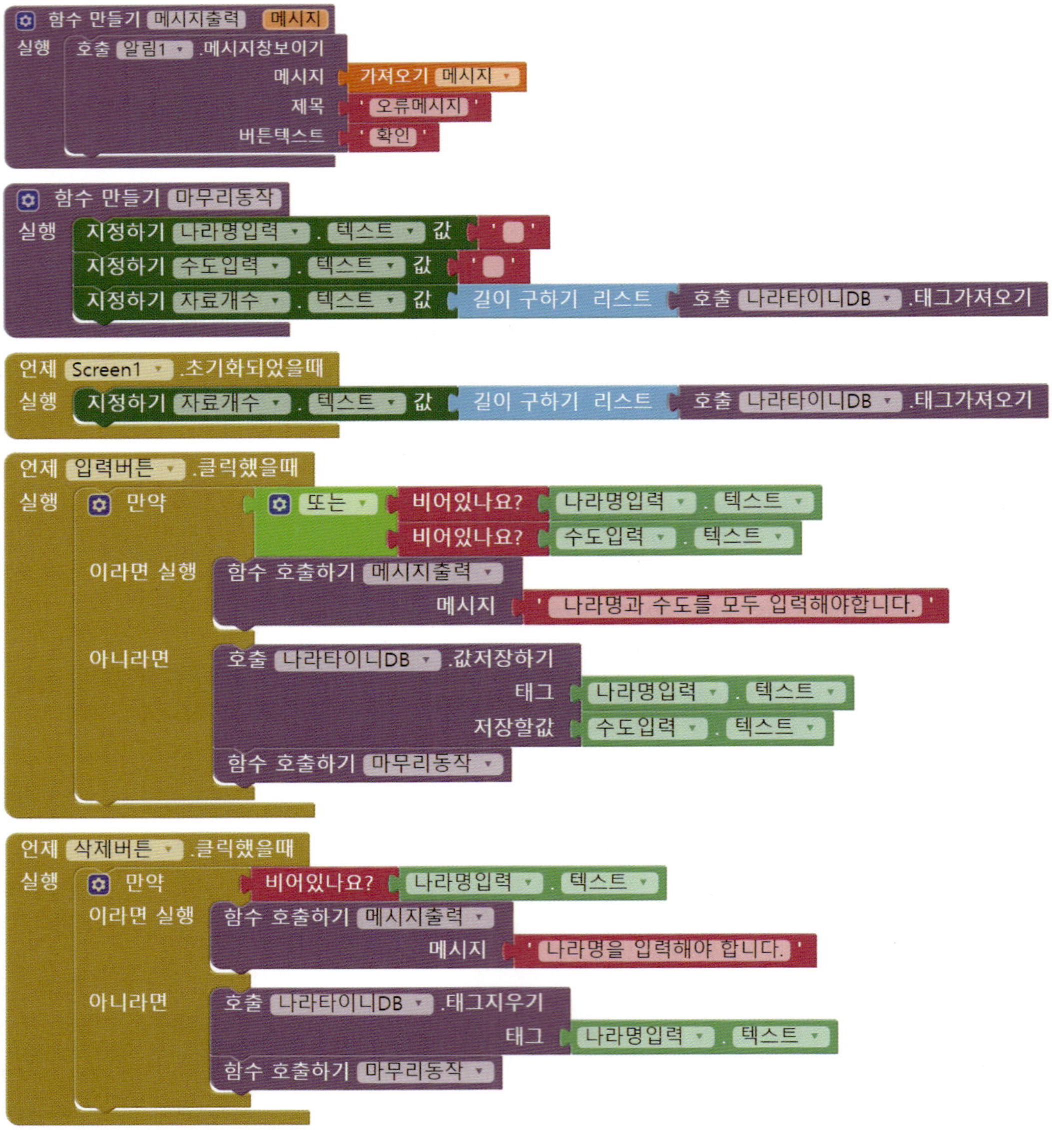

5 앱 테스트

에뮬레이터로 타이니DB를 이용한 데이터베이스 앱을 테스트해 봅니다.

데이터 입력 기능 테스트하기

데이터를 입력해 보고, 자료 개수가 증가하는지 확인합니다.

[실행 결과]

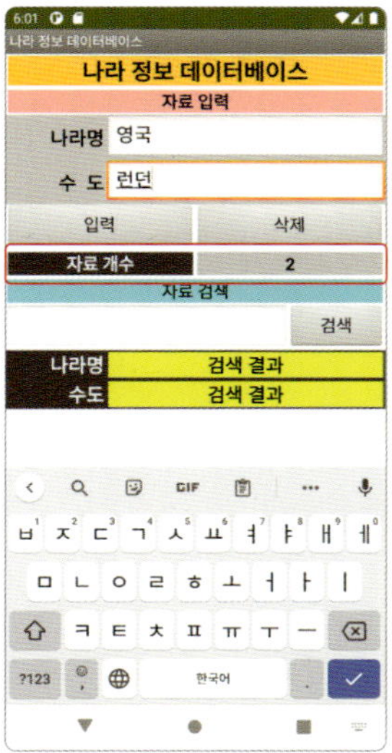

그림 13-9 데이터 입력 기능 테스트 화면

오류메시지 출력하기

나라명이나 수도를 입력하지 않고 '입력' 버튼을 클릭하면 '오류메시지'가 출력됩니다.

[실행 결과]

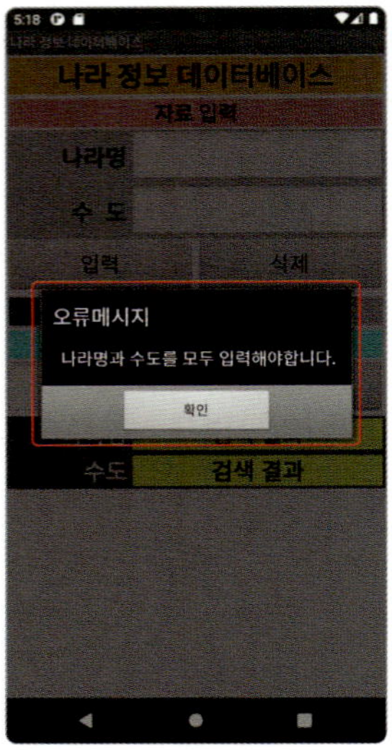

그림 13-10 **오류메시지 출력 화면**

데이터 삭제하기

나라명을 입력하여 데이터를 삭제하고, 자료 개수가 감소하는지 확인합니다.

[실행 결과]

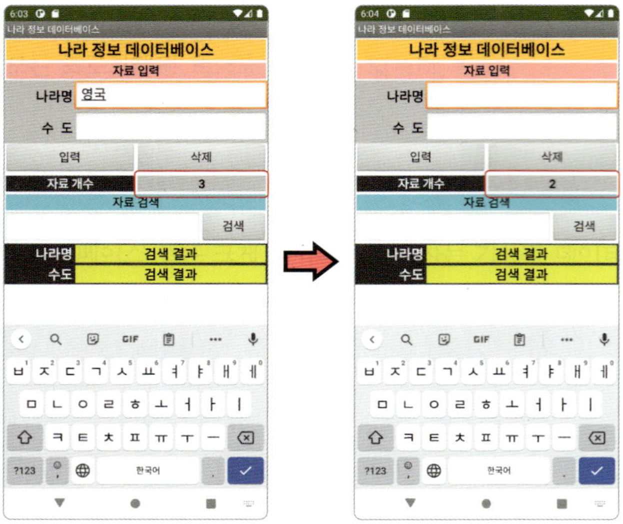

그림 13-11 **데이터 삭제 화면**

데이터 검색하기

찾고자 하는 데이터를 검색해 봅니다.

[실행 결과]

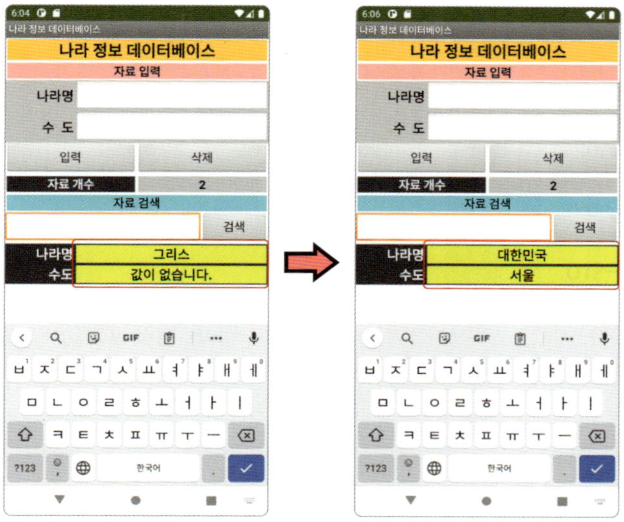

그림 13-12 **데이터 검색 화면**

Section 03

타이니웹DB를 이용한 앱 만들기

1 타이니웹DB 컴포넌트의 이해

타이니DB는 데이터를 핸드폰에 저장합니다. 이것은 다른 사용자와 데이터를 공유하지 않을 때는 유용하지만, 데이터를 공유해야 한다면 다른 방법을 찾아야 합니다. 타이니웹DB 컴포넌트는 이에 대한 해결책을 제공합니다. 타이니웹DB는 타이니DB와 마찬가지로 '태그-값'을 쌍으로 저장하고 검색합니다.

하나 더 알기 **타이니웹DB 웹 서비스**

타이니웹DB는 웹 데이터베이스를 사용합니다. 외부 어딘가에 데이터베이스가 있어야 하는데 기본 웹 데이터베이스를 앱 인벤터 개발팀이 제공하고 있습니다. 웹 데이터베이스는 웹 브라우저로 접속해서 확인할 수 있습니다. 접속할 URL은 http://tinywebdb.appinventor.mit.edu입니다.

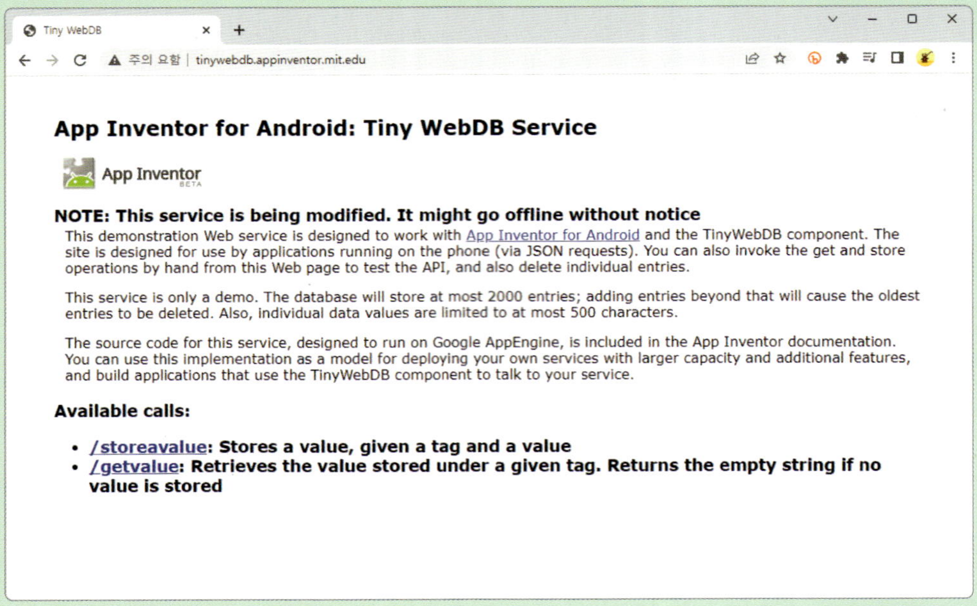

그림 13-13 타이니웹DB 웹 사이트

타이니웹DB 서비스는 시험용이기 때문에 예고 없이 접속이 안 되거나 용량에 제한도 있습니다. 무엇보다도 보안이 취약하여 내가 저장한 데이터를 다른 사용자가 볼 수도 있습니다. 또한, 누군가가 내가 입력한 태그와 같은 태그로 데이터를 저장하면 내 데이터는 삭제됩니다. 따라서 이 책을 실습할 때 태그는 수정하는 것이 바람직합니다.
타이니웹DB 웹 사이트에서 데이터를 저장하거나 검색하는 것도 가능합니다. 앱을 만들고 테스트할 때 이용하면 편리합니다.

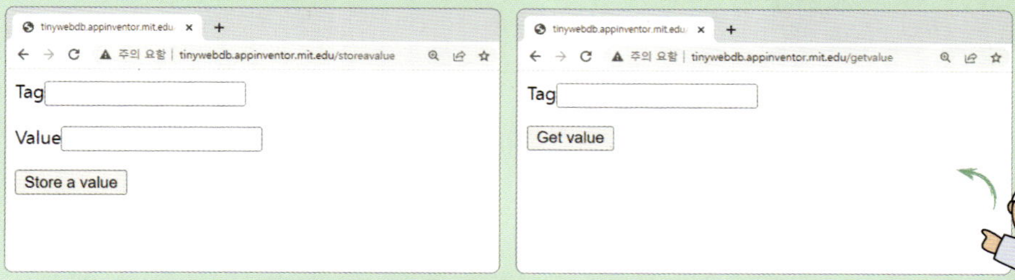

그림 13-14 **타이니웹DB 웹 사이트의 데이터 저장과 검색 기능**

타이니웹DB 컴포넌트의 속성과 코딩 블록

타이니웹DB 컴포넌트는 웹 데이터베이스의 주소를 저장하는 속성 하나만 가지고 있습니다.

서비스 URL 속성의 기본 값은 [그림 13-13]의 웹 사이트 URL 입니다. 만약 웹 데이터베이스를 자체적으로 구축했다면 해당하는 주소로 수정하면 됩니다.

그림 13-15 **타이니웹DB 컴포넌트의 속성**

타이니웹DB 컴포넌트의 코딩 블록은 [표 13-11]에 정리하였습니다. 타이니DB와 달리 태그를 삭제하는 기능은 없습니다.

표 13-11 **타이니웹DB 컴포넌트의 코딩 블록**

블록	기능
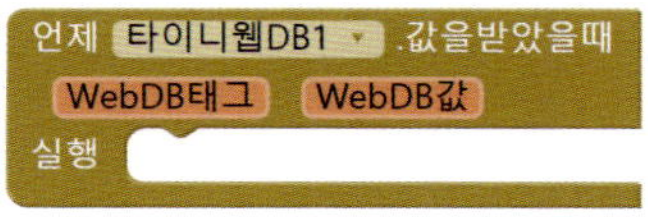	타이니웹DB가 값 가져오기 요청에 대한 결과를 준비하면 호출된다. • WebDB태그 : 검색을 요청한 태그를 가지고 있는 변수 • WebDB값 : 검색한 값을 가지고 있는 변수
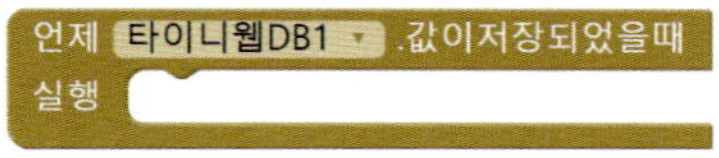	타이니웹DB에 값이 성공적으로 저장하면 호출된다.

블록	기능
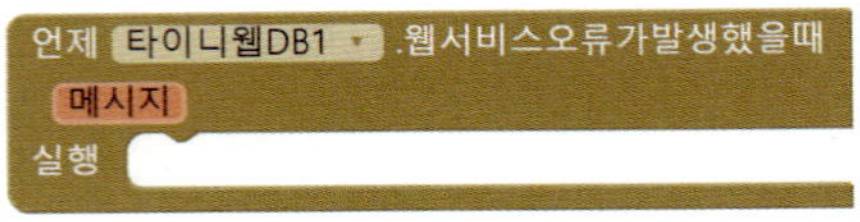	타이니웹DB에 오류가 발생했을 때 호출된다.
	지정한 태그로 타이니웹DB에 검색을 요청한다.
	지정한 태그와 값을 타이니웹DB에 저장한다.

타이니웹DB 코딩 블록과 타이니DB의 코딩 블록은 유사하지만, 타이니웹DB에 값을 저장하고 검색하는 과정은 타이니DB 처리 과정과 약간의 차이가 있습니다. 이는 타이니웹DB가 스마트폰에 있는 것이 아니라 네트워크로 연결하여 사용하는 것이므로 처리하는 데 시간이 걸리기 때문입니다. 타이니웹DB에서 저장과 검색이 처리되는 과정을 좀 더 살펴보겠습니다.

타이니웹DB 컴포넌트에서 저장과 검색이 처리되는 과정

타이니웹DB에서 저장이 처리되는 과정을 살펴보면 [그림 13-16]과 같습니다. 먼저 [호출 - .값저장하기] 블록으로 태그와 값의 저장을 요청하면 타이니웹DB는 값의 저장을 완료한 후 [언제 - .값이 저장되었을 때] 이벤트를 생성하고 해당 처리 블록을 호출합니다. 사용자는 저장이 완료된 후에 필요한 동작을 코딩할 수 있습니다.

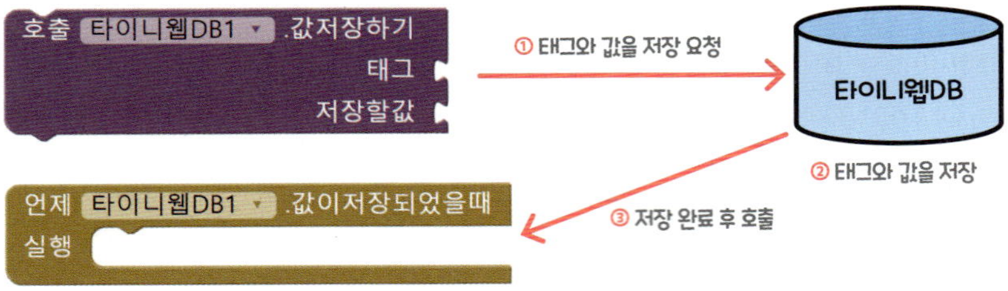

그림 13-16 **타이니웹DB에서 저장이 처리되는 과정**

타이니웹DB에서 검색이 이루어지는 과정을 살펴봅니다. 먼저 [호출 - .값가져오기] 블록으로 태그를 지정하여 검색을 요청하면 타이니웹DB는 검색을 실행하고 결과값을 [언제 - .값을받았을 때] 이벤트로 돌려줍니다. 이 이벤트 처리기는 'WebDB태그'와 'WebDB값'을 매개변수로 받습니다. 'WebDB태그'는 검색을 요청한 태그이고 'WebDB값'은 검색한 값입니다.

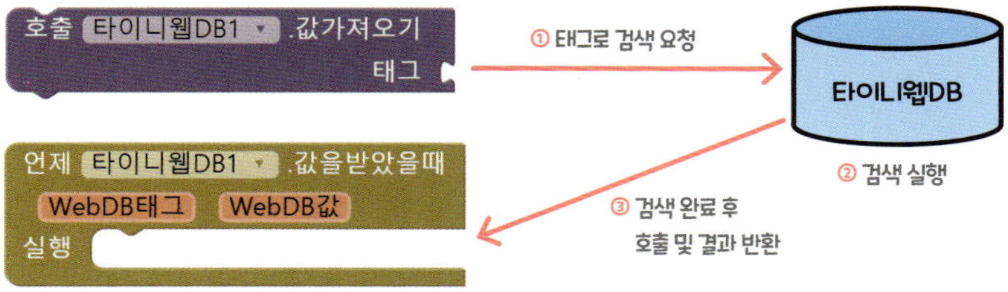

그림 13-17 **타이니웹DB에서 검색이 처리되는 과정**

2 화면 설계

타이니웹DB로 메일 주소를 관리하는 데이터베이스를 만들어 보겠습니다. 메일 주소를 태그로 사용하고 이름과 출생년도를 데이터베이스에 저장하고 검색하는 기능을 구현합니다. 전체 화면 구성은 [그림 13-1(b)]와 같으며, 앱을 설계하는 데 필요한 컴포넌트는 [표 13-12]에 정리하였습니다.

표 13-12 **메일 주소 데이터베이스 설계에 필요한 컴포넌트**

컴포넌트	위치	역할
수평배치	[팔레트]–[레이아웃]	레이블과 텍스트박스, 버튼을 수평으로 배치한다.
텍스트박스	[팔레트]–[사용자 인터페이스]	데이터 입력과 검색에 사용한다.
버튼		입력, 삭제, 검색 기능에 사용한다.
레이블		제목과 항목명을 표시한다.
타이니웹DB	[팔레트]–[저장소]	데이터베이스를 관리한다.

01 새 프로젝트 시작하기 새 프로젝트를 만들고 프로젝트의 이름을 'MailDB01'로 합니다. 그리고 에뮬레이터를 동작시킵니다. 'Screen1'의 제목을 '메일 주소 데이터베이스'로 변경합니다.

02 레이블 컴포넌트 배치하고 수정하기 '레이블' 컴포넌트 2개를 [뷰어] 영역으로 드래그하고, [표 13–13]을 참고하여 이름과 속성을 수정합니다.

표 13-13 **레이블 컴포넌트의 속성 수정하기**

컴포넌트	컴포넌트 이름 수정	속성	속성 수정
레이블1	제목레이블	배경색	주황
		글꼴굵게	활성화
		글꼴크기	20
		너비	부모 요소에 맞추기
		텍스트	메일 주소 데이터베이스
		텍스트정렬	가운데:1

컴포넌트	컴포넌트 이름 수정	속성	속성 수정
레이블2	입력레이블	배경색	분홍
		글꼴굵게	활성화
		글꼴크기	18
		너비	부모 요소에 맞추기
		텍스트	자료 입력
		텍스트정렬	가운데:1

03 수평배치 컴포넌트 배치하고 수정하기 '수평배치' 컴포넌트 3개를 [뷰어] 영역으로 드래그하고, [표 13-14]를 참고하여 속성을 수정합니다.

표 13-14 수평배치 컴포넌트의 속성 수정하기

컴포넌트	컴포넌트 이름 수정	속성	속성 수정
수평배치1,2,3	수평배치1,2,3	수평정렬	가운데:3
		수직정렬	가운데:2
		배경색	밝은 회색
		너비	부모 요소에 맞추기

04 레이블과 텍스트박스 3개 배치하고 수정하기 '수평배치1', '수평배치2', '수평배치3'에 각각 레이블 컴포넌트와 텍스트박스를 하나씩 넣습니다. [표 13-15]를 참고하여 이름과 속성을 수정합니다.

표 13-15 레이블과 텍스트박스 컴포넌트의 속성 수정하기

컴포넌트	컴포넌트 이름 수정	속성	속성 수정
레이블1	메일레이블	배경색	밝은 회색
		글꼴굵게	활성화
		글꼴크기	20
		너비	100픽셀
		텍스트	메일
		텍스트정렬	오른쪽:2
텍스트박스1	메일입력	글꼴	20
		너비	부모 요소에 맞추기
		힌트	

컴포넌트	컴포넌트 이름 수정	속성	속성 수정
레이블2	이름레이블	배경색	밝은 회색
		글꼴굵게	활성화
		글꼴크기	20
		너비	100픽셀
		텍스트	이름
		텍스트정렬	오른쪽:2
텍스트박스2	이름입력	글꼴	20
		너비	부모 요소에 맞추기
		힌트	
레이블3	생년레이블	배경색	밝은 회색
		글꼴굵게	활성화
		글꼴크기	20
		너비	100픽셀
		텍스트	출생년도
		텍스트정렬	오른쪽:2
텍스트박스3	생년입력	글꼴크기	20
		너비	부모 요소에 맞추기
		힌트	
		숫자만	활성화

05 수평배치, 버튼 컴포넌트 배치하고 수정하기 '수평배치' 컴포넌트 1개를 [뷰어] 영역으로 드래그하고, [너비]는 '부모 요소에 맞추기'로 조정합니다. 그 안에 '버튼' 컴포넌트를 드래그합니다. [표 13-16]을 참고하여 버튼 컴포넌트의 이름과 속성을 수정합니다.

표 13-16 버튼의 속성 수정하기

컴포넌트	컴포넌트 이름 수정	속성	속성 수정
버튼1	입력버튼	글꼴굵게	활성화
		글꼴크기	18
		너비	부모 요소에 맞추기
		텍스트	입력

06 레이블 컴포넌트 배치하고 수정하기 '레이블' 컴포넌트 1개를 [뷰어] 영역으로 드래그하고, [표 13-17]을 참고하여 이름과 속성을 수정합니다.

표 13-17 레이블의 속성 수정하기

컴포넌트	컴포넌트 이름 수정	속성	속성 수정
레이블1	검색레이블	배경색	청록색
		글꼴굵게	활성화
		글꼴크기	18
		너비	부모 요소에 맞추기
		텍스트	자료 검색
		텍스트정렬	가운데:1

07 수평배치, 텍스트박스, 버튼 컴포넌트 배치하고 수정하기 수평배치, 텍스트박스, 버튼 컴포넌트를 [뷰어] 영역으로 드래그하고, [표 13-18]을 참고하여 이름과 속성을 수정합니다.

표 13-18 수평배치와 텍스트박스, 버튼 컴포넌트 설정

컴포넌트	컴포넌트 이름 수정	속성	속성 수정
수평배치1	수평배치5	수평정렬	가운데:3
		수직정렬	가운데:2
		너비	부모 요소에 맞추기
텍스트박스1	검색텍스트	글꼴	20
		너비	부모 요소에 맞추기
		힌트	
버튼1	검색버튼	글꼴크기	18
		너비	100픽셀
		텍스트	검색

08 수평배치 3개, 레이블 6개 배치하고 수정하기 수평배치 컴포넌트 3개와 레이블 컴포넌트 6개를 [뷰어] 영역으로 드래그하고, [표 13-19]를 참고하여 이름과 속성을 수정합니다.

표 13-19 수평배치 3개와 레이블 6개 수정하기

컴포넌트	컴포넌트 이름 수정	속성	속성 수정
수평배치1,2,3	수평배치6,7,8	수평정렬	가운데:3
		수직정렬	가운데:2
		너비	부모 요소에 맞추기
레이블1,3,5 공통	–	배경색	어두운 회색
		글꼴굵게	활성화
		글꼴크기	20
		너비	100픽셀
		텍스트정렬	오른쪽:2
		텍스트색상	흰색
레이블2,4,6 공통	–	배경색	노랑
		글꼴굵게	활성화
		글꼴크기	20
		너비	부모 요소에 맞추기
		텍스트정렬	가운데:1
레이블1	메일제목	텍스트	메일
레이블2	메일결과	텍스트	검색 결과
레이블3	이름제목	텍스트	이름
레이블4	이름결과	텍스트	검색 결과
레이블5	생년제목	텍스트	출생년도
레이블6	생년결과	텍스트	검색 결과

09 알림과 타이니웹DB 컴포넌트 배치하고 수정하기 메시지 처리를 위해 '알림' 컴포넌트도 [뷰어] 영역으로 드래그합니다. 그리고 [팔레트]-[저장소]의 '타이니웹DB' 컴포넌트를 [뷰어] 영역으로 드래그하고, 이름을 '메일타이니웹DB'로 수정합니다.

10 데이터베이스를 이용한 앱의 컴포넌트 배치 완료 배치가 완성된 컴포넌트를 확인해 보면 다음과 같습니다.

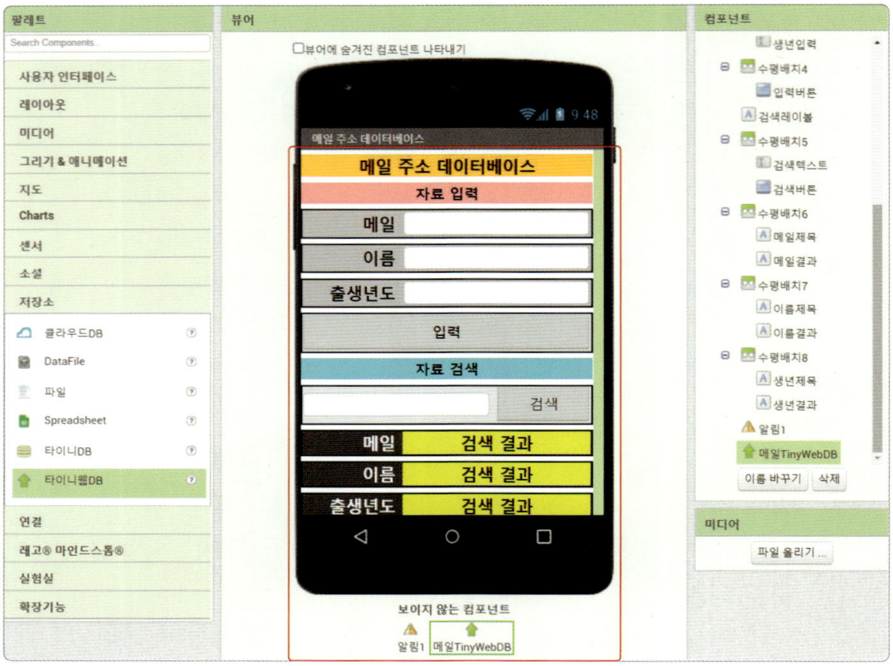

11 에뮬레이터에서 데이터베이스 앱 확인하기 화면 설계가 완료되었습니다. 에뮬레이터에 연결하여 [그림 13-1(b)]와 비교해 봅니다.

3 코딩

블록 편집 화면에서 타이니웹DB를 이용한 앱을 코딩해 봅니다. 프로그램은 데이터를 입력받아 저장하는 부분과 검색하는 부분으로 나누어서 살펴봅니다.

데이터 저장하기

데이터를 입력받아 저장하는 과정에 수행할 작업은 다음과 같습니다. 사용자가 메일 주소와 이름, 출생년도를 텍스트박스에 입력하고, '입력' 버튼을 클릭하면 메일 주소를 태그로 하여 데이터베이스에 저장합니다.

01 메시지 출력 함수 사용하기 타이니DB 컴포넌트를 이용한 코딩과 같이 오류메시지를 출력하는 함수를 사용합니다.

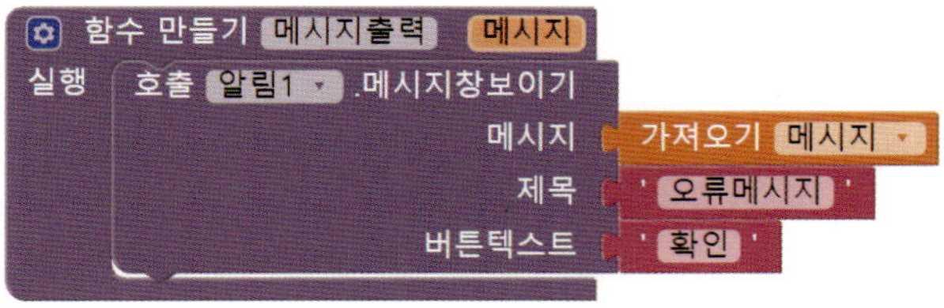

02 DB에 데이터 저장하기 메일 주소, 이름, 출생년도 중 하나라도 입력하지 않고 '입력' 버튼을 클릭하면 '메일, 이름, 출생년도를 모두 입력해야 합니다.'라는 오류메시지를 출력합니다. 또한 태그에 따라 저장해야 할 값이 이름과 출생년도 두 개이므로 리스트로 만들어 저장해야 합니다.

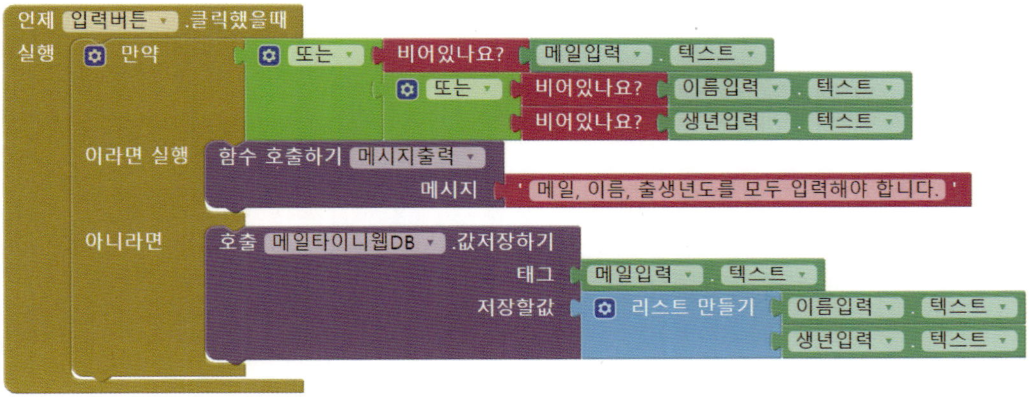

03 텍스트박스 비우기 데이터 저장 요청이 성공하고, 저장된 값 이벤트가 호출되면 메일, 이름, 생년 텍스트박스의 내용을 지웁니다.

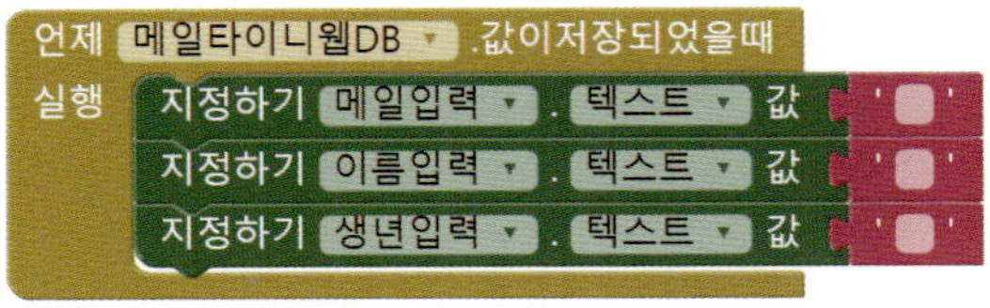

검색 기능 구현하기

타이니웹DB도 검색은 태그로만 할 수 있기 때문에 메일 주소만 입력하면 됩니다. **01**에서 구현한 함수를 이용하여 메일 주소를 입력하지 않고 검색했을 때 출력할 메시지를 지정합니다. 타이니웹DB의 검색은 2단계를 거칩니다.

04 검색 요청하기 먼저 태그를 읽어서 검색을 요청합니다. 메일 주소를 태그로 사용합니다.

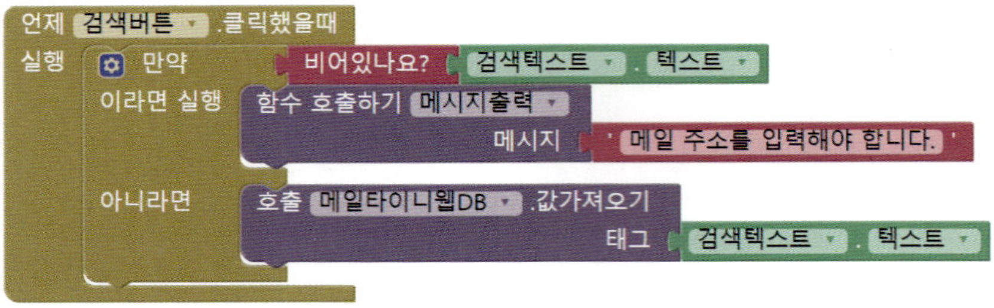

05 검색 결과를 출력하기 타이니웹DB에서 검색이 끝나고 결과를 돌려주면 결과값을 출력합니다. 결과값이 돌아올 때까지 약간의 시간이 걸릴 수 있습니다.

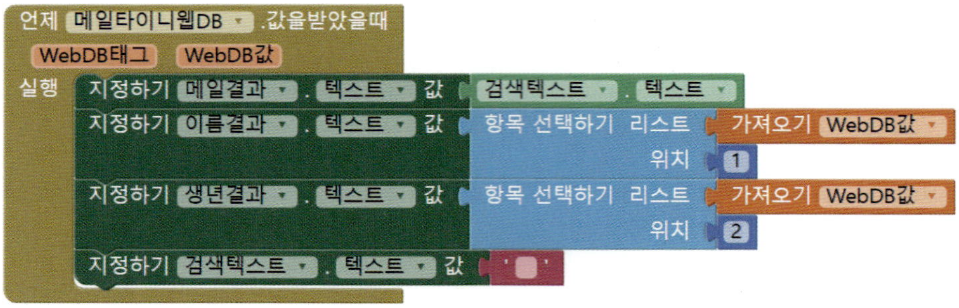

결과값은 리스트이므로 항목을 구분하여 출력해야 합니다.

4 전체 코드 확인

이것으로 타이니웹DB를 이용한 데이터베이스 앱 코딩이 완료되었습니다. 전체 코드를 확인해 보세요.

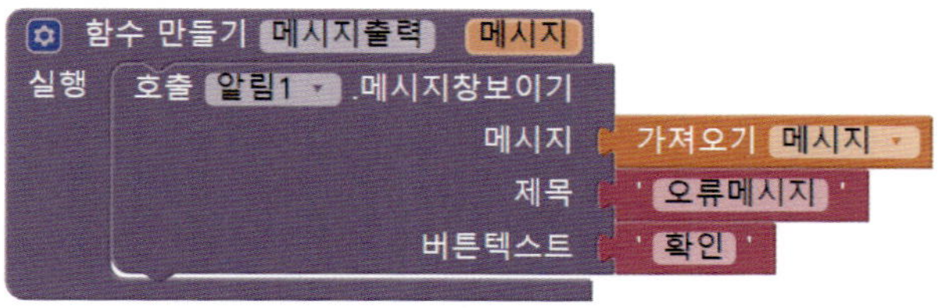

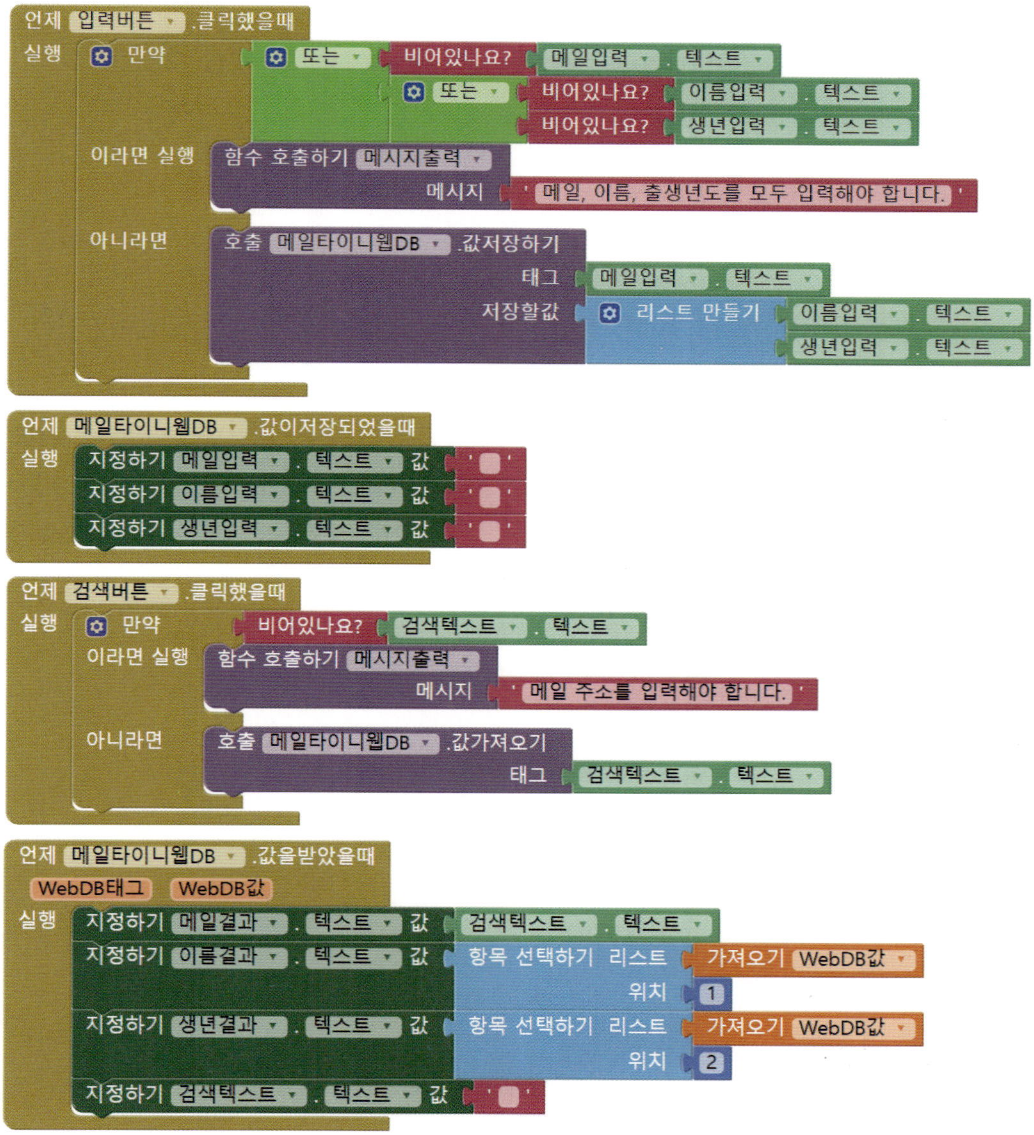

5 앱 테스트

에뮬레이터로 타이니웹DB를 이용한 데이터베이스 앱을 테스트해 봅니다. 앱을 테스트하기 위한 데이터는 [표 13-20]을 사용합니다.

표 13-20 **테스트 데이터**

메일 주소(태그)	이름	출생년도
hana@abc.abc	Daisy Park	2000
hanb@abc.abc	Morgan Choi	2001
hanc@abc.abc	Mike Lee	2002

타이니웹DB는 한글 번역을 제공하지 않습니다. 한글을 입력하면 글씨가 깨지는 현상이 발생하는 것을 참고로 알아둡시다.

❶ [표 13-20]에 있는 데이터를 입력해 봅니다.

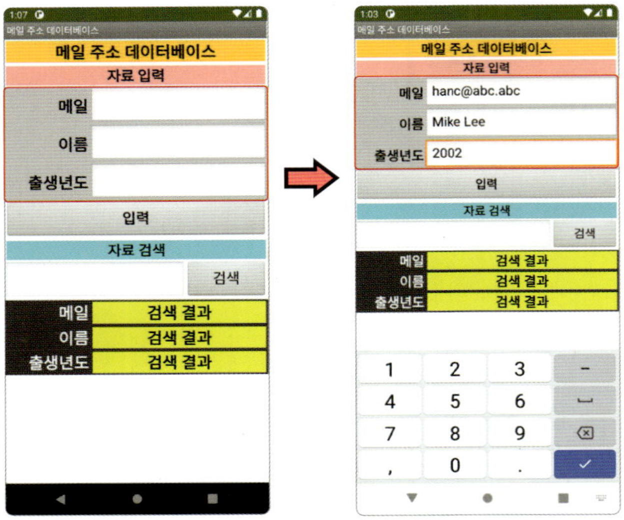

(a) 앱 시작 화면 (b) 데이터 입력 중 화면

그림 13-18 **데이터 입력 기능 테스트하기**

❷ 데이터를 검색해 봅니다.

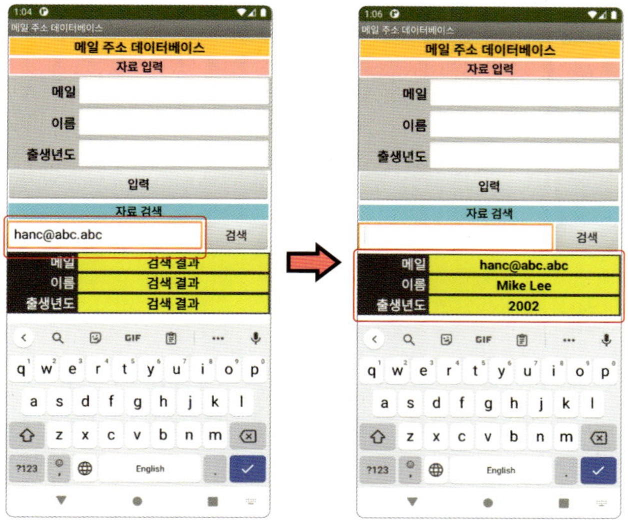

(a) 데이터 검색 중 화면 (b) 검색된 데이터 출력

그림 13-19 데이터 검색하기

하나 더 알기 **타이니웹DB 웹에서 검색하기**

타이니웹DB 웹의 /getvalue 링크에 접속해 hanc@abc.abc를 검색하면 [그림 13-20]과 같이 나옵니다.

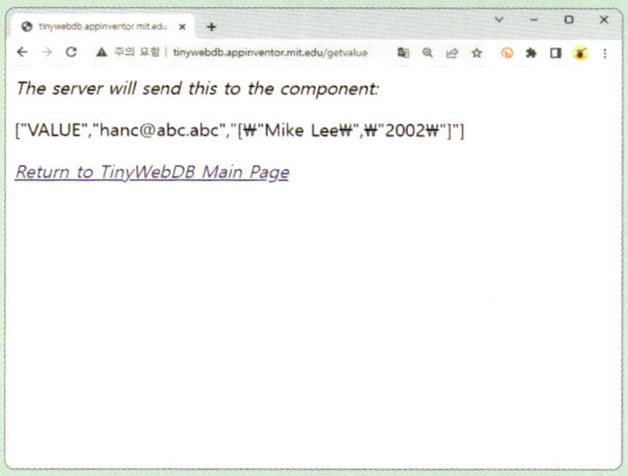

그림 13-20 타이니웹DB 웹에서 데이터 검색하기

Section 04 클라우드DB를 이용한 앱 만들기

1 클라우드DB 컴포넌트의 이해

'클라우드DB' 컴포넌트는 [팔레트]-[저장소]에 있습니다. 클라우드DB는 타이니웹DB처럼 인터넷에 연결된 외부 서버(Redis 서버)에 데이터를 저장하는데, 기본적으로 클라우드DB는 MIT가 운영하는 서버에 데이터를 저장합니다.

클라우드DB 컴포넌트도 '태그-값'을 쌍으로 저장하고 검색합니다. 클라우드DB가 타이니 웹DB와 다른 점은 사용자를 구분할 수 있는 토큰을 제공하여 데이터베이스를 사용자별로 구분할 수 있도록 한 것입니다. 이에 따라 타이니웹DB에는 없는 삭제 기능을 제공하고 타이니DB처럼 태그 리스트를 가져올 수 있도록 합니다.

사용자가 별도로 자신의 서버를 구축할 수도 있지만, 자체 서버를 구축하는 것은 이 책의 범위를 벗어나므로 다루지 않겠습니다.

클라우드DB 컴포넌트의 속성과 코딩 블록

클라우드DB 컴포넌트는 서버의 주소와 포트번호, 토큰, 프로젝트ID를 속성으로 제공합니다. 토큰을 이용하여 사용자를 구분하고 프로젝트ID를 사용하여 프로젝트별로 별도의 데이터베이스를 구축할 수 있게 하였습니다.

현재 클라우드DB 컴포넌트를 [뷰어] 영역에 드래그하면 서버와 포트번호, 토큰이 기본적으로 설정됩니다. 개인 서버를 가지고 있는 것이 아니면 이 설정 값을 수정하지 않습니다. 토큰을 이용하여 사용자를 구분하므로 타이니웹DB처럼 태그가 중복될까 걱정할 필요는 없습니다.

그림 13-21 클라우드DB 컴포넌트의 속성

클라우드DB 컴포넌트의 주요 코딩 블록은 [표 13-21]에 정리하였습니다. 타이니웹DB처럼 저장을 요청하고 결과값을 이벤트 블록으로 받습니다.

표 13-21 클라우드DB 컴포넌트의 주요 코딩 블록

블록	기능
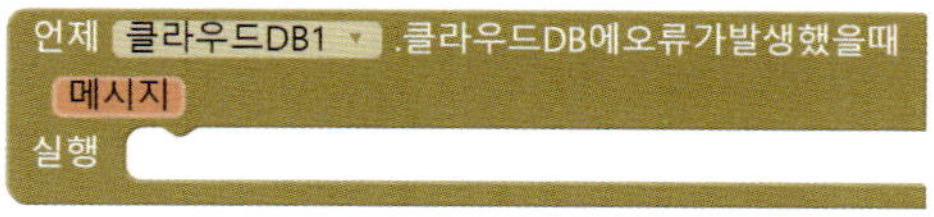	클라우드DB와 통신 오류가 발생하면 호출한다.
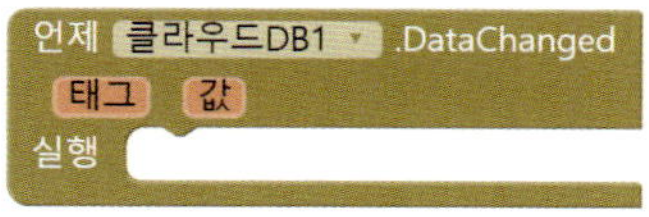	클라우드DB의 데이터가 변경되었음을 알려준다. 변경된 태그와 값을 매개변수로 전달한다.
	블록에 의해 호출되는 이벤트로 기능을 수행하고 결과를 알려준다. 값은 리스트의 첫 번째 항목으로 삭제된 값이다.
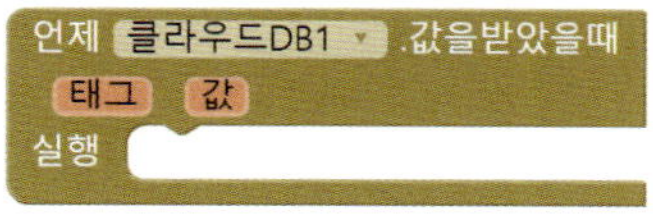	값 가져오기가 성공하면 호출된다.
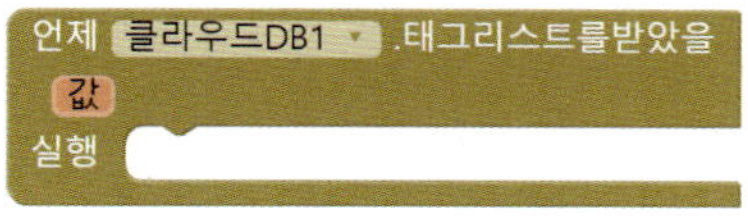	태그리스트를 가져오면 결과값을 돌려준다.
	리스트의 가장 마지막에 값을 추가한다.
	지정한 태그를 삭제한다.
	태그 목록을 요청한다.
	지정한 태그의 값을 요청한다. 찾는 값이 없을 때 처리할 값을 지정해야 한다.
	태그의 값 중 첫 번째 값을 삭제하도록 요청한다.
	지정한 태그에 값을 저장한다.

2 화면 설계

여기서는 타이니웹DB로 만들었던 메일 주소를 관리하는 앱을 그대로 클라우드DB로 옮겨서 구축해 보겠습니다. 따라서 컴포넌트를 새로 구성할 것이 없으며, 프로젝트를 'MailDB02'로 저장하고 클라우드DB 컴포넌트를 드래그한 후 코딩합니다.

01 기본 세팅하기 기존의 MailDB01 프로젝트를 'MailDB02'로 저장합니다. 'Screen1'의 제목을 '메일 주소 클라우드 데이터베이스'로 변경합니다. '제목레이블'의 텍스트를 '메일 주소 클라우드 DB'로 수정하고, 타이니웹DB 컴포넌트인 '메일타이니웹DB'를 삭제합니다.

02 클라우드DB 컴포넌트 드래그하기 [팔레트]-[저장소]에 있는 '클라우드DB' 컴포넌트를 [뷰어] 영역으로 드래그합니다.

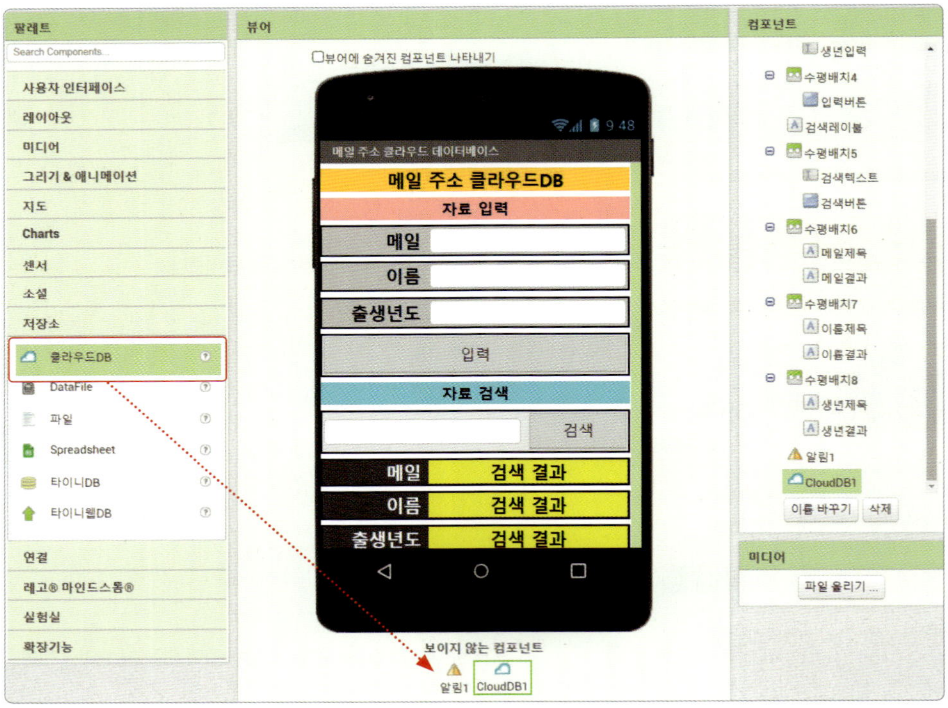

3 코딩

블록 편집 화면에서 클라우드DB를 이용한 앱을 코딩해 봅니다. 프로그램은 데이터를 입력 받아 저장하는 부분과 검색하는 부분으로 나누어서 살펴봅니다.

> 삭제 기능은 439쪽 [연습문제]에서 실습해 보도록 합니다.

데이터 저장하기

사용자가 메일 주소와 이름, 출생년도를 텍스트박스에 입력하고, '입력' 버튼을 클릭하면 메일 주소를 태그로 하여 데이터베이스에 저장합니다.

01 오류메시지 출력 함수 사용하기 타이니웹DB 컴포넌트를 이용한 코딩에서와 같이 오류메시지를 출력하는 함수를 사용합니다.

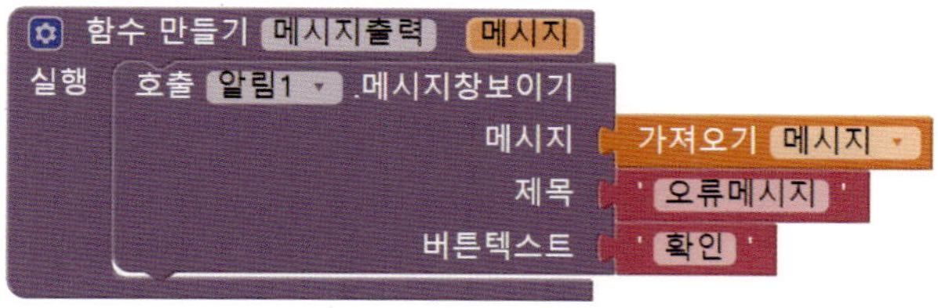

02 DB에 데이터 저장하기 메일 주소, 이름, 출생년도 중 하나라도 입력하지 않고 '입력' 버튼을 클릭할 경우, '메일, 이름, 출생년도를 모두 입력해야 합니다.'라는 오류메시지를 출력합니다. 그리고 태그에 따라 저장해야 할 값이 이름과 출생년도 두 개이므로 리스트로 만들어서 저장해야 합니다. 또한, 데이터를 저장하고 입력 텍스트박스를 비웁니다.

검색 기능 구현하기

클라우드DB도 검색은 태그로만 할 수 있기 때문에 메일 주소만 입력하면 됩니다. **01**에서 구현한 함수를 이용하여 메일 주소를 입력하지 않고 검색할 때 출력할 오류메시지를 지정합니다. 클라우드DB의 검색도 타이니웹DB와 같이 2단계를 거칩니다.

03 검색 요청하기 먼저 태그를 읽어서 검색을 요청합니다. 메일 주소를 태그로 사용합니다.

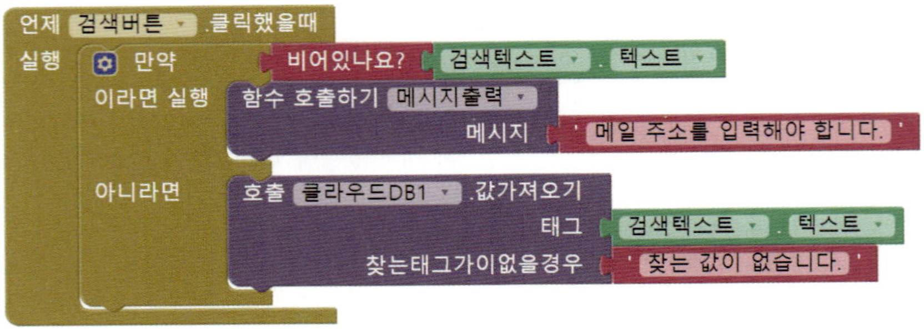

04 검색 결과를 출력하기 클라우드DB에서 검색이 끝나고 결과를 돌려주면 그 값을 출력합니다. 결과값이 돌아올 때까지 약간의 시간이 걸릴 수 있습니다.

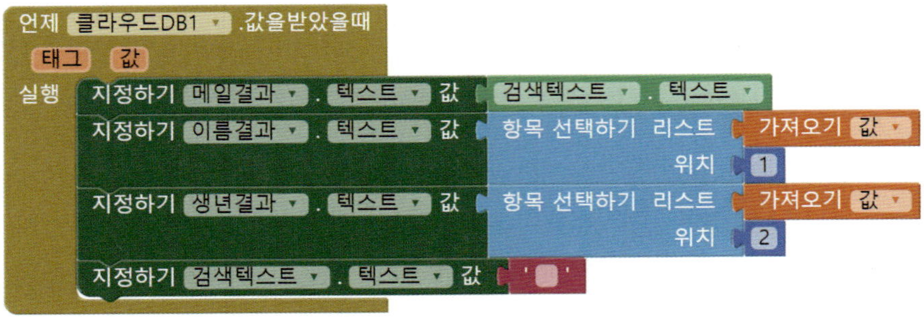

결과값은 리스트이므로 항목을 구분하여 출력해야 합니다.

4 전체 코드 확인

이것으로 클라우드DB를 이용한 데이터베이스 앱 코딩이 완료되었습니다. 전체 코드를 확인합니다.

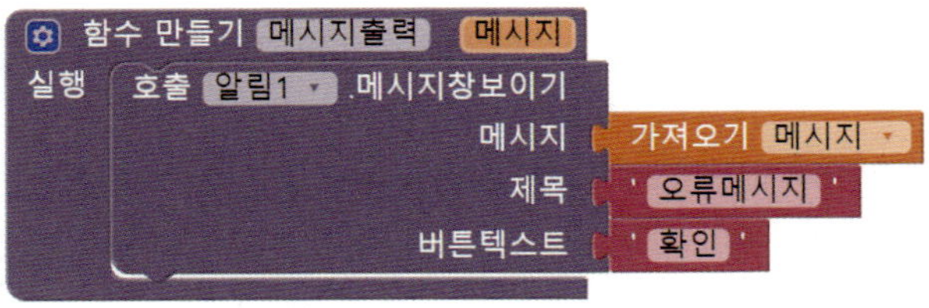

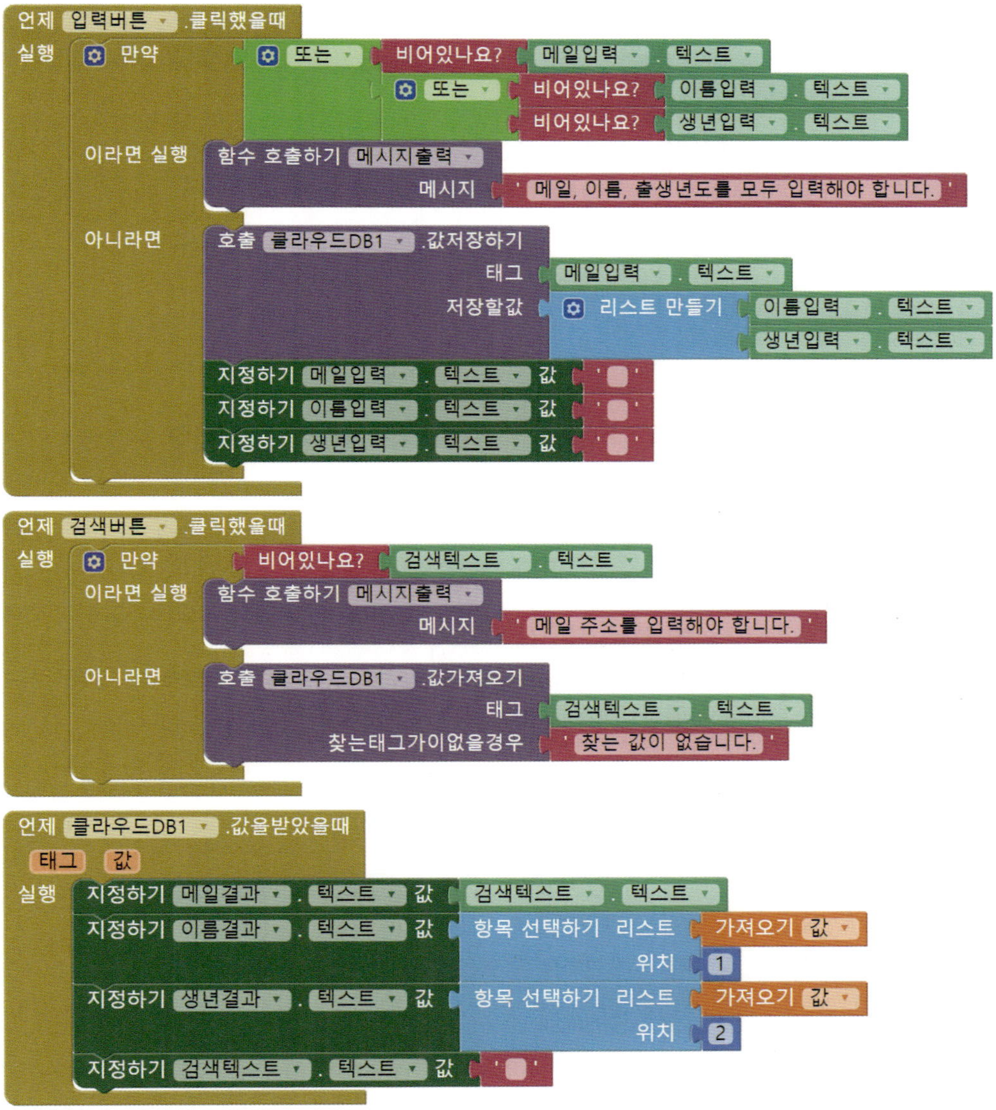

5 앱 테스트

에뮬레이터로 클라우드DB를 이용한 데이터베이스 앱을 테스트해 봅니다. 앱을 테스트하기 위한 데이터는 [표 13–22]를 사용합니다.

표 13-22 테스트 데이터

메일 주소(태그)	이름	출생년도
game@abc.abc	강길동	2002
app@abc.abc	한길동	2003
android@abc.abc	홍길동	2004

❶ [표 13-22]에 있는 데이터를 입력해 봅니다.

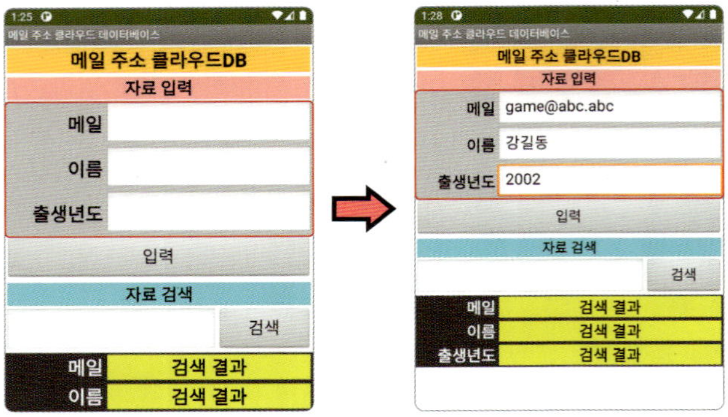

(a) 앱 시작 화면 (b) 데이터 입력 중 화면

그림 13-22 데이터 입력 기능 테스트 화면

❷ 데이터를 검색해 봅니다.

(a) 데이터 검색 중 화면 (b) 검색된 데이터 출력

그림 13-23 데이터 검색 화면

요약

01 앱을 종료한 후에도 데이터를 저장하고 있으려면 데이터베이스를 사용해야 합니다.

02 타이니DB는 스마트폰에 데이터베이스를 생성하고, 타이니웹DB와 클라우드DB는 온라인에 위치한 데이터베이스에 데이터를 저장합니다.

03 앱 인벤터가 지원하는 데이터베이스 컴포넌트들은 기본적으로 '태그-값'을 쌍으로 저장하고 있는 테이블을 데이터베이스로 간주합니다.

04 태그는 텍스트이며 값은 숫자나 문자열, 리스트 등 다양한 형식이 가능하지만, 중복은 허용되지 않습니다.

05 타이니DB는 컴포넌트의 이름은 바꿀 수 있지만 속성은 없습니다.

06 타이니DB에 저장된 데이터의 개수는 [호출 – .태그가져오기] 블록을 사용하여 리스트의 길이를 확인합니다.

07 타이니웹DB는 웹 데이터베이스를 사용하며, 기본 웹 데이터베이스를 앱 인벤터 개발팀이 제공하고 있습니다. 접속할 URL은 http://tinywebdb.appinventor.mit.edu입니다.

08 타이니웹DB 컴포넌트는 웹 데이터베이스의 주소를 저장하는 속성만 가지고 있습니다.

09 타이니웹DB가 스마트폰에 있는 것이 아니라 네트워크로 연결하여 사용하는 것이므로 처리하는데 시간이 걸립니다. 또한 저장이나 검색이 완료된 후 [언제 – .값이저장되었을때] 이벤트나 [언제 – .값을받았을때] 이벤트를 호출합니다.

10 클라우드DB는 [팔레트]–[저장소]에 있으며, 타이니웹DB처럼 인터넷에 연결된 외부 서버(Redis 서버)에 데이터를 저장합니다. 현재는 MIT가 운영하는 서버를 사용합니다.

연습문제

01 앱 인벤터에서 제공하는 데이터베이스 컴포넌트의 종류로 옳지 않은 것은 무엇인가요?

① 타이니DB ② 클라우드DB
③ 파이어베이스DB ④ MariaDB
⑤ 타이니웹DB

02 앱 인벤터가 제공하는 데이터베이스 컴포넌트의 구조 설명으로 옳지 않은 것은 무엇인가요?

① 기본적으로 '태그-값'이 쌍으로 저장되는 테이블 구조다.
② 태그와 값은 일대일 대응으로 저장된다.
③ 태그와 값은 모두 숫자나 문자열, 리스트 등 다양한 형식으로 작성이 가능하다.
④ 같은 태그로 여러 개의 값을 저장하면, 마지막에 저장한 값만 남는다.

03 타이니웹DB 컴포넌트를 이용해 검색을 요청하고 결과값 반환하는 코딩을 하려고 할 때 사용하는 블록으로 옳게 짝지어진 것을 고르세요.

① (c) – (d) ② (a) – (d) ③ (a) – (b) ④ (b) – (d) ⑤ (b) – (c)

04 클라우드DB가 타이니웹DB와 다른 점을 설명한 것으로 옳은 것을 모두 고르세요.

① '태그-값'을 쌍으로 저장하고 검색한다.
② 스마트폰이 아닌 온라인에 위치한 데이터베이스에 데이터를 저장한다.
③ 지정한 태그를 삭제할 수 있는 기능이 있다.
④ 사용자를 구분할 수 있는 토큰을 제공하여 데이터베이스를 사용자별로 구분한다.

05 타이니DB로 만든 '나라 정보 데이터베이스 앱'을 수정해 봅니다. 타이니DB는 [호출 – .모두 지우기] 블록을 제공하는데, 이를 이용하여 전체 데이터 삭제하는 기능을 만들어 봅니다. '입력' 버튼 옆에 '삭제' 버튼과 '모두 삭제' 버튼을 생성하여 구현합니다.

[힌트]

- 타이니DB 컴포넌트에서는 [그림 13-24]와 같이 모두 지우기 블록을 제공하는데 이를 이용하도록 합니다.

그림 13-24 **타이니DB 컴포넌트의 모두 지우기 블록**

- '삭제' 버튼을 누르면 '나라명', '수도'에 입력된 데이터를 지우고, '모두 삭제' 버튼을 누르면 모든 데이터가 지워지도록 합니다.

[실행 결과]

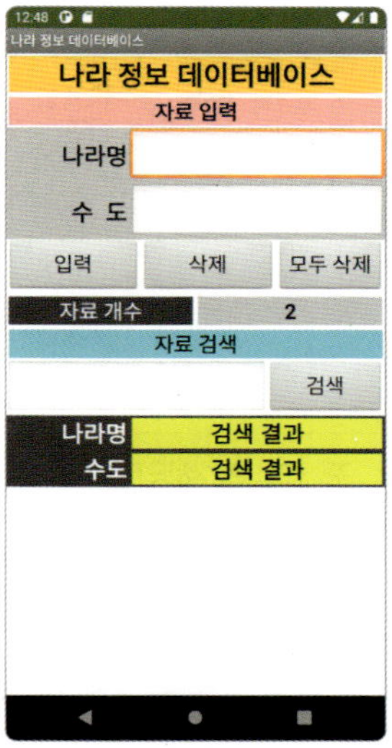

06 **05**번에서 수정한 타이니DB로 만든 '나라 정보 데이터베이스 앱'에서 데이터베이스에 저장된 전체 목록을 출력하는 기능을 만들어 봅니다. 이 기능은 타이니DB 컴포넌트가 제공하는 [호출 – .태그가져오기] 블록을 이용합니다. 기본 동작은 다음과 같습니다.

[조건]

- [호출 – .태그가져오기] 블록으로 전체 태그 리스트를 확보합니다.
- 반복문을 사용하여 태그 리스트의 각 요소별로 [호출 – .값가져오기] 블록을 호출하여 값을 가져옵니다.

그런데 [그림 13-25]에서 보는 것처럼 전체 목록을 출력할 공간이 없습니다. 지금까지 우리는 하나의 스크린에서만 작업을 하였지만, 앱 인벤터는 스크린 추가 기능을 제공합니다. 이 기능을 이용하여 전체 목록을 Screen2로 출력해 봅니다.

그림 13-25 **스크린 추가 메뉴**

여기서는 태그 리스트를 전달하므로 [시작 값을 전달하며 다른 스크린 열기] 블록을 이용하면 됩니다. **05**번의 [실행 결과] 화면에서 하단에 '전체 목록 출력' 버튼을 추가하고, 이 버튼을 클릭하면 스크린이 이동하면서 전체 목록을 출력하도록 합니다. Screen2에서도 Screen1로 돌아가기 위한 '되돌아가기' 버튼을 추가합니다.

[힌트]

- 블록 편집 화면의 [제어]에서는 스크린 이동과 관련된 코딩 블록들을 제공합니다.

그림 13-26 스크린 이동 관련 블록

- [그림 13-27]과 같이 레이블에 행을 바꿔 출력하려면 텍스트 합치기 블록을 사용하여 '\n'을 지정합니다. '\n'은 행을 바꾸라는 표시입니다.

그림 13-27 '\n' 사용하기

[실행 결과]

(a) 앱 시작 화면 (b) 전체 목록 출력 화면

07 클라우드DB로 만든 '메일 주소 클라우드DB 앱'에 삭제 기능을 추가합니다.

[실행 결과]

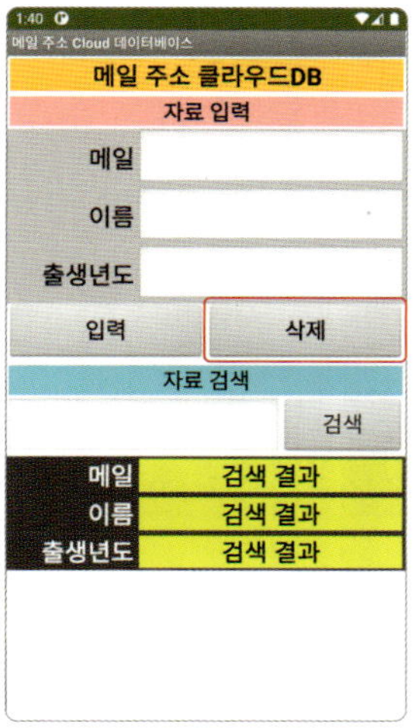

08 심화 타이니DB 컴포넌트를 사용하여 '아이돌 그룹 멤버 정보 앱'을 만들어 봅니다.

[힌트]

- 아이돌 그룹 이름을 태그로 사용하고, 멤버 수와 멤버 이름을 항목으로 저장합니다.
- 멤버 이름은 텍스트박스에서 쉼표로 구분하여 입력합니다.
- 데이터 입력, 검색, 삭제, 전체 목록 출력 기능을 제공합니다.

[실행 결과]

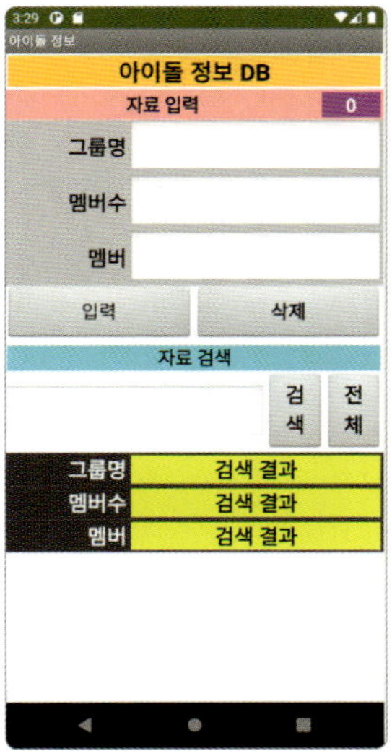

(a) 앱 시작 화면

(b) 전체 목록 출력 화면

09 심화 타이니DB 컴포넌트를 사용하여 '도서 관리DB 앱'을 만들어 봅니다.

[힌트]

- 도서명을 태그로 사용하고, 저자, 출판사, 출판년도를 항목으로 저장합니다.
- 데이터 입력, 검색, 삭제, 전체 목록 출력 기능을 제공합니다.
- 타이니DB 컴포넌트의 네임스페이스를 **08**번과 다른 이름으로 사용합니다.

[실행 결과]

(a) 앱 시작화면 (b) 자료 입력후 검색화면 (c) 전체 목록 출력화면

10 심화 클라우드DB 컴포넌트를 사용하여 '연락처 관리DB 앱'을 만들어 봅니다.

[힌트]

- 이름을 태그로 사용하고 휴대폰 번호와 그룹을 항목으로 저장합니다.
- 그룹은 '목록선택버튼' 컴포넌트를 사용하고, "가족, 친구, 회사, 기타" 등을 요소문자열로 지정합니다.
- 그룹을 선택하며 목록이 출력되고 선택한 값을 텍스트 영역에 표시합니다.
- 검색 기능은 이름 검색과 그룹 검색 기능을 제공합니다.
- 그룹 검색은 '목록선택버튼' 컴포넌트를 사용하고 목록에서 선택한 그룹 항목에 해당하는 연락처만 출력합니다.

[실행 결과]

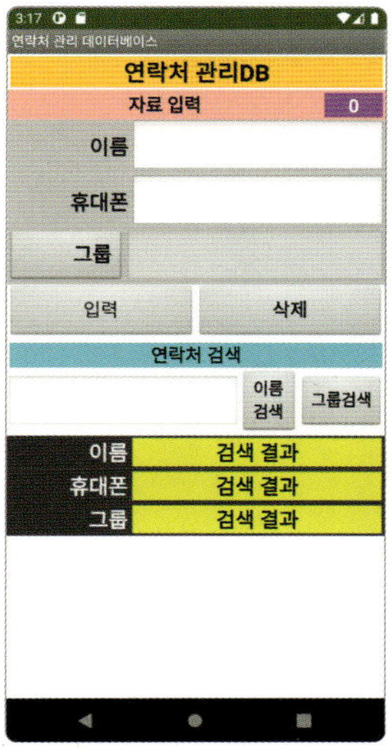

(a) 앱 시작화면

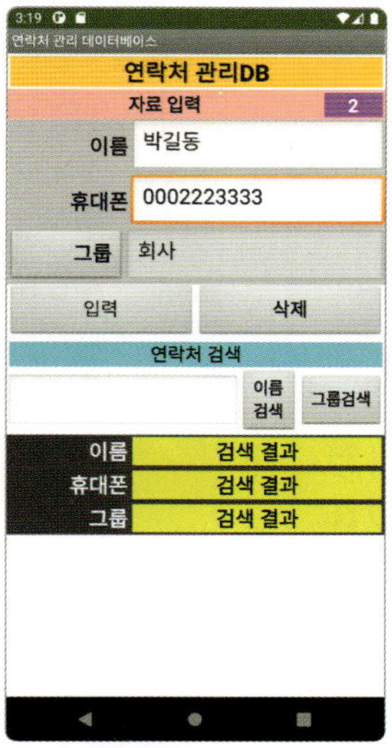

(b) 입력 화면

(c) 그룹 선택 화면

(d) 그룹 검색 결과 화면

CHAPTER 14

센서를 이용한 앱 만들기

학습목표

- 방향센서가 무엇인지 이해합니다.
- 방향센서를 이용하여 이미지가 이동하도록 코딩합니다.
- 이미지의 충돌 처리를 코딩합니다.

Preview

앱 인벤터에서는 가속도센서, 시계, 위치센서, 방향센서 등 여러 가지 센서 컴포넌트들을 제공합니다. 센서 컴포넌트는 스마트폰이 가진 물리적인 센서들의 정보를 읽어와서 앱에서 사용할 수 있게 합니다. 이번 장에서 사용할 방향센서 컴포넌트는 나침반처럼 방향 정보를 제공하는 센서입니다. 스마트폰이 위와 아래로 기울어진 정도를 알려주는 '피치'와 좌우로 기울어진 정도를 알려주는 '롤'정보를 제공합니다. 이 정보를 이용해 간단한 추적 게임 앱을 만들어 보겠습니다. 이 외에도 다른 센서들이 있습니다. 예를 들어 만보기 컴포넌트를 이용하면 나만의 만보기 앱을 만들 수 있습니다. 이 장에서 배운 코딩 기법을 기반으로 다양한 센서들을 이용한 앱을 만들어 보기 바랍니다.

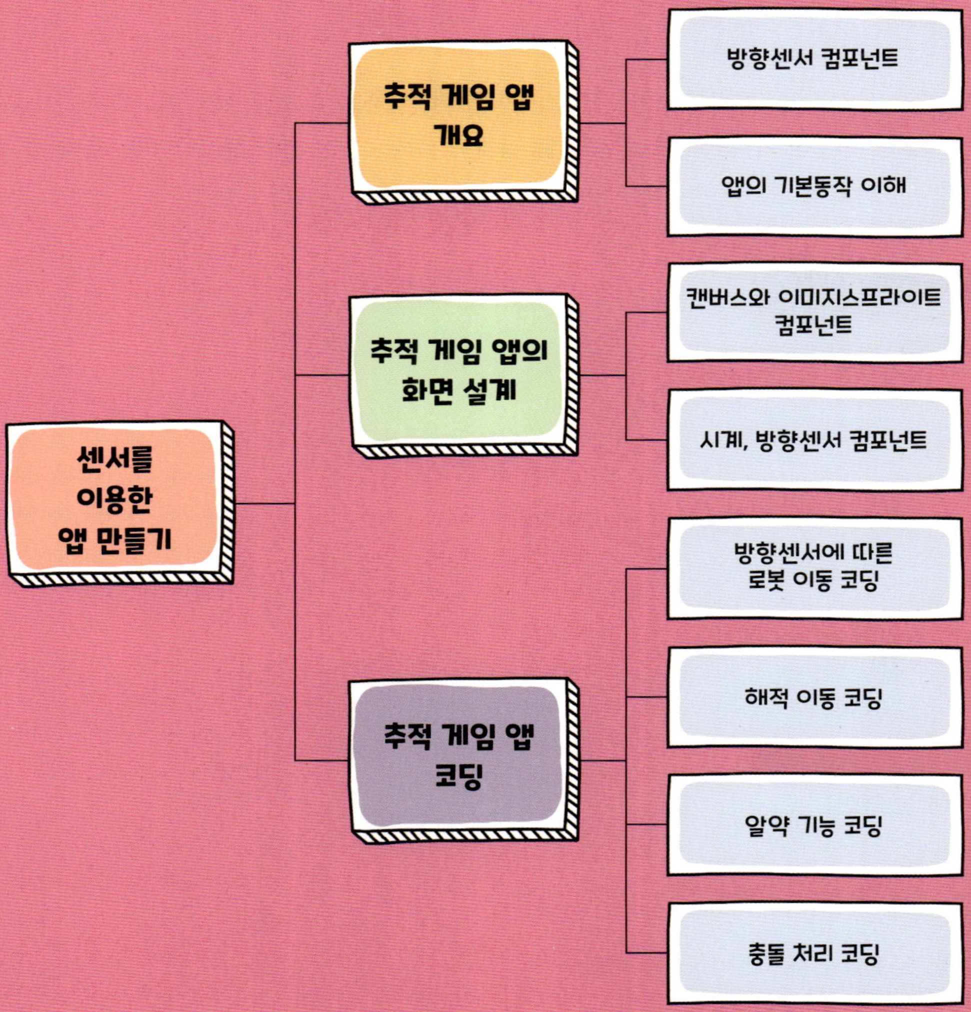

Section 01 추적 게임 앱 알아보기

스마트폰은 여러 가지 센서를 내장하고 있습니다. 그중에서 시계와 위치 센서는 앞에서 이미 살펴보았습니다. 이번 장에서는 시계와 방향 센서를 사용하여 추적 게임 앱을 만들어 보겠습니다.

1 추적 게임 앱의 개요

추적 게임 앱은 해적 이미지와 로봇 이미지를 사용하여 해적이 로봇을 추적하는 게임 앱입니다. 로봇은 스마트폰을 기울여 가며 추적을 피하는데, 이때 사용하는 것이 방향 센서입니다. 추적 게임 앱은 [그림 14-1]과 같이 단순한 형태를 가집니다.

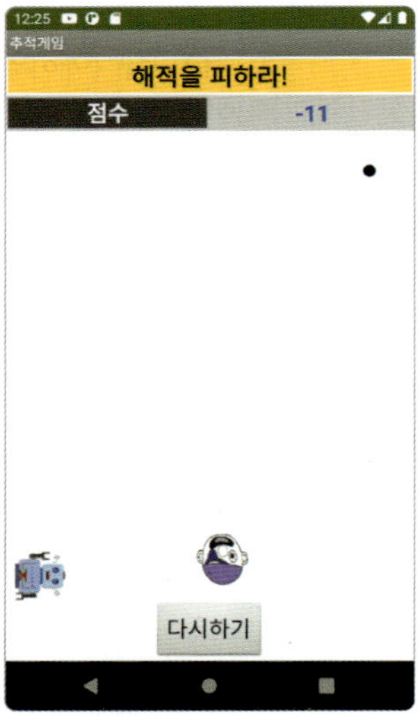

그림 14-1 추적 게임 화면

추적 게임 앱에서 제공하는 기능은 다음과 같습니다.

- **로봇 이동** 로봇이 기울기에 따라 이동합니다.

- **타이머 기능** 해적이 이동하는 시간 간격을 조절합니다.
- **충돌 판단** 해적과 로봇의 충돌을 판단합니다.
- **점수 표시** 조건을 만족하면 점수를 표시합니다.
- **다시하기** 점수를 초기화하고 다시 시작합니다.

2 기초 지식 이해

추적 게임 앱에서 사용하는 프로그래밍 요소와 컴포넌트를 살펴봅니다.

사용하는 프로그래밍 요소

추적 게임 앱에서 사용할 프로그래밍 요소는 조건문, 난수, 함수입니다. 나머지는 모두 컴포넌트의 이벤트 처리로 가능합니다. 추적 게임 앱에 사용하는 컴포넌트는 캔버스, 이미지스프라이트, 시계, 방향센서인데, 여기서는 '방향센서' 컴포넌트만 살펴보겠습니다.

방향센서 컴포넌트는 스마트폰이 기울어지는 방향과 정도에 따라 값을 알려주는 센서로, [팔레트]-[센서] 영역에 있습니다. [뷰어] 영역으로 드래그하면 보이지 않는 컴포넌트에 배치되며, 설정할 수 있는 속성은 [활성화] 하나뿐입니다.

그림 14-2 방향센서 컴포넌트

방향센서 컴포넌트가 제공하는 코딩 블록은 [표 14-1]에 정리하였습니다. 방향센서 컴포넌트의 코딩 블록은 하나뿐이고, 나머지는 방향에 대한 정보를 전달해 주는 블록입니다.

표 14-1 방향센서 컴포넌트의 코딩 블록

블록	기능
언제 방향센서1 .방향이변경되었을때 방위각 피치 롤 실행	방향센서의 값이 변경되면 호출된다.
방향센서1 . 각도	스마트폰이 기운 방향을 알려준다.
방향센서1 . 방위각	스마트폰이 가리키는 방위각으로, 스마트폰의 위쪽을 기준으로 가리키는 방향에 따라 북쪽은 0°, 동쪽은 90°, 남쪽은 180°, 서쪽은 270°를 의미한다.
방향센서1 . 크기	스마트폰이 기운 정도에 따라 0~1사이의 값을 가진다.
방향센서1 . 롤	스마트폰이 좌우로 기운 정도를 나타내며, 스마트폰이 평평한 상태이면 0°, 왼쪽으로 기울면 90°까지 증가하고, 오른쪽으로 기울면 -90°까지 감소한다.
방향센서1 . 피치	스마트폰이 위, 아래로 기운 정도를 나타내며 스마트폰이 평평한 상태면 0°, 위쪽이 땅쪽으로 기울면 90°까지 증가하고 더 기울면 180°까지 증가한다. 스마트폰의 아래쪽이 땅쪽으로 기울면 -90°까지 감소하고, 더 기울면 −180°까지 감소한다.

방향센서가 실제로 어떤 값을 돌려주는지 방향센서의 값을 읽어서 레이블에 출력하는 간단한 앱을 만들어 테스트해 봅니다. 당연히 에뮬레이터에서 테스트할 수는 없습니다.

[그림 14-3]의 방향센서 값을 보면 방위각이 281.6°이므로 스마트폰이 서쪽을 향하고 있으며, 롤이 −2.3°이므로 약간 오른쪽으로 기울어 있고, 피치가 −52.7°이므로 스마트폰의 아래쪽이 땅 쪽으로 기울어 있음을 알 수 있습니다. [그림 14-3]에서 볼 수 있는 값은 스마트폰이 움직일 때마다 계속 변화합니다. 이렇게 변화하는 값을 이용하여 게임을 만드는 것입니다.

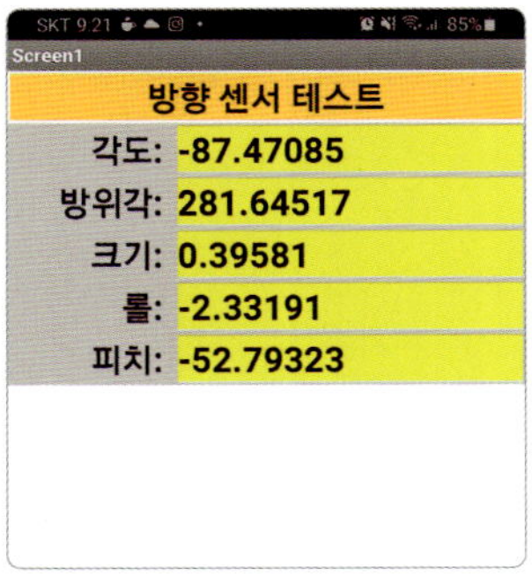

그림 14-3 방향센서 테스트하기

3 문제 이해

추적 게임 앱은 상단에 제목과 점수가 나타납니다. 중간에는 캔버스를 넓게 배치하여 해적과 로봇이 이동할 수 있는 공간을 만들고, 하단에는 '다시하기' 버튼을 배치합니다. 코딩에 필요한 기본적인 동작 흐름은 다음과 같습니다.

❶ 게임을 시작하면 해적이 일정 시간 간격으로 캔버스를 이동하며, 점수는 0으로 초기화합니다.
❷ 해적은 로봇을 잡기 위해 스스로 이동합니다.
❸ 로봇은 스마트폰의 기울기에 따라 이동합니다.
❹ 로봇은 이동하면서 랜덤으로 등장하는 알약을 먹으면 점수가 증가합니다.
❺ 로봇이 해적과 충돌하면 게임은 끝납니다.
❻ '다시하기' 버튼을 클릭하면 점수를 0으로 초기화하고, 시계를 다시 활성화하여 해적이 이동하도록 합니다.

그림 14-4 **추적 게임 앱의 문제 이해**

4 리소스 준비

추척 게임이므로 해적 이미지와 로봇 이미지가 필요합니다. 해적 이미지는 소스 파일에서 제공하는 'robber.png', 로봇 이미지는 'robot.png'를 사용합니다. 알약은 '공' 컴포넌트로 만들도록 합니다.

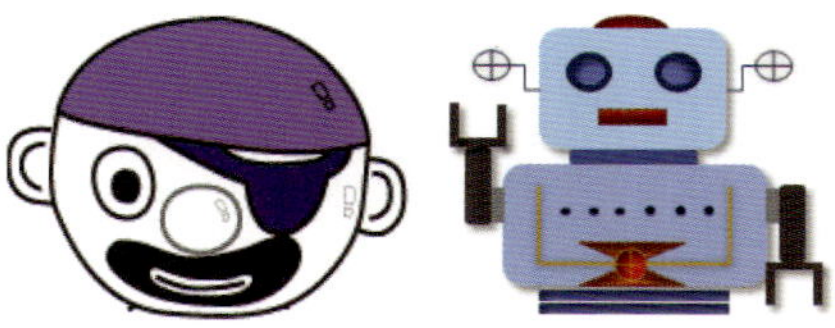

그림 14-5 **해적과 로봇 이미지**

Section

02 추적 게임 앱 화면 설계하기

1 화면 설계에 필요한 컴포넌트

추적 게임 앱의 전체 화면 구성은 [그림 14-1]과 같으며, 앱을 설계하는 데 필요한 컴포넌트는 [표 14-2]에 정리하였습니다.

표 14-2 추적 게임 앱의 화면 설계에 필요한 컴포넌트

컴포넌트	위치	역할
레이블	[팔레트]-[사용자 인터페이스]	게임 제목을 표시한다.
수평배치	[팔레트]-[레이아웃]	레이블을 수평으로 배치한다.
레이블	[팔레트]-[사용자 인터페이스]	점수 제목과 점수를 표시한다.
캔버스	[팔레트]-[그리기 & 애니메이션]	이미지스프라이트를 보여주는 바탕이 된다.
이미지스프라이트		로봇과 해적 이미지를 제공한다.
공		알약 이미지로 사용한다.
시계	[팔레트]-[센서]	일정 시간 간격으로 로봇을 이동시킨다.
알림	[팔레트]-[사용자 인터페이스]	메시지창을 생성한다.
버튼		다시하기 기능에 사용한다.

2 화면 설계

센서를 이용하여 추적 게임 앱을 만들기 위해 화면을 설계해 보겠습니다.

01 새 프로젝트 시작하기 새 프로젝트를 만들고 프로젝트의 이름을 'Catch01'로 입력합니다. 그리고 에뮬레이터를 동작시킵니다. 'Screen1'의 제목을 '추적 게임'으로 바꾸고 [수평정렬]을 '가운데:3'으로 합니다.

02 제목용 레이블 컴포넌트 배치하고 수정하기 '레이블' 컴포넌트를 [뷰어] 영역으로 드래그하고, [표 14-3]을 참고하여 이름과 속성을 수정합니다.

표 14-3 제목용 레이블 컴포넌트의 속성 수정하기

컴포넌트	컴포넌트 이름 수정	속성	속성 수정
레이블1	제목레이블	배경색	주황
		글꼴굵게	활성화
		글꼴크기	20
		너비	부모 요소에 맞추기
		텍스트	해적을 피하라!
		텍스트정렬	가운데:1

03 수평배치와 2개의 레이블 컴포넌트 배치하고 수정하기 '수평배치' 컴포넌트를 [뷰어] 영역으로 드래그하고, 그 안에 2개의 '레이블' 컴포넌트를 넣습니다. [표 14-4]를 참고하여 이름과 속성을 수정합니다.

표 14-4 수평배치 컴포넌트와 레이블 컴포넌트 2개의 속성 수정하기

컴포넌트	컴포넌트 이름 수정	속성	속성 수정
수평배치1	레이블배치	수평정렬	가운데:3
		수직정렬	가운데:2
		배경색	밝은 회색
		너비	부모 요소에 맞추기
레이블1	점수레이블	배경색	어두운 회색
		글꼴굵게	활성화
		글꼴크기	18
		너비	부모 요소에 맞추기
		텍스트	점수
		텍스트정렬	가운데:1
		텍스트색상	흰색
레이블2	점수	배경색	밝은 회색
		글꼴굵게	활성화
		글꼴크기	18
		너비	부모 요소에 맞추기
		텍스트	0
		텍스트정렬	가운데:1
		텍스트색상	파랑

04 캔버스 컴포넌트 배치하고 수정하기 '캔버스' 컴포넌트를 [뷰어] 영역으로 드래그하고, [높이]와 [너비]는 '부모 요소에 맞추기로' 설정합니다.

05 2개의 이미지스프라이트 컴포넌트 배치하고 수정하기 '이미지스프라이트' 컴포넌트 2개를 [뷰어] 영역으로 드래그하고, [표 14-5]를 참고하여 이름과 속성을 수정합니다.

표 14-5 **이미지스프라이트 컴포넌트 속성 수정하기**

컴포넌트	컴포넌트 이름 수정	속성	속성 수정
이미지스프라이트1	로봇	높이	40픽셀
		너비	40픽셀
		사진	robot.png
이미지스프라이트2	해적	높이	40픽셀
		너비	40픽셀
		사진	robber.png
		시간간격	10
		속도	1

06 공, 버튼 컴포넌트 배치하고 수정하기 '공' 컴포넌트는 캔버스 영역 안으로, '버튼' 컴포넌트는 캔버스 영역 밖 하단으로 각각 드래그합니다. '공' 컴포넌트의 이름은 '알약'으로 바꾸고, '버튼' 컴포넌트의 텍스트는 '다시하기', 글꼴크기는 '18'로 설정합니다.

07 시계, 방향센서 컴포넌트 배치하고 수정하기 [센서]에서 '시계', '방향센서' 컴포넌트를 각각 드래그합니다. 시계 컴포넌트의 타이머간격은 '100'으로 수정합니다.

타이머간격 100은 0.1초를 의미합니다.

08 추적 게임 앱의 컴포넌트 배치 완료 배치가 완성된 컴포넌트를 확인해 보면 다음과 같습니다.

09 에뮬레이터에서 추적 게임 앱 확인하기 화면 설계가 완료되었습니다. 에뮬레이터에 연결하여 [그림 14-1]과 비교해 봅니다.

Section 03

추적 게임 앱 코딩하기

블록 편집 화면에서 추적 게임 앱을 코딩해 봅니다. 프로그램은 크게 로봇 이동, 해적 이동, 알약 보이기, 충돌 처리로 구분하여 코딩합니다. 로봇은 방향센서의 값에 따라 움직이고 해적은 로봇의 방향으로 일정 시간 간격을 두고 움직입니다.

1 로봇 이동

로봇(이미지스프라이트)이 방향센서의 값에 따라 이동하도록 만듭니다. 로봇 이미지 및 방향센서의 속도와 방향과 관련된 속성 관계는 [표 14-6]과 같습니다.

표 14-6 방향센서와 로봇(이미지스프라이트)의 속성 관계

방향센서	로봇(이미지스프라이트)
각도	방향
크기	속도

01 방향센서의 값에 따른 로봇의 이동 코딩하기 방향센서의 값이 변경되면 로봇이 움직여야 하므로 [표 14-1]에서 설명한 [언제 - .방향이변경되었을 때] 블록을 사용합니다. 그런데 방향센서의 크기는 0~1의 값이므로 이 값을 그대로 사용하면 로봇의 이동 속도가 너무 느려집니다. 여기서는 이 값에 100을 곱해서 로봇의 속도를 결정합니다. 게임을 테스트하면서 적당한 수치로 조정합니다.

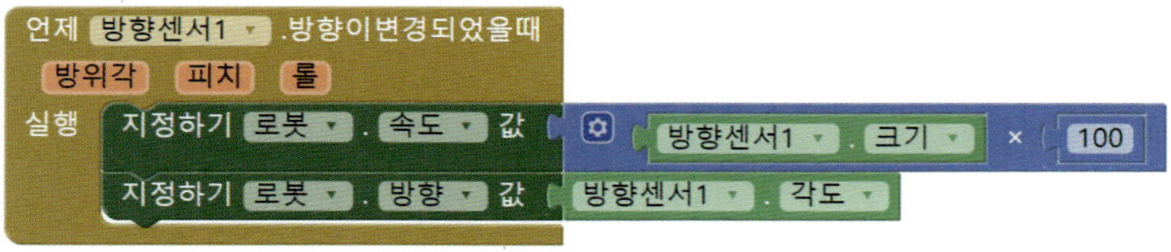

AI 컴패니언으로 스마트폰과 연결하여 로봇이 스마트폰의 방향에 따라 움직이는지 테스트해 봅니다.

2 해적 이동

해적은 일정 시간 간격으로 이동해야 합니다. 해적의 이동을 함수로 만들고, 시계의 타이머 블록에서 일정 시간 간격으로 호출하도록 합니다.

'해적이동' 함수 만들기

02 함수 블록 사용하기 '함수 만들기' 블록을 드래그하고, 함수명을 '해적이동'으로 바꿉니다.

03 해적의 방향이 로봇을 향하도록 코딩하기 해적은 이미지스프라이트이므로 시간 간격, 속도, 방향을 지정하면 이동합니다.

- 해적은 [표 14-5]에서 시간간격 10, 속도 1로 초기값을 설정하였습니다.
- 해적은 로봇을 추적해야 하므로 10장 329쪽의 [연습문제]에서 사용했던 역탄젠트(atan2) 블록을 사용하여 방향을 지정합니다.

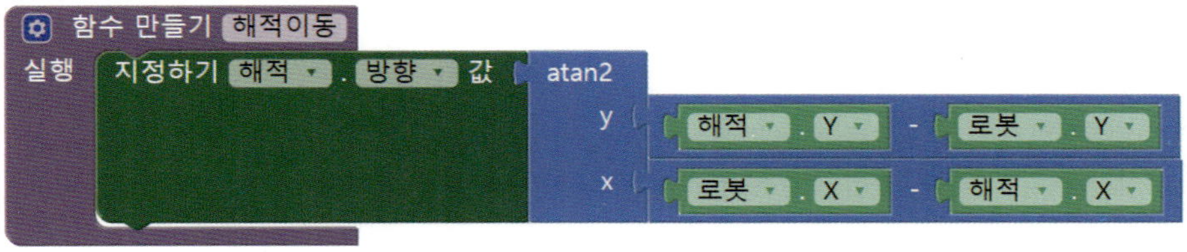

'해적이동' 함수 호출하기

04 타이머에서 '해적이동' 함수 호출하기 '해적이동' 함수는 일정 시간 간격을 두고 이동하도록 코딩하는데, 이는 타이머 블록에서 '해적이동' 함수를 호출하도록 합니다. 현재 타이머 블록은 디자이너 화면에서 0.1초에 한 번씩 호출하도록 설정하였습니다. 게임을 테스트해 보고 너무 느리게 이동한다 싶으면 시간 간격을 더 줄여도 됩니다.

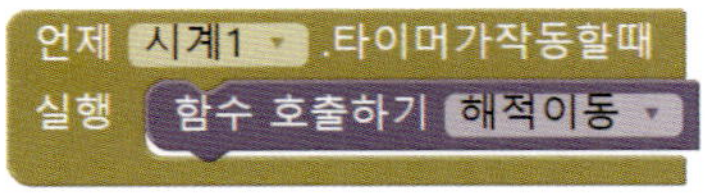

3 알약 보이기

알약은 디자이너 화면에서 '공' 컴포넌트로 만들었습니다. 알약은 부정기적으로 임의의 위치에 나타나며, 로봇이 이 알약을 먹으면 점수는 1 증가합니다. 로봇이 알약을 먹는 것은 충돌 처리에서 코딩하겠습니다. 알약 보이기에서 고려할 것은 다음과 같습니다.

- 알약은 임의의 위치에 부정기적으로 나타납니다.
- 로봇과 충돌하여 사라진 후, 일정 시간이 지나면 다시 나타나야 합니다.

05 시계 컴포넌트와 난수 사용하기 알약을 나타나게 하는 방법은 여러 가지가 있을 수 있지만, 여기서는 '시계' 컴포넌트와 난수를 사용합니다.

- 타이머 간격에 따라 '알약보이기' 함수를 호출합니다.
- '알약보이기' 함수는 난수를 이용하여 알약이 나타나는 확률을 조정합니다.
- 알약이 나타나는 위치는 임의의 위치입니다.

06 '알약보이기' 함수 코딩하기 '알약보이기' 함수를 만들고 05에서 설명한 기능을 구현합니다. 조건문을 사용하여 현재 알약이 안 보이는 경우에만 코딩하면 됩니다.

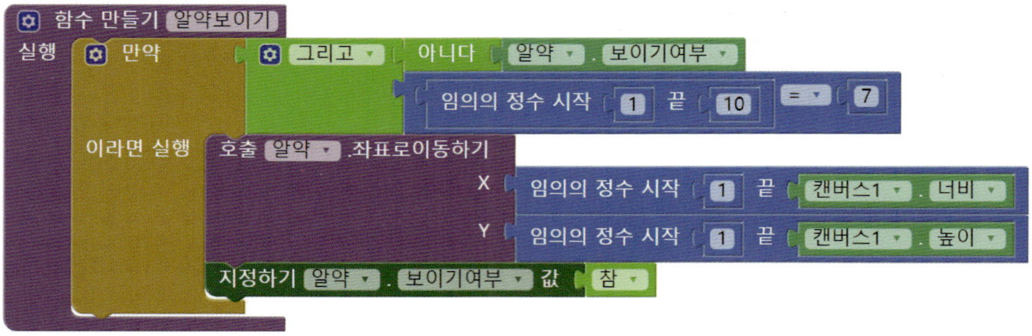

현재 알약이 안 보이고 1~10 사이에서 생성한 난수가 7인 경우(10% 확률)에만 알약이 임의의 좌표에 보이도록 합니다. 알약이 보이는 확률이 너무 높을 경우, 난수의 발생 범위를 조정합니다.

07 타이머 블록에서 '알약보이기' 함수 호출하기 '알약보이기' 함수는 타이머 블록에서 주기적으로 호출합니다.

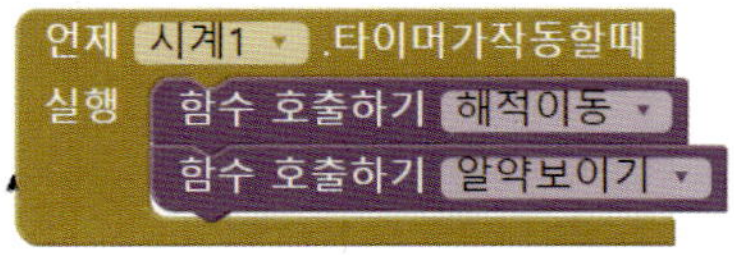

4 충돌 처리

충돌이 일어나는 경우는 로봇과 해적의 충돌과 로봇과 알약의 충돌, 이 두 가지가 있습니다. 이것은 이미지스프라이트의 충돌 블록을 사용하는데, 로봇에서 할 수도 있고 해적에서 할 수도 있습니다. 로봇은 두 가지 충돌을 모두 처리해야 하므로 로봇에서 모든 충돌이 처리되도록 만들어 보겠습니다.

로봇과 해적의 충돌 처리

08 충돌 블록 사용하기 [캔버스1]–[로봇]에서 [언제 – .충돌했을때] 블록을 [뷰어] 영역에 드래그합니다. 매개변수의 값이 해적인지 먼저 판단하고 처리해야 하기 때문에 조건문을 사용합니다.

'충돌했을때' 블록은 충돌한 대상을 매개변수로 알려주는 블록입니다.

09 충돌 처리 순서 확인하기 로봇이 해적과 충돌한다는 것은 해적에게 잡혔다는 것을 의미합니다. 그 처리 순서는 다음과 같습니다.

- 로봇이 사라집니다.
- 점수를 1점 감점합니다.
- 로봇이 임의의 위치에 다시 나타납니다.

10 임의의 위치에 '로봇보이기' 함수 호출하기 게임이 시작할 때도 로봇이 임의의 위치에 나타나야 하므로 함수로 만들어서 호출합니다.

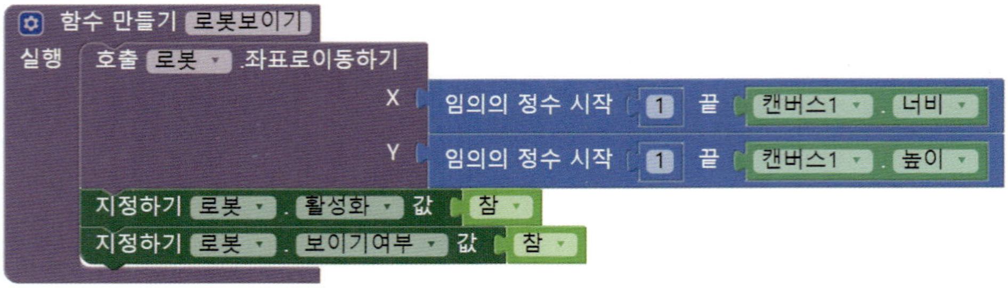

11 시간차를 두는 함수 코딩하기 로봇과 해적이 충돌한 후 다시 나타날 때까지 약간의 시간차를 두는 것이 좋은데, 이 부분은 함수로 만듭니다.

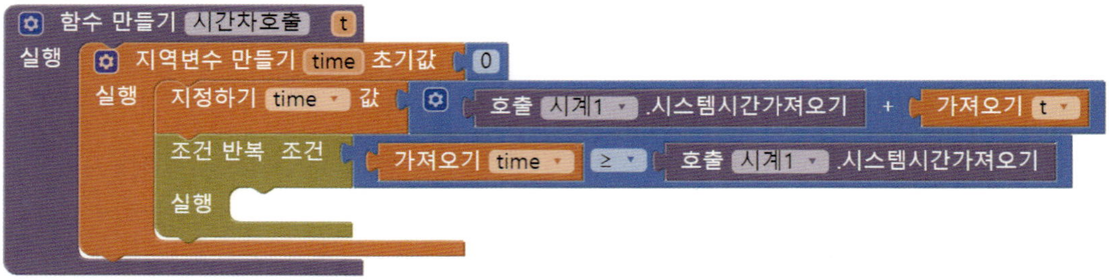

시간차를 두는 방법은 현재 시스템 시간을 읽어서 일정 값을 더한 다음 이 시간이 될 때까지 반복문을 돌리는 것입니다. 이 함수는 다른 앱에서도 시간차를 둘 때 사용하면 좋으므로 코드를 잘 익혀 두면 좋습니다.

12 로봇과 해적의 충돌 처리하기 로봇과 해적의 충돌 처리에 관한 코딩을 완성하면 다음과 같습니다.

로봇이 해적과 충돌하는 순간 '활성화'와 '보이기'를 거짓으로 하여 추가적인 충돌을 막고, 시간차는 0.5초로 하였습니다.

로봇과 알약의 충돌 처리

13 로봇과 알약의 충돌 처리하기 로봇과 알약이 충돌하면 알약은 보이지 않게 하고 점수는 1점 증가합니다. 이 부분은 **12**의 로봇과 해적의 충돌 처리에 '아니라면' 항목을 추가하여 코딩합니다.

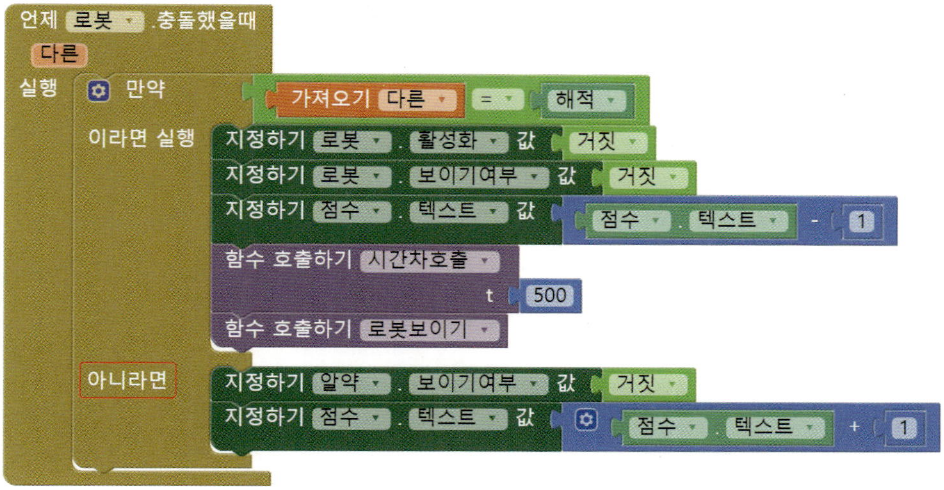

5 스크린 초기화 및 다시하기 버튼 코딩

14 '게임초기화' 함수 코딩하기 게임을 시작할 때와 '다시하기' 버튼을 클릭했을 때는 같은 작업을 수행하므로 함수로 구현하여 호출합니다.

- 로봇과 해적을 임의의 위치에 보이게 합니다.
- 알약을 보이지 않게 합니다.
- 점수를 0으로 초기화합니다.

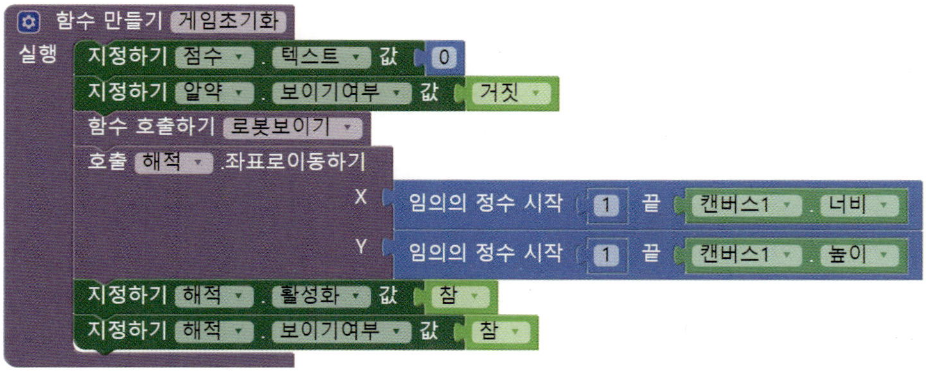

15 '게임초기화' 함수 호출하기 '게임초기화' 함수는 스크린 초기화와 '다시하기' 버튼을 클릭할 때 호출됩니다.

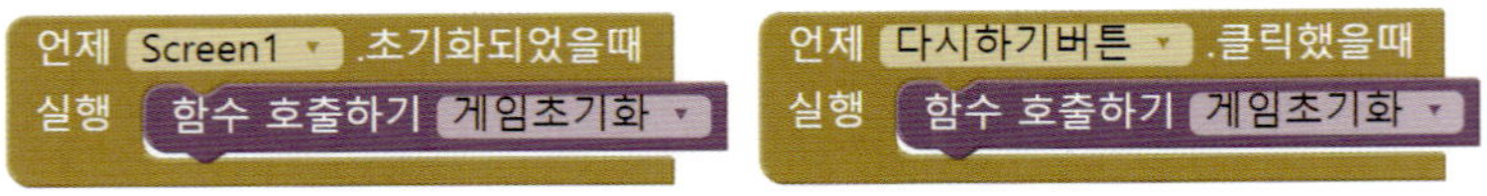

6 전체 코드 확인

이것으로 센서를 이용한 추적 게임 앱 코딩이 완료되었습니다. 전체 코드를 확인해 보세요.

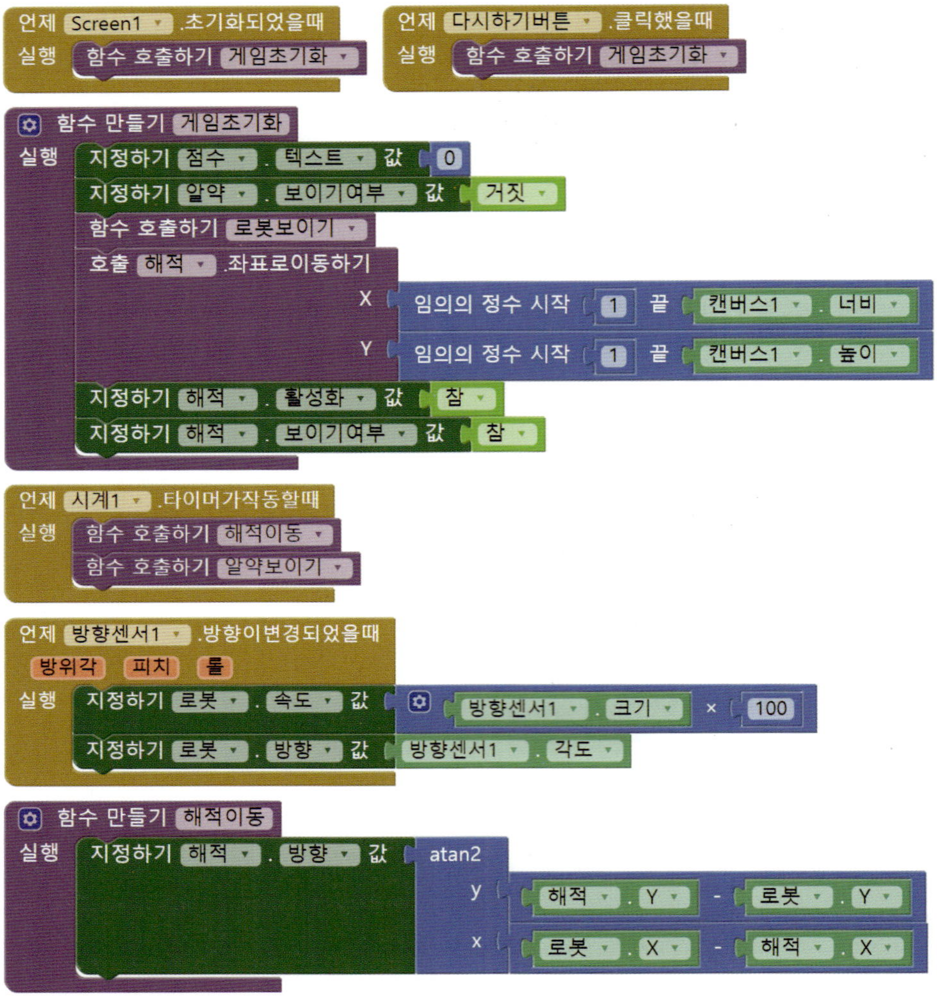

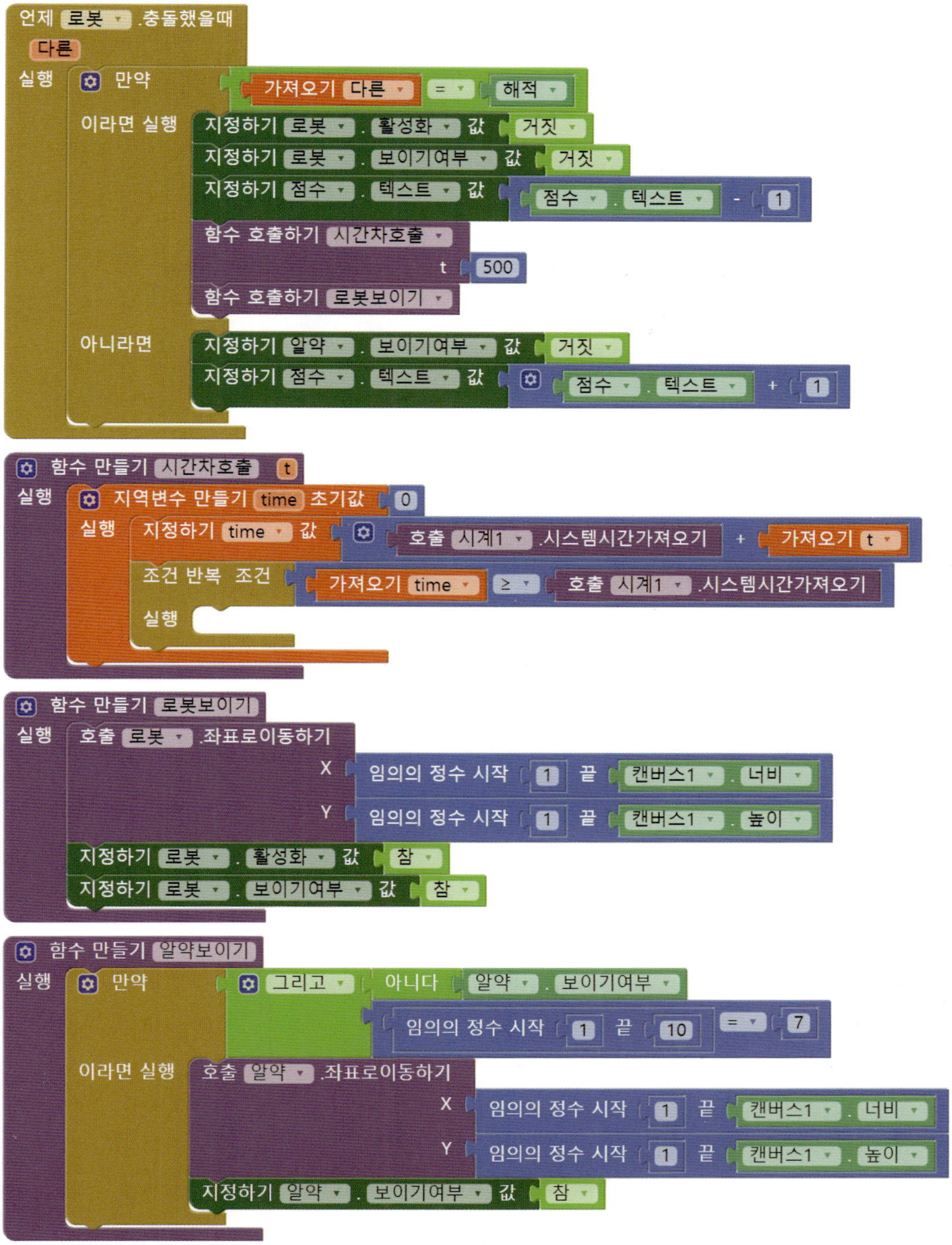
언제 로봇 .충돌했을때
다른
실행 만약 가져오기 다른 = 해적
이라면 실행 지정하기 로봇 . 활성화 값 거짓
지정하기 로봇 . 보이기여부 값 거짓
지정하기 점수 . 텍스트 값 점수 . 텍스트 - 1
함수 호출하기 시간차호출
t 500
함수 호출하기 로봇보이기
아니라면 지정하기 알약 . 보이기여부 값 거짓
지정하기 점수 . 텍스트 값 점수 . 텍스트 + 1
함수 만들기 시간차호출 t
실행 지역변수 만들기 time 초기값 0
실행 지정하기 time 값 호출 시계1 .시스템시간가져오기 + 가져오기 t
조건 반복 조건 가져오기 time ≥ 호출 시계1 .시스템시간가져오기
실행
함수 만들기 로봇보이기
실행 호출 로봇 .좌표로이동하기
X 임의의 정수 시작 1 끝 캔버스1 . 너비
Y 임의의 정수 시작 1 끝 캔버스1 . 높이
지정하기 로봇 . 활성화 값 참
지정하기 로봇 . 보이기여부 값 참
함수 만들기 알약보이기
실행 만약 그리고 아니다 알약 . 보이기여부
임의의 정수 시작 1 끝 10 = 7
이라면 실행 호출 알약 .좌표로이동하기
X 임의의 정수 시작 1 끝 캔버스1 . 너비
Y 임의의 정수 시작 1 끝 캔버스1 . 높이
지정하기 알약 . 보이기여부 값 참

7 앱 테스트

추적 게임 앱은 방향센서를 사용하므로 에뮬레이터에서는 로봇을 이동시킬 수 없습니다. 따라서 AI 컴패니언으로 스마트폰과 연결하거나 apk 파일로 빌드한 후 설치하고 테스트해야 합니다. 스마트폰에서 동작시킨 화면은 [그림 14-6]과 같습니다.

[실행 결과]

(a) 시작 화면 (b) 해적에게 잡히면 점수 감소 (c) 알약을 먹으면 점수 증가

그림 14-6 스마트폰에서 추적 게임 앱 테스트하기

스마트폰에서 게임 앱의 화면이 자동으로 회전되면, 앱 인벤터의 디자이너 화면에서 Screen1의 '스크린 방향' 속성을 '세로'로 설정합니다.

요약

01 방향센서는 스마트폰이 기울어지는 방향과 정도에 따라 값을 알려주는 센서입니다.

02 방향센서가 제공하는 속성은 다음과 같습니다.

- **각도** 스마트폰이 기운 방향을 알려줍니다.
- **방위각** 스마트폰이 가리키는 방위각으로, 스마트폰의 위쪽을 기준으로 가리키는 방향에 따라 북쪽은 0°, 동쪽은 90°, 남쪽은 180°, 서쪽은 270°를 의미합니다.
- **크기** 스마트폰이 기운 정도에 따라 0~1의 값을 가집니다.
- **롤** 스마트폰이 좌우로 기운 정도를 나타내며 스마트폰이 평평한 상태이면 0°, 왼쪽으로 기울면 90°까지 증가하고, 오른쪽으로 기울면 −90°까지 감소합니다.
- **피치** 스마트폰이 위, 아래로 기운 정도를 나타내며 스마트폰이 평평한 상태면 0°, 스마트폰의 위쪽이 땅쪽으로 기울면 90°까지 증가하고 더 기울어 스마트폰이 뒤집히면 180°까지 증가합니다. 스마트폰의 아래쪽이 땅 쪽으로 기울면 −90°까지 감소하고, 더 기울면 −180°까지 감소합니다.

03 이미지스프라이트의 방향 속성은 방향센서의 각도 속성과 관련이 있습니다.

04 이미지스프라이트의 속도 속성은 방향센서의 크기 속성과 관련이 있습니다.

05 이미지스프라이트의 충돌 블록은 충돌한 대상을 매개변수로 알려줍니다. 이 매개변수의 값에 따라 어느 이미지스프라이트와 충돌했는지 판단하고 처리할 수 있습니다.

06 시간차를 두는 방법은 현재 시스템 시간을 읽어서 일정 값을 더한 다음, 이 시간이 될 때까지 반복문을 돌리는 방법을 사용합니다.

07 방향센서의 롤과 피치 값에 따라 이미지스프라이트를 움직이게 할 수 있습니다.

연습문제

01 앱 인벤터에서 제공하는 센서 컴포넌트로 옳지 않은 것은 무엇인가요?

① 시계　　② 위치센서　　③ 가속도센서
④ 지도　　⑤ 방향센서

02 방향 센서가 제공하는 속성과 설명이 옳게 짝지어진 것을 모두 고르세요.

① 각도 : 스마트폰이 좌우로 기운 정도를 나타낸다.
② 크기 : 스마트폰이 기운 정도에 따라 0~1 값을 가진다.
③ 방위각 : 스마트폰의 위쪽을 기준으로 가리키는 방향에 따라 북쪽은 0°, 동쪽은 90°, 남쪽은 180°, 서쪽은 270°를 의미한다.
④ 피치 : 스마트폰이 위, 아래로 기운 정도를 나타낸다.
⑤ 롤 : 스마트폰이 기운 방향을 알려준다.

03 이미지스프라이트와 방향센서 관계에 대한 설명으로 옳지 않은 것은 무엇인가요?

① 이미지스프라이트의 방향 속성은 방향센서의 각도 속성과 관련이 있다.
② 이미지스프라이트는 방향센서의 방위각 설정에 따라 움직인다.
③ 이미지스프라이트의 속도 속성은 방향센서의 크기 속성과 관련이 있다.
④ 방향센서의 롤과 피치 값에 따라 이미지스프라이트의 움직임이 달라진다.

04 현재 '추적 게임 앱'은 로봇이 해적과 충돌하는 경우만 점수가 감소합니다. 여기에 로봇이 사방 모서리에 충돌할 경우에도 감점이 되도록 수정해 봅니다.

[힌트]

- 이미지스프라이트의 [언제 – .모서리에닿았을때] 블록을 사용합니다.

그림 14-7 이미지스프라이트의 '모서리에닿았을때' 블록

05 **04**번에서 수정한 '추적 게임 앱'의 로봇이 모서리에 닿으면 진동이 울리도록 만들어 봅니다.

[힌트]

- 진동을 울리려면 [팔레트]–[미디어]에서 '소리' 컴포넌트를 사용합니다.
- '소리' 컴포넌트는 [호출 – .진동하기] 블록을 가지고 있습니다. 로봇이 모서리에 닿으면 진동이 울리도록 [호출 – .진동하기] 블록을 추가합니다.

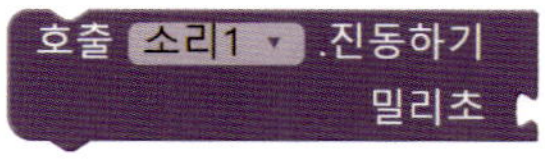

그림 14-8 **'소리' 컴포넌트의 '진동하기' 블록**

06 **05**번에서 수정한 '추적 게임 앱'의 로봇의 HP(체력)가 시간에 따라 감소하도록 만들어 봅니다. HP는 점수 레이블 아래에 표시하고, HP가 0이 되면 로봇과 해적이 이동을 멈추고 게임이 끝나도록 코딩합니다.

[조건]

- HP는 여러 가지 방법으로 만들 수 있지만, '캔버스' 컴포넌트의 [호출 – .선그리기] 블록을 사용하여 시간이 지나면 선이 짧아지도록 코딩합니다.

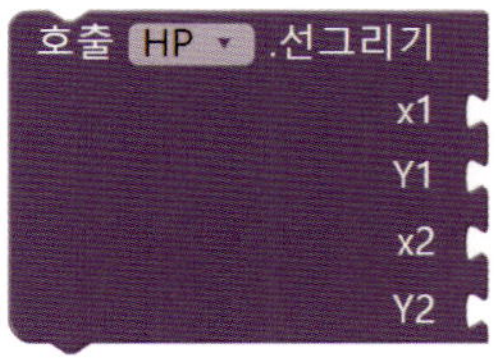

그림 14-9 **'캔버스' 컴포넌트의 '선그리기' 블록**

[실행 결과]

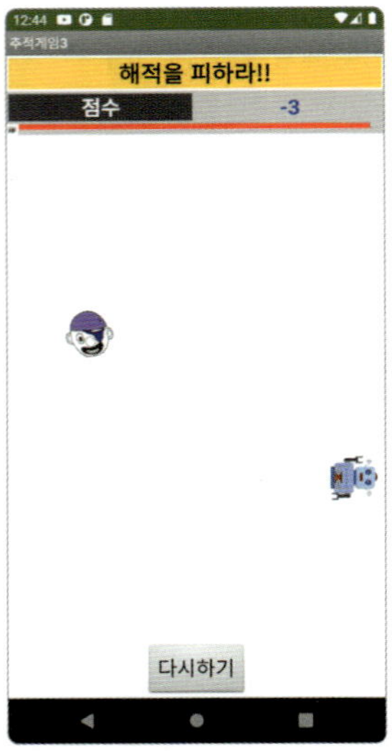

07 심화 방향센서로 공을 이동하여 골대에 넣는 게임을 만듭니다. 공은 아래쪽 중간에서 시작하고 골대는 위쪽 중간에 만듭니다. 골대와 공이 충돌하면 점수가 올라가고 공이 위쪽 모서리에 닿으면 감점이 되도록 합니다. 추가적으로 골을 넣으면 진동이 울리도록 코딩합니다.

[실행 결과]

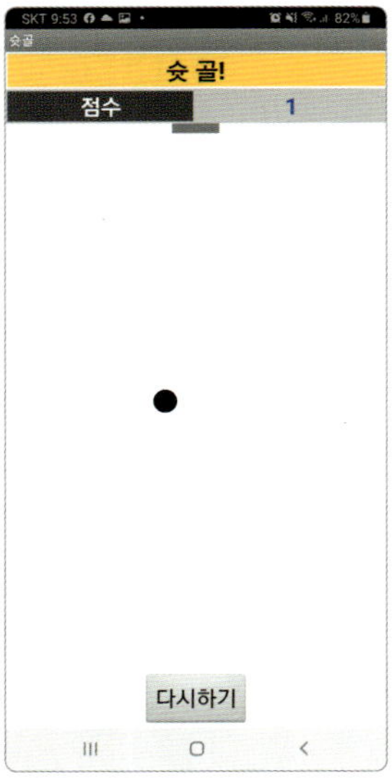

08 심화 11장에서 만든 '공놀이 게임 앱'에서는 막대를 손으로 움직였습니다. 이를 방향센서의 좌우 기울기를 감지하는 롤 값을 사용하여 스마트폰의 기울기에 따라 막대가 움직이도록 코딩해 봅니다.

[힌트]

- 11장의 공놀이 게임 앱에 방향센서를 추가하고 막대의 이동 부분을 수정합니다.
- 스마트폰이 왼쪽으로 기울면 롤 각도는 0~90°, 오른쪽으로 기울면 −0~−90°임을 고려합니다.

[실행 결과]

09 심화 11장의 [연습문제] **09**번에서 만들었던 'UFO 게임 앱'을 방향센서 컴포넌트를 이용하여 만들어 봅니다.

[힌트]

- 아군기의 좌우 이동은 드래그가 아니라 좌우 기울기(롤)에 따라 이동하도록 합니다.
- 아군기가 발사하는 총알은 스마트폰이 아래쪽으로 기울었을 때(피치) 발사되도록 합니다.
- 롤과 피치 정보의 이용 방법은 **07**번과 **08**번의 코딩을 참고합니다.
- 리소스는 ufo.png와 flight.png를 사용합니다.

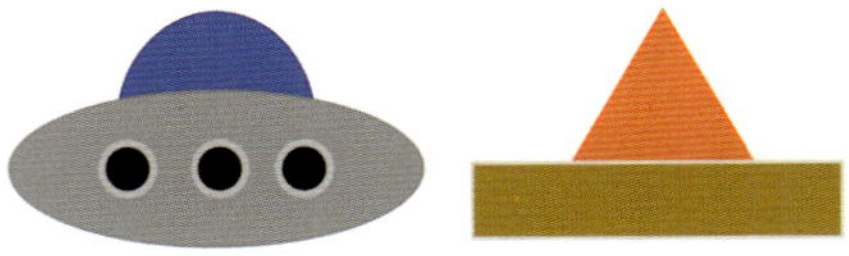

그림 14-10 UFO게임 앱 리소스

[실행 결과]

APPENDIX

앱 인벤터의 확장 기능 사용하기

A 앱 인벤터의 확장 기능 알아보기

B LookExtension 활용 앱 만들기 : 이미지 분류 앱

Section

A

앱 인벤터의 확장 기능 알아보기

1 앱 인벤터의 확장 기능

앱 인벤터에서는 기본적으로 제공하는 기능 외에 **확장 기능(Extension)**을 제공합니다. 확장 기능은 기능에 따라 별도로 배포되는 파일을 추가하고 기본 블록 외에 추가된 블록들을 사용하여 코딩을 할 수 있도록 합니다. 앱 인벤터에서 팔레트의 가장 아래쪽에 보면 [확장기능]이 있습니다. 이 [확장기능]을 클릭하면 [그림 A-1]처럼 나타납니다. 현재는 추가된 확장 기능이 아무것도 없습니다.

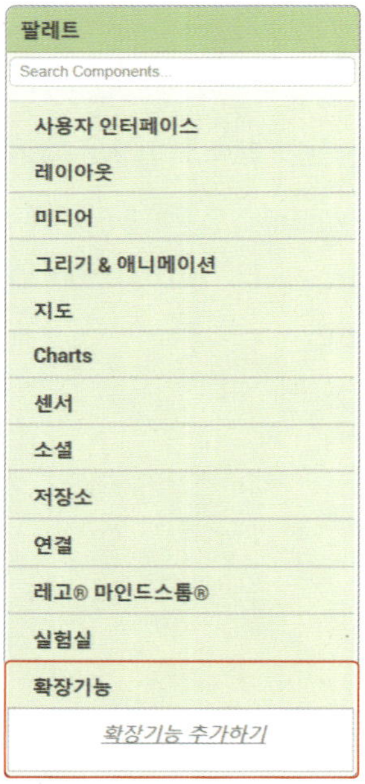

그림 A-1 팔레트의 [확장기능] 컴포넌트

2 확장 기능 제공 웹 사이트

앱 인벤터의 확장 기능을 다운로드 받을 수 있는 주소는 다음과 같습니다.

```
https://mit-cml.github.io/extensions/
```

확장 기능은 앱 인벤터에서 공식적으로 지원하는 파일(Supported)과 사용자들이 제공(Unsupported)하는 파일로 구분됩니다. [그림 A-2]를 보면 확장 기능은 *.aix 파일로 제공되고 있는 것을 볼 수 있습니다. 이 파일을 다운로드 받아서 앱 인벤터에 추가한 후 사용하면 됩니다.

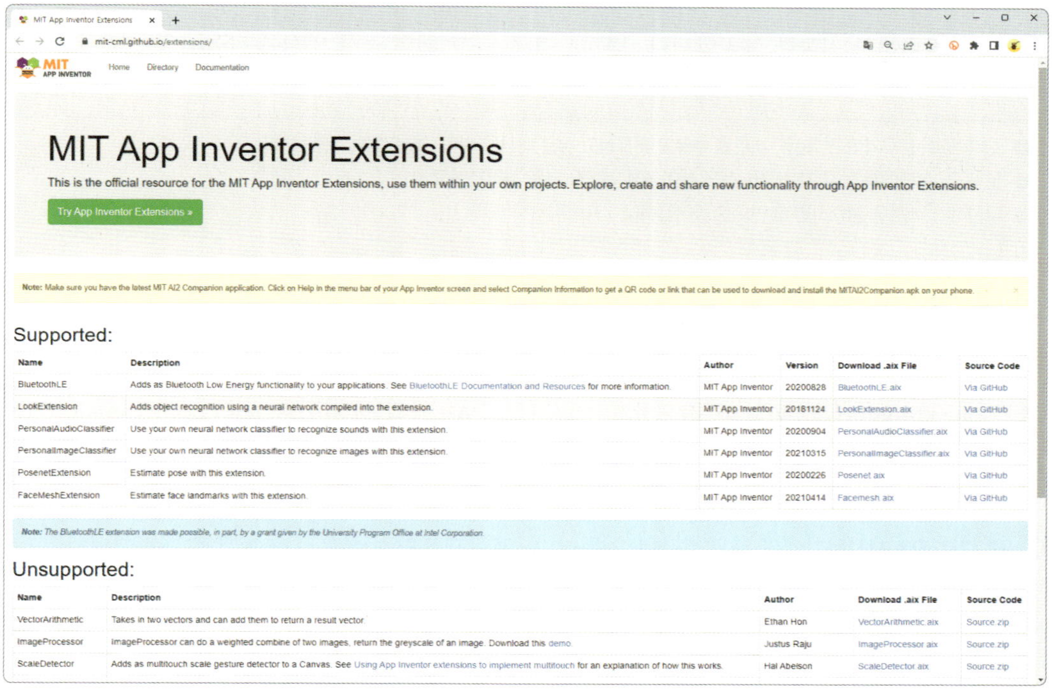

그림 A-2 **확장 기능 제공 웹 사이트 화면**

Section B

LookExtension 활용 앱 만들기 : 이미지 분류 앱

앱 인벤터에서 공식적으로 제공하는 확장 기능 중 'LookExtension'을 사용하여 이미지 분류 앱을 만들어 봅니다. 'LookExtension'은 머신러닝 기법으로 이미지를 분류하여 선택한 이미지가 어떤 물체인지 알려주는 기능을 제공합니다. 먼저 이미지 분류 앱의 동작 방식은 다음과 같습니다.

❶ '준비 완료' 문구가 뜨면 '분류' 버튼을 누르고 분류하고 싶은 대상을 카메라를 이용해 비춰봅니다.
❷ '분류 중' 상태에서 잠시 기다리면, 상단 레이블에 이미지 분류 결과가 출력됩니다.
❸ '다시하기' 버튼을 클릭하면 ❶번으로 돌아갑니다.

1 앱 인벤터 확장 기능 추가하기

01 LookExtension.aix 파일 다운로드하기 먼저 [그림 A-2]의 웹 사이트에서 LookExtension.aix를 클릭하여 파일을 다운로드 받습니다.

02 새 프로젝트 시작하기 새 프로젝트를 만듭니다. 프로젝트의 이름은 'Look'으로 변경합니다.

03 확장 기능 추가하기 팔레트의 [확장기능]을 선택해 '확장기능 추가하기'를 클릭합니다. [그림 B-1]의 '프로젝트 확장 프로그램 불러오기' 팝업창에서 다운받은 aix 파일을 선택하고 'import'를 클릭하면 [확장기능]에 'Look' 컴포넌트가 추가됩니다.

그림 B-1 확장 기능 불러오기

하나 더 알기 **LookExtension의 기능**

LookExtension은 머신러닝 기법으로 수백만 장의 이미지를 학습하여 이미지 분류 모델을 구축한 것으로, 이미지를 999개의 클래스로 구분하는 기능을 제공합니다. 999개의 클래스의 세부 내용은 다음 주소를 참고합니다.
https://github.com/mit-cml/appinventor-extensions/blob/extension/look/appinventor/docs/reference/components/classes.txt

2 화면 설계하고 코딩하기

01 앱 화면 설계하기 앱의 화면을 구성합니다. 앱 화면은 웹뷰어 컴포넌트, 레이블, 버튼으로 간단하게 구성됩니다.

표 B-1 이미지 분류 앱 화면에 필요한 컴포넌트

컴포넌트	위치	역할
웹뷰어	[팔레트]-[사용자 인터페이스]	이미지 출력
레이블		이미지 분류 결과 출력
버튼1		이미지 분류 버튼
버튼2		다시하기 버튼

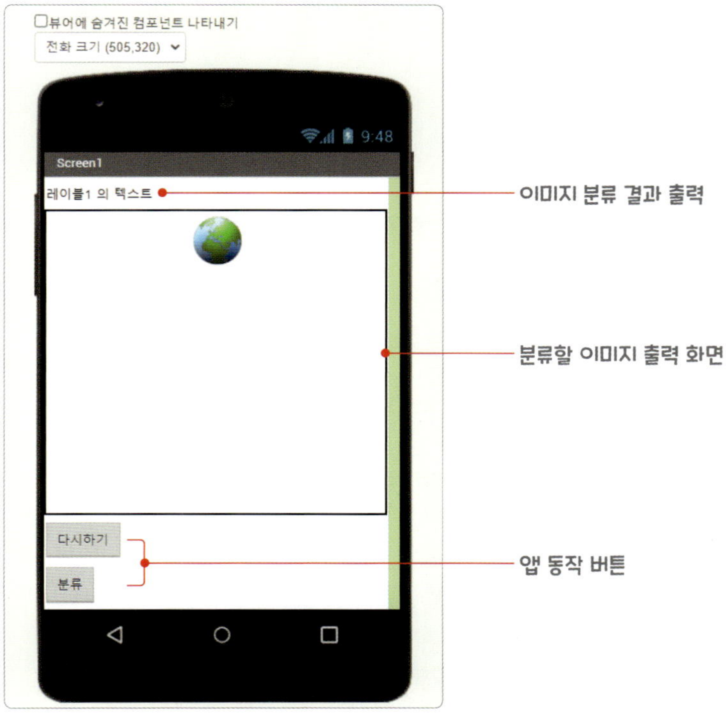

02 'Look' 컴포넌트 끌어오기 [확장기능]의 'Look' 컴포넌트를 [뷰어] 영역으로 드래그합니다. 'Look' 컴포넌트는 보이지 않는 컴포넌트이므로 뷰어의 하단에 표시됩니다.

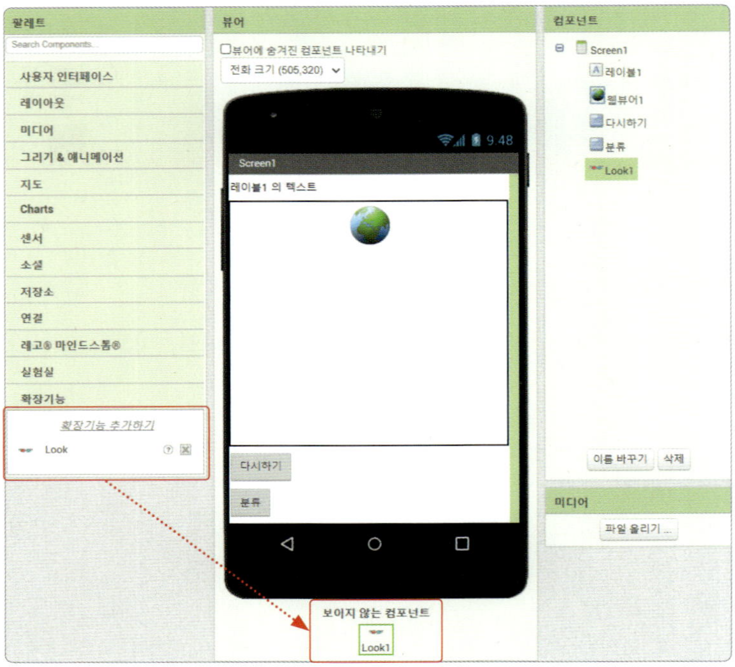

'Look' 컴포넌트가 제공하는 코딩 블록들은 [표 B-2]와 같습니다.

표 B-2 'Look' 컴포넌트의 코딩 블록

블록	기능
언제 Look1 .ClassifierReady 실행	이미지 분류가 준비가 완료되었을 때 호출된다.
언제 Look1 .Error errorCode 실행	이미지 분류에 오류가 있을 때 호출된다.
언제 Look1 .GotClassification 결과 실행	이미지 분류가 완료되었을 때 호출된다. '결과'에 분류 결과를 가지고 있다.
호출 Look1 .ClassifyImageData 이미지	'이미지'에 지정한 이미지 파일을 분류한다.
호출 Look1 .ClassifyVideoData	카메라에 잡힌 이미지를 분류한다.

호출 Look1 .ToggleCameraFacingMode	스마트폰의 카메라를 전면으로 전환한다.
Look1 . InputMode	현재 입력 모드를 나타낸다.
지정하기 Look1 . InputMode 값	입력 모드를 지정하는 블록으로 텍스트 블록을 사용하여 'Video' 또는 'Image'로 지정한다.
Look1	Look 컴포넌트 자체를 표시하는 블록이다.

03 이미지 분류 준비 완료 코딩하기 이미지를 분류할 준비가 되면 '분류' 버튼을 활성화하고 레이블에 '준비 완료'가 출력되도록 코딩합니다.

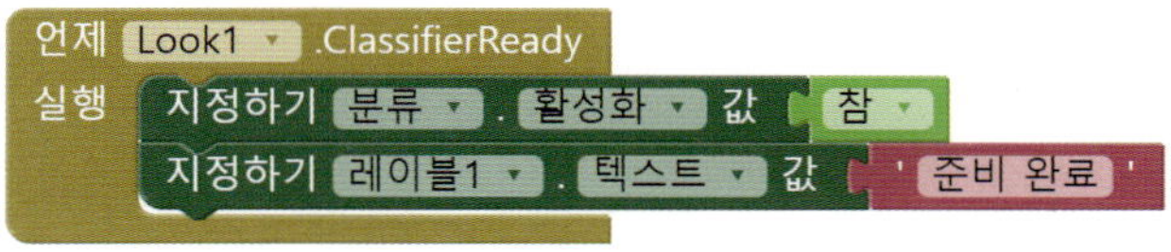

04 분류 버튼 코딩하기 '분류' 버튼을 클릭하면 'Look' 컴포넌트의 InputMode를 'Video'로 지정하고 레이블에는 '분류 중'이 출력되도록 한 후 'ClassifyVideoData' 블록을 사용하여 이미지를 분류하도록 호출합니다.

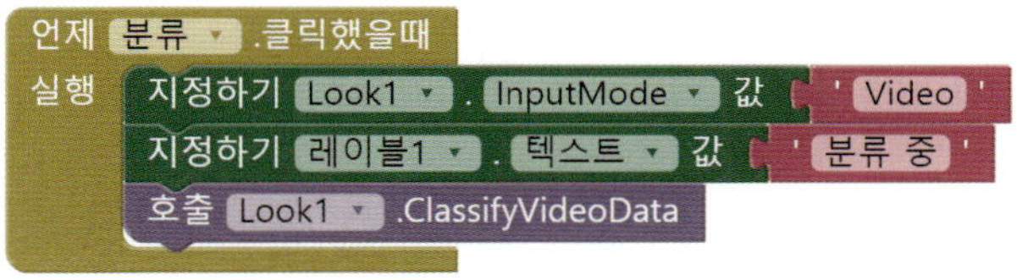

05 분류 결과 출력 코딩하기 이미지 분류가 완료되면 'GotCalssification' 블록이 호출되므로, 여기서 '결과'를 레이블에 출력하도록 코딩합니다.

06 다시하기버튼 코딩하기 계속하여 다른 이미지 분류 작업을 할 수 있도록 '다시하기' 버튼을 클릭하였을 때 다시 '준비 완료' 상태로 되돌립니다.

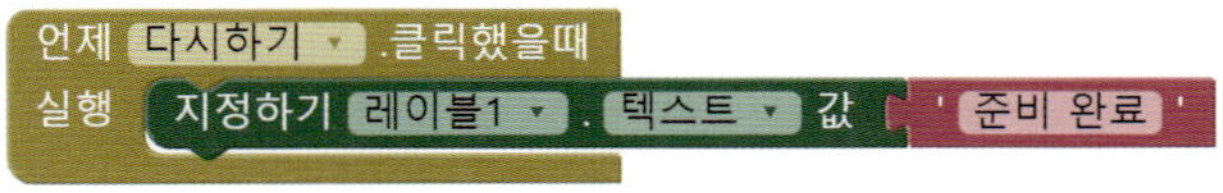

3 앱 테스트

코딩이 완료되었습니다. 앱을 테스트 하기 위해선 카메라로 이미지를 비춰야 하므로 에뮬레이터에서는 테스트가 어렵습니다. AI 컴패니언을 사용하거나 직접 빌드하여 스마트폰에서 테스트해 봅니다.

[실행 결과]

본문에서는 블루투스 키보드 사진을 예시로 활용하였습니다. 같은 이미지가 아니어도 됩니다. 분류해보고 싶은 이미지를 촬영하여 테스트해 봅니다.

그림 B-2 **이미지 분류 테스트 결과**

[그림 B-2]의 테스트 결과를 보면 ["remote controller", "0.49097"]와 같은 형태로 출력된 것을 확인 할 수 있습니다. 이것은 이 이미지의 물체가 "remote controller"일 확률이 49.097%임을 의미합니다. LookExtension은 이미지의 분류 결과를 확률 순서대로 10개의 결과를 알려줍니다.

찾아보기

찾아보기